中国社会科学院学部委员专题文集

ZHONGGUOSHEHUIKEXUEYUAN XUEBUWEIYUAN ZHUANTI WENJI

马克思主义原理及其当代价值研究

靳辉明 ◎ 著

中国社会科学出版社

图书在版编目(CIP)数据

马克思主义原理及其当代价值研究／靳辉明著. —北京：中国社会科学
出版社，2013.1

(中国社会科学院学部委员专题文集)

ISBN 978 – 7 – 5161 – 2064 – 4

Ⅰ.①马…　Ⅱ.①靳…　Ⅲ.①马克思主义理论—理论研究—文集
Ⅳ.①A81 – 53

中国版本图书馆 CIP 数据核字(2013)第 014465 号

出 版 人	赵剑英
出版策划	曹宏举
责任编辑	张　林
责任校对	孙洪波
责任印制	戴　宽

出　　版	中国社会科学出版社
社　　址	北京鼓楼西大街甲 158 号 (邮编100720)
网　　址	http://www.csspw.cn
	中文域名:中国社科网　　010 – 64070619
发 行 部	010 – 84083685
门 市 部	010 – 84029450
经　　销	新华书店及其他书店

印刷装订	环球印刷(北京)有限公司
版　　次	2013 年 1 月第 1 版
印　　次	2013 年 1 月第 1 次印刷

开　　本	710×1000　1/16
印　　张	25.5
插　　页	2
字　　数	405 千字
定　　价	78.00 元

前　　言

　　哲学社会科学是人们认识世界、改造世界的重要工具，是推动历史发展和社会进步的重要力量。哲学社会科学的研究能力和成果是综合国力的重要组成部分。在全面建设小康社会、开创中国特色社会主义事业新局面、实现中华民族伟大复兴的历史进程中，哲学社会科学具有不可替代的作用。繁荣发展哲学社会科学事关党和国家事业发展的全局，对建设和形成有中国特色、中国风格、中国气派的哲学社会科学事业，具有重大的现实意义和深远的历史意义。

　　中国社会科学院在贯彻落实党中央《关于进一步繁荣发展哲学社会科学的意见》的进程中，根据党中央关于把中国社会科学院建设成为马克思主义的坚强阵地、中国哲学社会科学最高殿堂、党中央和国务院重要的思想库和智囊团的职能定位，努力推进学术研究制度、科研管理体制的改革和创新，2006 年建立的中国社会科学院学部即是践行"三个定位"、改革创新的产物。

　　中国社会科学院学部是一项学术制度，是在中国社会科学院党组领导下依据《中国社会科学院学部章程》运行的高端学术组织，常设领导机构为学部主席团，设立文哲、历史、经济、国际研究、社会政法、马克思主义研究学部。学部委员是中国社会科学院的最高学术称号，为终生荣誉。2010 年中国社会科学院学部主席团主持进行了学部委员增选、荣誉学部委员增补，现有学部委员 57 名（含已故）、荣誉学部委员 133 名（含已故），均为中国社会科学院学养深厚、贡献突出、成就卓著的学者。编辑出版《中国社会科学院学部委员专题文集》，即是从一个侧面展示这些学者治学之道的重要举措。

　　《中国社会科学院学部委员专题文集》（下称《专题文集》），是中国社会科学院学部主席团主持编辑的学术论著汇集，作者均为中国社会科学院学部委员、荣誉学部委员，内容集中反映学部委员、荣誉学部委员在相关学科、专业方向中的专题性研究成果。《专题文集》体现了著作者在科学研究实践中长期关注的某一专业方向或研究主题，历时动态地展现了著作者在这一专题中不断深化的研究路径和学术心得，从中不难体味治学道路之铢积寸累、循序渐进、与时俱进、未有穷期的孜孜以求，感知学问有道之修养理论、注重实证、坚持真理、服务社会的学者责任。

2011 年，中国社会科学院启动了哲学社会科学创新工程，中国社会科学院学部作为实施创新工程的重要学术平台，需要在聚集高端人才、发挥精英才智、推出优质成果、引领学术风尚等方面起到强化创新意识、激发创新动力、推进创新实践的作用。因此，中国社会科学院学部主席团编辑出版这套《专题文集》，不仅在于展示"过去"，更重要的是面对现实和展望未来。

这套《专题文集》列为中国社会科学院创新工程学术出版资助项目，体现了中国社会科学院对学部工作的高度重视和对这套《专题文集》给予的学术评价。在这套《专题文集》付梓之际，我们感谢各位学部委员、荣誉学部委员对《专题文集》征集给予的支持，感谢学部工作局及相关同志为此所做的组织协调工作，特别要感谢中国社会科学出版社为这套《专题文集》的面世做出的努力。

《中国社会科学院学部委员专题文集》编辑委员会

2012 年 8 月

目　　录

马克思主义基本原理及其当代意义

当代资本主义与中国社会主义发展道路

马克思主义与人道主义

意识形态与当前主要社会思潮

关于社会科学

弘扬马列　振兴中华(代序)

世纪之交，千年更迭，吾辈恰逢这一历史转折时刻，该是多么幸运，多么有意义啊！回首过去的世纪，有许多值得怀念、值得铭记的事件。作为一个哲学社会科学工作者，最使我激动的，不仅是马克思主义真理得到实现，而且是它的奠基者马克思被西方媒体评为"千年第一思想家"、"千年伟人"和"最受欢迎的哲学家"。这十分清楚地说明，马克思作为学术思想家得到世界众多学者的认同。在这物欲横流的世界，它使人们聆听到真理的声音，看到理性主义的熠熠光辉。

面对新世纪，新千年，我呼吁：高扬哲学理念，弘扬辩证思维，为中华民族的伟大振兴提供理论支持和精神动力。哲学是时代精神的精华，人类所建树的一切有价值的东西，都以洗练的理论形态凝结于哲学之中。马克思主义哲学之所以成为时代的最高真理，就在于科学地总结了它那个时代的实践经验，汲取了人类所创造的一切优秀思想成果，揭示了客观世界的发展规律。但是，马克思主义并没有而且也不可能穷尽真理，它随着时代的进步而不断丰富自己的内容。我们今天的任务，就是要基于当代社会实践和科学的发展，为马克思主义哲学增添新的真理性颗粒，并使之与我国文化传统相结合，创建具有自己的时代特色、民族特色的科学的哲学。

哲学的发展水平，标志着一个民族进步的程度。很难设想，一个缺乏理论思维的民族，能够跨入世界先进的行列。脱离实际的教条主义和轻视理论的实用主义，都是科学哲学的大敌，社会主义事业的大敌。要振兴中华，锐意进取，就必须提高民族的精神素质，而要提高民族的精神素质，关键在于提高民族的理论思维，用最先进的哲学思想陶冶我们的民族精神，荡涤长期以来禁锢人们思想的形形色色唯心主义和形而上学观念。只有掌握科学的理论思维方法，才能正确地反思和总结过去，冷静地观察和改造现实，科学地预见和创造未来。哲学是人类智慧的结晶，是我们民族希望之光，应当让广大人民都来掌握这个伟大的认识工具。

未来属于青年一代。青年社科理论工作者应该把发展和传播马克思主义哲学，提高我们民族的理论思维，作为自己的神圣职责，为中华民族的崛起作出应有的贡献。为此，首先必须使自己具有坚实的马克思主义理论基础，掌握真正而非虚假的、深刻而不肤浅的哲学知识，培养自己的独立思考和科学创新能力。同时，作为真正的学者，不随波逐流，不为各种思潮所左右，不辜负历史的重任和人民的厚望。

让我们在新的世纪、在共同的事业中共勉！

（新世纪寄语，原载《中国社会科学院研究生院学报》2001 年第 1 期）

马克思主义基本原理及其当代意义

马克思在历史观上的伟大变革

一种思想体系对历史影响的深度和广度，同它所蕴涵的真理性成正比。随着岁月的流逝，不少风行一时的理论学说失去了昔日的光辉，可是，马克思主义却与时俱进，日益显示出它真理的威力。在马克思长眠于海格特公墓以来的一百年中，马克思主义越出了欧美，以雷霆万钧之力磅礴于全世界。

马克思对人类的贡献是无法估量的。他在许多领域中都取得了重大成就，特别是唯物主义历史观的创立，揭开了历史之谜，在人类历史观上实现了一场根本性的变革。

一

正如自然有自己的秘密一样，社会历史也有自己的谜。各种历史观，都是一定历史条件下的思想家从自己的立场出发对历史之谜提供答案。马克思揭开了覆盖在人类社会机体上的帷幕，提供了一个同以往历史观根本不同的科学答案。

人们对自然的科学认识早于对社会的认识。当人类由于生产实践的需要开始揭示某些自然现象的规律时，而对自身活动的认识还处在浓重的神学迷雾之中。用超自然的意志和力量来说明历史发展和社会生活的神学历史观，在相当长的一个时期内处于支配地位，"神"是人们回答历史之谜的总答案。例如，奥古斯丁宣扬上帝不仅是自然秩序的创造者，而且是社会秩序的创造者。托马斯·阿奎那宣称："除非得到较高神灵的帮助和启发，人就永远不能全面了解有关人类的一切事情"①。"文艺复兴"时期开

---

① 阿奎那：《反异教徒大全》，《阿奎那政治著作选》，商务印书馆 1963 年版，第 97 页。

始的人道主义思潮，使人们对社会的认识出现了一个从神到人的转折。

人道主义思潮虽然很广泛，涉及哲学、道德、文艺、美学各个领域，但贯穿其中最核心的是一种政治理想。人道主义者关于人的尊严、权利和价值，关于人的本性的理论，从实质上说，是要求建立一个与他们设想的人性相适应的社会。在他们看来，美好的社会，美好的国家，美好的制度，应该是同人性相一致的。从早期人道主义者皮科、蒙台涅等人倡导的自由与尊严，到法国启蒙学派以自然权利为根据的关于自由、平等、博爱是人的本性的理论，都是为在封建母胎中逐步孕育成熟的资本主义制度作舆论准备。他们自以为是按照人性来建立制度，实际上是按照他们追求的制度来构思人性。而这两者——他们追求的制度和对人性的理解——都是历史的产物。

当然，资产阶级人道主义曾经是进步的思潮。几百年中，在许多领域产生过不少学识渊博的巨人，留下了许多感人至深的名篇佳作。人道主义者把人与神对立起来，以人为中心，倡导以人作为出发点和归宿，就是力图摆脱神学的羁绊，把天国的历史变成世俗的历史。卢梭说：“我觉得人类的各种知识中最有用而又最不完备的，就是关于‘人’的知识。”① 他自己就致力于这种研究。突出人而不是突出神，从人本身探究人类历史和社会制度的根据，这是历史观的一个重大变化，正如恩格斯所说：“这是人类以往从来没有经历过的一次最伟大的、进步的变革”②。

但是，人道主义者只是迈出了从神到人的一步，他们并没有对历史提供真正科学的答案。就像古代的炼金术士寻找“哲人之石”一样，他们把人性看作是解释人类社会一切现象的“哲人之石”。尽管各种人道主义派别赋予人性以不同的内涵，从而使人道主义具有多种色彩，但它们共同的特点是把人性作为历史的尺度。人性既是一切合理事物之所以合理的标准又是一切不合理事物之所以不合理的标准。人性是最高审判官。人道主义开创的由神到人的转折，对于上升时期的资产阶级是足够的，因为它所面临的仅仅是其自身的政治解放问题。封建特权和人身依附关系束缚了劳动

---

① 卢梭：《论人类不平等的起源和基础》，商务印书馆1962年版，第62页。
② 《马克思恩格斯文集》第2卷，人民出版社2009年版，第409页。

力的自由流动，妨碍了商品的平等交换；资产者虽然拥有资财，但作为暴发户而被排斥在上流社会之外，为那些夸耀自己的"族徽"、"谱系"的封建贵族所鄙视。资产者有"财权"，但缺少"人权"，痛感缺少作为"人"的价值和尊严，即与他们的经济地位相适应的各种权利。因此，在争取自身解放的斗争中，他们必然要求把人的价值、尊严，人的自由、平等权利提到首位，而且为了论证它的合理性，把它归结为人的本性。

每个时代都有自己的特殊问题。从资本主义生产方式最后确立自己的统治起，这种所谓符合人性的制度却是一幅令人失望的讽刺画。尽管如此，19 世纪三大空想社会主义者依然把人性作为历史现象的最后答案，认为人类完全没有实现自己的天性。他们在政治上超过了法国启蒙学派，而在历史观上却没有摆脱传统的束缚，还是处在从神性到人性的阶段。

历史经验证明，只是从人与神的对立角度来看待人，就不能跳出抽象人性论的圈子，费尔巴哈就是一个显著的例子。人类用了几百年时间，经历了从神到人的过程，而在费尔巴哈的人本主义哲学中达到了高峰。费尔巴哈的人本主义是人道主义的一种特殊形态，他以人来对抗神，把神的本质归结为人的本质，显示了他的人本主义哲学的战斗性。但正因为他停留在人与神的对立，而没有进入到考察人与人的关系，因而没有突破抽象人性论的壁障。恩格斯说："费尔巴哈的'人'是从上帝引申出来的，费尔巴哈从上帝进到'人'，这样，他的'人'无疑还戴着抽象概念的神学光轮。"[1]

以人性作为历史的尺度，包含着不可解决的矛盾：不变的人性怎么能成为变动不居的历史的原因呢？如果人性是变化的，那人性变化的原因是什么？人道主义的历史观始终在这个困难的迷宫里徘徊。强调人、强调以人作为出发点和归宿的人道主义者，反而变得不能理解人。卢梭就有这样的感叹，他说："在某种意义上说，正因为我们努力研究人类，反而变得更不能认识人类了。"[2]

唯心主义辩证法家黑格尔看到了这个矛盾，并力图解决这个矛盾。他

---

[1] 《马克思恩格斯全集》第 27 卷，人民出版社 1972 年版，第 12—13 页。
[2] 卢梭：《论人类不平等的起源和基础》，商务印书馆 1962 年版，第 63 页。

把历史看作是个有规律的过程，为走出这个迷宫指明了一条出路。但他不是在现实中，而是在他虚构的绝对观念中去寻找这个规律。因此，他没有也不可能真正解决这个矛盾。

真正打开这个连环锁，揭破历史之谜的是马克思。这当然不是偶然的。历史之谜的答案存在于历史本身。正如恩格斯所说："在以前的各个时期，对历史的这些动因的探究几乎是不可能的，因为它们和自己的结果的联系是混乱而隐蔽的，在我们今天这个时期，这种联系已经简单化了，以致人们有可能揭开这个谜了。"①

二

马克思是在 19 世纪 40 年代的德国开始自己的理论活动的，因此，在他思想形成的一定阶段上有一个很重要特点，就是唯物主义历史观的萌芽同费尔巴哈人本主义观点相交错。但是，他通过自己的理论探索，终于找到了摆脱这种理论困境的出路。这就是，他把研究的基点放在探讨"人的世界"，揭露"市民社会"的秘密上，通过对人的劳动和物质生活的探讨，逐步过渡到唯物主义历史观，而其中的关键，是关于生产关系思想的形成。社会生产关系的思想，是马克思同以往一切哲学家对人和社会认识的根本分水岭。

唯物主义历史观的形成过程，经历了萌芽、接近和全面制定三个既相区别、又相联系的阶段。这些阶段的划分，是以生产关系思想的成熟程度为标准的。

在《莱茵报》时期，马克思开始还是把理性自由视为人的本性，把国家看作人类理性的体现和普遍利益的代表。但是，社会生活的推动和对物质利益的初步探讨，使他已经开始触摸到考察国家生活时，不能"用当事人的意志来解释一切"，而必须重视"各种关系的客观本性"②。不久，马克思在对黑格尔法哲学进行批判时，明确提出，不是国家决定市民社会，

---

① 《马克思恩格斯文集》第 4 卷，人民出版社 2009 年版，第 304 页。
② 《马克思恩格斯全集》第 1 卷，人民出版社 1956 年版，第 216 页。

相反的，市民社会才是决定国家的产生及其本质的真实基础。这里所谓"市民社会"，也就是马克思所说的"物质的生活关系的总和"①。将物质关系作为国家政治制度和法的现实基础，无疑具有了创新世界观的意义，然而，马克思这时还没有把生产关系从物质关系的总和中划分出来，作为决定其余一切关系的最基本的关系。

马克思在《1844年经济学哲学手稿》中，通过对资本主义条件下人的劳动活动的分析，认识到劳动者同自己劳动产品的异化，就在于人们生产活动本身。而劳动的"自我异化"和劳动产品的异化，又导致人与人相异化。事情很显然，如果劳动产品和劳动者自己的活动，不再属于他自己，那么，一定属于有别于他的"另一个存在物"。这个存在物既不是自然界，也不是上帝，只能是占有这些劳动、并享有这些产品的"人"。在资本主义条件下，这个人就是资产者。马克思在这里，实际上是以萌芽的形式表述了一个极为重要的唯物主义历史观的原理：一定方式的生产活动，不可避免地会产生一定的社会关系。

接着，马克思在《神圣家族》中，对上述认识作了初步的理论概括。财产关系和占有关系，是基于物质利益之上的人们社会关系的物化形式，是"人的实物存在"，同时也是"人为他人的存在"，是"人对人的社会关系"②。尽管这种表述比较晦涩，但说明马克思这时已经"接近"唯物主义历史观的基本思想，即社会生产关系的思想。

1845—1846年，马克思在《德意志意识形态》中全面制定了唯物主义历史观的基本原理。他科学地揭示了社会结构和社会形态及其发展规律，把社会看成是受生产力制约、以生产关系为基础的有结构的有机体。这里的实质性进展，首先是在先前所达到的认识基础上形成了生产关系的科学概念。他不再从"人的本质"出发，而是直接考察物质生产活动的基本内容，阐明生产关系存在和更替的客观必然性。他通过对交往、交往关系、交往形式和所有制形式的分析，揭示了这些关系之间的内在联系，清楚地认识到，人们的精神交往不过是"人们物质关系的直接产物"，而在

---

① 《马克思恩格斯文集》第2卷，人民出版社2009年版，第591页。
② 《马克思恩格斯全集》第2卷，人民出版社1957年版，第52页。

各种物质关系中生产关系又是最基本的，它不仅是政治制度和"国家的现实基础"，而且也是"一切实际的财产关系的真实基础"①。这样，马克思就从人们的各种社会关系中划分出了决定其他一切关系的最基本和最原始的关系，即社会生产关系。尽管马克思这时所使用的术语还不确定，有时用交往形式，有时用所有制形式，间或也使用生产关系，但他已经把握住了生产关系概念的实质和基本内容。几个月后，他在批判蒲鲁东时，把上述思想完全凝结于生产关系的概念之中，达到了术语同其所表达内容的完全一致。

生产关系概念的形成，不仅对生产力诸因素结合的方式和性质有了更为科学的认识，而且使得有可能揭明生产过程本身的内在结构，即生产力和生产关系的统一。我们知道，生产力的概念，在马克思以前的古典经济学家那里就已经开始提出和研究了。他们之所以注重生产力的问题，是由于资本主义工业发展的需要。但生产关系问题始终是他们不可逾越的界限。因此，古典经济学家不能真正理解由生产力和生产关系统一构成的生产过程，不懂得物质生产对整个社会历史发展的决定作用。

马克思突破了古典经济学派的这种历史的和阶级的局限，看到了生产本身的两重性。他指出，只要进行生产，便立即表现为双重的关系：一方面是人与自然的关系；另一方面是人与人的关系。它们是同一生产过程的两个有机联系着的方面。无论在哪个时代，都不能离开生产力去考察生产关系，反之亦然。就是说，必须将两者视为矛盾的统一体。当然，在两者相互制约关系中，生产力归根到底起着最终的决定作用。马克思深刻地表述了生产关系一定要适合生产力发展状况这一社会历史的最一般规律，并指出，历史过程，就是在生产力基础上生产关系发展的进程。科学地揭破历史之谜，这是马克思在1845—1846年所获得的最宝贵的思想成果。

唯物主义历史观是在摒弃"抽象的人"，转而研究现实的人，即研究他们的活动和物质生活条件的过程中逐步确立起来的。它的产生同人的问题的科学解决是一致的。因此，不能说，唯物主义历史观不包括人、不关心人、不研究人，恰恰相反，只是随着唯物主义历史观的形成，才把人的

---

① 《马克思恩格斯全集》第3卷，人民出版社1960年版，第29、377、421页。

研究置于科学的基础之上，为人类的解放指明了真正的出路。人是什么，不能从"人自身"、"人的特性"中寻求答案，只能研究他们的生产活动和社会关系。每个个人和每一代当作现成的东西承受下来的生产力和生产关系的总和，是哲学家们想象为"人的本质"的东西的现实基础。如果离开这个基础，那么"人"只能是观念的别名而已。不论把唯物主义历史观归结为人本主义，还是认为唯物主义历史观"排斥"、"忽略人"、"反人道"，都是毫无根据的。

三

唯物主义历史观是政治经济学和科学社会主义的哲学基础。当马克思保留有费尔巴哈人本主义思想影响时，他的政治经济学学说和社会主义理论都带有思辨的烙印。只有唯物主义历史观的创立，才最终在这两个领域中引起了根本性的变革。

1844 年初，马克思在刚着手研究政治经济学时，还推崇费尔巴哈，认为"整个实证的批判，从而德国人对国民经济学的实证的批判，全靠费尔巴哈的发现给它打下真正的基础"[①]。的确，"人"是马克思当时批判资产阶级政治经济学的一个基本范畴。他指责资产阶级经济学家忽视人，不把工人当人，"国民经济学把无产者，即既无资本又无地租，只靠劳动而且是片面的、抽象的劳动为生的人，仅仅当作工人来考察，因此，它才会提出这样一个论点：工人完全和一匹马一样，只应得到维持劳动所必需的东西。"他批判李嘉图说，"在李嘉图看来，人是微不足道的，而产品则是一切"[②]。人性在政治经济学之外，非人性在政治经济学之中，这就是马克思当时对资产阶级政治经济学总结性的评语。

毫无疑问，马克思以"人"的名义对资产阶级政治经济学的批判，表达了对无产阶级处境的无限同情和对资本主义现实的抗议。同时，他对诸如私有制、资本、工资、利润、生产、分工、需要和货币等问题，发表了

①　《马克思恩格斯全集》第 42 卷，人民出版社 1979 年版，第 46 页。
②　同上书，第 56、72 页。

很多深刻的见解。但是我们不能不看到，在政治经济学的研究中，从"人"出发还是从生产方式出发，是两种理论、两种方法。从生产方式出发，可以对各种经济关系存在的必然性和历史性给予科学的解释，而从"人"出发，必然把资本主义制度（包括各种剥削形态）下各种经济关系及其规律看作是"非人"的，看作是与"人的本质"相对立的，不能作出科学的说明。例如，马克思当时否定劳动价值论，其中一个很重要的原因，就是认为把劳动作为价值的量度，是把人从主体的地位降低到创造财富工具的地位，是在承认人的假象下，对人的彻底否定。这样，就把经济规律问题和道德评价问题混在一起，以后者否定了前者。不能把政治经济学变成道德学说，不能以"人"的名义或者根据所谓人的本性，来判断各种经济形式的合理性和必然性。总之，马克思由于费尔巴哈人本主义的影响，还不能真正确定政治经济学的研究对象和科学方法。要做到这一点，必须全面确立唯物主义历史观。

马克思正是由于发现了生产力和生产关系辩证运动的规律，把整个社会的发展看成是一个自然历史过程，形成了唯物主义历史观，从而奠定了无产阶级政治经济学的理论基础。马克思不再把各种经济关系看成"人的本质"的体现，不再根据"人的本质"实现的程度来判断经济形式，而着眼于经济过程本身的分析，在与生产力发展的水平相互联结中来考察各种生产关系。他指出："人们借以进行生产、消费和交换的经济形式是暂时的和历史性的形式。随着新的生产力的获得，人们便改变自己的生产方式，而随着生产方式的改变，他们便改变所有不过是这一特定生产方式的必然关系的经济关系。"①

马克思在形成了生产关系这个范畴以后，就把现实的生产关系作为政治经济学的研究对象。他在著名的《〈政治经济学批判〉导言》中就是这样论述的。而在1857—1858年的《经济学手稿》中，他不再是简单地把资本主义社会的各种经济关系看成是真正"类生活"的讽刺画，而是根据他创立的唯物主义历史观进行认真的分析。至于在《资本论》中，马克思更是这样。他不是诉诸人性，而是像一个生理学家进行解剖一样，从资产

---

① 《马克思恩格斯文集》第 10 卷，人民出版社 2009 年版，第 44 页。

阶级社会里最简单、最普通、最常见、最平凡的商品入手，揭示了资本主义社会的矛盾，令人信服地证明了它的必然灭亡。当然，马克思充满了对无产阶级的深厚感情，怀着对资本主义剥削制度的仇恨，但是他并不用感情代替科学。他对资本主义制度的抨击，都是以经济分析为依据的，而不是从抽象的道德原则出发。《资本论》中也讲到人，但不是在资产者和无产者之外的一般的"人"，不是设定为判断资本主义制度是否合理的"人"，而是经济范畴的人格化，是一定的阶级和利益的承担者。

同样，唯物主义历史观的创立，是社会主义由空想到科学的理论前提。社会主义学说究竟应该建立在什么基础上，这是一个根本性的问题。如果把社会主义看成是实现"人的本质"，那重点当然应该是研究"人自身"，研究"人的本质"，从"人的本质"中引出社会主义；如果把社会主义制度看成是客观的历史必然性，那就应该研究社会，研究社会历史规律。正如列宁说的："社会主义学说正是在它抛弃了关于合乎人的本性的社会条件的议论，而着手唯物主义地分析现代社会关系并说明现在剥削制度的必然性的时候取得成就的。"①

马克思在《1844 年经济学哲学手稿》中，认为整个共产主义运动"必然在私有财产的运动中，即在经济中，为自己既找到经验的基础，也找到理论的基础"②。马克思分析了农业中土地所有者、租地农场主、农业工人之间的矛盾，指出这种矛盾的激化，"必然导致革命"；分析了工业中劳动和资本的矛盾、大资本和小资本的矛盾，揭示了资本主义生产方式"趋向必不可免的灭亡"。但是在这里，马克思把共产主义看成是个体和类的矛盾的解决，看成是人"占有自己的本质"，这种表述显然还残留着费尔巴哈人本主义的痕迹。

社会主义学说成熟的程度同唯物主义历史观发展的水平是密切联系的。正是由于马克思全面创立了唯物主义历史观，揭开了历史之谜，因而看到共产主义必然性根源于资本主义生产方式的内在矛盾。他说："共产主义和所有过去的运动不同的地方在于：它推翻了一切旧的生产和交往的

---

① 《列宁专题文集——论辩证唯物主义和历史唯物主义》，人民出版社 2009 年版，第 205 页。
② 《马克思恩格斯全集》第 42 卷，人民出版社 1979 年版，第 120—121 页。

关系的基础，并且破天荒第一次自觉地把一切自发产生的前提看作是先前世世代代的创造，消除这些前提的自发性，使它们受联合起来的个人的支配。因此，建立共产主义实质上具有经济的性质，这就是为这种联合创造各种物质条件，把现存的条件变成联合的条件。"① 而且他明确指出："共产主义对我们说来不是应当确立的状况，不是现实应当与之相适应的理想。我们所称为共产主义的是那种消灭现存状况的现实的运动。"② 马克思把共产主义制度和共产主义运动区分开来，把共产主义运动看成是改变资本主义现实的革命实践，而把共产主义制度看成是这个运动的最终结果，这就排除了从人的本性中引出共产主义的人本主义结论。

＊　　　＊　　　＊

马克思、尤其是恩格斯逝世以后，唯物主义历史观不断地遭受到攻击和歪曲。然而，它从没有像近半个世纪来引起人们这样的"关注"。

从 20 世纪 30 年代开始，西方某些学者就着手制造"两个马克思"的对立，即把早期的"人道主义者马克思"和晚期的"唯物主义者马克思"对立起来，认为青年马克思关心人的问题，"作了解决人的存在问题的极大尝试"，然而，马克思没有始终如一地坚持自己的原则，"科学共产主义的哲学——'人本学基础'随着《共产党宣言》的问世而中断了"。他们将马克思从探讨"人的本质"转向研究社会经济关系，斥之对自己最初理想的"背叛"，对人的"废黜"，是向另外的方向"蜕变"。但是，通过制造两个马克思的对立来否定马克思主义，并不能达到他们的目的，因为正好是成熟的马克思不仅在理论上，而且在实践上都深刻地影响着当代社会生活的各个领域。于是，西方有的学者转而倡导两个马克思的"统一论"，主张"只有一个马克思"，认为青年马克思在 1844 年的《手稿》中所表述的关于人的主题，贯穿于马克思的所有著作之中。在他们看来，马克思进行批判的武器，始终是"人的本质"和异化的学说，所依据的"客观

---

① 《马克思恩格斯全集》第 3 卷，人民出版社 1960 年版，第 79 页。
② 同上书，第 40 页。

事实"，是资本主义社会中人的遭遇和人性的丧失。因此，马克思的学说，似乎只是用来论证消灭人性异化，使"人的本质"得到实现的"彻底的人本主义学说"。其实，无论是把青年马克思同成熟马克思对立起来，还是将两者"统一"起来，都以便把马克思主义归结为人本主义，用所谓"人学辩证法"取代根源于生产力和生产关系矛盾运动的历史辩证法，用"人本学历史观"代替唯物主义历史观。

西方某些学者之所以制造"两个马克思"、热衷于宣传"青年马克思"，是因为在马克思早期著作中确实存在可被他们利用的东西。马克思那时就洞见到，"当时由于这一切还是用哲学词句来表达的，所以那里所见到的一些习惯用的哲学术语，如'人的本质'、'类'等等，给了德国理论家们以可乘之机去不正确地理解真实的思想过程并以为这里的一切都不过是他们的穿旧了的理论外衣的翻新"①。时隔一百几十年，事实表明，马克思的担心并不是多余的，毋庸讳言，马克思的思想在其形成时期不仅在术语上，而且在观点上，都明显地留有费尔巴哈人本主义的痕迹。问题不在于回避这个事实，而要像列宁所说的那样，研究"马克思已经掌握了什么以及他如何转到新的思想领域"②。就是说，这一研究，不能脱离马克思思想形成的真实过程，把某一时期出现的理论现象从产生它的特定阶段游离出来，而要紧紧抓住牵动马克思思想体系发生根本变化的那些实质性问题。100 多年来的历史表明，唯物主义历史观是颠扑不破的真理。只有坚持唯物主义历史观，才能把马克思开创的共产主义事业不断推向前进。

（本文是在中央召开的"纪念马克思逝世一百周年大会"上的发言，原载《红旗》1983 年第 6 期）

---

① 《马克思恩格斯全集》第 3 卷，人民出版社 1960 年版，第 261—262 页。
② 《列宁全集》第 55 卷，人民出版社 1990 年版，第 6 页。

唯物史观的创立及其伟大意义

——为纪念马克思逝世 120 周年而作

1983 年 3 月，为悼念马克思逝世一百周年，中央举办了由上千人参加的纪念大会，在这个隆重的大会上，我作了题为《马克思在历史观上的伟大变革》的发言。我发言的开头一段话是："一种思想体系对历史影响的深度和广度，同它所蕴涵的真理性成正比。随着岁月的流逝，不少风行一时的理论学说失去了昔日的光辉，可是，马克思主义却与时俱进，日益显示出它的真理的威力。在马克思长眠于海格特公墓以来的一百年中，马克思主义越出欧美，以雷霆万钧之力磅礴于全世界。"今天，我仍然以这段话来缅怀这位千午伟人。

众所周知，马克思是 1883 年 3 月 14 日去世的，在 3 月 17 日马克思下葬时，参加吊唁的只有 11 人。在他生活了大半生的英国，几乎没有人注意到他的离去，但是，恩格斯在安葬马克思时的悼词似乎今天仍在人们的耳际回响。他向世界庄严地宣告："当代最伟大的思想家停止思想了！""现在他逝世了，在整个欧洲和美洲，从西伯利亚矿井到加利福尼亚，千百万革命战友无不对他表示尊敬、爱戴和悼念。他的英名和事业永垂不朽！"一百多年过去了，恩格斯的话语，不断为实践所证明。在马克思逝世后，他的理论并没有被他的敌人所驳倒，相反地，却变成了伟大的现实，在人类历史上产生了第一个社会主义制度，在一个时期还出现了令资本主义世界胆战心惊的社会主义阵营。更让世界工人阶级和广大劳动人民自豪的是，在千年之交马克思被西方学界和媒体评为千年"最伟大的思想家"、"千年伟人"，试问，还有什么更能使世界上千千万万信仰马克思主义的人们欢欣鼓舞的呢？

　　我曾在《千年伟人马克思》一文中说明了这一非同寻常的事件。这次评选活动，最早是由英国剑桥大学文理学院的教授们发起评选"人类纪元第二个千年的第一思想家"，结果马克思荣登榜首。接着，英国 BBC 广播公司在 1999 年 10 月在网上开展评选千年"最伟大的思想家"的活动，评选后该公司宣布：人们评选的"最伟大的思想家"是卡尔·马克思。爱因斯坦、牛顿和达尔文分列为第二、三、四名。并且指出："尽管 20 世纪出现的一个又一个专制政权歪曲了马克思的本来思想，马克思作为一个哲学家、社会科学家、历史学家和革命者所取得的成果，在今天仍然得到学术界的尊重。"接着，在 12 月，英国路透社在政、商、学术、艺术四界的名人中评选"千年伟人"，结果，马克思又同爱因斯坦和甘地入选。1999 年 12 月 19 日《澳门日报》报道了这个消息，并刊登了三位"千年伟人"的大幅照片。该报说："这样调查当然不能十分科学地反映广泛的事件，但这次调查可以让我们看看一些名人的想法。"12 月 25 日，中国台湾《中国时报》在报道指出："马克思有关资本积累及资本集中的说法，放在当今大购并潮的背景之下似乎更具意义，苏联瓦解、中国大陆也改采社会主义市场经济多年，这么多学者肯定马克思，的确有些出人意表。"还说，"马克思对资本主义的洞见应该再度获得重视，他不应为其他人对其学说所作的引申背黑锅。"应该说，西方思想界所开展的这项活动和澳、台报纸的报道是客观、公允的。这项活动不是在社会主义国家媒体，而是在资本主义媒体开展的，就更加发人深省。

　　不久前，2002 年 12 月 21 日，英国《经济学家》周刊发表一篇题为《共产主义后的马克思》，又追述了这件事。这篇文章指出：在今天的欧洲和美国，以大学生和非专家为对象的关于马克思的书一直销量稳定，而且这方面的新书还在不断问世。文章列举了伦敦经济学院梅·德赛教授的新著《马克思的报复》和 2002 年年 8 月牛津大学出版社出版的《今天为什么要读马克思》。文章认为马克思以下四个方面的思想至关重要：第一，马克思认为社会将遵循某些既简单又包罗万象的运动定律，因而可以对其发展方向做长期的预言。第二，他认为这些规律无一例外都是经济性质的规律；塑造社会的唯一力量就是"物质生产的力量"。第三，他认为这些规律的表现形式始终是阶级斗争，直到历史的终结。第四，他认为在历史终结时，阶级和国家必将消亡，地球上将出现一个人间天堂。苏联式共产主义的错误在于它"抢跑"了，不能把苏联的错误归罪于马克思。文章说：马克思极具独创性地预见到资本主义制度惊人的生产能力。他预言，资本主义将把发明创新推进到前所未有的程度。但是，"资本主义的巨大生产力将迫使其垮掉。关于资本主义的前景，你可以说，马克思错在时间的把握上；当资本主义走到尽头时，事实将证明他是对的。按照这种说法，马克思的许多观点都无法驳倒。他的许多假设、分析特点和思维习惯在西方学术界甚至更大领域都广为流传。"我之所以作这么多的引证，是想让人们看看西方学者和媒体对马克思的评价。这些看法，正是人们所说的正统的看法，特别是关于马克思的唯物史观和政治经济学的基本思想。尽管在表述上有所差异，但是它的确把握住了马克思学说的主要观点。

恩格斯《在马克思墓前的讲话》中，将马克思的理论贡献概括为两个伟大发现：揭示了人类社会发展的一般规律，创立了唯物主义历史观；发现了剩余价值学说，揭露了资本剥削的秘密与资本主义生产方式运动的特殊规律。这两个伟大发现奠定了马克思主义思想体系的理论基石。马克思的理论力量和逻辑力量正是体现在他的这些基本思想中，并且赢得了千千万万人的尊重和敬仰。随着历史的发展，人们会越来越发现它的真理的价值。马克思主义是发展的理论，与时俱进是马克思主义学说的题中应有之义。只有在坚持、发展、研究、创新中才能把马克思主义不断推向前进。如果否定或曲解马克思主义的最基本的思想，或者坚持片面地谈发展不仅不能做到与时俱进，且必然导致对马克思主义要义的背离，而貌合神离。

下面我想着重阐明马克思的唯物史观。因为它是马克思一生最伟大的理论贡献，是马克思主义思想体系的理论基石，列宁称之为是"科学思想中的最大成果"，是"惟一的科学的历史观"，是"社会科学的别名"。赖有它，社会科学才真正变成科学。这些经典性论断，如果不从它的历史和理论内涵去把握，是很难深刻理解的。

综观人类思想史，人们在改造客观世界的过程中，在对自然认识的同时便开始了对自身的认识。而后者比前者要困难得多、复杂得多、漫长得多。人类对自身历史的认识，经历了一个从"神"到"人"，再到用物质生产和社会关系去说明社会历史的、漫长的、曲折的发展进程。回溯人类的自我认识史便会发现，历史越是久远，人们对自己历史的认识便越是带有浓重的神秘色彩。在一个相当长的历史时期内，人们既不能正确说明自然界，更不能正确解释社会现象，而把这一切都归之于一种超自然的神秘的力量。"神"是当时人们回答历史之谜的总答案，神学历史观禁锢着人们的头脑。这种情况不论是在中国还是在外国，都是如此。这是人类对自己历史认识的一个不可避免的阶段。它不仅是物质生产力和人们精神世界发展的产物，而且也是人们的需要，特别是统治阶级进行政治统治的需要。例如，中国的"天命"、"天道"观，认为国家的治乱兴衰，帝王将相的出现，都是由上天安排好了的。其兴，必有祯祥；其亡，必有妖孽。在西方则认为，上帝是世界万物的最高"主宰"，"一切现存事物都是由神布排的"（托马斯·阿奎那）。说法不同，实质则一，都是在宣扬一种唯心主义的神学历史观。尽管历史上有许多哲学家和无神论者，提出"人是万物的尺度"（西方的普罗塔哥拉）和"人事为本，天道为末"（中国的仲长统）的卓越见解与之抗衡，但也不能根本抹掉这层覆盖在人类社会机体上的神学阴影。但是，社会实践是强大的推动力，随着工商业和自然科学的迅速发展，以及人们认识视野的进一步扩展，冲破这种神学历史观也是不可避免的。

文艺复兴时期开始的人道主义思想，标志着从"神"到"人"的历史性转折。这一历史观的重大转折，植根于当时的社会经济和政治的事实之中，正如恩格斯所说，即使宗教包含的某些材料所发生的变化，也都是"由造成这种变化的人们的阶级关系即经济关系引起的"。至于作为其对立物应运而生的人道主义思潮，就更是如此了。人道主义也称人文主义，作为一种社会思潮，始自14—16世纪的文艺复兴时代。它表现为古典学术研究的形式，实际是以古典文化对抗中世纪的基督教文化，含有鲜明的反对封建专制制度及其精神支柱宗教神学的意义。在封建主义和神权主义的统治下，为人的存在争一席之地。

随着资本主义经济实力的增长，在17—18世纪资产阶级革命时期，人道主义不仅得到充分的理论论证，而且以"人权宣言"的形式在政治上完全的肯定。这时，"自由、平等、博爱"为中心内容的人道主义，突出表现为"天赋人权"思想，认为自由、平等是人所固有的，是人按其本性与生俱来的"自然权利"。这种以自然权利和自然法为依据、以"人权"形式出现的人道主义，虽然并非科学，但没有妨碍它成为资产阶级反对封建主义的强大的思想武器，而正是这种理论有效地满足了资产阶级政府和经济要求，在当时起了积极的历史作用，对社会生活发生了巨大的影响。但是，历史上的人道主义在理论上的致命弱点，是离开社会关系和历史发展来谈人和人性，赋予"人"以普遍的抽象形式，并把这种抽象的人作为自己学说的中心和出发点，作为说明社会历史现象的主要原则。这种抽象的人道主义，在德国古典哲学家费尔巴哈人本主义哲学中达到了登峰造极，使人道主义更具哲学的思辨和抽象性，把人道主义变成了一种博爱主义。而以这种人本主义哲学为理论论据的德国"真正的社会主义"，则把社会主义也变成一种抽象的难以捉摸的东西。正如马克思所批判的那样，"真正的社会主义"者不代表真实的要求，而代表"真理"的要求，不代表无产者的利益，而代表一般人的利益①。所以，这种抽象的人道主义，尽管是人类认识史的巨大进步，但它不可能成为说明社会历史的真正科学的学说。

从总体来说，不论是神学历史还是人道主义历史观，实质都是用某种观念来解释历史的唯心史观。因为，不论是"神"还是"人"，都是被抽象化了的观念的产物，并把它们"描述成历史的动力"②。德国著名的古典哲学家黑格尔，更是把这些形形色色的看法抽象化为绝对观念，认为这种绝对观念才是世界万物的终极动因。黑格尔不仅使这种理论更加精致，而且还赋予它以辩证的因素，在漫长的历史时期里，唯心主义历史观统治着人们对社会现象的认识。

任何理论的发展，都是在前人已取得的成果的基础上，并回答时代问题的前提下实现的。马克思所面临的时代课题，首先是"在理论上发展唯物主义"，"修盖好唯物主义哲学这所建筑物的上层"③，创立唯物主义历史观，为社会历史认识提供科学的理论依据，指导刚刚兴起的工人运动。

---

① 参见《马克思恩格斯选集》第 1 卷，人民出版社 1995 年版，第 299 页。
② 同上书，第 130 页。
③ 《列宁选集》第 2 卷，人民出版社 1995 年版，第 248 页。

同时，也用这种科学历史观去指导他的政治学和政治经济学的研究工作。

　　马克思是在 19 世纪 40 年代的德国开始自己的理论活动的，因此，他不可能不受当时德国精神环境的影响，特别是费尔巴哈人本主义哲学的影响。但是，他通过自己的理论探索，终于找到了摆脱这种理论困境的出路。这就是，他超越关于"人"的抽象议论，而把自己研究的基点放在探讨"现实的人"和"人的世界"。马克思说：这种历史观所由出发的前提"是人，但不是某种处在幻想的与世隔绝、离群索居状态的人，而是处在一定条件下进行的、现实的、可以通过经验观察到的发展过程中的人。""这是一些现实的个人，是他们的活动和他们的物质生活条件。"① 马克思正是通过研究人的物质生产活动和这种活动赖以进行的社会关系，才一步步地接近了唯物主义历史观。

　　马克思究竟把握了什么，才使他能够实现这个伟大发现的呢？可以肯定地说，关键问题是在于他捕捉住了生产关系的重要思想。众所周知，资产阶级经济学家提出并阐明了生产力的概念，但没有也不可能提出生产关系的思想。这是马克思的伟大功绩。按照列宁的看法，马克思在 1845 年写成的《神圣家族》已经"接近"了唯物史观的这一最基本的思想。接着，在《德意志意识形态》中对之作了全面的阐发。马克思认为，人们的精神交往不过是"人们物质关系的直接产物"，而在各种物质关系中生产关系又是最基本的，它不仅是政治制度和"国家的现实基础"，而且也是"一切实际的财产关系的真实基础"。这样，马克思就从人们的各种关系中划分出了决定其他一切关系的最基本和最原始的关系。生产关系概念的形成，不仅对生产力诸因素结合的性质和方式有了更为科学的认识，而且有可能揭明生产过程本身内在结构，揭明生产力和生产关系的辩证统一，据此，进而揭示了人类社会的基本矛盾、发展动力和运动规律，解答了长期困扰人们的历史之谜。马克思的唯物史观的基本思想形成于 19 世纪 40 年代下半期，在欧洲革命风暴时期得到实践的验证，直到 1895 年，在马克思的《政治经济学批判》序言中才得到了经典性的表述。这里，我想将其最基本思想引证如下。

---

① 《马克思恩格斯选集》第 1 卷，人民出版社 1995 年版，第 67 页。

马克思说，"我所得到的、并且一经得到就用于指导我的研究工作的总的结果，可以简要地表述如下：人们在自己生活的生产中发生一定的、必然的、不以他们的意志为转移的关系，即同他们的物质生产力的一定发展阶段相适合的生产关系。这些生产关系的总和构成社会经济结构，即有法律的和政治的上层建筑竖立其上并有一定的社会意识形式与之相适应的现实基础。物质生活的生产方式制约着整个社会生活、政治生活和精神生活的过程。不是人们的意识决定人们的存在，相反，是人们的社会存在决定人们的意识。社会的物质生产力发展到一定阶段，便同它们一直在其中运动的现存生产关系或财产关系（这只是生产关系的法律用语）发生矛盾。于是这些关系便由生产力的发展形式变成生产力的桎梏。那时社会革命的时代就到来了。随着经济基础的变更，全部庞大的上层建筑也或慢或快地发生变革。……无论哪一个社会形态在它们所能容纳的全部生产力发挥出来以前，是决不会灭亡的；而新的更高的生产关系，在它存在的物质条件在旧社会的胎胞里成熟以前，是决不会出现的。所以人类只提出自己能够解决的任务，因为只要仔细考察就可以发现，任务本身，只有在解决它的物质条件已经或者至少是在形成过程中的时候，才会产生。大体说来，亚细亚、古代的、封建的和现代资产阶级的生产方式可以看作社会经济形态演进的几个时代。"①

马克思的这段论述，不论是文字还是思想内容，都堪称经典佳作，千古绝唱。其内涵丰富，博大精深，下面只着重强调几点：

1. 马克思完全改变了以往用"神"、"人"和"观念"说明社会历史的唯心史观，而是把物质生产和社会生活作为历史的发源地，把人们所有的社会关系作为说明人和一切社会现象的基本依据，从而破天荒第一次把对社会历史的认识奠定在科学的基础之上。由于对社会关系和生产关系的科学揭示，不仅提出社会存在和社会意识的概念，而且其含义同先前哲学的存在与意识也不可同日而语。因为社会存在就是人们社会活动、社会关系和物质利益的总称，人们的意识和观念正是由此而决定的。恩格斯在谈到这一点时说，"这个原理看来很简单，但是仔细考察一下也会立即发现，

---

① 《马克思恩格斯选集》第 2 卷，人民出版社 1995 年版，第 32—33 页。

这个原理的最初结论，就给一切唯心主义，甚至给最隐蔽的唯心主义当头一棒。"还说，"这个事实不仅对于理论，而且对于实践都是革命的结论。"① 可以说，这是马克思实现历史观伟大变革的立足点。

2. 马克思把物质生产力作为社会发展的根本动力，同时把与之共生、与之相联系的交往关系、生产关系视为物质生产得以进行的基本条件，进而阐明了它们之间的内在联系，以及由此衍生的经济基础和政治的、观念的上层建筑，揭示了整个人类社会的有机构成和基本矛盾。列宁在说明这一进程时指出："马克思是怎样得出这个基本思想的呢？他做到这一点所用的基本方法，就是从社会生活的各种领域中划分出经济领域，从一切社会关系中划分出生产关系，即决定其余一切的基本的原始的关系。""只有把社会关系归结于生产关系，把生产关系归结于生产力的水平，才能有可靠的根据把社会形态的发展看作自然历史过程。不言而喻，没有这种观点，也就不会有社会科学。"② 尽管社会活动有人的参与，尽管个人会对历史发生一定影响，但他不可能改变历史的进程。决定社会面貌和历史发展的是物质生产和经济因素。所以人类社会发展像自然界运动一样，是一个自然历史过程，遵循其内在的必然的法则。这是唯物主义历史观的最核心的思想。不过我们也应该看到，马克思和恩格斯在创立自己科学历史观时，主要是针对当时居统治地位的历史唯心主义，所以他们着重强调的是经济的决定作用，或者说强调了社会本体论的一面，而对政治、观念等上层建筑的反作用则阐述得不够，于是，后来便被有些人将这一原理曲解为"经济是唯一的决定因素"。为了纠正这种错识，恩格斯在晚年的通信中，不止一次地阐明了历史发展的合力论思想，从而进一步丰富和发展了唯物主义历史观。这表明马克思主义创始人对自己学说的批判精神和严谨的科学态度。列宁是这样评价的，他说："决定论思想确认人的行为的必然性，摒弃所谓意志自由的荒唐的神话，但丝毫不消灭人的理性、人的良心以及对人的行为的评价。恰巧相反，只有根据决定论的观点，才能作出严格正

---

① 《马克思恩格斯选集》第 2 卷，人民出版社 1995 年版，第 39、38 页。
② 《列宁选集》第 1 卷，人民出版社 1995 年版，第 6、8—9 页。

确的评价，而不致把一切都推到自由意志上去。"①可见，只有坚持唯物辩证的分析方法，才不会导致或者否定人的理性的作用，或者否定决定论的错误。

3. 与此相联系，马克思揭明了社会经济形态及其在历史上演进的几个阶段。这个重要思想在《德意志意识形态》已经得到初步阐发。马克思认为，分工（生产力水平的表现）发展的各个不同阶段，同时也就是所有制的各种不同形式。在资本主义生产方式以前，人类历史已经经历了三个大的发展阶段：第一种所有制形式是部落所有制；第二种所有制形式是古代的公社所有制和国家所有制；第三种形式是封建的或等级的所有制②。在《序言》中，马克思作了更为确切的表述，指出"亚细亚的、古代的、封建的和现代资产阶级的生产方式可以看作是社会经济形态演进的几个时代"。这与《德意志意识形态》的思想是一致的。我想强调以下几点：第一，这里讲的就是我们通常所谓的五种社会形态理论。它是依据这个标准才能把历史发展阶段、大的时代区别开来。所以，这是历史的最基本的划分。正如列宁所说，要研究该社会形态的活动规律和发展规律。第二，马克思阐述的这个原理，具有普遍意义。马克思虽然生活在资本主义发达的欧洲，但他考察的是人类全部历史，不仅包括西方，而且也包括东方。对于亚细亚生产方式至今仍有不同理解，需要进一步研究，但这说明马克思的研究是把东方社会包括在内的。由于东方社会确有与西方社会不同的特点，所以马克思晚年又专门对之进行了探讨。马克思发现的这个重要原理，已经为世界历史的发展所证明。第三，任何科学真理都是普遍性和特殊性、共性和个性的统一。马克思的社会形态理论也是如此。人类历史的发展总是遵循社会形态演进的一般规律，但不同民族、不同国家有着自己特殊的表现形式，亚洲不同于欧洲，东亚又不同于西亚。不仅如此，有的民族和国家受特殊的历史条件的影响，还可能出现跳跃式的发展，比如，德意志民族在历史上就越过奴隶制阶段而建立了封建的国家。这在历史上是屡见不鲜的。这表明历史发展的多样性和生动性，而不会否定历史规律

---

① 《列宁选集》第 1 卷，人民出版社 1995 年版，第 26 页。
② 参见《马克思恩格斯选集》第 1 卷，人民出版社 1995 年版，第 68—70 页。

的普遍性。马克思特别重视对每个历史时期本身规律的研究，这种研究的科学意义在于，阐明调节这个社会机体的产生、存在、发展和死亡，以及这一机体由另一更高的机体来代替的特殊规律（历史规律）。

4. 马克思的伟大发现，不仅在历史观上实现了伟大变革，而且在社会实践上得出非常革命的结论。生产力是最革命的因素，社会的变革就是基于生产力发展，社会基本矛盾推动的结果。马克思指出，资产阶级的生产关系是社会生产过程的最后一个对抗形式。在资产阶级社会的胎胞里发展的生产力，同时又创造着解决这种对抗的物质条件。恩格斯在讲到马克思《序言》中这一思想时，满怀革命激情地说，"只要进一步发挥我们的唯物主义观点，并且把它应用于现时代，一个伟大的、一切时代中最伟大的革命远景就会立即展现在我们的面前。"①恩格斯讲的是社会发展"远景"，是过程和趋势，而不是立即实现的事实。革命辩证法总是从事物的肯定中看到否定的因素，资本主义制度无论现在如何强大，但它作为一种历史的存在，迟早要为一种新的社会形态所取代，这是不以人们主观意志为转移的客观规律。人民群众的革命首创精神就在于，依据客观条件适时地推动这一进程。

在《序言》中，马克思谈到两个"决不会"的思想，即"无论哪一个社会形态，在它们所能容纳的全部生产力发挥出来以前，是决不会灭亡的；而新的更高的生产关系，在它存在物质条件在旧社会的胎胞里成熟以前，是决不会出现的。所以人类只提出自己能够解决的任务，因为只要仔细考察就可以发现，任务本身，只有在解决它的物质条件已经存在或者至少是在形成过程中的时候，才会产生。"这个问题不单纯是个理论问题，也是一个实际问题，只能从理论与实际结合上去考察解决的任务是否已经成熟，以及如何去解决它。不能把马克思上述思想绝对化，也不能把他的完整的意思割裂开来。马克思讲得比较确切，比较全面，他在讲了两个"决不会"后，接着指出，一个历史任务，在解决它的物质条件已经存在或者至少是在形成过程中的时候，才会产生。"成熟"不是一个静止的点，而是一个逐步达到的过程。所以，不能根据两个"决不会"得出社会主义

①《马克思恩格斯选集》第2卷，人民出版社1995年版，第38页。

搞早了或超越历史阶段的结论。其实，马克思在《德意志意识形态》中已经阐明了类似的思想，他指出，"一切历史冲突都根源于生产力和交往形式（指生产关系）之间的矛盾，此外，不一定非要等到这种矛盾在某一国家发展到极端尖锐的地步，才导致这个国家内发生冲突。由广泛的国际交往所引起的同工业比较发达的国家竞争，就足以使工业比较不发达的国家内产生类似的矛盾"①。按照上述观点，无产阶级社会主义革命决不是幻想的产物，而是资本主义物质条件发展的必然结果。在资本主义生产方式发展过程中已经创造了解决这种对抗的条件，而且已经产生了无产阶级历史使命的观点。所以，社会主义运动和20世纪社会主义的失败，不是社会主义不应该搞，而是由于自身犯错误的结果。在马克思主义学说中，科学性和革命性是高度统一的，理论越是彻底，越是能体现它的革命精神，必须以革命的批判的态度领会马克思的学说。在这方面，恩格斯是永远值得我们学习的光辉典范。

从上述可见，唯物主义历史观在马克思主义思想体系中占有极为重要的地位，可以说，它是马克思主义思想体系的理论基石，抽掉它便不会有马克思主义和科学社会主义。唯物史观创立的意义，至少有以下几点：首先，唯物史观的创立，实现了社会历史观的伟大变革，使社会科学真正变成科学。人们可以曲解它，也可以不承认它，但是不可能用一种所谓新的学说去代替它，至少在现在是如此。正如列宁所说，"自从《资本论》问世以来，唯物主义历史观已经不是假设而是科学地证明了的原理，在没有另一种想科学地说明某种社会形态的活动和发展的尝试以前……唯物主义历史观始终是社会科学的别名"。② 其次，唯物主义历史观的产生才使社会主义成为真正的科学。唯物史观的创立，使马克思的思想和研究工作发生了质的飞跃。众所周知，马克思于19世纪40年代下半期开始研究政治经济学，但后来在唯物主义历史观的指导下，他对经济学的研究才进入到一个新的阶段，深刻地分析了资本主义的商品、揭露了资本剥削的秘密，创立了剩余价值学说。正如列宁所说，《资本论》就是一部大写的哲学。这

---

① 《马克思恩格斯选集》第1卷，人民出版社1995年版，第115—116页。
② 《列宁选集》第1卷，人民出版社1995年版，第10页。

两大发现，就使社会主义从空想变成科学。恩格斯在他的著作中对此作了深刻的阐明，并且指出，没有德国的哲学，就不会有现代社会主义。同样，要正确而深刻地把握科学社会主义的本质和运动规律，也不能没有哲学思维。再次，唯物主义历史观是指导当今社会主义运动的强大的思想武器。不论是对社会主义理论的深刻理解，还是对社会主义实践的正确把握，都必须有历史唯物主义观点和方法的指导，尤其是在当今世界社会主义处于低潮和国际形势复杂多变的情况下，只有唯物主义历史观才能使我们坚定信念，看清方向，认清本质，头脑清醒。唯物主义历史观也是我们建设有中国特色社会主义的精神武器，在面对 21 世纪严峻形势下、在我国社会发展面临诸多困难下，只有历史唯物主义的观点和方法，才能指导我们去研究新情况、解决新问题、战胜各种艰难险阻，在 21 世纪中叶实现社会主义现代化伟大目标。

今天，纪念马克思逝世一百二十周年，最好的礼物就是学习、研究马克思的学说，正确领会马克思主义的精神实质，继承它的革命的批判精神，把马克思开创的共产主义伟大事业推向前进！

（原载《马克思主义研究》2003 年第 2 期）

《共产党宣言》与现时代

——纪念《共产党宣言》发表 160 周年

《共产党宣言》是马克思主义奠基之作，也是马克思主义最重要、影响最深广的经典著作，具有划时代意义。它的问世标志着马克思主义作为成熟的科学理论正式诞生了。从此，国际共产主义运动有了科学的理论指导，并且蓬蓬勃勃地发展起来。如果没有《宣言》出版和指导，工人运动可能还要在黑暗中继续徘徊和摸索。

一　《共产党宣言》的出版和影响

共产主义者同盟是历史上第一个无产阶级政党。1847 年 11 月在伦敦举行的同盟代表大会，委托马克思和恩格斯起草一个准备公布的完备的理论和实践的党纲。这就是 1848 年 2 月在伦敦出版的《共产党宣言》。《宣言》出版以来，至今用 200 多种文字，出版了数百种版本，其影响波及全世界。这在世界学术理论领域是绝无仅有的。恩格斯在 1890 年德文版序言中说："《宣言》的历史在某种程度上反映着 1848 年以来现代工人运动的历史。现在，它无疑是全部社会主义文献中传播最广和最具有国际性的著作，是从西伯利亚到加利福尼亚的所有国家的千百万工人共同的纲领。"① 在 20 世纪，由《宣言》奠定的马克思主义学说，由理论变成实践，建立了世界上第一个社会主义制度，并曾经出现了一个让资本主义世界胆战心惊的社会主义阵营。《宣言》也必将对 21 世纪世界社会主义产生重大影响。

---

① 《马克思恩格斯文集》第 2 卷，人民出版社 2009 年版，第 21 页。

在我国，从 20 世纪初一些进步人士就开始向国人介绍《宣言》，并且多次翻译出版了《宣言》的部分内容，宣传其重要思想。直到 1920 年 8 月才全文出版了由陈望道翻译的《宣言》中文版。以毛泽东为代表的我国老一辈革命家，就是通过这个最早的中译本《宣言》接受马克思主义的。周恩来曾经回忆道："我最早读到的陈望道翻译的《共产党宣言》，这个译本虽然有些缺点，但基本原理大体是正确的。"在他病重期间还向陈望道询问《宣言》第一版出版的情况。《宣言》在我国先后出了十几种版本。1964 年，中央编译局参照《宣言》的德文版和恩格斯亲自审阅过的英文和法文本，对《宣言》的中译本进行了较大的、周详的校译，这个版本成为在我国流传最广和影响最大的译本。同时还出版了多种少数民族文字的译本。没有《共产党宣言》就不会有国际共产主义运动，也就不会有我国社会主义革命与建设，更不会有中国特色社会主义。

《共产党宣言》尽管发表 160 周年了，但它在今天仍有重要理论价值和现实意义。今天纪念《共产党宣言》发表 160 周年，最重要的是，应该认真地研读《宣言》文本，结合新的时代特征和社会实践，理解和把握它所包含的深刻的思想内容，以及马克思主义创始人研究分析问题的立场、观点和方法，并用《宣言》的精神激励和指导我们的行动。

二　国外学者对《共产党宣言》的研究和评价

学习和研究《宣言》，不仅要了解我国学者的研究情况，还应当了解国外学者、特别是左翼学者对《宣言》研究和评价。因为《宣言》本来就是世界性的作品，是国际共产主义运动的产物，他们的研究无疑对我们有重要的借鉴意义。

在 1998 年，为纪念《共产党宣言》发表 150 周年，许多国家纷纷举行各种形式的纪念活动和理论研讨会。其中最隆重、规模和影响最大的国际性活动，是当年五月中旬在巴黎召开的"纪念《共产党宣言》发表 150 周年国际大会"。它既是一次具有重要意义的纪念活动，又是一次内容广泛的马克思主义国际学术讨论会。这次会议由法国"马克思园地"主办，有 60 多个国家和地区的 1500 多名专家学者参加。笔者作为中国学者参加了这次盛会，深为大会的气氛和学者们的深邃的见解所感染，现在回想起来，当时的情景还历历在目。这次大会的主题是，《宣言》发表一个半世纪以来，当代资本主义的变化和如何实现人类的解放。大会组委会主任、法共政治局委员、前马克思主义研究所所长弗·拉扎尔夫人在致开幕词时动情地说："《共产党宣言》不是一般的书。它不是冰，而是碳，放在锅里能使水沸腾起来。我们为什么不使历史重新沸腾起来呢？"她最后讲到："取代资本主义的选择是什么？人类解放的前景是什么？这两个问题值得在世界范围展开最广泛、最深入和最富创造性的讨论。因为在马克思提出解放全人类口号150年后的今天，《宣言》依然具有伟大意义。马克思揭示了资本主义给人类带来的灾难。150年来，为着人类的解放，各国人民和无数志士仁人雄心勃勃地进行了众多的探索和尝试，但也经历了许多苦难、悲剧和失败。值此世纪之交之际，面对社会生活的新挑战，我们认为，所有的进步力量应在保持各自特性的同时，摈弃几十年间形成的分歧，共同思考，一起工作和进行讨论。这就是本次大会的意义。"① 她的发言指明了《宣言》的重要精神，表达了与会学者的心声。

这次会议着重讨论了以下的问题：《宣言》发表以来时代发生的变化和当今世界面临的重大问题；《宣言》的历史地位和重要意义；当代资本主义和经济全球化；当代资本主义阶级关系的新变化和革命问题；民主和社会主义的内在统一关系问题；市场和社会主义的关系问题；关于科技革命、生态环境和可持续发展问题等等。与会学者对以上问题都进行了深入的讨论，发表了很有见地的看法。比如，关于可持续发展问题，有的学者强调，生态问题已经成为当今世界面临的巨大挑战，必须以马克思人与社会、人与自然相和谐的思想来重新审视科技革命、生产力发展和消费问题，必须把生态战略和社会问题联系起来加以考虑，也就是解决生态问题必须同解决社会问题相结合。有的学者认为，当前全球严重的生态问题是发达资本主义的无节制的生产和无节制的消费造成的。为超额利润而生产和为过度消费而生产是资本主义生产方式的两根支柱，资本主义制度是不可能解决当今面临的生态灾难问题的。可见，这些观点对于当前我们建设

---

① 《靳辉明文集》，上海辞书出版社2005年版，第421—422页。

社会主义生态文明是有启发意义的。这次会议气势恢宏，理论层次高，反映了苏东剧变后国际上出现研究马克思主义的新的热潮。

众所周知，在千年之交之际，也就是1999年下半年，英国剑桥大学文理学院几位教授发起评选"人类纪元第二个千年第一思想家"，结果马克思荣登榜首。此后，西方学界和媒体又几次评选"千年最伟大思想家"和"千年伟人"，马克思都名列前茅。2005年7月英国广播公司（BBC）"在我们这个时代"栏目中开展一项调查，题目是"谁是现今英国人心目中最伟大的哲学家"。7月14日公布的调查结果显示：共产主义理论奠基人卡尔·马克思以27.93%的得票率排在第一位。休谟、柏拉图、康德、苏格拉底、亚里斯多德和黑格尔等远远落在其后。

该栏目主持人布拉格认为，"马克思当选为最伟大哲学家有诸多因素，但是能够解释一切的理论是他夺冠的最重要原因。"这里所说的"能够解释一切的理论"，我认为指的就是马克思的唯物主义历史观。因为，只有用历史唯物主义的观点和方法，才能科学地说明社会现象的本质和历史发展的规律，才能对历史的趋势作出正确预测。对这次调查，剑桥大学政治系教授加里斯特·琼斯发表评论说："如果你读《共产党宣言》你不得不承认它是一个很有力、很了不起的文件。虽然出版于1848年，但我们现在经常谈到的全球化、裁员、跨国公司、世界经济朝这个或那个方向发展，所有这些内容书中都能找到，它有令人惊讶的现实意义，任何其他文件都没有这个力量。"①

同年9月，德国《明镜》周刊也作了类似的调查，结果公布后，不来梅大学和柏林自由大学的学者发表评论说："作为社会理论家，马克思揭示了历史唯物主义的发展规律，以及物质基础—上层建筑模式，并勾画出现代社会发展的历史远景。这些在过去都非常吸引人，现在仍然令人神往。"这两位学者都认为，"马克思改变了世界。""21世纪初，我们需要像马克思这样的思想家以令人信服的方式分析资本主义的形势。"

2008年是马克思诞辰190周年，《共产党宣言》发表160周年，国内外学界都举办了一些纪念活动和学术讨论会，发表了一些纪念性的文章。

---

① 《新华每日电讯》2005年7月27日。

比如，德国《青年世界报》5 月 7 日发表了汉·海·霍尔茨的《走出神秘——神话式思想》，文章阐明了马克思如何摆脱把社会神秘化的唯心史观，用自己的唯物史观对社会发展作出科学预见，认为"马克思还活着，因为他的理论今天依旧适用，其思想对我们的鼓舞并未停顿。马克思是我们中的一员，为我们照亮了当代社会，指明了未来道路。"有的学者高度评价马克思的科学预见，认为他头脑里似乎有一架"时代机器"。俄罗斯《独立报》5 月 15 日发表了俄哲学家和文学家为纪念马克思诞辰 190 周年的文章，认为"马克思是一个天才，世界因为他而发生了不可逆转的变化。马克思让世界用他的语言说话，他是那个高举理想的大时代的符号"。

从上述可见，《共产党宣言》对当今世界依然发生着重大的影响，就像巴黎大会的中心口号一样："马克思还活着"，"当今世界仍然需要马克思主义"！

三　《共产党宣言》的基本思想及其当代价值

由《共产党宣言》所奠定的马克思主义学说，之所以对人类社会和历史发展发生如此深刻的影响，就因为它是科学真理，是马克思主义的理论力量和逻辑力量征服了人心，并赢得了世界上千千万万人们的敬仰。

马克思和恩格斯在《宣言》1872 年德文版序言中指出，"不管最近 25 年来的情况发生了多大的变化，这个《宣言》中所阐述的一般原理整个说来直到现在还是完全正确的。""这些原理的实际运用，正如《宣言》中所说的，随时随地都要以当时的历史条件为转移"。① 马克思主义创始人的这些论断，在今天依然也还是正确的。马克思主义这些一般原理，也即基本原理，至今仍然没有过时，用西方学者的话来说，"是不可超越的"。当然，这些基本原理在实际运用中将会得到不断的丰富。《宣言》中阐述了哪些基本原理，长期以来，人们从不同角度进行过很多的探讨，也做过各种概括，推动了对《宣言》的深入研究。笔者也想就《宣言》阐述的基本原理及其在当代的意义谈一点粗浅的看法。

---

① 《马克思恩格斯文集》第 2 卷，人民出版社 2009 年版，第 5 页。

第一，《宣言》阐明的最基本的思想，首先是关于人类社会结构及社会运动规律的思想。正如《宣言》1883 年德文版序言中指出的，"贯穿《宣言》的基本思想：每一个历史时代的经济生产以及必然产生的社会结构，是该时代政治的和精神的历史的基础"①。在 1888 年英文版序言中，又进一步指出，"构成《宣言》核心的基本思想"就是："每一历史时代主要的经济生产方式和交换方式以及必然由此产生的社会结构，是该时代政治的和精神的历史赖以确立的基础，并且只有从这一基础出发，这一历史才能得到说明"②。这也就是 1859 年《政治经济学批判》序言中所阐述的关于生产力和生产关系矛盾运动以及社会形态及其更替规律的基本思想。关于"两个必然"、阶级和阶级斗争以及共产主义基本特征等等，都是从这个最基本思想派生出来的原理，或者说是它的展开。也可以说，这是《宣言》的最深刻的世界观和方法论基础。列宁在评价《宣言》时指出："这部著作以天才的透彻而鲜明的语言描述了新的世界观，即把社会生活领域也包括在内的彻底的唯物主义、作为最全面最深刻的发展学说的辩证法以及关于阶级斗争和共产主义新社会创造者无产阶级肩负的世界历史性的革命使命的理论。"③ 现在，国内外都有这样一些学者恰恰在否定恩格斯所强调的这个"核心"思想，如果否定了这个"核心"，马克思主义基本原理和科学体系，就将不复存在，当前的社会主义实践也将失去它的理论依据。今天，纪念《宣言》发表 160 周年，我们应该旗帜鲜明地坚持和弘扬马克思主义这个最基本原理，阐明它的理论价值和在当代的现实意义。

第二，关于"两个必然"的原理。这是马克思主义创始人用上述历史唯物主义观点和方法，分析资本主义社会矛盾运动及阶级关系而得出的科学结论。资本主义制度在其发展过程中，曾创造过辉煌，起过重大的历史作用，但是，同任何事物的发展一样，它在自己生命途程中同时包含着自身的否定因素。正如恩格斯所说："资产阶级从它产生的时候起就背负着

① 《马克思恩格斯文集》第 2 卷，人民出版社 2009 年版，第 9 页。
② 同上书，第 14 页。
③ 《列宁专题文集——论马克思主义》，人民出版社 2009 年版，第 5 页。

自己的对立物：资本家没有雇佣工人就不能存在"①。他还说，"赋予新的生产方式以资本主义性质的这一矛盾（指社会的生产与资本主义占有之间的矛盾），已经包含着现代的一切冲突的萌芽。"②《宣言》正是用马克思刚刚形成的唯物史观，深刻地剖析了资本主义的生产力与生产关系、资本与雇佣劳动的关系，得出结论说："随着大工业的发展，资产阶级赖以生产和占有产品的基础本身也就从它的脚下被挖掉了。它首先生产的是它自己的掘墓人。资产阶级的灭亡和无产阶级的胜利是同样不可避免的。"③ 这就是我们通常所说的"两个必然"的原理。在 1882 年俄文版序言中，更明确地指出，"《共产党宣言》的任务，是宣告现代资产阶级所有制必然灭亡。"④《宣言》中阐述的这个无可辩驳的结论，令整个资本主义世界胆战心惊，但让世界无产阶级欢欣鼓舞。当然，资产阶级的灭亡和无产阶级的胜利，并不是短时期可以实现的，它是一个随着生产力的高度发展和生产关系不断变革的演进过程。20 世纪世界社会主义实践充分地证明了这一点。然而，由此认为共产主义是十分迷茫的，也是非常错误的。这是对社会主义前途丧失信心的表现。

　　《宣言》发表一个半世纪以来，世界发生了许多变化，自由资本主义发展到了国际垄断资本主义阶段，古典自由主义发展到了新自由主义形态，《宣言》预示的经济全球化，从 20 世纪 80 年代以来也迅猛地发展起来，同时出现了规模愈来愈大的反全球化运动等等。《宣言》所揭示的"两个必然"是否已经过时？回答当然是否定的。但是，问题在于如何用新的事实丰富对"两个必然"的理论论证。在这方面，国外学者和一些共产党的理论家作了许多新的有益的尝试。比如，俄共三大通过的《俄罗斯联邦共产党纲领》就试图从当代资本主义造成的全球社会问题和生态灾难，论证社会主义代替资本主义的必然性。《纲领》认为，如今占据大半个地区的资本主义是这样一种社会，那里的物资和精神生产从属于最大限度地搜刮利润、积累资本、追求无限膨胀的市场法则。当代资本主义的过

---

① 《马克思恩格斯文集》第 3 卷，人民出版社 2009 年版，第 525 页。
② 同上书，第 551 页。
③ 《马克思恩格斯文集》第 2 卷，人民出版社 2009 年版，第 43 页。
④ 同上书，第 8 页。

度生产和过度消费，必然带来越来越严重的社会问题和生态灾难。它使资本主义固有的资本与雇佣劳动、剥削与被剥削的矛盾越出了发达国家的国界，扩展到不同国家和地区，造成全球性的社会问题。生活在发达资本主义国家的近十亿居民成为特殊的"金十亿"，他们消费着世界80%的产品，这种超级消费建立在地球上大多数居民的经常性消费不足和相对、绝对贫困的基础之上。虽然发达国家一定程度地缓解了自身的矛盾，但是，就全球而言，这一矛盾更为广泛、更为深刻，这些国家同其他国家的关系具有了阶级剥削的性质。另外，这种过度消费，推动了工业生产毫无节制地发展，其结果造成了更为严重的生态、资源、发展等全球性问题。《纲领》指出，正是这样的严重后果，决定了资本主义社会的必然灭亡。资产阶级式的社会生活已濒临其可能的极限。连最狂热的拥护者也承认，资本主义生产方式不仅已到了其内部的临界线，而且到了其自然的临界线。《纲领》最后结论是：人类必须抛弃资本主义的价值追求和社会制度，必须对社会生活加以全面的有计划的自觉控制，把人自身的完善和发展放在首位，而这也就是社会主义的实现，是向共产主义前进。可以说，这是在马克思主义创始人关于社会主义历史必然性的经典论证的基础上，结合新的时代特征和社会实践，对这一科学原理的进一步丰富。

　　解决人与社会、人与自然的关系，始终都是人类面临的两大主题。历史已经表明，资本主义制度不可能解决人类所面临的这两大问题。社会主义就其本质而言，是能够而且必须解决这些问题的，但由于社会主义制度建立比较晚，加之实践中的失误，也没有能够解决好。要真正解决人类面临的这两大主题，还必须认真地总结经验与教训，进行艰苦地探索。科学发展观的提出，就是试图解决这些问题的极好的尝试。

　　第三，关于阶级存在和阶级斗争的原理。这是一个十分重要的思想，它像一条红线一样贯穿《宣言》的始终。恩格斯在谈到关于人类社会基本矛盾及阶级斗争规律时，不只一次地强调这个发现是属于马克思的。"在我看来这一思想对历史学必定会起到像达尔文学说对生物学所起的作用"，并指出马克思在1884年春天以前已经"考虑成熟了"。① 阶级和阶级斗争

---

① 《马克思恩格斯文集》第2卷，人民出版社2009年版，第14—15页。

是人类社会发展到一定历史阶段的必然产物，是不以人们主观意志为转移的客观存在。马克思在致约·魏德迈的信说，关于阶级的存在和阶级斗争，在我以前很久，资产阶级历史编纂学家和经济学家就已经发现了。我所加上的新内容是："（1）阶级的存在仅仅同生产发展的一定历史阶段相联系；（2）阶级斗争必然导致无产阶级专政；（3）这个专政不过是达到消灭一切阶级和进入无阶级社会的过渡"①。马克思的科学论断非常准确地揭明了阶级存在这一历史现象，说明了阶级斗争学说的科学价值。

《宣言》结合当时的革命形势和对资本主义社会矛盾的剖析，深刻地阐明了上述原理。首先，《宣言》开宗明义地指出："至今一切社会的历史都是阶级斗争的历史。"② 这清楚地指明了，阶级和阶级斗争是一个长期存在的历史现象，是一个客观的存在，是社会生产力发展到一定阶段的产物。马克思早在《德意志意识形态》中就阐明了《宣言》的这个重要思想。他指出：过去人们的发展是在有限的社会生产力基础上进行的，这种不能满足整个社会的生产，使得人们的发展只能具有这样的形式，即一部分人靠另一部分来满足自己的需要，而另一些人（多数）经常地为满足最迫切的需要而进行斗争。"由此可见，到现在为止，社会一直是在对立的范围内发展的，在古代是自由民和奴隶之间的对立，在中世纪是贵族和农奴之间的对立，在近代是资产阶级和无产阶级之间的对立。"③ 这里，把阶级斗争这一历史现象，奠定在了历史唯物主义的基础之上。这确实是马克思对社会历史认识的一个重大贡献。

马克思和恩格斯在写作《宣言》时对人类的史前史几乎还不了解。后来，陆续发表了一些关于俄国土地公有制的材料，出版了摩尔根的《古代社会》，人们才开始了对人类史前史的研究。马克思研究了东方社会，写下了"人类学笔记"，恩格斯1884年出版了《家庭、私有制和国家的起源》一书。这一研究不仅对人类史前史有了清晰的了解，而且也使唯物主义历史观、特别是关于社会形态的理论更加完善。所以，恩格斯对《宣

---

① 《马克思恩格斯文集》第 10 卷，人民出版社 2009 年版，第 106 页。
② 《马克思恩格斯文集》第 2 卷，人民出版社 2009 年版，第 31 页。
③ 《马克思恩格斯全集》第 3 卷，人民出版社 1960 年版，第 507 页。

言》的"至今一切社会的历史"的表述，明确为"这是指有文字记载的历史"，或加以"从原始土地公有制解体以来"全部历史，使得《宣言》的这一重要论断更为科学，更为准确。其次，《宣言》分析了资本主义社会的阶级对立，分析了资产阶级国家政权的阶级实质，指明无产阶级要从非人的生活条件下获得解放，必须夺取政权，建立自己的"政治统治"，即无产阶级专政。并且利用自己的政治统治，"一步一步地夺取资产阶级的全部资本，把生产工具集中在国家即组织成统治阶级的无产阶级手里，并且尽可能快地增加生产力的总量。"① 这是《宣言》最重要最卓越的思想，列宁在《国家与革命》中给它以极高的评价。② 这里不仅指明了无产阶级政权对无产阶级解放的绝对必要性，而且阐明了无产阶级政权的历史使命和任务。再次，《宣言》以历史唯物主义观点分析了无产阶级政权和国家的历史作用，指出当无产阶级政权完成了自己的历史使命的时候，"公共权力就失去政治性质"。当消灭了阶级对立的存在条件，消灭了阶级本身存在的条件，无产阶级的政治统治也就消失了。这里深刻地阐明了阶级、政党、国家政权和无产阶级专政都是一个历史范畴，它总有一天要退出历史舞台的。但我们距离这一天还相当遥远，工人阶级还必须依靠自己的政党，通过加强和巩固自己的政权，来实现自己的历史使命。所以，《宣言》的这些思想，在今天依然有着重要的指导意义。

当代资本主义阶级关系究竟发生了什么样的变化，是否像有些学者所宣扬的那样，当代资本主义已经变成"人民资本主义"，阶级对立已经不复存在了。这种说法显然是试图借口时代的变化，抹杀资本主义社会依然存在的阶级对立。诚然，《宣言》发表160年来，当代资本主义社会关系和阶级关系都发生了很大的变化，这种变化自然引起了广大学者的关注，特别是发达资本主义国家的学者对此进行了很多的研究，提出了新的认识和新的观点。按照他们的研究，这种新变化可以概括为两个方面：一是雇佣劳动化，也就是工人阶级队伍扩大化；二是雇佣劳动异质化。所谓"雇佣劳动化"，是指雇佣劳动在当今资本主义社会成为一种普遍现象。不论

---

① 《马克思恩格斯文集》第2卷，人民出版社2009年版，第52页。
② 参见《列宁专题文集——论马克思主义》，人民出版社2009年版，第196页。

蓝领还是白领，不论一般工人还是经理阶层和管理人员，都是受雇佣者。这些人一不占有生产资料，二受雇于资本家企业、公司或大的财团。他们找到好的工作，生活得就比较好，甚至可以接近中产阶级生活水平，一旦失业便沦为无产者行列，而在资本主义世界里，就业与失业是很通常的现象。日共学者指出，所谓"工人阶级是指出卖劳动力获取工资生活的群体，包括体力劳动，也包括脑力劳动"。他们认为，这种不占有生产资料的雇佣劳动者占整个劳动力的70%。法国学者弗·拉扎尔夫人认为，当代资本主义阶级结构从总体上没有改变。它的一端是金融资产阶级，另一端是雇佣劳动者。前者是少数，而后者的队伍则不断扩大。所以，在当今资本主义社会，阶级对立并没有消失。所谓"雇佣劳动异质化"，一方面，是指工人阶级从事的劳动部门和工作性质发生了变化。在当今的工人阶级队伍中，产业工人只占三分之一，而从事文教、医疗、通讯等部门的雇佣劳动者则占三分之二，此外，还有经理雇佣劳动者。另一方面，是当代工人阶级的生活条件同《宣言》时代的无产阶级相比，发生了很大变化，绝对赤贫现象比较少，甚至一些人还拥有少量股票。这种情况就使得当今工人阶级的阶级意识和革命精神同过去的无产阶级已经不能同日而语了。解决这些问题，是现在工人阶级政党面临的最大课题和难题。美共学者认为，在资本主义社会，阶级斗争并没有消失，只是改变了斗争的形式。"阶级斗争、种族斗争和民主斗争的结合"，是反对资本主义右翼势力的主要力量。从上述可见，《宣言》所阐述的阶级和阶级斗争的原理并没有过时，只是应当根据变化了的形势作出新的解释和运用。要科学的认识当今世界，认识当代资本主义的社会矛盾及其发展趋势，还必须诉诸马克思主义的阶级分析方法。

第四，关于共产主义基本特征的原理。这是马克思主义创始人分析资本主义社会矛盾和阶级关系而得出的重要理论结论。这些原理包括政治的、经济的和思想的。关于共产主义的政治特征，上述已经涉及了，这里不再赘述。《宣言》对共产主义的经济的和思想的特征，作了极为深刻而精辟的阐述。这里的核心首先是关于消灭私有制的思想。空想社会主义者已经认识到，私有制是资本主义社会一切弊病的"根源"，并开始从理论上思考消灭私有制的问题。马克思和恩格斯用历史唯物主义观点和方法，科学地阐明了私有制的发生、发展和社会本质，解决了空想社会主义者提出而不能解决的任务。《宣言》指出：消灭私有制不是某个世界改革家所发明的，"这些原理不过是现存的阶级斗争、我们眼前的历史运动的真实关系的一般表述。废除先前存在的所有制关系，并不是共产主义所独具的特征。""共产主义的特征并不是要废除一般的所有制，而是要废除资产阶级的所有制。"① 因为，现代资产阶级私有制是建立在阶级对立之上、建立在少数人对多数人的剥削之上的产品和占有的最后而又最完备的表现。不废除资产阶级的私有制，无产阶级就不可能真正获得解放，更不要说解放全人类了。所以，《宣言》以最鲜明的语言向世人宣告："共产党人可以把自己的理论概括为一句话：消灭私有制。"② 科学社会主义这一基本特征，是任何人也否定不了的，不管你承认与否。在我国社会主义初级阶段，由于生产力发展水平还较低，所以，在一定程度上还允许私有制的存在和发展，还必须实行以公有制经济为主体多种所有制共同发展的政策。只要坚持邓小平所说的公有制为主体和共同富裕的这两个根本原则，我们可以一步一步地建成社会主义，最后过渡到共产主义。

其次，《宣言》以历史唯物主义观点深刻阐明了共产主义的又一重要特征，即无产阶级意识形态必须居于统治地位。它旗帜鲜明地指出："任何一个时代的统治思想始终都不过是统治阶级的思想。"③ 我们知道，在《德意志意识形态》中，马克思和恩格斯在创立唯物主义历史观时，不仅从社会存在决定社会意识，而且从精神生产过程，透辟地分析了思想的产生及其社会阶级性质。他们指出：一个阶级是社会上占统治地位的物质力量，同时也是社会上占统治地位的精神力量。支配着物质生产资料的阶级，同时也支配着精神生产资料。占统治地位的思想不过是占统治地位的物质关系在观念上的表现，是使某个阶级成为统治阶级的关系在观念上的表现，因而这也就是这个阶级的统治思想。④ 这就从根本上说明了，为什么社会主义国家必须坚持工人阶级的意识形态，坚持马克思主义的主体地

---

① 《马克思恩格斯文集》第 2 卷，人民出版社 2009 年版，第 45 页。
② 同上书，第 45 页。
③ 同上书，第 51 页。
④ 参见《马克思恩格斯文集》第 1 卷，人民出版社 2009 年版，第 550 页。

位和指导地位，很显然，这是社会主义基本制度决定的，同时又是巩固和发展社会主义制度所必须的。我国当前实施的马克思主义理论研究和建设工程，就是要进一步确立马克思主义在我国政治生活中的指导地位，建设和巩固社会主义的主流意识形态。这是我们建设中国特色社会主义的根本的思想保障，也是《宣言》的两个"彻底决裂"精神在现今历史条件下的具体体现。

所以，《宣言》关于科学社会主义基本特征的论断，在今天并没有过时，而是得到进一步的丰富和实际运用。任何事物都有区别它事物的质的规定性，本质特征是质的规定性的具体体现，就像资本主义制度本质特征是生产资料私有制一样，社会主义本质特征是生产资料公有制。如果否定了《宣言》的这一核心思想，就无异于抽掉了科学社会主义赖以存在的理论基石。

第五，关于人的全面发展的原理。这一原理集中反映在《宣言》第二章最后一句话里，可以说，是《宣言》一个结论性的论断。这一论断是："代替那存在着阶级和阶级对立的资产阶级旧社会的，将是这样一个联合体，在那里，每个人的自由发展是一切人自由发展的条件。"[①] 对于这一重要原理的理解，在理论界存在着歧义。比如有的学者，离开科学社会主义的基本原理，仅仅突出一个"人"的问题，试图把马克思主义归结为人道主义，这是极其片面的。首先，这个原理作为《宣言》的一个结论性观点，它是同《宣言》所阐发的整个思想内在的联系在一起，是以唯物史观分析人类社会发展史，以及分析资本主义社会矛盾运动而得出的结论。如果脱离开《宣言》的整体思想，或者舍弃这句话的前半句，那么对"每个人的自由发展是一切人自由发展的条件"的论断就可以作出各种不同的解释。其次，人的全面发展是一个随着生产力发展而不断进步的过程。如前所说，过去的历史发展是同有限的社会生产相伴随，所以，人们获得自由的程度和需要满足的程度也是有限的。只有当社会生产力和社会关系发展到比较高的阶段，达到阶级和人剥削人的现象消灭的时候，人才能真正得到全面发展，才能达到"每个人的自由发展是一切人自由发展的条件"

---

① 《马克思恩格斯文集》第2卷，人民出版社2009年版，第53页。

的境界。那时，人的发展不再是片面的，也不再是虚幻的，而是全面的和真实的。那也就是共产主义的实现。再次，与上述相联系，人的全面发展是一个实实在在的进步过程，它同社会主义革命和建设事业紧紧联系在一起。否则，脱离开社会主义事业，人的全面发展只能流于空谈和空想。所以，人的全面发展是社会主义的重要特征，马克思主义创始人给它以很高的评价。

为了加深对上述思想的理解，我在这里援引一段恩格斯在逝世前两年的给意大利《新纪元》周刊的题词。1894 年 1 月，该周刊致信恩格斯，请求他用简短的字句来表述未来社会主义纪元的基本思想，以区别于诗人但丁曾说的"一些人统治，另一些人受苦难"的旧纪元。恩格斯回复说：要用几句话来概括未来社会主义纪元的基本思想，几乎是不可能的。经过考虑后，我认为，除了《宣言》中的"代替那存在着阶级和阶级对立的资产阶级旧社会的，将是这样一个联合体，在那里，每个人的自由发展是一切人的自由发展的条件"这句话之外，"我再也找不出合适的了"。① 从中不难看出，恩格斯把人的全面发展看成是社会主义的本质特征，看成是社会主义事业发展的结果。这里的人，决不是抽象的人，这个论断也绝不是抽象的人道主义。恰恰相反，《宣言》在批判当时流行的各种社会主义派别时，特别批判了以费尔巴哈人本主义为哲学基础在德国出现的"真正的"社会主义思潮，批评他们用抽象人性论曲解现实的社会主义运动，否定阶级观点。《宣言》在揭露"真正的"社会主义时指出："他们不代表真实的要求，而代表真理的要求，不代表无产者的利益，而代表人的本质的利益，即一般人的利益，这种人不属于任何阶级，根本不存在于现实界，而只存在于云雾弥漫的哲学幻想的太空。"② 这一批判十分深刻，并切中要害。"真正的"社会主义思潮早已销声匿迹了，但他们宣扬的抽象人性论思想一直在共产主义运动中回荡。从第二国际到戈尔巴乔夫的"人道的民主的社会主义"，都可以看到它的影子，并且已经给世界社会主义运动造成了严重的后果和极大的危害。

---

① 《马克思恩格斯文集》第 10 卷，人民出版社 2009 年版，第 666 页。
② 《马克思恩格斯文集》第 2 卷，人民出版社 2009 年版，第 58 页。

　　笔者把《宣言》所包含的基本原理概括为五个方面，其实还远不只这些。比如社会主义革命原理和无产阶级政党的理论等，也都非常重要，内容也极为丰富。这些宝贵的思想财富，也十分值得我们进行深入的挖掘和研究。总之，《共产党宣言》是工人阶级及其政党的极为宝贵的精神财富，尽管时代条件发生了很大变化，但它的真理的光辉，依然照耀着社会主义的征程。只要资本主义社会基本矛盾和阶级对立还存在，只要地球上人与自然、人与社会的矛盾没有得到真正解决，《宣言》的思想就不会过时。关键在于，要使《宣言》精神同时代特征和当代的社会主义实践相结合，在社会实践中使其得到不断的丰富和发展，从而使其永远保持着旺盛的生命力。

（原载《科学社会主义》2008 年第 1 期）

马克思主义及其在当代的伟大意义

　　马克思主义诞生一个半世纪以来，在同工人运动结合和社会主义革命与建设中，取得了举世瞩目的辉煌成就，给 20 世纪的世界历史打上深深的烙印，并且必将对 21 世纪的世界历史发生更大的影响。可以这样说，马克思主义对人类历史产生的深刻影响，是历史上任何理论、学说都不可比拟的。1983 年 3 月，为悼念马克思逝世 100 周年，我国举办了有上千人参加的纪念大会，在这个隆重的大会上，笔者作了题为《马克思在历史观上的伟大变革》的发言。我发言的开头一段话是："一种思想体系对历史影响的深度和广度，同它所蕴涵的真理性成正比。随着岁月的流逝，不少风云一时的理论学说失去了昔日的光辉，可是，马克思主义却与时俱进，日益显示出它的真理的威力。在马克思长眠于海格特公墓以来的一百年中，马克思主义越出欧美，以雷霆万钧之力磅礴于全世界。"今天，我们仍然用这段话来表示对马克思主义的信仰，对马克思这位"千年伟人"的崇敬。当前，世界社会主义运动虽然处于低潮，但我们相信，马克思主义依然充满着无限的生命力，世界社会主义事业一定会迎来新的复兴。

　　对马克思主义可以作这样的概括：它是揭示客观世界的本质和发展的一般规律的科学真理，是工人阶级和劳动人民改造世界的思想武器，是指导人类解放和实现共产主义的世界观和方法论。马克思主义是由它的一系列基本原理和基本观点构成的科学体系，其中包括马克思主义创始人的思想，也包括他的继承者在回答时代课题过程中而形成的、经过实践检验是正确的原理。马克思主义是严整的科学体系，也是发展的理论。马克思主义的一个基本特征是，其科学性和革命性、真理性和意识形态性，在它的体系中有机地统一在一起的。这就注定马克思主义在其发展途程中，不可能是一帆风顺的，它只能在斗争中向前发展，只能在同各种错误思潮的辩论中，在回答时代提出的课题中，为自己开辟前进的道路。

一　马克思主义产生是人类思想的伟大变革

（一）马克思主义是应近代工人运动的兴起而产生的

资本主义作为一种新的生产方式，是从封建的经济结构和社会关系中逐渐发展起来的。它于 14 世纪和 15 世纪首先在意大利萌芽，恩格斯把意大利称为第一个资本主义民族，并把 14 世纪意大利伟大诗人但丁视为欧洲中世纪的终结和现代资本主义纪元开端的标志，视为新时代的最初一位诗人。随着资本主义经济的发展，在 18 世纪和 19 世纪上半叶一些资本主义国家先后完成了政治革命，接着又进行了产业革命。同时，也使资本主义社会固有矛盾即资本和雇佣劳动的矛盾日益激化。正如恩格斯所说，"资产阶级从它产生的时候起就背负着自己的对立物：资本家没有雇佣工人就不能存在"①。

随着资本主义的发展和进入现代机器大工业时代，无产阶级特别是产业工人队伍不断壮大，资产阶级为自己准备了掘墓人。当资本主义固有矛盾激化和经济危机发生时，无产阶级与资产阶级之间的阶级矛盾也必然尖锐化，并迅速上升为社会主要矛盾。19 世纪 30、40 年代在法国、英国和德国相继发生的三次大的工人运动，标志着无产阶级反对资产阶级统治的历史新纪元开始了。

第一次工人运动是 1831 年到 1834 年的法国里昂纺织工人先后两次爆发武装起义。起义工人高呼"做工不能生活，不如战斗而死"的口号。起义工人不仅提出改善生活的经济要求，而且提出捍卫结社权和建立民主共和国的政治要求。恩格斯说，这表明无产阶级已经不再为反对自己的敌人的敌人而战斗，而是作为"社会主义的战士"大踏步地登上历史舞台。

第二次是从 1836 年开始的持续 12 年的英国的宪章运动。伦敦工人提出以争取普选权为目标的"人民宪章"，不止一次地向国会提交请愿书，最多有 330 万工人在请愿书上签名。并且宪章派还成立了自己的组织——

---

① 《马克思恩格斯文集》第 3 卷，人民出版社 2009 年版，第 525 页。

全国宪章派协会。列宁称宪章运动是"世界上第一次广泛的、真正群众性的、政治性的无产阶级革命运动"。

第三次是 1844 年 6 月爆发的德国西里西亚织工起义。这次起义以明确反对私有制和资本主义剥削制度为主导思想，深刻地反映了斗争的无产阶级性质，以其鲜明的理论性和自觉性标明德国无产阶级的觉醒。

刚刚兴起的无产阶级运动向何处去？用什么样的理论和策略武装无产阶级战士，使无产阶级的解放事业能够沿着正确的轨道前进？这是时代提出的严峻的历史课题。关心早期无产阶级命运的已有理论、特别是空想社会主义学说，已无法回答这个历史课题。时代和社会实践呼唤革命理论，呼唤时代巨人的产生，于是，马克思、恩格斯及其思想学说便应运而生了。这是马克思主义产生的最深刻的时代背景，从而也决定了马克思主义的鲜明的阶级性。

（二）马克思主义是人类所创造的优秀思想成果的直接继续

人类精神的发展也为马克思主义的产生提供了丰富的思想材料。人类在历史上创造的一切有价值的思想成果，是马克思主义能以产生的思想渊源。列宁称马克思主义有三个主要理论来源，即英国古典政治经济学、德国古典哲学和英法的空想社会主义。他说："马克思的全部天才正是在于他回答了人类先进思想已经提出的种种问题。他的学说的产生正是哲学、政治经济学和社会主义极伟大的代表人物的学说的直接继续。"[1] 我们可以从以下几个方面加以阐明：

一是英国古典政治经济学。它产生于 17 世纪后半期英国资产阶级革命时期，完成于英国产业革命后的 19 世纪初。其创始人是威廉·配第（1623—1687 年），主要代表人物是亚当·斯密（1723—1790 年）和大卫·李嘉图（1772—1823 年）。因为李嘉图是英国古典政治经济学的完成者，是它的最后一位杰出代表，所以列宁把英国古典政治经济学称之为"人类在 19 世纪所创造的优秀成果"。[2] 英国古典政治经济学的主要理论

① 《列宁专题文集——论马克思主义》，人民出版社 2009 年版，第 66—67 页。

② 同上书，第 67 页。

成就是：（1）创立了劳动价值论，认为"劳动是衡量一切商品交换价值的真实尺度"。（亚当·斯密：《国民财富的性质和原因的研究》）（2）对剩余价值的性质和起源作了某些猜想。（3）对资本主义社会阶级关系作了一定的经济分析。马克思说过："无论是发现现代社会中有阶级存在或发现各阶级间的斗争，都不是我的功劳。在我以前很久，资产阶级历史编纂学家就已经叙述过阶级斗争的历史发展，资产阶级经济学家也已对各个阶级作过经济上的分析。"[①] 亚当·斯密已经根据收入形式的不同，来划分资本主义社会的三个主要阶级：地主、资本家和工人。李嘉图有意识地把三个阶级利益的对立作为自己研究的内容。所以，马克思说，"李嘉图揭示并说明了阶级之间的经济对立"[②]。这是对英国古典政治经济学的理论价值的高度评价。

二是德国古典哲学。德国古典哲学产生于 18 世纪下半期，19 世纪上半叶达到鼎盛时期。其著名代表人物是黑格尔（1770—1831 年）和费尔巴哈（1804—1872 年）。如果说，英国古典经济学以其经济理论推进了人们对社会的认识，那么，德国古典哲学则丰富了人类的哲学思维。黑格尔是唯心主义者，但他却是辩证法大师，他以客观唯心主义的形式，阐明了辩证法的基本规律即对立统一规律、质量互变规律、否定之否定规律中的许多合理因素。马克思和恩格斯都曾高度评价了黑格尔对辩证法所作出的巨大贡献。马克思说："辩证法在黑格尔手中神秘化了，但这决不妨碍他第一个全面地有意识地叙述了辩证法的一般形式。"[③] 恩格斯也指出："黑格尔第一次——这是他的巨大功绩——把整个自然的、历史的和精神的世界描写为一个过程，即把它描写为处在不断的运动、变化、转变和发展中，并企图揭示这种运动和发展的内在联系。"[④] 不仅如此，黑格尔还试图描述历史自身发展的规律性。正如恩格斯所指出的，黑格尔最具历史感。德国古典哲学的另一位著名代表是费尔巴哈，他是杰出的唯物主义哲学家和战斗无神论者，在反对宗教和唯心主义斗争中，建立起以人本主义为特

---

① 《马克思恩格斯文集》第 10 卷，人民出版社 2009 年版，第 106 页。
② 《马克思恩格斯全集》第 26 卷第 2 册，人民出版社 1973 年版，第 183 页。
③ 《马克思恩格斯全集》第 23 卷，人民出版社 1972 年版，第 24 页。
④ 《马克思恩格斯文集》第 9 卷，人民出版社 2009 年版，第 26 页。

征的唯物主义哲学。费尔巴哈把自然界和人作为哲学的最高对象，强调自然界的客观实在性，认为自然界是非发生的永恒的实体，是第一性的实体，是人们借助感官可以直接感知的感性存在物；人不是纯粹的自我意识，而是主体和客体、肉体和灵魂的统一体；肉体是精神产生的基础，离开肉体，离开作为身体有机部分的大脑，思维和精神是不可能存在的。他从人与自然的统一的角度，明白无误地阐明了唯物主义的观点，并且由此出发批判把人的思维变成独立精神实体的黑格尔的唯心主义哲学，批判宗教神学，认为神无非是"人的本质的异化"。费尔巴哈唯物主义虽然具有形而上学性和直观性的特点，而且在历史观上是唯心主义的，但是，他冲破黑格尔唯心主义的统治，恢复唯物主义的应有权威，使当时沉闷的德国思想界为之清新和振奋，并为在唯物主义基础上改造黑格尔唯心主义辩证法提供了可能性。

　　三是法国和英国的三大空想社会主义学说。英国古典经济学和德国古典哲学，都是力图反映资产阶级发展资本主义的愿望和要求，但当时存在的空想社会主义思潮，不是颂扬和维护资本主义制度，而是对它进行揭露和抨击。空想社会主义是随着资本主义产生而产生、随着资本主义发展而发展的一种社会思潮。它从英国人莫尔于 1516 年发表《乌托邦》算起，差不多 500 年了。继之有意大利人康帕内拉的《太阳城》，德国人托玛斯·闵采尔关于《千载太平天国》的幻想，英国"掘地派"领袖温斯坦莱的《自由法》等。这时的空想社会主义还处于萌芽阶段，用恩格斯的话说，还只是"共产主义思想的微光"。到 18 世纪，空想社会主义学说发生了重大变化，出现了从理论上论证社会主义理想的著作。比如，让·梅里叶的《遗书》、马布利的论战著作以及巴贝夫的演说和论文。这时的空想社会主义者突破《乌托邦》以来的文学形式，开始从理论上探讨和论证消灭生产资料私有制等重大的社会主义原则。用恩格斯的话说，共产主义的思想微光终于点燃起"直接共产主义理论"。最后到 19 世纪初，空想社会主义学说发展到最高阶段，产生出英法三大空想社会主义者，即法国的圣西门、傅立叶和英国的欧文。他们继承了早期空想社会主义者对资本主义的批判精神和对未来理想社会探索的成果，使空想社会主义学说成为更为完整的思想体系。其主要理论观点可概括如下：

　　第一，历史观中的辩证因素。空想社会主义者的历史观并未超出 18
世纪法国唯物主义关于理性支配世界的唯心主义观点，但包含着历史的辩
证法。认为人类社会是一个发展过程，其中包含着一系列发展阶段，而每
一个发展阶段都不是固定不变的，因此资本主义社会也不可能是永恒的。
比如，傅立叶认为，文明制度（指资本主义制度）"不过是社会发展过程
中的一个阶段"，提出"应该怀疑文明制度，怀疑它的必要性、它的优越
性，以及怀疑它的永久性"①。

　　第二，对资本主义社会的弊病进行无情地揭露和抨击。圣西门把资本
主义制度看成是"新的奴役形式"，是一个"是非颠倒的世界"，并且对
资本主义制度下的利己主义进行了猛烈地抨击。傅立叶对资本主义私有制
进行了深刻地批判，他把建立在私有制基础上的资本主义社会称为"复活
的奴隶制"，"社会地狱"，说这种社会是在"恶性循环"中运动，即在它
自身不断重新创造出来而又无法克服的矛盾中运动。欧文认为私有制、宗
教和婚姻形式是资本主义社会"三位一体的祸害"，而其中最主要的祸害
是私有制，它"过去和现在都是人们所犯的无数罪行和所遭受的无数灾祸
的原因"。"私有制使人变成魔鬼，使全世界变成地狱"，它"理论上是那
样不合乎正义，而在实践上又同样不合乎理性"。② 他们主张废除资本主义
私有制，可以说达到了空想社会主义者对资本主义制度批判的最高极限。

　　第三，对未来社会的构想。空想社会主义者认为代替现存的资本主义
社会的未来社会，应该是"实业制度"和"和谐社会"。欧文主张建立以
公有制为基础的共产主义劳动公社的联合体。在联合体中，实行财产公
有，主要生产资料归公社，生活资料归个人所有。公社中不再有资产者和
无产者的差别，实行按需分配，废除国家，等等。空想社会主义者很多构
想还流于空想，但是，他们提出的问题和有价值的思想成果，无疑为以后
创立科学社会主义提供了十分重要的思想材料。恩格斯曾经指出，"他们
天才地预示了我们现在已经科学地证明了其正确性的无数真理。"③ 其中包

---

　　① 《傅立叶选集》第 1 卷，商务印书馆 1959 年版，第 51 页。
　　② 《欧文选集》下卷，商务印书馆 1965 年版，第 13、14 页。
　　③ 《马克思恩格斯文集》第 2 卷，人民出版社 2009 年版，第 218 页。

括关于未来理想社会及其本质特征的思想，马克思和恩格斯不过是为其提供了唯物主义的基础。恩格斯在谈到黑格尔哲学对科学社会主义产生的影响时说，"如果不是先有德国哲学，特别是黑格尔哲学，那么德国科学社会主义，即过去从来没有过的唯一科学的社会主义，就决不可能创立。"①从这些论述中可见，马克思主义作为科学真理，决不是凭空产生的，它是人类近几百年来思想文化发展的结果。没有这些先进的思想成果决不可能有马克思主义的创立。这也说明了马克思主义之为颠扑不破的科学真理的重要原因。

四是自然科学的伟大发现。人类对社会的认识是不断深化的，对自然现象的认识就更是如此。19 世纪上半叶，当人类在政治经济学、哲学、社会主义理论方面获得重要成就的同时，在工业革命的推动下，自然科学也取得了重大突破，其中特别是能量守恒和转化定律、生物的细胞结构学说、达尔文的进化论，被称为是 19 世纪自然科学的三大科学发现。这些伟大发现标志着人类对整个自然界的认识达到了一个新的高度，即把自然界作为总体揭示其客观的辩证运动的规律。黑格尔之所以能够成为辩证法大师，也是由于当时自然科学的长足发展。马克思和恩格斯都曾特别关注和研究自然科学取得的新成果。马克思就写过"数学手稿"，恩格斯也著有《自然辩证法》，而且在《反杜林论》中也研究了大量自然科学问题。马克思主义创始人对于当时自然科学最新成就的关注和研究，为马克思创立唯物主义历史观和剩余价值理论——马克思的"两大发现"——奠定了科学的基础。恩格斯《在马克思墓前的讲话》中有这样一段话："一生中能有这样两个发现，该是很够了。即使只能作出一个这样的发现，也已经是幸福的了。但是马克思在他所研究的每一个领域，甚至在数学领域，都有独到的发现"②。马克思不仅把自然科学的发现，看作是自然科学的成果，而且看到它对社会生产力和社会进步的巨大推动作用。正如恩格斯所说，"在马克思看来，科学是一种在历史上起推动作用的、革命的力量。任何一门理论科学中的每一个新发现……都使马克思感到衷心喜悦，而当

---

① 《马克思恩格斯文集》第 2 卷，人民出版社 2009 年版，第 217 页。
② 《马克思恩格斯文集》第 3 卷，人民出版社 2009 年版，第 601—602 页。

他看到那种对工业、对一般历史发展立即产生革命性影响的发现的时候，他的喜悦就非同寻常了。"①

从上述可以清楚地看出，人类思想的发展和科学进步已经为马克思主义的产生提供了充分必要的条件，可以说，在 19 世纪上半叶一种全新的科学的世界观和历史观的产生，揭开历史之谜，已经水到渠成。即使不是马克思，别的人也能够把它创造出来。但是，必须具备马克思这样的天才、勤奋和为工人阶级和广大劳动人民的无私的奉献精神。马克思不仅具有超人的天赋，具有难以想象的勤奋，而且他毅然决然地脱离自己原来的阶级，转向无产阶级的立场。而这一点不是所有人都能做到的。恩格斯说，"他毕生的真正使命，就是以这种或那种方式参加推翻资本主义社会及其所建立的国家设施的事业，参加现代无产阶级的解放事业，正是他第一次使现代无产阶级意识到自身的地位和需要，意识到自身解放的条件。"② 马克思主义创始人正是在完成了从革命民主主义到共产主义、从唯心主义到唯物主义的转变，在总结工人运动实践经验的基础上，批判地继承了前人创造的一切有价值的思想成果，才创立了马克思主义，实现了人类思想的伟大变革。

众所周知，马克思 1842 年在《莱茵报》时期就立志为社会主义提供"理论论证"。时年马克思才刚刚 24 岁。他在《共产主义和奥格斯堡〈总汇报〉》一文中，在评论关于共产主义讨论时指出："我们坚信，真正危险的并不是共产主义思想的实际试验，而是它的理论论证；要知道，如果实际试验会成为普遍性的，那么，只要它一成为危险的东西，就会得到大炮的回答；至于掌握着我们意识、支配着我们信仰的那种思想（理性把我们的良心牢附在它的身上），则是一种不撕裂自己的心就不能挣脱出来的枷锁；同时也是一种魔鬼，人们只有先服从它才能战胜它。"③ 为了给共产主义提供理论论证，马克思开始研究哲学，创立了唯物主义历史观；接着，在这一科学历史观的指导下，研究政治经济学，写作《资本论》，创

---

① 《马克思恩格斯文集》第 3 卷，人民出版社 2009 年版，第 602 页。

② 同上。

③ 《马克思恩格斯全集》第 1 卷，人民出版社 1956 年版，第 134 页。

立了剩余价值学说；最后，在这两大发现的基础上，使社会主义由空想变为科学，从而形成了马克思主义的完整学说，为工人阶级的解放、人类的解放、社会历史变革提供了强大的思想武器。

首先，马克思主义产生之所以是人类思想的伟大变革，体现在它的产生把人们对社会历史现象的认识真正奠定在唯物主义基础之上。在历史上，人们对社会历史现象的研究也取得一些成果，有不少的天才猜测，但从总体来看，在历史领域还是唯心主义居于统治地位，用"神"、"人"或"观念"解释社会历史现象，把某种精神的东西视为社会历史的本源。马克思主义创始人把唯物主义推广到社会历史研究领域，用唯物辩证的观点和方法，分析和研究社会现象，揭开了几千年来蒙在人类社会上的神秘面纱，揭示了社会现象的本质和人类历史之谜，发现了社会发展的规律。恩格斯称，马克思的这一发现同达尔文学说对于生物学，能量转化定律对于自然科学，具有同样的意义。列宁高度地评价了马克思主义唯物史观的产生，他指出，这是"科学思想的最大成果"①，称"唯物主义历史观始终是社会科学的同义词"，"不言而喻，没有这种观点，也就不会有社会科学"②。这里把马克思主义唯物史观的科学价值讲得再清楚不过了。

其次，"伟大变革"还体现在把哲学社会科学从书斋中解放出来，变成广大人民认识世界和改造世界的精神武器。正如列宁所说的："它把伟大的认识工具给了人类，特别是给了工人阶级。"③过去的哲学和社会知识，或者是统治阶级的御用工具，或者是文人、学者在书斋里研究的对象，而马克思主义创始人公开申明，自己的学说是为工人阶级和广大人民服务的，是人们认识世界和改造世界的精神武器。正是在以马克思主义为指导的社会科学的武装下，工人运动由自在阶段，发展到自为阶段，自觉地进行着改造世界的活动，为人类解放和共产主义事业而奋斗。

---

① 《列宁专题文集——论马克思主义》，人民出版社2009年版，第68页。
② 《列宁专题文集——论辩证唯物主义和历史唯物主义》，人民出版社2009年版，第163、161页。
③ 《列宁专题文集——论马克思主义》，人民出版社2009年版，第68页。

二　马克思主义的发展历程和阶段

马克思主义是发展的理论。自它产生以来，经历了一个很长的不断的丰富、完善和发展的过程，其间包含着一系列相互衔接的发展阶段。这些阶段是由该阶段存在的社会问题和社会矛盾，以及工人阶级及其政党所面临的历史任务所决定的。马克思主义正是在回答不同历史阶段提出的课题，在从理论上总结社会主义革命和建设经验过程中不断丰富和发展起来的。总的说来，自马克思主义产生以来，大体经历了三个大的发展阶段，每个阶段又大致经历了50年。

第一个阶段，从以《共产党宣言》为标志的马克思主义诞生到恩格斯逝世。这个时代，是资本主义在欧美主要国家取得政治统治，建立了资本主义制度，并进入其稳定发展的上升时期。与之相伴随，是欧洲三大工人运动爆发，以及工人运动的蓬勃开展。世界社会主义面临的历史课题，是探讨资本主义这一新的社会形态的本质特征、基本矛盾和发展规律，为社会主义提供"理论论证"。在这半个世纪里，作为理论形态的马克思主义，从产生到丰富和发展，它战胜了工人运动中的各种机会主义派别和形形色色的社会主义思潮，成为工人阶级公认的指导思想。恩格斯曾经说过，马克思以他的理论创造参加了无产阶级的革命事业。正是由于马克思主义创始人的天才创造和艰辛的理论探索，才使社会主义由空想变为科学，工人运动从此不再在黑暗中徘徊，而走上健康发展的道路，即由自在阶段发展到自为阶段。这个时期，马克思和恩格斯进行了大量的卓有成效的理论研究和理论创新，批判地继承了人类在历史上创造的一切最有价值的思想成果，总结了当时工人运动的经验，把人类精神推进到一个崭新的历史阶段。马克思主义是人类思想发展的总汇，其最大的理论成果是：揭示了人类社会发展的一般规律，创立了唯物主义历史观；发现了资本主义剥削的秘密，揭示了资本主义社会发展的特殊规律，创立了剩余价值学说；这两大发现使马克思主义创始人完成了对社会主义的"理论论证"，把社会主义奠定在科学的基础之上。这些伟大思想和博大精深的学说，体现在《德意志意识形态》、《共产党宣言》、《〈政治经济学批判〉序言》、《资本论》、《反杜林论》、《社会主义从空想到科学的发展》，以及恩格斯晚年的著作和通信等鸿篇巨制之中。这是人类思想和精神的最伟大的财富。在千年之交和世纪更替之际，马克思几次被西方媒体和学界评为"人类纪元第二个千年的第一思想家"、"千年最伟大的思想家"和"千年伟人"，就是对马克思理论贡献的充分的肯定。马克思主义和科学社会主义学说的形成，不仅对人类思想，而且对世界社会主义运动，乃至对人类社会发展都产生了极为深远的影响。

第二阶段，从19世纪末到20世纪中叶。这个时期，资本主义由自由资本主义发展到垄断资本主义阶段，时代发生了阶段性变化，出现了新的特征，时代主题由稳定发展转变为战争与革命。20世纪的人类历史，是伴随着帝国主义战争而揭开序幕的。世界社会主义面临的历史任务，是把理论形态的社会主义转变为社会主义的实践，变成一种现实的制度。列宁领导的俄国布尔什维克党（后来称为苏联共产党）战胜了第二国际的修正主义，在帝国主义历史条件下向前发展了马克思主义。没有革命的理论，便不会有革命的实践。列宁在极其艰苦的革命环境里，研究了大量哲学问题，包括哲学史上的重大问题，用由他丰富和发展了的辩证唯物主义和历史唯物主义的观点和方法，分析和研究了资本主义发展到垄断阶段，即帝国主义阶段的本质特征、基本矛盾和发展趋势，分析了当时国际和国内的复杂的政治形势，为俄国共产党的革命实践提供了强大的思想武器。列宁的《帝国主义论》同《资本论》一样，都是马克思主义史上划时代的鸿篇巨制。列宁亲自领导了伟大的十月社会主义革命。十月革命的胜利，使社会主义由理论变为实践，在人类历史上建立了第一个社会主义制度，开辟了人类历史的新纪元。从此，人类历史上出现了社会主义同资本主义并存和竞争的局面。

列宁对马克思主义的发展是多方面的，在哲学、政治学、社会学、经济学等领域都作出了重大的理论贡献，大大丰富了马克思主义学说。特别是他研究了自由资本主义发展到垄断资本主义的经济根源和政治特征，揭示了帝国主义本质属性，阐明了资本主义经济、政治发展不平衡的规律，提出社会主义可以在一国或数国首先胜利的理论，在这个理论的指导下，取得了十月社会主义革命的伟大胜利，把马克思主义推进到一个新的发展阶段。

列宁逝世后，斯大林领导苏联共产党在短短十几年时间里实现了工业化，成为至今人们还在议论的历史奇迹。斯大林在领导苏联社会主义建设中，曾经也犯有严重的错误，但这是一个伟大历史人物在实践过程中所犯的错误，斯大林的历史功绩是不可能被否定的。前不久，赫鲁晓夫的孙女赫鲁晓娃，在谈到近两年俄国出现的重新评价斯大林时说，在各种不同机构组织的关于苏联历史人物所作历史贡献的社会舆论调查中，斯大林名字都排列在前三位，有时排在彼得大帝之后位居第二。斯大林"现在仍然被视为苏联历史上的伟大人物"[①]。没有斯大林的强有力的领导，就不可能建成世界上第一个社会主义制度，就不可能在短短时间里完成工业化，从而也不可能战胜德国法西斯，取得第二次世界大战的伟大胜利。二战后，随着世界形势的发展，社会主义又由一国实践变成多国的实践，马克思主义在世界上进行了真正的胜利长征，特别是中国革命的胜利，在世界范围内使社会主义和资本主义的力量对比发生了重大变化。十几个社会主义国家横跨欧亚大陆，疆土连成一片，在领域、产值和人口方面达到三分天下有其一。社会主义国家形成了同资本主义世界相对立的强大的社会主义阵营，极大地震撼资本主义世界，并且迫使一些发达资本主义国家效法社会主义的计划经济和福利政策，而进行了某些改革或者改良。面对这种形势，在20世纪50年代初，美国国务卿杜勒斯提出"和平演变"社会主义，试图筑起一道"藩篱"以防范"红色共产主义"的"扩张"。直到60年代初，美国总统肯尼迪还哀叹，资本主义成为共产主义红色海洋中的一片"孤岛"。不论后来发生了什么变故，在20世纪中叶社会主义对世界发生的重大影响，共产主义运动处于高潮，却是一个不争的事实。所有这一切都是在马克思列宁主义的直接影响下发生的。

第三阶段，从20世纪50年代初到20世纪末。可以说，这是社会主义国家进行建设、改革和探索发展模式的阶段。马克思主义是由三个组成部分构成的严整的科学体系，但在其发展途程中由于形势和任务的变化，它的某个方面可能被提到首位。列宁在谈到这个问题时指出，"因为具体的

---

① 参见《中国社会科学院院报》2007年5月15日第3版。

社会政治形势改变了，迫切的直接行动的任务也有了极大的改变，因此，马克思主义这一活的学说的各个不同方面也就不能不分别提到首要地位。"① 可以说，在 20 世纪，特别是在它的后半叶，由于国际形势的变化，由于世界社会主义面临的巨大挑战和问题，马克思主义只有回答时代问题，解决当代社会主义面临的主要课题，才能发展自身。

众所周知，在二战后，社会主义在取得骄人的成绩的同时，也积累了诸多社会问题，各种矛盾、包括社会主义国家之间和共产党之间的矛盾逐渐凸显出来。许多社会主义国家开始思考、探索和改革，开始抛弃定于一尊的单一的发展模式和教条主义，纷纷探索社会主义在本国的实践形式。在探索过程中，有的取得了初步的成功，巩固和发展了社会主义制度，有的则导致失败，演变为资本主义。苏东剧变，使世界社会主义遭受巨大挫折，国际共产主义运动又一次走向低潮。在世界范围里，更为明显地呈现出资强社弱、资攻社守的态势，以美国为首的国际垄断资本主义，肆无忌惮地在全球推行霸权主义和单边主义政策。总之，在 20 世纪，世界社会主义经历了由低潮走向高潮、再走向低潮的发展过程。

如果把 20 世纪社会主义发展阶段进一步细分，还可以划分为四个阶段：一是社会主义由理论变为实践，十月社会主义革命的胜利和世界上第一个社会主义制度的建立，以及社会主义在苏联的理论和实践；二是由第二次世界大战引发的广泛的社会矛盾和民族矛盾，在欠发达的资本主义国家和殖民地、半殖民国家产生了一批社会主义国家，社会主义由一国实践变为多国的实践，世界范围内出现了一个社会主义阵营；三是社会主义国家进行建设和改革的探索时期，社会主义在发展中积累了诸多社会问题，社会主义国与国之间、党与党之间的矛盾暴露出来，引发了激烈争论，损害了社会主义的形象，削弱了社会主义的力量，孕育了社会主义危机的因素，这些教训表明社会主义还处于幼年时期，从理论上进一步探讨社会主义，在实践中探索社会主义的实践形式，已刻不容缓；四是社会主义国家进入全面的改革时期，中国、越南等社会主义国家，通过对实践经验的总结和理论创新，实行改革（革新）开放，探索具有本国特色的社会主义道

---

① 《列宁专题文集——论马克思主义》，人民出版社 2009 年版，第 158 页。

路，向前推进了世界社会主义事业，发展了马克思主义，但苏东一批社会主义国家通过改革，改变了社会主义制度，演变为资本主义，导致世界社会主义再次走向低潮。

在 20 世纪，工人阶级及其政党面临的主要任务和实践是：战争和革命，社会主义国家的建设与改革，世界社会主义运动的经验总结。社会主义作为新生事物在过去的一百年中，经历了一个艰苦卓绝的、极为曲折的发展过程。它既取得辉煌的成绩，又遭受严重的挫折；既显示出强大的生命力，又带有明显的不成熟性。我们应当坚持用历史唯物主义的观点和方法研究 20 世纪社会主义的发展历史，深入总结它的基本经验和教训，丰富马克思主义的理论宝库，这对工人阶级和世界社会主义事业将是一批宝贵的精神财富。

三　马克思主义的基本原理和科学体系

对于什么是马克思主义，人们可以从不同的角度作出不同的概括，进行不同的表述。我们是从这三个层面来界定马克思主义的，即马克思主义是关于自然界、人类社会和人的思维发展的一般规律的学说，是工人阶级的世界观和方法论，是实现共产主义和人类解放的理论体系。这三点内在地结合在一起，既指明了马克思主义的科学内涵，也表明了它的阶级属性和实践功能。马克思主义就是由它的一系列基本概念、基本原理构成的严整的科学体系。所以，把握马克思主义科学体系，就必须正确理解它的基本原理，以及它们之间的内在逻辑联系。

关于马克思主义基本原理，经典作家们在不同时期有过不同表述，比如，马克思、恩格斯曾用一般原理、基本思想来表述他们的理论；列宁曾用基本原理、基本原则表述马克思主义的学说；毛泽东更多的用普遍真理、基本观点等概念来表述马克思主义理论；邓小平主要是用基本原理、根本观点来表述马克思主义的基本思想。上述用语属于同等意义的范畴，都是用以表述马克思主义的最基本的原理，或者如马克思主义创始人所说的构成这个理论"核心的基本思想"。马克思主义基本原理这个用语，是在历史上形成起来的、并为大家所认同的科学概念，用这个概念来表述马克思主义理论"核心的基本思想"是准确的、科学的。

什么是马克思主义基本原理，构成马克思主义基本原理的依据是什么，也就是说构成马克思主义基本原理有没有一个标准？这确实是一个值得深入研究的问题。否则在这个问题上就可能仁者见仁，智者见智，出现歧义，甚至没有共同的语言。要拿出一个确定的标准来规范马克思主义基本原理，的确是十分困难的，但依据科学的研究方法，不是不可以作一些尝试的。

笔者认为，作为马克思主义基本原理可否具有以下的特征：一是要体现马克思主义的根本性质和整体功能，体现马克思主义作为科学性和革命性高度统一的世界观和方法论。二是相对于个别原理和特殊原理而言，基本原理是对更为广阔时空领域的事物本质和发展规律的概括。三是与之相联系，基本原理更具有长久的稳定性和有效性，它不会因为具体条件的变化而发生改变。四是对于人们的实践活动具有更为普遍的和根本的指导意义。基本原理是对客观事物的本质和规律的更高的抽象和概括，是一种抽象的理论形态，但它又寓于个别事物之中，它只有同不同领域、不同阶段的具体实际紧密结合才能发挥它的指导功能。正如马克思和恩格斯在阐释他们的一般原理时所说："这些原理的实际运用……随时随地都要以当时的历史条件为转移。"① 同时，也不能因为时代条件的变化否定马克思主义基本原理所包含的真理性和普遍意义。在这里必须防止两种倾向：一是脱离开当时变化了的条件机械搬用马克思主义基本原理的教条主义倾向；二是借口历史条件的变化宣扬马克思主义"过时论"的错误倾向。这两种倾向还将长期存在，只是在不同时期具有不同的表现形式罢了。

马克思主义基本原理也是有层次性的。要正确把握马克思主义基本原理还必须认识它的层次性，也就是说，要弄清楚基本原理存在的时空范围和历史条件。大致说来，马克思主义基本原理有以下的层次：揭示整个客观世界最一般规律的原理，也就是通常所说的辩证唯物主义所包含的那些基本原理；揭示人类社会发展规律和社会形态更替的原理，这里包括阶级社会和无阶级的社会形态；我们是立足于当代中国的具体实际来探讨马克

---

① 《马克思恩格斯文集》第 2 卷，人民出版社 2009 年版，第 5 页。

思主义的，因此还必须研究中国化马克思主义的基本原理，也就是中国特色社会主义的诸基本原理、基本原则，这些原理是在中国具体历史条件下产生的，它适用于中国的实际，但对于经济文化落后国家进行社会主义革命和建设也具有重要的借鉴意义。

自马克思主义产生以后，对马克思主义基本原理的研究和概括是不乏其例的。马克思主义经典作家有时从大的范围，有时从某个领域对其基本原理作出过不少的概括。国内外学者根据自己研究重点和自己的理解，也对马克思主义基本原理作出过很多的阐释和概括。这些对于探讨马克思主义基本原理是极为有益的。但是，总的说来，对马克思主义基本原理作全面、完整的研究和概括还不是很多的。我们试图从上述观点出发，根据我们自己的理解，对马克思主义最基本原理作出自己的概括，以推进对这个问题的研究。

马克思主义最基本原理可否概括为如下十四条：1. 关于客观物质世界相互联系、相互作用和运动发展的普遍规律的原理；2. 人类社会形态由低级向高级演进和发展规律的原理；3. 关于时代本质和发展阶段的原理；4. 生产力和生产关系、经济基础和上层建筑辩证统一的原理；5. 阶级、阶级斗争和阶级分析的原理；6. 无产阶级革命和无产阶级专政的理论；7. 关于人民群众是历史的创造者的原理；8. 剩余价值学说和资本主义社会基本矛盾与主要矛盾的理论；9. 社会主义历史必然性和工人阶级历史使命的学说；10. 科学社会主义本质特征和发展规律的学说；11. 社会主义革命（包括体制改革）和建设规律的理论；12. 关于无产阶级政党学说和共产党建设的理论；13. 人的全面而自由发展和共产主义的原理；14. 马克思主义在意识形态领域指导地位的原理等。这些基本原理并不是孤立的，展开加以分析，就可以看出它们之间的内在逻辑联系。

中国特色社会主义理论体系是马克思主义中国化的最新最主要的理论成果，是建设中国特色社会主义的基本原理和最根本的指导思想。正如十七大报告指出的，中国特色社会主义道路之所以完全正确、之所以能够引领中国发展进步，关键在于我们既坚持了科学社会主义的基本原则，又根据中国实际和时代特征赋予其鲜明的中国特色。坚持中国特色社会主义，就是坚持马克思主义。只要在中国搞社会主义，就只能是搞同中国具体国情相结合的社会主义，也就是搞中国特色社会主义。社会主义在中国的实现，是一个很长的历史时期，在这一历史过程中，只能有一面旗帜、一个理论体系、一个指导思想、这就是马克思列宁主义、毛泽东思想和中国特色社会主义理论体系。中国特色社会主义的基本原理或如邓小平所说的根本原则，简单地说就是坚持四项基本原则。具体地可否概括以下八条：1.公有制为主体和按劳分配为主体的原则；2.共产党的领导地位和执政党建设规律的理论；3.社会主义社会一定范围内长期存在的阶级斗争和人民民主专政的原理；4.马克思主义的指导和社会主义主流意识形态建设的理论；5.社会主义初级阶段的理论；6.改革开放和社会主义市场经济的理论；7.社会主义民主法制建设的理论；8.科学发展和社会主义和谐社会建设的理论；9.实现国际合作与加强同世界工人阶级政党联系的原则等。

中国特色社会主义理论是中国社会主义实践的产物，是经济不发达国家进行社会主义建设的理论总结，是在中国具体条件下坚持和发展了的马克思主义。所以，它反映的真理也具有一定的普遍意义，对经济不发达国家实现社会主义也会发生积极的影响，具有借鉴的意义。

四　马克思主义的理论价值和当代意义

马克思主义自产生以后，之所以能够不断发展壮大，能够对人类社会发展发生如此深刻的影响，根本原因在于，它是科学真理，它揭示了复杂纷纭的社会现象的本质和人类历史发展的规律，从而对社会未来的发展可以作出科学的预测。列宁指出："马克思学说具有无限力量，就是因为它正确。它完备而严整，它给人们提供了决不同任何迷信、任何反动势力、任何为资产阶级压迫所作的辩护相妥协的完整的世界观。"[①] 邓小平也明确地讲到："马克思主义是打不倒的。打不倒，并不是因为大本子多，而是因为马克思主义的真理颠扑不破。"[②] 马克思主义是颠扑不破的科学真理，但不是一成不变的教条，而是随着社会实践的发展而不断发展的理论。坚

---

① 《列宁专题文集——论马克思主义》，人民出版社 2009 年版，第 67 页。
② 《邓小平文选》第 3 卷，人民出版社 1993 年版，第 382 页。

持真理，修正错误，随着社会实践的发展不断完善自身，是马克思主义发展的一条重要原则。这样的理论是不会过时，是会常青常新的。一个半世纪来，马克思主义历经风雨沧桑，遭受内外敌人的攻击和修正，但屡遭挫折而不衰，它依然能够不断丰富发展，根本原因也在于此。

马克思主义的理论价值还在于，它不仅继承了先辈们创造的有价值的思想成果，而且还超越了他们，把人类思想推进到一个新的发展阶段。在人类历史上，无数的思想先驱，如中国的孔子、孟子、老子、墨（宗）子、朱子等等，西方的柏拉图、亚里斯多德、文艺复兴时代的思想家，以及古典经济学家、哲学家、空想社会主义思想家等等，他们的思想创造都丰富了人类思想宝库，具有很高的价值。但是，不可否认的是，他们不可避免地带有历史的和阶级的局限性。作为一种观念上层建筑，他们的思想都是他们那个时代经济基础的反映——除空想社会主义思想家代表早期不成熟的无产阶级以外——都是在不同程度地代表着剥削阶级的利益。在他们学说中包含着某些真理性的颗粒，但不可能达到更高的高度，甚至是精华和糟粕交织在一起。所以，毛泽东提出对历史上传统文化要吸取精华，剔除糟粕，要批判地继承，是非常正确的。而马克思主义之所以能够超越先前的思想文化，首先在于他的创始人站在新的时代高度，代表先进生产力和先进阶级即无产阶级的根本利益，同人类历史发展方向是一致的。在这里，科学性和阶级性是内在统一的，它愈是更深刻地揭示事物的本质和社会发展规律，便愈有利于共产主义社会的实现，愈符合工人阶级的利益。用西方学者的话来说，马克思主义学说"是不可超越的"。马克思主义之所以"不可超越"，就是因为它是随着社会实践的发展而不断发展的科学真理。

马克思主义的理论价值还体现在它的实践性和有效性。学习马克思主义全在于应用，就是要运用马克思主义立场、观点和方法，分析、研究历史的和现实的问题，从中引出新的结论，指导我们的行动。在这方面，毛泽东讲得最多、最深刻，他尖锐地批评本本主义，反对空谈马克思主义，强调必须联系中国实际研究马克思主义，必须用马克思主义立场、观点和方法，研究和解决中国的实际问题。他明确地把中国共产党的历史概括为是马克思主义同中国具体实践相结合的历史。邓小平也讲到，真正的马克思主义者必须根据现在的情况，认识、继承和发展马克思主义。不以新的思想、观点去继承、发展马克思主义，不是真正的马克思主义者。① 在实践中运用马克思主义，不仅指导我们取得社会主义革命和建设的成功，而且这本身也是马克思主义丰富和发展的过程。因此，可以说，马克思主义的理论价值，更加突出地体现在人们在实践中对它的应用和发展。马克思主义的生命力就在于时代和社会实践的需要。

苏东剧变使国际共产主义运动又一次走向低潮。但是这并不意味着马克思主义研究也处于低潮，相反，20 多年来，国际上马克思主义研究热潮一浪高过一浪。苏东剧变后，研究马克思主义和社会主义的各种国际研讨会有几千次，有上千人参加的大型国际研讨会也有数十次。最大的有在伦敦大学召开的"96 马克思大会"，有 6000 多人与会。在纽约每年召开一次"世界社会主义大会"，每次都有 2000 多人参加，该会从 2003 年以后改为"世界左翼论坛"。还有在巴黎每两年召开一次"国际马克思大会"，以及遇到纪念日都要召开盛大的马克思主义理论讨论会。此外还有在拉丁美洲召开的"世界社会论坛"和"圣保罗论坛"等等。许多会议提出的中心口号是："马克思永远活在人们心中"，"马克思没有死"，"当今世界需要马克思主义"！

更值得提及的是，在千年之交之际，西方媒体和学界不止一次的评选马克思为"人类纪元第二个千年的第一思想家"，"千年最伟大的思想家"和"千年伟人"。2005 年 7 月，英国广播公司（BBC）广播第四频道以"古今最伟大的哲学家"为题，调查了 3 万多名听众，结果是共产主义理论的奠基人卡尔·马克思以 27.93% 的得票率荣登榜首，居第二位的苏格兰哲学家大卫·休谟得票率仅为 12.6%，其他思想家柏拉图、苏格拉底、亚里士多德、康德的得票率更低得多，黑格尔甚至没能进入前 20 名。栏目主持人布拉格认为，"马克思当选为最伟大哲学家有诸多因素，但是能够解释一切的理论是他夺冠的最重要原因。"这个"能够解释一切的理论"，就是马克思主义的世界观和方法论，是马克思主义的唯物主义历史观。

① 参见《邓小平文选》第 3 卷，人民出版社 1993 年版，第 291、292 页。

另外，德国《明镜》周刊 2005 年 9 月 5 日载文，报道该周刊的一项民意调查，说有 2/3 的东德人和 56% 的西德人认为，社会主义是"一种好思想，只是迄今为止实施得较差"。就马克思的理论价值，该周刊记者采访了不来梅大学劳动和经济研究所所长鲁道夫·希克尔和柏林自由大学的历史学家保罗·诺尔特。他们回答说：作为社会理论家，马克思揭示了历史唯物主义的发展规律以及物质基础——上层建筑模式，并勾画出一个现代社会发展的历史远景。这些在过去都非常吸引人，现在仍令人神往。这两位学者都认为，"马克思改变了世界"。他们还说，"在 21 世纪初，我们需要像马克思这样的思想家以令人信服的方式分析资本主义的形势"。

历史是最无情的，又是最公正的。马克思生前和死后虽然受到各式各样的迫害和诋毁，但一百多年后仍然被西方主流媒体和有识之士一而再、再而三地评选为"千年第一思想家"、"当今最伟大的思想家"，受到广大人民的敬仰和推崇，其根本原因就在于马克思的人格魅力和他对人类思想所作出的伟大贡献，是他所揭示的科学真理和逻辑力量征服了世人。

从 2007 年开始的金融危机，以及由此引发的全球性经济危机，又一次证明了马克思主义的真理性和科学的预见性。《资本论》成为畅销书，不仅是学者，而且西方政要都试图到马克思的著作中去寻找资本主义经济危机的答案。所有这一切，从另一个侧面证明了马克思主义的理论价值和在当代的意义。

五　研究马克思主义基本原理需要把握的几个原则

马克思主义是科学真理，需要进行认真研究，但研究马克思主义也必须遵循马克思主义的立场、观点和方法，也就是遵循唯物辩证的方法，否则也不能正确地把握和理解它的基本原理。对于研究马克思主义基本原理，我想首先要强调有以下几点：

（一）要遵循坚持与发展统一的原则。如前所说，马克思主义是一个严整的科学体系，同时又是"发展的理论"。发展是内在于马克思主义本身之中的。在马克思主义发展过程中，坚持和发展是有机地结合在一起的，坚持是发展的前提，发展是坚持的结果和继续，把两者完全割裂开来是错误的。

邓小平曾经指出，"老祖宗不能丢"，但又要讲"新话"。这个讲法，既朴实又深刻。马克思主义是与时俱进的，脱离开它的基本原理不是马克思主义，不讲发展也不是马克思主义。对待马克思主义的正确原则应当是：坚持、发展、研究、创新。这是对待马克思主义的最基本的态度和方法。

（二）要遵循理论结合实际的原则。毛泽东曾经强调，学习马克思主义全在于应用，离开实际学习马克思主义是没有意义的。所以，我们研究和探讨马克思主义基本原理，必须着眼于当前的社会实践，与当今的时代特征相结合，否则研究马克思主义就可能偏离正确方向。在这里，要反对教条主义和实用主义两种错误。既要防止用马克思主义的个别原理裁判我们当前的现实，得出不正确的结论，又要防止用当前的局部事实评判马克思主义，得出马克思主义过时的结论。对于这两种片面性都必须加以防止和抵制。

（三）坚持整体与部分相统一的原则。像任何学科一样，马克思主义学科也是部分与整体的统一。正如列宁所说，它是由三个部分组成的，但同时又是一块"整钢"。所以，探讨马克思主义，既可以从整体上研究它的科学体系，也可以分门别类地研究它的某个部分或某个原理。但是，无论怎样的研究，都应将这两个方面有机地联系起来，从对各个部分的研究把握其整体，同时也要与整体相联系研究它的部分和个别原理。只有这样才能完整准确地把握马克思主义。过去从各个组成部分对马克思主义进行分门别类的研究是正确的，它深化了对马克思主义的认识，推动了马克思主义各分支学科的建设。但问题是，忽视了马克思主义的整体性研究。马克思主义学科的特点与规定性，就在于对马克思主义的整体性研究。今天，我们研究马克思主义基本原理，应当强调从整体意义上对它进行研究。也就是说，研究马克思主义基本原理，以及由这些基本原理构成的马克思主义科学体系。进行整体性研究不仅是马克思主义发展和学科建设的要求，也是当今哲学社会科学发展的要求和趋势。

（四）坚持科学性与意识形态性的统一。马克思主义揭示了人类社会现象的本质和发展规律，并对未来社会发展趋势作了科学预测，马克思主义的真理性是不容置疑的。在当前资本主义全球性经济危机的情况下，人们更加认识到马克思主义的真理性和预见性，更加为马克思主义真理力量所折服。所谓科学性，就是对客观事物和社会现象的本质和发展规律的揭示，是客观真理性的反映。自然科学和社会科学都是科学，只不过是不同的知识形态罢了。不能因为哲学社会科学研究对象是有思想、有感情的人，是现实人的活动、人们的生存条件、利益需求和各种社会关系等等，因而，认为它不具有客观真理性。这种看法是极其错误的。社会科学研究对象是同人的活动、人的利益和社会关系联系在一起的社会存在，这恰恰表明社会科学的特殊性和复杂性，而决不意味社会科学不是科学。

　　马克思主义的科学性之所以受到质疑，一个重要原因是因为它的科学性同意识形态性紧紧联系在一起，也就是说，马克思主义既是科学真理，同时又是反映工人阶级和劳动人民根本利益的意识形态，是他们认识世界和改造世界的思想武器。马克思主义的重要特征就是它的科学性和意识形态性的高度结合。恩格斯说，科学愈是毫无顾忌，便愈符合工人的利益。西方有的学者把两者对立起来，认为为一定阶级和利益辩护的学问就不是科学。这种见解在我国学界也有一定的影响。在这个问题上之所以存在误解，一个重要原因就是把马克思主义的科学性和意识形态性之间的关系简单化和庸俗化。马克思主义作为我们的指导思想必须为现实服务，指导我们的实践活动，这是毋庸置疑的。但它作为一个理论形态、科学体系转化为现实政策和实践活动，其间有许多中间环节需要研究、论证和再创造，不能把马克思主义理论直接等同于现实政策。毛泽东有句话讲得很深刻：马克思主义是我们指导思想的理论基础。如果把马克思主义的真理性和意识形态性简单化或者庸俗化，势必会损害它的科学性，使一些人对马克思主义正确性产生怀疑。在这两者的关系上，我们还要作深入研究，作出令人信服的阐明。

（本文为《马克思主义若干重大问题研究》一书的《序言》，

社会科学文献出版社 2011 年版）

结合新的实践　学习马克思主义

我们现在已由搞大规模的阶级斗争和社会革命，转为经济建设，发展社会生产力。如何对待和坚持马克思主义，成为我们面临的一个重要问题。邓小平同志在党的全国代表会议上，郑重地提出全党要学习马克思主义理论，给我们指出了解决这一问题的根本途径。这个讲话具有深远的影响和意义。

我们共产党区别于其他政党的根本标志就在于，它有马克思主义作为自己事业的理论基础。马克思主义首先是无产阶级革命实践的产物，同时也是历史发展的必然结果，是全人类优秀思想文化的总汇。所以，它放之四海而皆准，行之百世而不废。马克思主义之所以具有无比的威力，能够披荆斩棘，不断开辟胜利前进的道路，就因为它正确，因为它是科学真理。真理总是全面的，全体寓于发展过程中，也只有在发展过程中才能达到对全体的认识。马克思主义作为真理的体系，不仅反映客观世界的整体，而且反映它的运动过程。所以，就其实质而言，马克思主义是"发展的理论"[1]，是包含发展原则在内的完整的学说。其全部的生命力，就在于它植根于各个时代的实践之中，并从每个时代的社会思想和自然科学成果中汲取自身发展的营养。

教条主义的错误就在于把马克思主义凝固化。教条主义并非产生于马克思主义理论本身，而是对马克思主义的错误理解和运用。它不是将马克思主义基本原理和方法用于指导具体实践，而是将它的个别结论作为"套语"为我所用，这就犯了使理论和实践、主观和客观相脱离的错误，从根本上违背了马克思主义，给革命实践和马克思主义理论本身，都造成了严

---

① 《马克思恩格斯选集》第 4 卷，人民出版社 1972 年版，第 460 页。

重危害。教条主义和"左"的东西，不但不是马克思主义，恰恰相反，它是马克思主义的对立物。对之进行批判和清算，无疑是十分正确的。我们今天大好局面的出现，正是在思想上进行拨乱反正的结果。然而，必须清醒地认识到，克服理论上的偏向，丝毫不意味着可以以各种形式贬低或否定马克思主义，诚如邓小平同志所告诫的，决不是"'纠正'社会主义和马列主义"①，因为，马克思主义从来都不是教条主义。克服教条主义和"左"的错误，是清除混杂于马克思主义中的非马克思主义因素，是马克思理论自我完善的表现。将这两者混为一谈，是极大的误解。

马克思主义作为"发展的理论"，体现于理论和实践的具体的、历史的结合上。理论与实践相结合，是马克思主义的最基本的原则和精髓。这不仅是运用理论的需要，而且也是理论自身发展的要求。马克思在早期就曾指出：理论是"文明的活的灵魂"，它要求和自己时代的现实"接触并相互作用"②。"世界的哲学化同时也就是哲学的世界化"③。马克思的这个思想，虽然仍带有浓重的思辨色彩，但却极富哲理性。它要求理论和实践的内在结合，而这只有无产阶级才能付诸实现。当马克思"成为马克思"后，他立即将哲学和世界的关系，具体化为理论和无产阶级的关系。无产阶级的革命实践，必须有马克思主义理论的指导，使实践活动"理论化"，即提高实践活动的理论水平；而马克思主义理论也必须掌握群众，在指导实践中检验和发展自身。这是同一过程的两个不可分割的方面。马克思主义的这一特征，集中地反映了无产阶级认识世界和改造世界的自觉性和运动性，表现了人类开始从"必然王国"向"自由王国"的飞跃。

理论和实践的结合，是动态的，而不是静态的，也就是说，是一个受实践发展制约的辩证的过程。随着实践活动向深度和广度发展，马克思主义理论本身也不断丰富和更新；同时，又在更高水平上指导着新的实践。这种相互作用，永无止境。20 世纪的马克思主义，当然不同于 19 世纪的马克思主义，犹如 20 世纪的社会实践不同于 19 世纪的社会实践一样，不

---

① 邓小平：《在中国共产党全国代表会议上的讲话》，《建设有中国特色的社会主义》（增订本），人民出版社 1987 年版，第 121 页
② 《马克思恩格斯选集》第 1 卷，人民出版社 1956 年版，第 121 页。
③ 《马克思恩格斯选集》第 40 卷，人民出版社 1982 年版，第 258 页。

加分析地照搬马克思主义的个别结论是错误的。但是，今天的历史毕竟是过去历史的继续，马克思主义只能在它原有基础上向前发展，而不能离开它的基本原理另搞一套。因此，借口今天条件的变化，提出不同于原来的马克思主义的所谓"新马克思主义"，也是站不住脚的。邓小平同志深刻指出：马克思主义"要求人们根据它的基本原则和基本方法，不断结合变化着的实际，探索解决新问题的答案，从而也发展马克思主义理论本身。"① 这个科学论断，既强调了坚持马克思主义，又强调了结合新的实践向前推进马克思主义，把理论和实践历史地、辩证地统一起来，从而阐明了马克思主义的实质。

坚持马克思主义与具体实践相结合，就必须反对资产阶级自由化。西方文明的成果，包括社会科学方面的成果，无疑应该吸取，经过批判地改造以丰富马克思主义的内容。马克思主义在它产生和形成时期，曾经吸取了历史上人类社会的一切先进思想；同样，在当代，马克思主义要发展，也离不开对包括西方先进思想成果在内的人类一切先进思想的吸收和借鉴。但是，决不能用资产阶级意识形态去"补充"或"代替"马克思主义。理论上的"自由化"必然损害马克思主义科学的纯洁性，从根本上动摇党的四项基本原则，危害我们的事业。小平同志说得好："搞资产阶级自由化，我们内部就成了一个乱的社会，什么建设都搞不成了。对我们来，这是一个非常关键的原则问题。"② 因此，我们决不能掉以轻心。坚持马克思主义，必须有效地防止资产阶级学术思想侵蚀。

马克思主义理论和具体实践的结合，在当前，集中表现在用马克思主义基本原则和方法指导改革。改革是我国当前最重要的实践。要迅速发展生产力，完成"四化"建设，必须进行经济体制的全面改革以及其他方面的改革。我们的改革是以马克思主义为指导的。社会主义改革是史无前例的、全新的事业，其实质是要调整生产关系和上层建筑的某些环节，以促进生产力的发展。只有坚持用马克思主义为指导，才能透过错综复杂的现

---

① 邓小平：《在中国共产党全国代表会议上的讲话》，《建设有中国特色的社会主义》（增订本），人民出版社 1987 年版，第 127 页。

② 同上书，第 111 页。

象，把握事物的本质，正确处理各种矛盾，卓有成效地完成改革事业。社会主义建设，不只是经济建设，还包括思想建设，包括培养和造就共产主义一代新人。因此，在进行社会主义物质文明建设的同时，还要进行社会主义精神文明的建设。而精神文明建设的核心，就是进行马克思主义理论的教育，使全体劳动者树立共产主义的人生观和世界观，这是我们社会主义事业的根本保证。由此可见，社会主义改革需要马克思主义，同时，马克思主义也需要在社会主义改革实践中检验和丰富自己。社会主义改革在实践上获得成功，也就是马克思主义在理论上的发展。总之，只有通晓马克思主义，才能加强我们工作中的原则性、系统性、预见性和创造性，才能正确地总结过去、认识现在和预见未来，以提高全党干部的素质和实际工作的水平，在社会主义改革事业中取得更大的胜利。

（本文是应《光明日报》之约针对当时社会上出现的所谓"新马克思主义"谬说而作，原载《光明日报》1985 年 10 月）

唯物主义历史观是认识和改造社会的强大的思想武器

唯物主义历史观也称历史唯物主义，是马克思和恩格斯一生对人类精神作出的最伟大的理论贡献，是整个马克思主义科学体系的理论基石。列宁曾经对马克思的唯物史观作过很高的评价，称之为是"科学思想中的最大成果"，是"唯一的科学的历史观"，是"社会科学的同义词"。赖有它，人类对社会历史的认识才真正成为科学。对于这些经典性的论断，如果我们不从它的历史和理论的深刻内涵去理解，是很难正确把握的。就其实践意义而言，不论是从事社会科学研究，还是进行改造社会的实践活动，唯物主义历史观都具有非常强的指导作用，脱离开它就不可能取得预期的成效。陈云同志曾说过："学好哲学，终身受用。"这里指的主要是历史唯物主义和唯物辩证的方法。所以，从理论上正确地把握唯物主义历史观的深刻内涵和精神实质就至关重要了。

一　唯物主义历史观是人类科学思想的最伟大成果

人与自然、人与社会的关系既是一种实践的关系，又是一种认识的关系。人类从开始存在起就在认识和处理这两种关系，并且将永远进行下去，只是不同历史阶段认识和处理的深度与内涵有所不同罢了。综观人类思想史，人们在改造自然界的过程中，便开始了对人自身的认识。但是，这两种认识不仅形式不同，而且对象和内容迥异。人们对自身和社会的认识要比对自然界的认识困难得多、复杂得多，也漫长得多。因为对前者的认识往往同人们的主观意识、情绪和社会利益以及种种社会关系联系在一起，因此对人和社会的认识就不能不受到这些因素的影响，在阶级存在的社会里尤其受到阶级利益和阶级关系的影响。人类透过萦绕于社会机体的迷雾，达到对社会生活本质和历史规律的认识，经历了数千年的艰辛探索。可以这样概括，人类对自身历史的认识，经历了一个从"神"到"人"，再到用人的物质生产活动和社会关系去说明人类社会历史的漫长的、曲折的发展进程。回溯人类的自我认识史便会发现，历史越是久远，人们对自己历史的认识便越是带有浓重的神秘色彩。在一个相当长的历史时期里，人们既不能正确说明自然界，更不能正确解释社会现象，而把这一切都归之于一种超自然的神秘的力量。"神"是当时人们回答历史之谜的总答案，神学历史观禁锢着人们的头脑。这种情况不论是在中国还是在外国都是如此。这是人类对自己历史认识的一个不可避免的阶段。它不仅是物质生产力和人们精神世界发展的产物，而且也是人们的需要，特别是统治阶级进行统治的需要。例如，中国的"天命"、"天道"观，认为国家的治乱兴衰，帝王将相的出现，都是上天安排好了的。在西方则认为，上帝是世界万物的最高"主宰"，"一切现存事物都由神布排的"（托马斯·阿奎那）。说法不同，实质则一，都是在宣扬一种唯心主义的神学历史观。但是，社会实践是强大的推动力，随着工商业和自然科学的迅速发展，以及人们认识视野的进一步扩展，冲破这种神学历史观也是不可避免的。

从文艺复兴时期开始的人文主义即人道主义思潮，标志着人类认识从"神"到"人"的历史性转折。人道主义作为一种社会思潮始于14—16世纪的文艺复兴时代。当时它表现为古典艺术研究的形式，实际是以恢复古代优秀文化的外观来对抗基督教文化，含有鲜明的反对封建专制制度及其精神支柱宗教神学的意义。在封建主义和神权主义的统治下，为人的存在争一席之地。人道主义尽管并未突破历史唯物主义的藩篱，但在当时对冲破神学历史观却具有积极意义。

随着资本主义的发展，到了17—18世纪，也就是资产阶级革命时期，人道主义不仅得到充分的理论论证，而且以"人权宣言"的形式在政治上予以完全的肯定。这时，以"自由、平等、博爱"为中心内容的人道主义，突出的表现为"天赋人权"的思想，认为自由、平等是人所固有的，是人按其本性与生俱来的"自然权利"。这种以自然权利和以自然法为依据、以"人权"形式出现的人道主义，虽然并非科学，但没有影响它成为新生的资产阶级反对封建主义的强大的思想武器，而正是这种理论有效地满足了资产阶级的经济和政治的要求，在当时起了进步的历史作用，对整个社会生活发生了深刻影响。但无论它的作用如何大，都不能掩盖其理论的局限性和致命弱点。这就是它脱离开人们赖以存在的社会关系和历史发展，孤立地来谈人和人性，赋予"人"以普遍的抽象的形式，并把这种抽象的人作为自己学说的中心和出发点，作为说明社会历史的主要原则。众所周知，这种抽象的人道主义，在当时德国的具体历史条件下，在费尔巴哈人本主义哲学中达到了登峰造极，把"人"视为世界的本源，使人道主义变成了完全脱离现实的"博爱主义"。而以这种人本主义哲学为理论依据的德国"真正的社会主义"，则把现实的社会主义也给抽象化了。正如马克思和恩格斯在《共产党宣言》中所批判的那样，"真正的社会主义"者不代表真实的要求，而代表他们所标榜的"真理"的要求；不代表无产阶级的利益，而代表"一般人"的利益。所以，这种抽象的人道主义，尽管是人类认识的巨大进步，但它不可能成为说明社会历史的真正科学的学说。

从总体来说，不论是神学历史观还是人道主义历史观，实质都是用某种观念来解释历史的唯心史观。因为，不论是"神"还是"人"，都是被抽象化了的观念的产物，并把它们"描述成历史的动力"。德国著名古典哲学家黑格尔，更是把这些形形色色的认识抽象化为绝对观念，认为这种绝对观念才是世界万物的终极动因。黑格尔不仅使这种理论更加精致，而且还赋予它以辩证因素。在漫长的历史时期里，唯心主义历史观统治着人们对社会现象的认识。

哲学是时代精神的精华。一个时代的思想和智慧，总是以最洗练的语言凝结在那个时代的哲学中。在马克思以前，不论是唯物论还是辩证法，都达到了很高的水平，但也存在着难以逾越的历史局限性。人类哲学进一步发展所面临的关键问题，是要把唯物论和辩证法有机地结合起来，并将这种唯物论推广到社会历史领域。这在旧唯物主义那里，不可能解决这个问题。正如马克思所批判的那样，"当费尔巴哈是一个唯物主义者的时候，历史在他的视野之外；当他去探讨历史的时候，他不是一个唯物主义者。在他那里，唯物主义和历史是彼此完全脱离的。"① 马克思所面临的时代课题，首先是"在理论上发展唯物主义，把唯物主义应用于历史，就是说，修盖好唯物主义哲学这所建筑物的上层"②。马克思和恩格斯在工人阶级登上世界政治舞台的历史条件下，在前人已取得的成果的基础上，回答了时代课题，创立了唯物主义历史观，实现了人类历史观的伟大变革。

马克思和恩格斯究竟把握了什么，才使他们能够实现这个伟大变革的呢？这里笔者仅着重强调两点：一是他们不是从"人"出发，而是从"现实的人"出发，才使他们找到了解决问题的正确道路，从而摆脱了人道主义历史观的误区。没有人就没有社会，没有人类历史，这是不言而喻的。但是，人不是抽象的，而是具体的、现实的人。马克思正是针对费尔巴哈人本主义的"一般人"，反复地强调"这是一些现实的个人，是他们的活动和他们的物质生活条件，包括他们已有的和由他们自己的活动创造出来的物质生活条件"。"他们是什么样的，这……既和他们生产什么一致，又和他们怎样生产一致。因而，个人是什么样的，这取决于他们进行生产的物质条件。"③ 马克思反对一般地谈论人，他总是把人同自己的物质生产活动和所处的社会关系联系起来，把人看作是"一切社会关系的总和"。从社会生活出发把握人，而不是从人自身来认识人，这就使马克思完全超越了历史上抽象的人道主义，而达到历史唯物主义。

二是通过对人们的生产活动和社会关系的考察，马克思进一步发现了人们生产活动得以进行的社会生产关系，从而把握住了唯物史观的最实质的思想内容。众所周知，资产阶级经济学家提出来并阐明了生产力的概念，但没有也不可能提出生产关系的思想。按照列宁的说法，马克思在1845年《神圣的家庭》一书中，已经"接近"了唯物主义历史观的这一最基本思想。接着，在《德意志意识形态》中对之作出了全面的阐发。马克思认为，人们的精神交往不过是"人们物质关系的直接产物"，而在各

---

① 《马克思恩格斯选集》第 1 卷，人民出版社 1995 年版，第 78 页。
② 《列宁选集》第 2 卷，人民出版社 1995 年版，第 179 页。
③ 《马克思恩格斯选集》第 1 卷，人民出版社 1995 年版，第 67、68 页。

种物质关系中生产关系又是最基本的，它不仅是政治制度和"国家的现实基础"，而且也是"一切实际的财产关系的真实基础"。这样，马克思就从人们的各种社会关系中划分出了决定其他一切关系的最基本和最原始的关系。生产关系概念的形成，不仅对生产力诸因素结合的性质和方式有了更为科学的认识，而且有可能揭示生产过程本身的内在结构，阐明生产力和生产关系的辩证统一关系。据此，进而揭示了人类社会的基本矛盾、发展动力和运动规律，解答了长期困扰人们的历史之谜。同时，对哲学家们孜孜探求的人、人性和人道主义问题也作了科学的说明。所以，我们毫不夸张地说，是马克思同他的战友恩格斯完成了人类历史观的伟大变革，历史唯物主义是人类思想的最伟大成果，是他们把这一强大的认识工具交给了工人阶级和广大劳动人民。

二　唯物主义历史观的实质和基本观点

唯物主义历史观的基本思想形成于 19 世纪下半期，在欧洲革命风暴时期得到实践的验证，直到 1859 年，在马克思的《〈政治经济学批判〉序言》中才得到了经典性的表述，并且成为了他用以研究政治经济学和写作《资本论》的指导思想。马克思逝世以后，恩格斯又以极大的心血对之进行了完善和丰富。可以说，唯物主义历史观是贯穿于马克思和恩格斯一生理论活动的一条红线和核心思想。

唯物主义历史观的思想极其丰富，博大精深，下面仅就其主要之点作简要论述。

1. 马克思彻底改变了以往用"神"、"人"和某种"观念"说明社会历史的唯心史观，而是把物质生产和社会生活作为历史的发源地，把人们所处的社会关系作为说明人及其精神和政治生活的基本依据，从而破天荒地第一次把对社会历史的认识奠定在科学的基础之上。由于对社会关系和生产关系的科学揭示，不仅提出了社会存在和社会意识的概念，而且其含义同先前哲学所讲的存在和意识的概念也不可同日而语。这里的社会存在是人们的社会活动、社会关系和物质利益的总称，人们的意识和观念不过是这些社会关系和政治关系在人们头脑中的反映。

经过马克思所根本改造的这一哲学原理，不仅具有高度的科学性，而且包含着深刻的革命批判精神。恩格斯在谈到这一点时说，"这个原理看来很简单，但是仔细考察一下也会立即发现，这个原理的最初结论就给一切唯心主义，甚至是最隐蔽的唯心主义当头一棒。"还说，"这个事实不仅对于理论，而且对于实践都是最革命的结论。"① 可以说，这是马克思实现历史观的伟大变革的根本立足点，也是整个历史唯物主义的根本立足点。

2. 马克思把物质生产力作为人类社会发展的根本动力，同时把与之共生、与之相联系的交往关系、生产关系视为物质生产得以进行的基本条件，进而阐明了它们之间的内在联系，以及由此衍生的经济基础和政治、观念的上层建筑，揭示了整个人类社会的有机构成和基本矛盾。列宁在说明这一进程时指出："马克思究竟是怎样得了这个基本思想的呢？他做到这一点所用的方法，就是从社会生活的各种领域中划分出经济领域，从一切社会关系中划分出生产关系，即决定其余一切的基本的原始的关系。""只有把社会关系归结于生产关系，把生产关系归结于生产力的水平，才能有可靠的根据把社会形态的发展看作自然历史过程。不言而喻，没有这种观点，也就不会有社会科学。"② 列宁这段论述，言简意赅地概括了马克思创立唯物主义历史观的思想脉络。尽管社会活动有人的参与，尽管个人在历史上会起一定的作用，但他不可能改变历史发展进程。最终决定社会面貌和历史发展的是经济因素。所以，人类社会像自然界运动一样，是一个自然运动过程，遵循其内在的必然法则，这是唯物史观的实质和最基本思想。但是，我们也应该看到，马克思和恩格斯在创立自己科学历史观时，主要是针对和批判当时居统治地位的唯心主义历史观，所以他们着重强调的是经济的决定作用，或者说强调的是社会本体论的一面，而对政治、观念等上层建筑的能动反作用则阐述得不够，于是，后来一些人、特别是一些青年人将这一原理曲解为"经济是惟一的决定因素"。为了纠正这个错误，恩格斯在他晚年的通信中，不止一次地阐明了思想、观念的相对独立性，以及政治上层建筑对经济基础的巨大反作用，阐发了历史发展

① 《马克思恩格斯选集》第 2 卷，人民出版社 1995 年版，第 39、38 页。
② 《列宁选集》第 1 卷，人民出版社 1995 年版，第 6、8—9 页。

的"合力论"思想，从而极大地丰富和发展了唯物主义历史观。这清楚地表明了马克思主义创始人对自己学说的批判精神和严谨的科学精神。列宁对此是这样评价的，他说："决定论思想确认人的行为的必然性，摒弃所谓意志自由的荒唐的神话，但丝毫不消灭人的理性、人的良心以及对人的行为的评价。恰巧相反，只有根据决定论的观点，才能作出严格正确的评价，而不致把什么都推到自由意志上去。"① 我们必须坚持唯物辩证的分析方法，防止形而上学的片面性，才不会导致或者否定人的理性的作用，或者否定决定论的错误。

3. 社会经济形态及演进的规律。这一重要思想在《德意志意识形态》中已经提出，在《〈政治经济学批判〉序言》中得到更为科学的表述。它的产生，标志着唯物主义历史观的最终形成。可以说，没有社会经济形态的思想就没有唯物主义历史观，也就没有科学社会主义。关于其深刻内涵，笔者只着重强调以下几点：

其一，这里讲的是我们通常所说的五种社会形态理论。它是依据生产方式的不同来划分的，其主要标准是所有制关系，即生产资料归谁来占有。只有依据这个标准才能把历史发展阶段、大的时代区别开来。所以，这是社会历史的最基本的划分。正如列宁所指出的，要研究社会机体，就必须客观地分析组成该社会形态的生产关系，必须研究该社会形态的活动规律和发展规律。迄今为止，人类社会已经经历了原始社会、奴隶社会、封建社会和资本主义社会，并且开始进入更高的社会形态即社会主义社会形态。人们可以从不同角度对社会历史作出各种不同的划分，比如，曾经出现过各种各样的三分法，但是，都不能取代社会历史这一最基本的划分方法，并且只有依据这个方法，其他的划分法才能得到正确说明。

其二，这个理论在实际上可以得了非常革命的结论。社会变革的根源不是存在于人们的观念中，而是植根于社会的基本矛盾和社会形态的演进之中。马克思指出："社会的物质生产力发展以一定阶段，便同它们一直在其中运动的现存生产关系或财产关系（这只是生产关系的法律用语）发

---

① 《列宁选集》第1卷，人民出版社1995年版，第26页。

生矛盾。于是这些关系便由生产力的发展形式变成生产力的桎梏。那时社会革命的时代就到来了。随着经济基础的变更，全部庞大的上层建筑也或慢或快地发生变革。"① 马克思以其天才智慧和革命胆略给人类社会发展描绘了一幅多么壮丽的前景！这是触动不同社会利益的深刻变革，在阶级社会，这种社会基本矛盾的冲突必然表现为阶级斗争。在消灭了阶级的条件下，则表现为人们的自觉的变革和改革。恩格斯在谈到马克思《序言》中这一思想时，满怀革命激情地说，"只要进一步发挥我们的唯物主义论点，并且把它应用于现时代，一个强大的、一切时代中最强大的革命远景就会立即展现在我们的面前。"② 马克思在《序言》中还讲到这样的意思："无论哪一个社会形态，在它所能容纳的全部生产力发挥出来以前，是决不会灭亡的；而新的更高的生产关系，在它的物质存在条件在旧社会的胎胞里成熟以前，是决不会出现的。"③ 这里讲的是社会变革和新的社会形态产生的物质条件。但这种物质条件不是凝固的，而是一个生成的过程。正如马克思接着所讲到的，社会变革"在解决它的物质条件已经存在或者至少是在生成过程中的时候，才会产生"。就是说，要把革命的物质条件看成是一个生成着的、不断壮大的过程。在此之前，马克思还指出，"一切历史冲突都根源于生产力和交往形式（指生产关系）之间的矛盾，此外，不一定非要等到这种矛盾在某一国家发展到极端尖锐的地步，才导致这个国家内发生冲突。由广泛的国际交往所引起的同工业比较发达的国家的竞争，就足以使工业比较不发达的国家内产生类似的矛盾。"④ 可见，在资本主义生产方式发展过程中，已经创造了解决这种对抗的物质条件，而且也已经产生了无产阶级历史使命和社会主义革命的观点。至于社会主义革命何时发生，这取决于当时的历史条件和革命形式，取决于阶级力量的对比，同时还取决于工人阶级和广大劳动人民的革命首创精神。对于历史事变应当从综合因素来分析。从马克思上面的论述中，得出社会主义"搞早了"的结论，甚至为资本主义的存在作辩护，是极其错误的。至于波兰反马克思

---

① 《马克思恩格斯选集》第 2 卷，人民出版社 1995 年版，第 32—33 页。
② 同上书，第 38 页。
③ 同上书，第 33 页。
④ 《马克思恩格斯选集》第 1 卷，人民出版社 1995 年版，第 115—116 页。

主义哲学家亚当·沙夫据此提出"原罪"的观点，更是对社会主义的恶意攻击。

其三，马克思的五种社会形态理论具有普遍意义。马克思虽然生活在资本主义发达的欧洲，但他考察的是人类全部的历史，不仅包括西方，而且也包括东方。他指出，"大体来说，亚细亚的、古代的、封建的和现代资产阶级的生产方式可以看作是经济的社会形态演进的几个时代。"这里所谓亚细亚的生产方式，显然是指东方存在过的那种原始的生产方式。对于这种生产方式如何理解，尚需进一步研究，但这清楚地表明马克思的研究是把东方社会包括在内的。由于东方社会确有不同的发展特点，所以马克思晚年又专门对之进行了探讨。另外，任何科学真理都是普遍性和特殊性、共性和个性的统一。马克思的社会形态理论也是如此。人类历史总是遵循社会形态演进的一般规律，但在不同民族、不同国家又有着特殊的表现形式，欧洲不同于亚洲，东亚又不同于西亚。不仅如此，有的国家和民族由于受特殊历史条件的影响，还会出现跳跃式的发展。比如，德意志民族在历史上就越过奴隶制阶段而建立了封建的国家。这种现象在历史上是屡见不鲜的。这表现了历史发展的多样性和生动性，而不会否定历史规律的普遍性。马克思的社会形态已经为世界历史发展所证明。不能因为不同民族、不同国家历史的特殊性，而否定社会发展规律的普遍性。

其四，人的全面发展和社会发展与人的发展的统一性。这也是历史唯物主义的一个十分重要的观点。"马克思成为马克思"（列宁语）以后，尖锐地批判了抽象的人道主义对人和人性的理解，但马克思并没有放弃对这些问题的研究。如前所说，他是把人、人性和人道主义这些重要问题置于历史发展过程中来考察的。从马克思早期著作《共产党宣言》到《资本论》，再到恩格斯晚年历史唯物主义通信，都结合他们对政治经济学和科学社会主义的研究，阐明了他们关于人和人的发展的观点。下面我仅从一件事情说明马克思和恩格斯对此问题的重视及其基本观点。在1894年1月3日，《新纪元》周刊请求恩格斯找一段题词，用简短的字句来表达未来的社会主义纪元的基本思想，以别于但丁曾说的"一些人统治，另一些人受苦难"的旧纪元。恩格斯回信说，"除了《共产党宣言》中的下面这句话，我再也找不出合适的了"①。恩格斯引用《宣言》的这段话是："代替那存在着阶级和阶级对立的资产阶级旧社会的，将是这样一个联合体，在那里，每一个人的自由发展是一切人自由发展的条件。"② 此前，在《德意志意识形态》中也指出，未来共产主义社会，将是一个"个人的独立的和自由的发展不再是一句空话的唯一的社会"。从上述可见，马克思和恩格斯始终没有放弃对人的问题的重视和研究，只是有别于人道主义历史观，他们从唯物主义历史观出发，把对人的问题的研究和解决，同社会的变革和发展紧紧地结合在一起。人解放到什么程度，发展到什么程度，不取决于人的观念和意志，而取决于生产力的发展、社会关系的变革和社会生活的变化。因此，人的自由而全面的发展是社会历史进程的一个总的结果，而且只能是一个逐步发展的过程。只有到了未来共产主义社会，生产力高度而普遍地发展，消灭了阶级和剥削，消灭了人对人的统治和压迫以后，才能形成每一个人的自由发展是一切人自由发展的条件，也才能真正地实现人的自由而全面的发展。马克思主义创始人将人的自由而全面的发展，作为未来共产主义社会的重要特征和标志，有着深刻的理论意义和实践意义，从理论上同人道主义历史观和空想社会主义彻底划清了界线，在实践上为社会主义和实现人的全面发展指明了方向与奋斗目标。有些人说什么历史唯物主义是"见物不见人"，或者如存在主义者所谓马克思主义中存在"人学的空场"，这完全是皮相之见，是只见树木、不见森林，在科学上是站不住脚的。

三　唯物主义历史观同唯心主义历史观的根本对立

唯物主义历史观、历史唯物主义同唯心主义历史观、历史唯心主义是相对应的哲学概念，就如同唯物主义与唯心主义、辩证法与形而上学一样，是相互对立的，各有自己质的规定性。它们属于不同的哲学党派，有着不同的思想内容，在历史和现实上起着不同的作用。只要哲学问题存

① 《马克思恩格斯选集》第4卷，人民出版社1995年版，第730页。
② 《马克思恩格斯选集》第1卷，人民出版社1995年版，第294页。

在，这些基本哲学概念、基本哲学范畴便不会消失。唯物主义历史观或历史唯物主义，是随着马克思主义哲学的产生而产生、发展而发展的。它作为马克思主义哲学的标志性概念已经载入人类思想史。

在马克思主义经典著作中，马克思主义创始人有时使用唯物主义历史观的概念，有时使用历史唯物主义的概念，有时在同一篇文章或同一时期的论著中同时使用这两种表述。比如，在《社会主义从空想到科学的发展》及其英文版序言，和在恩格斯晚年的通信中，就同时使用了唯物主义历史观和历史唯物主义这两个概念。众所周知，《社会主义从空想到科学的发展》是恩格斯根据《反杜林论》的三章内容编写成的。而《反杜林论》按照恩格斯的说法，"所阐述的世界观，绝大部分是由马克思确立和阐发的"。在该书付印之前，曾把"全部原稿"念给马克思听，而且第二编第十章是由马克思写的①。由此可见，上述著作不论就其理论内容，还是概念的使用，都是马克思和恩格斯两人的。可是，有的人为了从根本上否定历史唯物主义，抹杀唯物主义历史观同唯心主义历史观的对立，挖空心思地去寻找马克思和恩格斯的差别，说什么马克思没有使用过历史唯物主义的概念。甚至还有的人认为是斯大林杜撰的。这些说法，是违背历史事实的，是没有根据的。

从马克思主义创始人的下面论述中，可以看出唯物主义历史观的实质，以及它同唯心主义历史观的根本区别。恩格斯这样讲道："我……用'历史唯物主义'这个名词来表达一种关于历史过程的观点……这种观点认为一切重要历史事件的终极原因和伟大动力是社会的经济发展，是生产方式和交换方式的改变，是由此产生的社会之划分为不同的阶级，是这些阶级彼此之间的斗争"②。这虽然还不是历史唯物主义的完整表述，但却是它的最基本的观点。按照恩格斯的说法，这种思想早在19世纪40年代中期就已经形成，并在《德意志意识形态》中得到比较充分的表述。在这里，马克思和恩格斯在分析了社会分工、物质生产力和交往形式的关系，以及历史发展的诸种因素后，指出"这种历史观就在于：从直接生活的物

---

① 参见《马克思恩格斯选集》第3卷，人民出版社1995年版，第347页。
② 《马克思恩格斯选集》第3卷，人民出版社1995年版，第704—705页。

质生产出发阐述现实的生产过程，把同这种生产方式相联系的、它所产生的交往形式即各个不同阶段上的市民社会（指经济基础）理解为整个历史的基础"，"同时从市民社会出发阐明意识的所有各种不同理论的产物和形式，如宗教、哲学、道德等等，而且追溯它们产生的过程。这样当然也能够完整地描述事物（因而也能够描述事物的这些不同方面之间的相互作用）。这种历史观和唯心主义历史观不同，它不是在每个时代中寻找某种范畴，而是始终站在现实历史的基础上，不是从观念出发来解释实践，而是从物质实践出发来解释观念的形成"①。我所以作这样的引证，一方面是要进一步说明，马克思主义创始人从他们理论的形成，一直到理论的成熟时期，都在使用唯物主义历史观和历史唯物主义的概念，而且从一开始就是将其同唯心主义历史观和历史唯心主义对立起来使用的。另一方面，从中可以看出，马克思主义创始人从一开始就是把唯物史观作为唯心史观的对立物加以阐发的，并指明唯物史观和唯心史观的根本对立所在，即对社会存在与社会意识、经济基础与政治上层建筑的根本不同的理解。而其他的对立都是由此所衍生的，并且具有不同的表现形式。

唯物主义历史观同唯心主义历史观的对立还可以进一步归纳为以下几个方面：

1. 唯物史观是从物质生活和社会实践出发来说明观念及其发生的变化，而历史唯心主义则把社会生活和社会实践的产物如理论、观念、原则等等，从产生它们的物质基础游离出来，赋予其以完全独立的外观，甚至将其无限夸大，视为客观事物的本体、本源。而唯心主义哲学正是现实生活中存在的这种思想现象的精致化。在实际生活中，通常所说的不从实际出发，理论脱离实际，或者教条主义与经验主义等，从实质上讲，都是唯心主义的不同程度的表现形式。我们强调实事求是，就是要求人们从实际出发来把握理论和政策，处理我们工作中遇到的问题和矛盾，而不是从本本主义出发，用理论原则去说明实践。我们所以说实事求是是马克思主义的精髓，正是因为它反映了历史唯物主义的核心之点，同时也切中一切唯心主义的要害。

---

① 《马克思恩格斯选集》第 1 卷，人民出版社 1995 年版，第 92 页。

2. 与上述相联系，唯物史观把"人"、神、天命、命运等等现象，都放在现实生活和历史发展中来考察，认为它们不过是现实生活的反映，并随着社会的发展而变化。而历史唯心主义则把这些本来是社会生活的产物，或社会生活的异化物，加以抽象化、绝对化和神秘化，甚至上升为世界的最高主宰。于是制造出形形色色历史唯心主义和神秘主义观念。这里根本问题在于，是从社会生活和社会关系出发去说明这些现象，还是相反。如果脱离开人们的社会关系，不是从本质去看问题，在这些问题上，是很容易陷入历史唯心主义。在现实生活中，各种宗教迷信和命运观，依然严重地影响着人们的精神，冲击着社会主义的价值观。解决这些问题，当然要靠唯物论和无神论的教育，但更重要、更根本的是要通过发展社会生产力、提高人们的物质生活水平来解决。这样的见解就体现着深刻的历史唯物主义观点。

3. 如何认识和解决社会发展的客观规律与人的主观能动性的关系，也突出地表现出两种历史观的分歧。按照唯物主义历史观，客观规律是客观事物的本质的联系，是社会发展的内在的必然的法则。人们在改造社会的实践中，可以认识和掌握这些规律，造福于人类，但是人们不可以按照主观意志任意支配客观规律，更不可能任意消灭和创造客观规律。比如，生产关系一定要适合生产力发展性质的规律，就是人类社会这一客观的必然联系在人们头脑中的反映，人们认识和掌握它以后就可以用以指导自己的实践，推动社会历史向前发展，如果违背这一规律，在实践中就会犯错误，就会遭受挫折。这个历史唯物主义基本原理，在实践中一再得到证明。唯心主义历史观则相反，他们片面地夸大人的主观能动性和意志的作用，或者认为这些客观的法则不过是人的理性或意志的产物，人们可以任意支配这些规律。一些唯物主义哲学家就是这样来说明问题的。还有一些人根本不承认历史的客观法则，否认社会形态的更替和发展规律。他们不承认人类社会发展是基于生产力和生产关系矛盾运动之上的自然历史过程，而认为是一个完全无序的自发的发展进程。这种观点之所以错误，不仅在于它否定客观规律的存在和人们认识规律的可能性，从而关闭了科学的大门，而且还在于在它否定客观规律的同时，必然为历史唯心主义打开方便之门。为了坚持和发展历史唯物主义，我们不仅要反对理论上的历史唯心主义，而且也要反对实际上存在的形形色色历史唯心主义。

4. 承认人类历史是物质生产和生产方式发展的历史，就必然承认人民群众是历史的主体，是社会历史发展的动力。正如马克思在创立唯物史观之初就指出的，历史的活动是群众的事业。离开广大劳动人民的参与，社会历史既不能存在，也不能发展。因为，人们要进行政治的、思想的、文化的创造，首先必须能够生活，因而就必须有人民群众通过劳动创造出衣食住行这些必要的物质生活条件。不仅如此，就是思想文化的创造也离不开人民群众的实践和参与。但是，唯物主义历史观在肯定人民群众是历史的创造者的同时，也承认个人在历史上的积极作用。个人在历史上的作用有两种：一种是进步的，一种是反动的。只有顺乎历史的潮流，符合历史发展的大趋势，代表广大人民的根本利益，自己理论和实践反映历史规律的个人和英雄人物，才能带动人民群众创造历史，推动社会前进。这种个人也才能得到历史的承认。相反，逆历史潮流而动、违背历史发展规律、只代表少数剥削者或社会集团利益的个人，则阻碍历史前进，他们对历史所起的作用是破坏的和反动的作用。这两种个人在历史上是泾渭分明，其作用也截然相反。各种历史唯心主义都贬低和否定人民群众的历史作用，夸大个人、天才人物、"政治精英"的作用，并把他们视为历史主宰和创造者。而对这些个人所代表的社会关系和阶级利益则又视而不见，或有意掩盖。这种历史唯心主义由来已久，至今仍然发生着影响。我们党一贯主张全心全意为人民服务，倡导立党为公，执政为民，相信只有人民群众才是历史的创造者，充分体现了我们坚持唯物主义历史观，反对唯心主义历史观。

唯心主义历史观的存在和影响，不仅有深刻的社会历史根源，而且有着深刻的认识根源。前者概略地讲就是历史发展的局限性，社会关系和阶级关系的影响。后者主要是其思想上的形而上学和绝对化的认识方法。恩格斯曾经讲到，现代唯物主义本质上是辩证的，同样，历史唯心主义本质上是形而上学的。因为，他们总是把相互联系的事物割裂开来，将其中一个因素从整体游离出来，加以无限的夸大，或者将其绝对化和神秘化，以事物的现象掩盖事物的本质，其结果必然造成对客观事物的扭曲。这种形而上学的思维方法，在观察复杂的社会现象时，不可避免地会陷入历史唯心主义的泥潭。克服和防止历史唯心主义，是我国思想战线的一项长期而艰巨的任务。

四　学习唯物主义历史观，掌握改造世界的强大思想武器

　　唯物主义历史观既是完整的科学体系，具有重大科学价值，又是认识和改造世界的强大思想武器，具有非常重要的实践意义。列宁指出，"马克思的哲学是完备的哲学唯物主义，它把伟大的认识工具给了人类，特别是工人阶级。"[①] 我们学习和研究唯物主义历史观的目的，就在于掌握这一伟大认识工具，推动社会历史的发展。

　　唯物主义历史观是工人阶级和广大劳动人民的完整的世界观和方法论，它具有普遍意义，又随着历史条件的变化而发展。如果它不与时俱进，就不能指导实践，因而就会失去自己的生命力。它作为世界观和方法论，既可以用以指导社会主义革命，又可以用以指导社会主义建设。全部问题在于，要与不同时期的具体实际相结合，在结合的过程中既对理论作出新的解释，又对实践作出切合实际的指导。理论同实践是辩证的、历史的统一。只有这样的理论，才能变成改造世界的巨大的物质力量。有一种观点机械地将马克思主义划分成革命的马克思主义与建设的马克思主义，认为革命的马克思主义已经过时，而建设的马克思主义仍有意义。这种说法似乎有道理，而且颇能迷惑人，但是十分错误的。在马克思主义史上还从未有过这样的划分，这与其说是创新，不如说是歪曲。更为重要的是，它割裂了马克思主义的完整的世界观和方法论，用一种机械论的方法，任意肢解马克思的学说。其结果必然是损害马克思主义，而决不是维护马克思主义。

　　事实是，我们党不论是在革命时期，还是在建设时期，都坚持马克思主义的世界观和方法论，都坚持用历史唯物主义去指导我们的革命和建设实践。往往革命和建设紧紧交织在一起，革命中有建设，建设中也有革命

---

　　① 《列宁选集》第2卷，人民出版社1995年版，第311页。

（改革也是革命）。在我国新民主主义革命时期，我们党正是坚持用历史唯物主义的观点和方法，分析当时社会的基本矛盾、社会关系和阶级斗争问题，形成了新民主主义理论，制定了一套方针、政策和战略、策略，引导我国人民取得了新民主主义革命的伟大胜利。同时，在这一理论的指导下，我们又取得了社会主义改造的胜利。在党的十一届三中全会后，我们开始建设有中国特色社会主义，也是在历史唯物主义理论的指导下，进行社会主义现代化建设和改革开放的。社会主义改革是社会主义制度的自我完善，它仍然是解决生产力与生产关系、经济基础与上层建筑之间的矛盾，不同之处是不仅解决这些社会基本矛盾，还进而解决新旧体制之间的矛盾，并且对当前阶级关系和阶级斗争问题作出了新的判断。可见，我们党的理论是一贯的，始终坚持马克思主义的世界观及方法论，坚持历史唯物主义的观点和方法。在长达半个多世纪里，我们党领导全国人民之所以取得如此大的成绩，最根本原因就是有马克思主义理论的指导，把马克思主义普遍真理同中国的具体实际相结合，既创造性地发展了马克思主义，又推进了我国社会主义实践。我国社会主义事业要继续沿着正确的方向健康地向前发展，还必须运用这个强大的思想武器，继续分析新形势、研究新情况、解决新问题。

工欲善其事，必先利其器。当前，面对复杂多变的国际形势，面对经济全球化和社会主义市场经济条件下的诸多社会问题与社会矛盾，要顶住各种压力，克服各种困难，把社会主义事业推向前进，就必须进行新的学习，特别是要结合新的实际，进一步地学习马克思主义哲学，学习历史唯物主义理论，掌握好这个伟大的认识工具。可以说，这是新的形势对我们的新的要求。现在要学习好唯物主义历史观，我认为有几点是十分重要的。首先，要学习好马克思主义的基本著作和基本理论。如果不把基本东西搞清楚，就不可能掌握它，更谈不上应用它，甚至分不清理论是非，随波逐流，把反马克思主义的东西当作马克思主义的东西来宣扬。马克思主义是在斗争中形成和发展的，所以学习马克思主义也必须同时批评错误的理论和思潮。当前，马克思主义遇到全面的挑战，这种挑战不仅来自对大量新的问题的认识和解决，而且来自有些人蓄意对马克思主义歪曲和攻击。只有在同错误理论和思潮的斗争中，在批判分析他们的错误观点过程中，才能真正地掌握马克思主义的科学真理。其次，要把学习马克思主义同总结社会主义历史经验结合起来。世界社会主义实践经历了近一个世纪的发展。期间有胜利的进军，也有挫折和失败，无论是成功的经验还是失败的教训，都是世界工人阶级极其宝贵的财富。从理论上加以总结，不仅对于世界社会主义运动走出低谷有积极意义，而且对于向前推进马克思主义也是必不可缺少的。结合经验、教训的总结进行学习，是最好的学习。特别是在当前，这是我们学习和掌握马克思主义的十分重要途径。再次，马克思主义的世界观和方法论，它的立场、观点和方法，是高度一致的，将它们人为地割裂开来，必然会损害马克思主义真理的完整性，从而也就不可能真正地掌握马克思主义。近年来，人们有意无意地不谈或回避立场问题，似乎一谈立场就是"左"，就是僵化。这是天大的误解。殊不知，马克思主义是工人阶级和劳动人民的世界观，如果不站在工人阶级和劳动人民的立场上，就根本不可能掌握马克思主义。离开立场的所谓观点和方法，或者变成纯学术，或者成为任何阶级都可以接受的东西。所以，要真正地学习和掌握马克思主义真理，就必须把马克思主义的世界观和方法论，把它的立场、观点和方法统一起来。这样才能真正做到用马克思主义武装我们的头脑，把马克思主义变成改造世界的强大的思想武器。

　　理论学习、研究和武装，是社会发展和变革的前导，用马克思主义武装起来的人民，可以战胜各种艰难险阻，克服一切困难，去争取社会主义事业的新的伟大胜利。

（本文为有林和张启华同志《论马克思揭示的社会发展一般规律》
一书作出的序，中央民族大学出版社 2004 年版）

马克思社会形态理论的科学性和客观性

唯物主义历史观，是马克思一生最伟大的理论贡献，是马克思主义思想体系的理论基石。列宁称之为"科学思想中的最大成果"，是"唯一的科学的历史观"，是"社会科学的同义词"。因为有它，社会科学才真正变成科学。而社会形态理论则是唯物主义历史观的一个核心思想。没有这个思想便不会有唯物主义历史观。

但是，一个时期以来，理论界有些人对马克思的社会形态理论提出不少质疑，否定社会规律的客观性，认为"以所谓生产力决定生产关系这个'规律'来说，在人类历史实际进程中根本就不存在，找不出任何一条历史事实来支持这个规律存在，因此它纯粹是一种思辨的思维运动"。有的论者明确地把历史规律说成是"认识的产物"，是"人的思想和意志所创造的"，明白无误地在否定历史规律的客观性和普遍性。有的人说马克思的五种社会形态理论仅仅囿于西方社会，不赞成用马克思的五种社会形态理论分析和研究我国社会的历史发展。所以，弄清楚马克思社会形态理论的产生及其科学价值是非常必要的。

综观人类思想史，人们在改造客观世界的过程中，在对自然认识的同时便开始了对自身的认识。而对后者的认识比前者的认识要困难得多、复杂得多、漫长得多。人类对自身历史的认识，经历了一个从"神"到"人"，再到用物质生产和社会关系去说明社会历史的、漫长的、曲折的发展进程。回溯人类的自我认识史便会发现，历史越是久远，人们对自己历史的认识便越是带有浓重的神秘色彩。在一个相当长的历史时期内，人们既不能正确说明自然界，更不能正确解释社会现象，而把这一切都归之于一种超自然的神秘力量，或者用"神"和"上帝"，或者用一种"抽象的人"来附会人类历史的发展。尽管在历史上也有过不少关于社会现象和历史发展的观点和描述，但总的说来，人类历史观的演进经历了从神学历史观到人道主义历史观再到唯物主义历史观的发展过程。

马克思在历史观上的伟大变革就在于，他在继承前人已取得的思想成果的基础上，把唯物主义推广到社会历史领域，用唯物辩证的观点去认识和说明社会历史现象，揭示了人类社会的发展规律，从而把人们对社会历史的认识奠定在科学的基础之上。应当说，这在人类认识史上具有破天荒的意义。

马克思关于五种社会形态思想的理解和表述也经历了一个不断走向成熟的演进过程。最早在《德意志意识形态》中，马克思基于对社会分工的分析，把以往"部落所有制"、"古代公社所有制和国家所有制"、"封建的或等级的所有制"、"资产阶级所有制"，作为人类社会演进的几个历史时期，并对未来共产主义社会的特征进行了富有预见性的分析，初步形成了关于人类社会历史发展的五种社会形态的思想。其后，马克思在《共产党宣言》、《雇佣劳动与资本》、《1857—1858 年经济学手稿》、《政治经济学批判》以及《资本论》等著作中，继续深入探讨，使五种社会形态理论逐步走向成熟。最后，马克思晚年集中力量研究了史前社会和东方社会，摘录形成了有着丰富思想的"人类学笔记"、"历史学笔记"等理论成果，最终揭开了人类史前社会的秘密，阐明了五种社会形态依次演进理论中所蕴涵的丰富的辩证思想。

从马克思社会形态理论的形成和成熟的过程来看，这个理论是马克思考察了整个世界历史，研究了大量历史资料，包括人类史前史的资料，经过多年科学研究后而确立起来的。它不是马克思的主观臆断，而是经过长期刻苦研究而得出的科学结论；它不是人的思维规律，而是对社会历史发展客观规律的科学揭示；它不是仅仅适用于欧洲的，而是普遍适用于世界历史的发展进程。所谓社会形态，通常理解为经济基础与上层建筑的统一，是一个社会的经济基础、政治机构和观念上层建筑的有机统一而构成的社会机体。社会形态是一个整体概念，它既有稳定的质的规定性，又是一个活的机体。生产力和生产关系的矛盾运动，推动着社会形态不断地从低级向高级发展变化。

五种社会形态区分的标准，我认为是依据生产方式即生产力与生产关系结合的不同而区别开来，其最基本的划分标准是生产关系中最核心的所有制关系。马克思之所以能够创立社会形态理论，关键是他通过对人类社会的横向剖析，从一切社会关系中划分出生产关系这个决定其他一切关系的最基本和最原始的关系，并将社会生产关系归结于生产力发展的高度，从而揭示出社会形态的性质及其矛盾运动的规律，并将社会历史进程理解为生产力推动下生产关系不断生成与被取代的自然历史过程。如前所述，生产关系思想是马克思唯物史观和社会形态理论形成的关键所在，也是区分不同社会形态的重要依据。马克思在最早表述社会形态的思想时使用的是"所有制形式"，一直到后来也是通过研究"亚细亚的所有制"、"东方式的所有制"和"西方式的所有制"概念，最终确立起关于社会形态的理论。可见，在马克思思想中，生产关系和所有制观念居于至关重要的地位。从理论上看，生产关系和所有制关系是生产力发展的结果和测量器，是生产得以进行的物质载体，它具有一种稳定性。它可以把不同性质的社会和社会形态区别开来，所以，不同的生产关系和所有制关系是区分不同社会和社会形态的质的规定性。

社会形态理论的科学价值就在于，它基于经济的、客观的事实去分析研究人类历史，从客观事实的分析中，而不是从观念中得出结论，从而把人们对社会历史的认识真正建立在科学的基础之上。正如马克思所说的，这样就"可能用自然科学的精确性指明（社会历史——作者注）的变革"，也才可能基于生产力与生产关系的辩证关系，把人类社会发展"理解为一种自然史的过程"。这是人类历史观的伟大变革。列宁将马克思的唯物史观和社会形态理论称之为"科学思想中的最大成果"，是"唯一的科学的历史观"，是"社会科学的同义词"，就是对马克思思想的最中肯、最恰当的评价。

（原载《中国社会科学报》2010 年 6 月 15 日第 2 版）

所有制关系在马克思社会形态
理论形成中的基础意义

　　唯物主义历史观，是马克思一生最伟大的理论贡献，是马克思主义思想体系的理论基石。列宁称之为"是科学思想中的最大成果"①，"是唯一的科学的历史观"，"是社会科学的同义词"②。他强调说，"不言而喻，没有这种观点，也就不会有社会科学"③。这个评价是十分正确、十分中肯的。而社会形态理论则是唯物主义历史观的一个核心思想。没有这个思想便不会有唯物主义历史观。正是人类社会形态及其更替规律的发现，马克思才终于揭开了人类历史之谜，实现了人类历史观的伟大变革。

　　但是，一个时期以来，理论界有些学者对马克思的社会形态理论提出不少质疑，否定社会规律的客观性，认为人类历史中的规律只能是人的实践活动的规律，而实践通常总是在人的意志支配下进行的，"因此它纯粹是一种思辨的思维运动。"有的学者更为清楚地把社会历史规律说成是"认识的产物"，是"人的思想和意志所创造的"，"只是一种逻辑概念"。这些观点清楚地否定了马克思的社会形态理论的科学性和客观性。有些学者还反对用马克思五种社会形态理论分析研究人类历史，包括我国社会发展史。对于这样一些重大理论问题，我们必须研究清楚，并给予科学的阐明。

---

① 《列宁专题文集——论马克思主义》，人民出版社 2009 年版，第 68 页。
② 《列宁专题文集——论辩证唯物主义和历史唯物主义》，人民出版社 2009 年版，第 163 页。
③ 同上书，第 161 页。

一　马克思社会形态理论的逐步形成和完整表述

马克思社会形态理论，即五种社会形态理论的形成，是一个逐步发展的过程，是一个随着马克思对世界历史和对资本主义社会不断探讨和研究而逐步深化和成熟的过程。这个理论决不是主观臆断，而是在批判地继承前人思想成果的基础上，研究了已有的和新发现的大量历史资料才逐渐形成起来的。它是人类历史观发展的自然的结果。只有真正了解其形成发展过程，才能正确和深刻地认识五种社会形态理论的科学性和它的重大意义。

1. 马克思社会形态理论的初步形成

马克思之所以能够超越前人，完成社会历史观的伟大变革，在于他把握住了两个关键性问题，并从理论上成功地解决了它。其一，就是，他超越了关于"人"的抽象议论，而把自己研究的基点放在探讨"现实的人"和"人的世界"上，从而揭开了长期蒙在人和人类社会之上的神秘面纱。正如马克思所说：这种历史观所由出发的前提"是人，但不是处在虚幻的离群索居和固定不变状态的人，而是处在现实的、可以通过经验观察到的、在一定条件下进行的发展过程中的人"。"这是一些现实的个人，是他们的活动和他们的物质生活条件"。① 马克思正是通过研究人的物质生产活动和这种活动赖以进行的社会关系，才一步步地接近了唯物主义历史观。

其二，马克思在前人取得的思想成果的基础上，深入地研究现实的社会关系和经济关系，形成了关于生产关系的重要思想。这是马克思超越前人的最具有理论价值和革命意义的思想。众所周知，在马克思以前，资产阶级经济学家已经提出并阐明了生产力的概念，甚至对生产关系思想也有过某些零星的猜测，但是他们没有也不可能提出生产关系的科学概念。提出并阐明生产关系的思想是马克思的伟大功绩。马克思在他从事理论研究活动之初，就开始探讨人的物质利益、占有关系和异化劳动等问题，通过这一研究，他逐步认识到在物的关系的背后隐藏的人与人的社会关系。他

---

① 《马克思恩格斯文集》第 1 卷，人民出版社 2009 年版，第 525、519 页。

在同恩格斯第一部合著的《神圣家族》中就已经认识到："对象作为为了人的存在，作为人的对象性存在，同时也就是人为了他人的定在，是他同他人的人的关系，是人同人的社会关系。"① 所以，列宁说，马克思在1845 年写成的《神圣家族》已经"接近"自己的"体系"，即社会生产关系的基本思想②。

　　接着，在《德意志意识形态》中对之作了全面的阐发。在这里，马克思深入研究了生产劳动和社会分工问题，以及人们生产活动得以进行的社会条件。首先，马克思尖锐地批判了思辨哲学完全忽视生产活动和历史的现实基础的观点，把"生产物质生活本身"看成是历史活动的首要前提，进而考察了物质生产活动赖以进行的社会条件，指出："生命的生产，无论是通过劳动生产自己的生命，还是通过生育而生产他人的生命，就立即表现为双重关系：一方面是自然关系，另一方面是社会关系"。③ 稍后，马克思更明确地说，"为了进行生产，人们相互之间便发生一定的联系和关系；只有在这些社会联系和社会关系的范围内，才会有他们对自然界的影响，才会有生产。"④ 就是说，只要进行生产活动，必然产生人与自然的关系和人与人之间的社会关系，否则，任何生产活动都不可能发生。其次，马克思通过对社会分工研究，对社会关系的不同情况和性质有了进一步的认识，指出"分工的每一个阶段还决定个人在劳动资料、劳动工具和劳动产品方面的相互关系"⑤。这里不仅指明了人们的生产关系（这时更多的使用交往形式的概念）受着分工的制约，而且揭明了生产关系诸要素及其相互关系，以及个人因在生产活动中的地位和对产品的关系的不同而处于不同的生产关系中，实质上揭明了人们的不同的阶级关系。再次，马克思通过对各种交往形式和交往关系的深入分析，进一步认识到人们的精神交往不过是"人们物质关系的直接产物"，而在各种社会关系中生产关系又是最基本的，它不仅是政治制度和国家的现实基础，而且也是一切实际的

① 《马克思恩格斯文集》第 1 卷，人民出版社 2009 年版，第 268 页。
② 《列宁全集》第 55 卷，人民出版社 1990 年版，第 13 页。
③ 《马克思恩格斯文集》第 1 卷，人民出版社 2009 年版，第 532 页。
④ 同上书，第 724 页。
⑤ 同上书，第 521 页。

财产关系的真实基础。这样，马克思就从人们的各种关系中划分出了决定其他一切关系的最基本的关系。正如马克思在 1846 年 12 月 28 日致帕·瓦·安年科夫的信所说的，"他们的物质关系形成他们的一切关系的基础。这种物质关系不过是他们的物质的和个体的活动所借以实现的必然形式罢了。"① 最后，马克思把生产关系看成是不断发展变化的，而这种发展变化是由分工和生产力的发展引起的。"分工的各个不同发展阶段，同时也就是所有制的各种不同形式。"② 在《德意志意识形态》写成后一年，马克思在《哲学的贫困》一书中，以更为精确的语言表述了上述思想，他说：历史运动创造了社会关系，"随着新生产力的获得，人们改变自己的生产方式，随着生产方式即谋生的方式的改变，人们也就会改变自己的一切社会关系。手推磨产生的是封建主的社会，蒸汽磨产生的是工业资本家的社会。"③ 马克思反复强调，生产关系不是永恒的，它随着生产力的发展而发展和变化。从上述可见，在这个时期，马克思全面地阐明了生产关系的基本思想，可以说，生产关系概念已经形成了。

生产关系概念的形成，不仅对生产力诸要素结合的性质和方式有了更为科学的认识，而且有可能揭明生产过程本身内在结构，揭明生产力和生产关系的辩证统一关系。据此，进而揭示了人类社会的基本矛盾、发展动力和运动规律，解答了长期困扰人们的历史之谜。生产关系及其与生产力辩证统一的思想的形成，使马克思创立社会形态理论迈出了决定性的一步。

所谓社会形态，通常理解为是经济基础与上层建筑的统一，是一个社会的经济基础、政治机构和观念上层建筑的有机统一而构成的社会有机体。社会形态是一个整体概念。它既有稳定的质的规定性，又是一个活的机体，而生产关系和所有制关系在其中起着基础性作用。生产力和生产关系的矛盾运动，推动着社会形态不断地从低级向高级发展变化。

关于五种社会形态思想的形成和表述经历了一个不断演进的过程。最

---

① 《马克思恩格斯文集》第 10 卷，人民出版社 2009 年版，第 43 页。
② 《马克思恩格斯文集》第 1 卷，人民出版社 2009 年版，第 521 页。
③ 同上书，第 602 页。

早在《德意志意识形态》中，马克思基于对生产力发展和社会分工的分析，研究了分工各个不同阶段的交往形式和所有制关系，把以往的"部落所有制"、"古典古代的公社所有制和国家所有制"、"封建的或等级的所有制"、"现代所有制"或资产阶级所有制，作为人类社会演进的几个历史时期，并对未来共产主义社会的特征进行了富有预见性的分析，初步形成了关于人类社会历史发展的五种社会形态的思想。

其后，马克思在《雇佣劳动与资本》和《共产党宣言》等著作中，对他刚刚形成的社会形态思想作了进一步的更为准确的阐明。他在研究资产阶级社会的生产关系时，对社会形态思想明确地表述道："各个人借以进行生产的社会关系，即社会生产关系，是随着物资生产资料、生产力的变化和发展而变化和改变的。生产关系总合起来就构成社会关系，构成所谓社会，并且是构成一个处于一定历史发展阶段上的社会，具有独特的特征的社会。"① 很显然，这里比《德意志意识形态》更清楚地阐明了社会形态的概念。接着他又对历史上的几种社会形态作了新的表述："古典古代社会、封建社会和资产阶级社会都是这样的生产关系的总和，而其中每一个生产关系的总和同时又标志着人类历史发展中的一个特殊阶段。"② 这里不仅是思想内涵，而且概念的表述都较前进了一步。《共产党宣言》基于唯物主义历史观，结合当时的革命形势，着重从阶级斗争的角度，对奴隶社会、封建社会和资产阶级社会的生产方式和阶级关系作了分析，指出"至今一切社会的历史都是阶级斗争的历史"，突出地阐明了未来共产主义社会的历史必然性。在这里，实际上揭明了人类社会形态的历史演进，以及推进历史发展的社会力量。

2. 马克思社会形态理论的深化和最初的表述

不可否认的是，在 19 世纪 40 年代，由于史前史料的缺乏和对东方社会研究不多，所以马克思对社会形态演进的看法主要囿于西方社会，就说是，那时马克思并未将视线投向东方这块古老而神秘的土地。50 年代后，一方面，与 1848 年革命失败后归于沉寂的欧洲不同，亚洲爆发了大规模

① 《马克思恩格斯文集》第 1 卷，人民出版社 2009 年版，第 724 页。
② 同上。

的革命运动；另一方面，英国国内对于在印度的殖民统治以及其议会围绕东印度公司等问题都产生了不小的争论。这些客观现实引发了马克思对东方问题的关注，开始探讨亚细亚的生产方式。就研究成果看，他发表于《纽约每日论坛报》上的一些文章以及与恩格斯的通信可以算是这时期的集中体现。此时，马克思关注重心乃是东方社会的现实状况及其在外来冲击下的历史命运问题，但同时他在研究中也涉及了东方社会具有的个性特征，如不存在土地私有、在村社制度中过着闭关自守的生活、国家专制等，即后来表述的"亚细亚生产方式"①，并认为东方"一切现象的基础是不存在土地私有制。这甚至是了解东方天国的一把真正的钥匙"②。由于马克思刚刚涉猎东方社会，加之史料的影响，他更多关注的是东方社会的个性特点，而并没有认识到东西方社会的共性。进而提出的不同于西欧社会的"亚洲式的社会"③，也是将东方社会视为一种区别于"西欧式的社会"的地域性社会。

随着史料的丰富与研究的深入，马克思进一步发现这种生产方式并不为印度所独有，其在亚洲其他地方也是一种客观存在，并在一定程度上保留下来。如"在爪哇东海岸的巴厘岛，印度人的这种组织还完整地和印度人的宗教一起保存下来，它的痕迹和印度人的影响一样，在整个爪哇都可以看到。"④ 在世界上其他地方，马克思也发现了与这种生产方式类似的制度。1853 年，在探讨被称为"克兰"的苏格兰氏族时，他指出："某一克兰，即氏族，所居住的地区就属于该氏族，正如俄国的农民公社所占用的土地不属于个别农民而属于整个公社一样。可见，所在地区是氏族的公有财产。在这种制度下，现代意义上的私有财产是谈不上的。同样，克兰成员的社会地位同生活在我们现代社会条件下的个人的地位也是无法相比的。""在任何情况下，土地都是氏族的财产，在氏族内部，尽管有血缘关

---

① 在本文中，"亚细亚生产方式"与"亚细亚所有制"是作为同义语使用的；而对它的分析也参见了赵家祥、盐泽君夫（日）等学者的理论观点。

② 《马克思恩格斯文集》第 10 卷，人民出版社 2009 年版，第 112 页。

③ 《马克思恩格斯文集》第 2 卷，人民出版社 2009 年版，第 686 页。

④ 《马克思恩格斯文集》第 10 卷，人民出版社 2009 年版，第 118 页。

系，但是人们之间也有地位上的差别，正像所有古代亚洲的氏族公社一样。"① 在这里，已经暗含了亚细亚生产方式并非为亚洲所独有的意思。其后，马克思在《1857—1858 年经济学手稿》中进一步分析了它的普遍意义，即其在美洲的墨西哥、秘鲁，欧洲的克尔特人、罗马利亚人、斯拉夫人、古希腊罗马以及日耳曼民族都先后存在过，并在部分地方还发现了它的痕迹。这些发现使得他有可能将其与人类社会历史进程联系起来进行思考，并获得新的认识。

马克思在《1857—1858 年经济学手稿》一书第二篇的"资本主义生产以前的各种形式"中，对"亚细亚生产方式"作了进一步探讨。在该文中，马克思比较和分析了资本主义生产方式之前东西方社会存有的三种公社所有制形式：亚细亚所有制、古代所有制与日耳曼所有制，并从中发现了更为本质的东西。在他看来，这些所有制形式除具有共同点外，彼此之间还存有一些明显的差别。以最具决定意义的土地所有制与财产关系为例，在亚细亚所有制中，"人类素朴天真地把土地当作共同体的财产"，单个人的财产"本身直接就是公社财产"，其"并不是同公社分开的个人的财产，相反，个人只不过是公社财产的占有者"。在古代所有制中，"公社财产——作为国有财产——即公有地，在这里是和私有财产分开的"，即这里已经"存在着国家土地财产和私人土地财产相对立的形式"，并且"后者以前者为中介"；而在日耳曼所有制中，"个人土地财产既不表现为同公社土地财产相对立的形式，也不表现为以公社为中介，而是相反，公社只存在于这些个人土地所有者本身的相互关系中。公社财产本身只表现为各个个人的部落住地和所占有土地的公共附属物。"② 正是在这些详细分析的基础上，马克思认识到，与后两种所有制相比，亚细亚所有制本身就是直接的公有制，因而也是三种所有制形式中最为原始的。由此，他明确指出："仔细研究一下亚细亚的，尤其是印度的公有制形式，就会证明，从原始的公有制的不同形式中，怎样产生出它的解体的各种形式。例如，罗马和日耳曼的私有制的各种原型，就可以从印度的公有制的各种形式中

---

① 《马克思恩格斯全集》第 8 卷，人民出版社 1961 年版，第 571、572 页。
② 《马克思恩格斯文集》第 8 卷，人民出版社 2009 年版，第 124、127、133 页。

推出来。"① 这样，他实际上已经把这种亚细亚的所有制形式看作人类社会的最初阶段，置于"古典古代社会"之前，对人类社会演进阶段有了进一步的，尽管还是朦胧的认识。显然，远古社会仍然是需要深入探讨的问题。

至此，马克思社会形态理论不仅思想内容更加丰富，而且"社会形态"这一重要概念也已提出。马克思在《德意志意识形态》等著作中，主要是用所有制形式和由生产关系总和构成的特定历史阶段的"社会"表示社会形态的思想。马克思首次使用"社会形态"术语来表述人类社会的变更，是在1852年12月—1853年3月写成的《路易·波拿巴的雾月十八》中。马克思借用"形态"这个地质学术语来表示人类历史上处于特定阶段的社会总体。他在讲到旧的法国革命时的英雄们，都穿着罗马的服装，讲着罗马的语言，来实现当代的任务，即利用解除封建桎梏发展国内工业生产力，"在法国境外则到处根据需要清除各种封建的形式，为的是要给法国资产阶级社会在欧洲大陆上创造一个符合时代要求的适当环境。但是，新的社会形态一形成，远古的巨人连同一切复活的罗马古董……就都消失不见了。"② 在这里，马克思论及的社会形态，虽然特指资产阶级社会，但"社会形态"作为一个唯物史观中一个特指处于人类历史上特定阶段社会总体的范畴而最终被确定下来了。

正是基于上述的思想进展，在1859年的《〈政治经济学批判〉序言》中，马克思对唯物主义历史观作了经典性表述，最后指出："大体说来，亚细亚的、古希腊罗马的、封建的和现代资产阶级的生产方式可以看作是经济的社会形态演进的几个时代。"③ 至此，马克思社会形态理论得到最初的，但比较完整的表述。

3. 马克思社会形态理论走向成熟和完整表述

在19世纪60年代后，在创作巨著《资本论》时期，马克思不仅继续将"亚细亚所有制"看作人类社会的最初阶段，同时，他还通过对亚洲与

---

① 《马克思恩格斯文集》第5卷，人民出版社2009年版，第95页注释（30）。
② 《马克思恩格斯文集》第2卷，人民出版社2009年版，第471页。
③ 《马克思恩格斯文集》第1卷，人民出版社2009年版，第592页。

欧洲古代社会史的研究，继续深化着对社会形态演进的认识。正如恩格斯指出的，这段时间里，他们不仅进一步研究了存在于印度以及受印度影响的爪哇地区的公社所有制情况，还研究了从印度到爱尔兰的一切印欧人民在低级发展阶段时的所有制状况。通过这些研究，马克思越来越确信，"亚细亚所有制"具有世界意义，其完全可以被认作是人类社会的最早形态。这时，马克思特别重视历史学家毛勒对欧洲马尔克制度所作的考察和研究。马尔克村社制度的发现及对其所作的深入研究，使得马克思更加深信，欧洲各国的"土地私有制只是后来才产生的"①，它也是在土地公有制的基础上发展起来的；而建立在土地公有基础上的农村公社的存在是一切民族的普遍现象。马克思开始把马尔克制度称为欧洲各地的亚细亚所有制形式，指出"欧洲各地的亚细亚的或印度的所有制形式都是原始形式，这个观点在这里（虽然毛勒对此毫无所知）再次得到了证实"②。可见，在马克思看来，欧洲社会的马尔克制度与东方社会的"亚细亚所有制"在本质上是相同的，"亚细亚所有制"这种形式也普遍存在于欧洲社会的早期，土地公有制是每个民族发展的必经阶段。这样，"亚细亚所有制"成为东西方社会共有的最早社会形态，五种社会形态理论进一步走向成熟。

　　在马克思晚年，也就是在19世纪70年代下半期和80年代初，他阅读了大量俄文第一手资料，收集了包括摩尔根《古代社会》在内的大量关于人类史前社会与东方社会的史料，集中力量研究了史前社会和东方社会，摘录形成了有着丰富思想内容的"人类学笔记"、"历史学笔记"以及各种书信等一大批理论成果，最终揭开人类史前社会的秘密，阐明了五种社会形态依次演进理论中所蕴涵的丰富的辩证思想。在研究中，马克思不仅认识到社会形态在具体演进过程中的跳跃性，提出东方落后国家有可能利用"世界历史"所提供的各种条件而跨越资本主义"卡夫丁峡谷"的设想，还进一步深化了对"亚细亚所有制"的认识，即认为，"亚细亚所有制"并不是最原始的社会形式，而只是人类社会从"以公有制为基础的社会向以私有制为基础的社会的过渡"阶段，在此之前，还存在一个既无私

---

① 《马克思恩格斯文集》第10卷，人民出版社2009年版，第281页。

② 同上书，第281—282页。

有制，又无阶级对抗与阶级压迫现象的氏族社会阶段，马克思进而将之表述为"原生的社会形态"。① 史前社会研究的新成果，特别是对摩尔根《古代社会》的研究，使马克思逐渐认识到，在人类的幼年时代，由于生产力的极度低下，生产关系还包裹在血缘关系的胞胎之中，它还不是决定和支配其他社会关系的关键，人类自身生产起着更为决定性的作用，即自然形成的血亲关系胜过经济关系而构成了整个社会制度的基础。对于这两种生产及其辩证关系，马克思认为，越往前追溯，人类自身生产作用越大，个人也就会越依附于血缘亲属关系；而随着生产力的发展，物质生产以及基于物质生产之上的经济关系作用才日益增大，并最终取代前者而在社会中发挥决定性作用。但是，在原始时代，氏族是以血缘为基础的人类社会自然形成的原始形式。可见，这时马克思对人类史前时期已经有了比较清晰的认识。

在马克思逝世后，恩格斯依据马克思的晚年研究成果和当时的史料发现，写出了《家庭、私有制和国家的起源》一书，在书中，他用"人类的原始社会"② 这一概念来表述人类社会的最初形态，也就是马克思所说的"原始时代"和"原生态社会形态"。可见，称人类社会的最初形态为原始社会，是符合马克思的原意的，这一概念后来成为学术界和理论界公认的用语。至此，马克思五种社会形态理论，即原始社会、奴隶社会、封建社会、资本主义社会和未来的共产主义社会，及其发展更替规律的理论，不仅是思想内容，而且其用语都达到了成熟的程度。

从马克思社会形态理论的形成和成熟的过程来看，这个理论是马克思考察了整个世界历史，研究了大量历史资料、包括人类史前史的资料，经过多年科学研究后而确立起来的。它不是马克思的主观臆断，而是经过长期刻苦研究而得出科学结论；它不是人的思维规律，而是对社会历史发展客观规律的科学揭示；它不是仅仅适用于欧洲，而是普遍适用于世界历史的发展进程。

五种社会形态区分的标准，我们认为，是依据生产方式即生产力与生

① 《马克思恩格斯文集》第 3 卷，人民出版社 2009 年版，第 586 页。
② 《马克思恩格斯选集》第 4 卷，人民出版社 1995 年版，第 30 页。

产关系结合的不同而区别开来，其最基本的划分标准是生产关系和所有制关系。马克思之所以能够创立社会形态理论，关键是他通过对人类社会的横向剖析，从一切社会关系中划分出生产关系这个决定其他一切关系的最基本和最原始的关系，并将社会生产关系归结于生产力发展的高度，从而揭示出社会形态的性质及其矛盾运动的规律，并将社会历史进程理解为生产力推动下，生产关系不断生成与被取代的自然历史过程。如前所述，生产关系思想是马克思唯物史观和社会形态理论形成的关键所在，也是区分不同社会形态的重要依据。马克思从最早表述社会形态的思想时使用的是"所有制形式"，一直到后来也是通过研究"亚细亚的所有制"、"东方式的所有制"和"西方式的所有制"概念，最终确立起关于社会形态的理论。可见，在马克思思想中，生产关系和所有制关系居于至关重要的地位。从理论上讲，生产关系和所有制关系是生产力发展的结果和测量器，是生产能以进行的物质载体，它具有一种稳定性。它可以把不同性质的社会和社会形态区别开来，是不同社会和社会形态的质的规定性。

社会形态理论的科学价值就在于，它基于经济的、客观的事实去分析、研究人类历史，从客观事实的分析中，而不是从观念中得出结论，从而把人们对社会历史的认识真正建立在科学的基础之上了。正如马克思所说的，这样就"可能用自然科学的精确性指明（社会历史——作者注）的变革"，也才可能基于生产力与生产关系的辩证运动，把人类社会发展"理解为一种自然史的过程"。这是人类历史观的伟大变革。列宁将马克思的唯物史观称之为"科学思想中的最大成果"，是"唯一的科学的历史观"，就是对马克思社会形态理论的科学价值最中肯、最恰当的评价。

二　正确理解和把握马克思的五种社会形态理论

由社会形态理论的形成过程可以看出，马克思的研究并不只局限于西欧社会，也涵盖包括东方社会在内的世界诸多民族和地区，它具有普遍意义。但是，并不是说各个国家和民族都必须按照五种社会形态的进程向前发展。历史发展即遵循一般规律，也会因不同国家、民族的特殊的历史条件而呈现跳跃式的发展。马克思正是基于不同民族和地区社会历史的深入对比研究，由具体到抽象，由个别上升到一般，形成了涵盖人类整体历史的社会形态理论。但这个理论的运用，像马克思主义的其他基本原理的运用一样，"随时随地都要以当时的历史条件为转移"①。五种社会形态理论是科学，因此，要研究它，要用马克思历史辩证方法去把握它。要正确理解马克思社会形态理论，运用这个理论具体分析、研究社会历史的发展，应当处理好以下几种辩证统一关系。

1. 客观规律性与历史选择性的统一

所谓客观规律性，是指人类社会在发展中始终受不以人的意志为转移的规律的支配，它强调人类历史进程与社会形态的更替是一个自然历史过程。而历史选择性则是指历史发展也是一个有目的的、能动的发展过程，作为社会主体的人能够在其中发挥自己的主观能动性作用。在马克思看来，客观规律性与历史选择性的统一乃是历史演进的首要特质。

在对社会历史的研究中，马克思是从人的物质实践出发来探讨社会的矛盾运动以及经济因素在社会发展中的基础性作用。在他看来，物质生产力是人类历史发展的最终动因，人们创造历史，但他们只能在既定的历史条件下创造历史，"人们不能自由选择自己的生产力——这是他们的全部历史的基础，因为任何生产力都是一种既得的力量，是以往的活动的产物。可见，生产力是人们应用能力的结果，但是这种能力本身决定于人们所处的条件，决定于先前已经获得的生产力，决定于在他们以前已经存在、不是由他们创立而是前一代人创立的社会形式。"② 人们只有在前人创造的物质条件的基础上，只有遵循客观规律，才能发挥创造历史的作用。人们既然不能自由地选择生产力，也不能自由地选择前人所提供的社会形式，即不能自由地选择某一种社会形态。这就是说，人们的创造性和历史的选择性，不是任意的，不是没有条件的，否则，就会陷入历史唯心主义。

当然，在探讨客观规律性的同时，马克思决没有忽视人在历史发展中的能动性，相反，他不只一次地强调人们创造历史的作用，认为历史的活

---

① 《马克思恩格斯文集》第 2 卷，人民出版社 2009 年版，第 5 页。
② 《马克思恩格斯文集》第 10 卷，人民出版社 2009 年版，第 43 页。

动就是群众的事业。正如恩格斯所言，与自然史不同，"在社会历史领域内进行活动的，是具有意识的、经过思虑或凭激情行动的、追求某种目的的人；任何事情的发生都不是没有自觉的意图，没有预期的目的的。"① 历史规律并不是外在于人的活动的孤立物；作为历史主体的人，其活动并不是为了实现历史规律，而是为了其自身生产和发展的需要才进行着活动的。因此，没有有目的的人的活动，便不可能有人类历史，从而使历史发展呈现出其合目的性的一面，即人们在遵循社会发展规律的基础上，还具有一定的历史选择性。"但是，不管这个差别对历史研究，尤其是对各个时代和各个事变的历史研究如何重要，它丝毫不能改变这样一个事实：历史进程是受内在的一般规律支配的。"② 就是说，人的有目的的活动可以对社会历史发生重大影响，但它不可能改变历史规律。实际上，在探索中，马克思是既从目的性出发，探讨历史发展的客观规律；又从规律性出发，认识历史发展的目的性，并将二者有机结合起来，论证了社会形态演进乃是合规律性与合目的性的辩证统一。只有将这两者统一起来，才能正确地认识社会历史的发展。将这两者割裂开来或对立起来，就会陷入历史唯心论或历史宿命论。

2. 普遍性与特殊性的统一

在这里，普遍性是指同一种社会形态在不同国家和民族之间所体现出的共性；而特殊性则是指它们在具有共性的同时又会呈现出差异性，表现出其各自的特点。按照唯物辩证法观点，普遍性与特殊性、共性与个性是辩证统一关系，普遍性寓于特殊性之中，通过特殊性表现出来，而特殊性总是与普遍性相联系而存在。在探索中，马克思正是通过对不同地区与民族社会历史的系统考察和研究，并对其进行了科学抽象，从而区分了人类社会历史先后存在的几种社会形态，形成了对各种社会形态的一般认识。他认为，就其中任何一种社会形态而言，它都存有一些普遍性的东西，有其固有的客观规定性。也正是这些规定性的存在，才使对它们的概括以及对历史发展规律的把握成为可能，而这些反映着特定社会形态本质的东西

---

① 《马克思恩格斯文集》第 4 卷，人民出版社 2009 年版，第 302 页。
② 同上。

也便成为区别于其他社会形态的根本标志。

　　当然，在人类历史中，社会形态总是具体的，抽象的社会形态是不存在的。因此，马克思在坚持普遍性的同时，并不认为社会形态的存在及其发展在不同地区和民族中会整齐划一而毫无差别，相反，任何社会形态都会由于多种因素的作用而在不同地区和民族中呈现出其各自特点，表现出自己的差异性。在《资本论》中，马克思曾明确指出："相同的经济基础——按主要条件来说相同——可以由于无数不同的经验的情况，自然条件，种族关系，各种从外部发生作用的历史影响等等，而在现象上显示出无穷无尽的变异和色彩差异，这些变异和差异只有通过对这些经验上已存在的情况进行分析才可以理解。"① 马克思在《资本主义生产以前的各种形式》中区分的三种不同的公社所有制："亚细亚的所有制形式"、"古代的所有制形式"与"日尔曼的所有制形式"。恩格斯在《家庭、私有制和国家的起源》中区分的西欧的"古代的劳动奴隶制"和"东方的家庭奴隶制"，并认为它们都是"充分发展的奴隶制"，所有这些都表明，马克思主义创始人在注重对事物的一般本质的研究同时，决不忽视对特殊事物的关注。相反，在马克思看来，对特殊事物的研究是科学研究的出发点，正如他在批判德国思辩哲学时所强调的，重要的"在于把握特殊对象的特殊逻辑"②。

　　鉴于社会形态在不同国家和民族呈现出的差异性，马克思还特别强调，各个国家和民族在不同社会形态中所具有的典型性也是不同的。在他看来，由于各种因素的作用和所处的历史条件的变化，并非一切民族的每一个社会形态都会在发展中表现得很典型，一些国家可能在其中某个社会形态发展得较为典型，而在其他阶段则不仅经历时间相对较短，而且其发展得也不够典型，这种现象在历史发展中也是屡见不鲜的。比如我们中国，封建社会比较典型，经历的时间也比较长，而资本主义的发展就不够典型。俄罗斯的情况也大体如此。这是社会形态在其发展中的一种差异性的表现。

---

① 《马克思恩格斯文集》第 7 卷，人民出版社 2009 年版，第 894—895 页。
② 《马克思恩格斯全集》第 1 卷，人民出版社 1956 年版，第 359 页。

在历史研究中，应当自觉地把握和运用普遍性和特殊性的辩证方法，否则，很难正确认识复杂纷纭的社会现象及其发展规律。毛泽东曾经讲道，共性与个性、普遍性与特殊性是矛盾问题的精髓，不懂得它就等于抛弃了辩证法。正确把握两者的关系，对于社会科学研究，尤其是对历史的研究，具有非常重要的意义。

3. 渐进性与跳跃性的统一

所谓渐进性发展，是指社会形态在历史发展中总是按照其固有规律逐渐演进，它显示历史发展有着一种客观必然的趋势。而跳跃性则是指在特定条件下，一些国家和民族因各种历史条件和因素的作用，突破常规而呈现一种跳跃式发展，从而实现对历史进程中某种社会形态的跨越。与其他特质一样，渐进性与跳跃性也是统一的，共同体现着历史发展的应有特色。

一般说来，历史发展的渐进性与客观规律性之间有着比较密切的联系，这既由于它是由历史发展"合规律性"决定的，同时又是它的重要体现。在历史进程中，一方面，物质生产力的发展、社会形态的更替都体现为一个不断"扬弃"的过程，后一种社会形态在发展中会吸收之前社会形态所积累的成果；另一方面，"无论哪一个社会形态，在它所能容纳的全部生产力发挥出来以前，是决不会灭亡的；而新的更高的生产关系，在它的物质存在条件在旧社会的胎胞里成熟以前，是决不会出现的。"① 这就决定了历史发展与社会形态的演进必然是一个渐进过程，即表现为社会形态由低级阶段向高级阶段不断演进。

但是，马克思论及的历史渐进性，并不是要求每一个国家和民族都按部就班地进行更替，那是不符合其历史辩证法的。相反，他认为，在历史发展的具体进程中，一些国家和民族可能会利用时代发展造就的有利条件，在社会规律的可能性空间内跨越特定社会形态的整体或局部，有时甚至是几个社会形态，从而使社会形态在具体发展中呈现出跳跃性。现实中，日耳曼人、美国人的发展历史就是例证，而马克思立足于"世界历史"视角提出的俄国社会可能跨越资本主义"卡夫丁峡谷"的理论也是

---

① 《马克思恩格斯文集》第2卷，人民出版社2009年版，第592页。

明证。当然，与其他内在规定性一样，顺序性与跳跃性也不是矛盾的。因为社会形态的跳跃不是无限度的，不是无条件的，它还是在社会发展一般规律之内，其并没有违背历史发展的基本趋势。马克思在创立社会形态理论时，以德意志封建国家建立为例说明了这一历史现象。他强调地指出，处于原始社会的日耳曼人，如果不依从罗马帝国已有的生产力和交往形式，就不可能建立起德意志封建国家。他说："封建制度决不是现成地从德国搬去的。它起源于征服者在进行征服时军队的战时组织，而且这种组织只是在征服之后，由于在被征服国家内遇到的生产力的影响才发展为真正的封建制度的。"① 所以，不能因为历史进程出现了跳跃性，因而便否定历史的渐进性发展，否定社会形态发展的一般规律。社会形态演进的跳跃性不是对渐进性与顺序性的否定，而是它的补充。正如列宁在论及这一点时所指出："世界历史发展的一般规律，不仅丝毫不排斥个别发展阶段在发展的形式或顺序上表现出特殊性，反而是以此为前提的。"② 现在，我们更应该防止这样一种倾向：即因某个国家和民族跨越了某一社会形态，因而便否定马克思社会形态理论的普遍性和科学性。

　　4. 统一性与多样性的统一

　　与上述紧密联系的还有历史发展的统一性和多样性。就社会形态的演进来看，所谓统一性是指不同国家和民族在其社会形态演进过程中都会体现出一些共同性、重复性和常规性的特质。而多样性强调的则是不同国家和民族的具体社会形态演进过程的差别性，即社会形态在演进中所体现出的个别性、具体性与偶然性。

　　众所周知，马克思从物质生产力出发形成了关于社会形态演进的一般进程的思想。他认为，在一般情况下，一个国家或民族在历史发展中会沿着原始社会、奴隶社会、封建社会和资本主义社会循序演进，并最终进入共产主义社会，体现出人类历史发展的基本趋势。这是因为，生产力在历史发展中始终发挥着基础性作用，同样的生产力水平就会有大致相同的生产关系、经济基础以及矗立其上的上层建筑，即处于大致同一种社会形

---

　　① 《马克思恩格斯文集》第 1 卷，人民出版社 2009 年版，第 578 页。

　　② 《列宁专题文集——论社会主义》，人民出版社 2009 年版，第 357—358 页。

态。正如马克思所言："手推磨产生的是封建主的社会，蒸汽磨产生的是工业资本家的社会"①。虽然这个过程在不同国家和民族并不一定是同步的，但这已经证实了马克思揭示的社会发展规律的普遍意义所在。正如列宁所言："一分析物质的社会关系……立即就有可能看出重复性和常规性，把各国制度概括为社会形态这个基本概念。"②列宁在这里所说的重复性和常规性，实际上就是指不同国家和民族在社会形态演进的统一性。而马克思也正是抓住这种统一性、重复性和常规性，从而揭示出历史发展中社会形态演进的一般规律。

不过，马克思同时也认为，由于社会形态总是具体的，因而不仅同一种社会形态在不同国家和民族会表现出一定的差异，社会形态在演进中的具体轨迹也不可能是完全相同的，甚至"极为相似的事变发生在不同的历史环境中就引起了完全不同的结果"③。这除了是由于自然社会条件差异外，人的主观能动性和群众的首创精神在其中也发挥了很大的作用。由此，不同国家与民族在演进中也会呈现出一定的差别，从而表现出具体发展道路的多样性。马克思就曾研究过包括欧洲、亚洲、美洲以及非洲等地诸多民族的不同发展道路；而在晚年时期，他还结合时代发展出现的新情况，得出俄国社会发展中的"跨越"可能，进一步明示并验证了演进道路的多样性。在马克思看来，统一性与多样性也并不是矛盾的，多样性是统一性的具体表现形式，而统一性则是存在于多样性之中的，它们是辩证地结合在一起的。正是这种结合，表现出了人类历史发展的生动性和丰富多彩。

总之，社会现象是错综复杂的，历史发展道路也不是笔直的，马克思社会形态理论只是为我们提供了一个研究社会历史的最基本的观点和方法，只有从不同国家和民族的具体历史条件出发，用唯物辩证的方法去进行研究，才能得出符合历史实际的结论。

这就要求人们在理解和运用时，决不能将其当作教义。对此，恩格斯

---

① 《马克思恩格斯文集》第1卷，人民出版社2009年版，第602页。
② 《列宁专题文集——论辩证唯物主义和历史唯物主义》，人民出版社2009年版，第161页。
③ 《马克思恩格斯文集》第3卷，人民出版社2009年版，第466页。

曾告诫道："马克思的整个世界观不是教义，而是方法。它提供的不是现成的教条，而是进一步研究的出发点和供这种研究使用的方法。"① 当然，方法总是同立场和观点结合在一起的。马克思也曾对将社会形态理论教条化、公式化倾向作过尖锐地批评，他强调指出唯物史观并不是"超历史"的"一般历史哲学理论"，而"使用一般历史哲学理论这一把万能钥匙，那是永远达不到这种目的的，这种历史哲学理论的最大长处就在于它是超历史的"。② 马克思主义创始人的这些论述，已经为后人指明了对待和运用社会形态理论的科学方法，在他们看来，社会形态理论是高度抽象概括的产物，是揭示人类社会发展一般规律的科学，但它同时也是具体的，不存在脱离具体历史条件的社会形态，因此正确地对待社会形态理论，必须要结合不同国家与民族的实际作具体的分析。这样才能真正体现出马克思社会形态理论的科学价值。

马克思关于社会形态的理论，不仅指导我们进行历史科学的研究，正确认识人类社会发展的历史进程和规律，而且给世界工人阶级和广大劳动人民指明了前进的方向，指导他们变革旧的资本主义社会形态，为实现消灭了人剥削人的、人们得以全面发展的共产主义社会而不懈奋斗。马克思社会形态理论，过去是而且将来也是广大人民认识世界和改造世界的强大的思想武器。

（原载《中国社会科学》2011 年第 1 期）

---

① 《马克思恩格斯文集》第 10 卷，人民出版社 2009 年版，第 691 页。
② 《马克思恩格斯文集》第 3 卷，人民出版社 2009 年版，第 467 页。

关于马克思主义理论学科
建设的几点思考

　　马克思主义是科学的世界观和方法论，是工人阶级和广大劳动人民争取自身解放和全面发展的强大的思想武器。它是工人阶级的意识形态，同时也是科学真理。自马克思主义科学体系产生以来，它便对工人运动、对人类社会历史，发生了深刻的影响。20 世纪社会历史的伟大变革，特别是社会主义的横空出世，无可辩驳地证明了马克思主义真理的无比正确性和强大威力。

　　马克思主义、特别是中国化的马克思主义，是我们国家的主流意识形态。我们党历来都十分注重主流意识形态的建设，注重坚持马克思主义在意识形态中的指导地位，中央实施马克思主义理论研究和建设工程，以及作为其重要组成部分的马克思主义理论一级学科的确立，就是我们党重视主流意识形态建设、重视马克思主义指导地位的突出表现。这些重要举措，必将对在我国坚持和发展马克思主义、对中国特色社会主义建设实践、对广大人民特别是青年学生的社会主义精神和道德情操的培养发生极为深远的影响。

　　具体的讲，对马克思主义理论学科建设来说，至少有以下的重要意义：一是马克思主义一级学科的确立，对于加强高校马克思主义理论和思想政治教育课程的建设和提高教学水平，具有重大意义。在高等学校开设马克思主义理论和思想政治教育课，是我们社会主义国家教育的重要特征，是我国社会主义制度的性质和未来发展的必然要求。所以，它理所当然地成为我国教育体系和学科体系中的重要组成部分和必要环节，同时马克思主义理论一级学科的确立，也使得我国高校学科体系更为合理、更为完整。马克思主义理论学科同其他学科一样作为学科来建设，必然会增强其科学性、理论性和学术性，从而提高马克思主义理论研究的水平，提高马克思主义理论教育和思想政治教育的质量，使马克思主义理论和思想政治教育不断获得新的发展。二是马克思主义理论学科的建立，有利于稳定和巩固高校马克思主义理论研究和教学队伍，有利于巩固和扩大高校马克思主义阵地。我国高校有一支庞大的马克思主义理论研究和教学队伍，人数众多，素质也比较高，他们兢兢业业，过去和现在都为我国高校马克思主义理论研究与思想政治教育作出了巨大贡献。但是，在当前，面对新的形势，确实遇到了很多新的问题和困难，以致出现了队伍不稳定和流失的现象。马克思主义理论一级学科的确立，有利于稳定、巩固和扩大我们这支队伍，有利于补充新的力量，使马克思主义队伍常新常青，不断发展壮大。特别是，几年之后，当马克思主义理论学科的博士生、硕士生培养出来，充实到我们的队伍中来，那时我们高校马克思主义理论研究和思想政治教育，就会有一个很大的飞跃，高校马克思主义阵地就会进一步扩大和巩固。三是高校马克思主义理论学科的建立，势必会对在我国坚持和发展马克思主义，巩固马克思主义在意识形态中的指导地位，发生深远的影响。我国社会的性质决定了在哲学社会科学中，在整个意识形态领域，必须坚持马克思主义的指导。这是我国社会主义建设事业的重要保证。而关键问题在于培养马克思主义理论研究和建设人才，也就是中央领导同志一再讲的三个"一批"。而这个任务主要是要靠我们高校教育来完成。马克思主义理论一级学科的建立，就为我们培养马克思主义理论研究和教育人才提供了可靠的保证。为了完成这一重要的历史使命，我们必须建设好马克思主义理论学科。这是历史的重托、是党和人民的重托。

在中央的关心和指导下、在教育部和学位办的直接领导和支持下，在2005年年底，马克思主义理论学科顺利地建立起来了。目前，全国已经设立马克思主义理论一级学科博士点21个、硕士点73个，二级学科博士点103个、硕士点453个。对一个学科单独组织评审，这是从1980年建立学科制度以来从未有过的。这充分表明了教育部和国务院学位办对马克思主义理论学科的高度重视和支持。至于我们这个学科数量比较多，其他学科的专家也有所反映。但我认为，应当全面地看待这个问题。首先，马克思主义理论学科比较特殊，这不仅因为它的地位很重要和功能很特殊，而且因为我国1700多所高校都设有这门课程，不少学校还把它作为重点来建设，其他学科就不是这样了，不是每个学校都有。所以，学科数量多也是相对的。其次，问题还不在于数量，主要问题在于：如何把马克思主义理论学科建设好，培养出高质量、高水平的马克思主义理论学科的硕士生和博士生。这才是最最重要的问题。因此，我们每年都要召开的马克思主义理论学科建设论坛和马克思主义理论学科博士生导师会议，都要围绕这个主题，研讨马克思主义基本原理及其在当代的新发展，总结和交流高校思想政治教育的经验和好的作法，研讨学科建设和研究生培养问题，把马克思主义理论学科真正建设好。我希望，在这方面能够形成一种制度。

根据目前的情况，我想起码有这几个方面是应该做到的：一是真正招收和培养马克思主义理论学科的研究生，而不能以本学科的名义去招收和培养其他学科的研究生；二是研究生的培养重在质量的提高和内含的发展，而不是一味地扩大数量；三是把握好培养研究生的几个关键环节：选好培养对象，抓好课程学习和教学实习，选择好论文题目和搞好开题报告；最后写出符合马克思主义理论学科要求的、比较高水平的博士论文。总之，是八个字：认真、负责、严格、规范。

为了建设好马克思主义理论学科，我想特别突出强调以下几个重要问题。

第一，要坚持和高扬马克思主义的科学性。这是马克思主义理论学科的生命力所在。学科建设的实质就是要凸显和弘扬该学科领域的科学真理。马克思主义理论学科也是一样。马克思主义揭示了客观世界、特别是人类社会现象的本质，以及社会历史发展过程和规律，创立了唯物主义历史观；揭示了资本主义剥削的秘密和实质，以及资本主义运动的特殊规律，创立了剩余价值学说。并且以此为理论依据，科学地阐明了未来社会的基本特征和发展趋势，也就是为社会主义提供了"理论论证"，从而使社会主义真正变成科学。马克思主义对20世纪社会发展的深刻影响，就充分说明了它的科学真理性。试问，历史上哪一种理论、学说有马克思主义这样巨大的真理性和对社会发展产生如此深刻的影响力？

关于这一点，连西方媒体和正直的学者也是承认的。在千年之交，即

1999 年下半年，西方媒体和学界曾经几次评选千年最伟大的思想家，马克思都名列榜首，并给马克思的理论以很高的评价。比如，1999 年 10 月，马克思被英国 BBC 广播公司评为千年"最伟大的思想家"后指出："尽管 20 世纪出现的一个又一个专制政权歪曲了马克思的本来思想，马克思作为一个哲学家、社会科学家、历史学家和革命者所取得的成果，在今天仍然得到学术界的尊重。"该广播公司，在 2005 年 7 月，在"我们这个时代"栏目中，又开展了一项题为"谁是现今英国人心目中的最伟大的哲学家"的调查，结果马克思的票数远远超过休谟、康德、柏拉图等人，而荣登榜首。栏目主持人布拉格宣布说："马克思当选为最伟大哲学家有诸多因素，但是能够解释一切的理论是他夺冠的最重要原因。"这个"能够解释一切的理论"是什么呢？我认为，就是马克思的唯物主义历史观。剑桥大学政治学教授加里斯特·琼斯就此发表评论说："如果你读《共产党宣言》，你不得不承认它是一个很有力、很了不起的文件。虽然出版于 1848 年，但我们现在经常谈到的全球化、裁员、跨国公司、世界经济朝这个或那个方向发展，所有这些内容书中都能找到，它有令人惊讶的现实意义，其他任何文献都没有这个力量。"这很清楚地表明了马克思对社会历史发展的深刻的洞察力。德国《明镜周刊》2005 年 9 月也作过类似的调查，当该周刊记者问到不来梅大学劳动和经济研究所所长鲁道夫·希克尔和柏林自由大学历史学家保罗·诺尔特，为什么马克思的思想和著作现在还有如此大的吸引力，希克尔回答说：作为社会理论家，马克思揭示了历史唯物主义的发展规律以及物质基础—上层建筑模式，并勾画出一个现代社会发展的远景。这些在过去都非常吸引人，现在仍令人神往。这两位学者都认为，马克思改变了世界。并且说，在 21 世纪初，我们需要像马克思这样的思想家以令人信服的方式分析资本主义的形势。2005 年 4 月 20 日《参考消息》整版报道了日报刊的文章，日本人"重读马克思"，指出：过去读马克思的书，是要从马克思那里寻找批判资本主义的武器，今天，是"把马克思的书当成探讨资本主义之后将出现的新世界的教科书"。国外媒体和学者对马克思及其思想的评述还有很多，我就不一一引证了。

　　从上述可以看出，一些西方学者对马克思思想的理解同我们有很多相似之处。不同之点就在于，他们主要是从学术思想的角度认同马克思的，而我们不仅把马克思的学说看成是科学理论和学术，而且还把它看成是意识形态和指导思想，并且认为这两者在马克思主义体系中是有机统一的。我们这个学科的关键问题，就是要正确处理好政治与学术、科学性和意识形态性的辩证关系。马克思主义理论作为学科来建设，就是要突出它的科学性，马克思主义是一门科学，因而就要研究它。只有通过深入的研究，挖掘马克思学说中的科学真理，才能为我们的指导思想奠定坚实的理论基础。毛泽东说："马克思主义是我们指导思想的理论基础"，讲的就是两者的关系。把这两者的关系割裂开来、对立起来或者简单化、庸俗化，都是不正确的，都会造成严重的后果。

第二，从整体上把握马克思主义科学体系。整体性是马克思主义理论学科的重要特征和学科规定性。这个整体性不仅体现在马克思主义原理上，而且也体现在马克思主义理论诸二级学科的有机联系上。每门科学都有分析与综合，有分门别类的研究，也有整体性的研究。马克思主义也是如此。过去主要是从三个组成部分对马克思主义进行分门别类的研究，这是很必要的，这不论对马克思主义这几个方面的深入研究和发展有重要意义，而且对推进有关学科建设也起了积极的作用。列宁关于马克思主义三个理论来源和三个组成部分的论断，也是正确的。问题在于，在过去很长时期里，包括苏联时代，注重对马克思主义三个方面进行分门别类的研究，而忽视对它的整体性研究。不能不说，这是一个很大的缺陷。后来，从 20 世纪 60 年代初开始，才逐渐认识到这个问题。当时，苏联出版了《马克思主义原理》一书。在我国 80 年代中期，彭珮云同志在主持国家教委思想政治理论课教育期间，曾经几次讨论开设马克思主义基本原理课的问题，并且决定，80 年代作准备，90 年代全面展开。但由于种种原因，以后不了了之。其中，一个最重要的原因是学科建设没有跟上。这一次决定在高校开设马克思主义基本原理课，可以说是否定之否定。条件比较成熟，思想认识也更为一致。

马克思主义原理课，根本要求是从整体上、从三个组成部分的有机统一上研究和讲解马克思主义的基本原理，把握马克思主义的科学体系。其重要意义就在于：其一，是坚持和发展马克思主义的需要。有的学者仅仅从马克思主义某个方面、某个角度，游离于马克思主义整体去把握和研究马克思的学说，甚至到了只见树木、不见森林的地步。有的人甚至进一步去肢解马克思主义的学说。要坚持和发展马克思主义，把握马克思主义的立场、观点和方法，就必须从整体上去研究它，学习它。其二，有利于马克思主义的实际运用，有利于用马克思主义立场、观点和方法去认识和解释实际问题。社会现象是错综复杂的，往往是经济问题、政治问题和思想问题交织在一起，只有用马克思主义基本原理和方法才能回答这些复杂的问题。在研究问题时，可能重点突出马克思学说中的某个方面，但不要忘记，这是整体中的重点。其三，更为重要的是，从整体上把握马克思主义科学体系，是高校马克思主义理论和思想政治教育的需要。过去一直都存在一个问题，就是政治理论课讲得很细、很专，同哲学、政治经济学等专业课区别不开，甚至变成了知识性课程，冲淡了思想政治理论教育的功能。讲了那么多学时，问学生什么是马克思主义，谁也说不清楚。这就失去了马克思主义理论教学的意义。这是一个很大的问题。早在20世纪50年代，我国老一代马克思主义理论家、教育家范若愚、胡绳、吴黎平等人，就曾致信党中央，建议在高校开设马克思主义原理课，从整体上讲授马克思主义基本理论。1985年春天，胡乔木给国家教委的信，讲的也是这个意思。当时，彭珮云同志正是根据乔木同志信中的精神，召开研究开设马克思主义原理课的会议。这说明，在当时从领导到学者都已认识到高校马克思主义理论和思想政治教育中存在的问题。只有开设马克思主义基本原理课，才能更好地对大学生进行马克思主义基本理论的教育，才能更好地用马克思主义立场、观点和方法，培养青年学生的世界观、人生观和价值观。这次用中央文件的形式确定开设马克思主义基本原理概论课，有很重要的意义。现在方向已经确定，需要我们朝着这个方向去努力工作。开设这门课的难度很大，只要我们共同奋斗，积极探索，认真研究，锲而不舍，肯定是能够成功的。

第三，马克思主义理论一级学科所包含的五个二级学科，是既有区别、又相互联系的整体。马克思主义基本原理是基础性的学科，是贯穿于其他几个学科的一根红线。它是纲领、是核心。马克思主义发展史，实际上是马克思主义原理的展开，它是从马克思主义的形成、发展过程和在世界上传播的角度，进一步阐明和讲解马克思主义的基本原理和理论内容。

马克思主义中国化或中国化的马克思主义，是马克思主义在中国的传播、发展和创造性地运用，是马克思主义在中国的发展和理论成果，也就是通常所说的"发展了的马克思主义"。其中心内容是中国特色社会主义，它始于毛、成于邓，以后各届中央领导集体都会为它的发展作出创造性的贡献。在我国社会主义社会建成以前，始终都是有中国特色的社会主义。这在我国是一个很长的历史过程。中国特色社会主义理论与实践应该是我们研究和教学的重点，也是马克思主义理论学科建设的重点。

国外马克思主义，是马克思主义在世界其他国家和地区的发展和运用。过去仅仅把国外马克思主义局限于"西方马克思主义"，这是不全面的。国外马克思主义应包括以下几个方面：一是国外共产党及其理论家们对马克思主义的研究和创造性的运用，他们提出的很多观点对坚持和发展马克思主义是有积极意义的。二是国外广大学者、特别是左翼学者对马克思学说的研究和诠释，用马克思主义观点和方法对当代现实问题的研究和探讨，提出很多很有价值的见解，对我们研究和发展马克思主义有重要的借鉴意义。三是"西方马克思主义"。它是资产阶级学者用自己的哲学观点去解释马克思主义或马克思主义的某个方面的思想，形成自己的理论，然后以此为武器去研究和说明当代现实问题，既批判当代资本主义，也批判现实社会主义。所以，其实质是一种资产阶级社会思潮。比如，存在主义的马克思主义、弗洛伊德主义的马克思主义、法兰克福学派的社会批判理论等。他们提出的一些见解对我们研究和发展马克思主义也有一定的借鉴意义，但是，不能把他们视为正统马克思主义的继续。四是西方"马克思学"。这是一种完全脱离社会实践对马克思著作和思想进行纯学术研究的一种倾向。国外马克思主义应该重点研究前面两个方面，而不应该仅仅研究"西方马克思主义"。

思想政治理论教育，可以说是马克思主义理论学科中的一个应用学科。它是用马克思主义理论研究成果去教育学生，用马克思主义立场、观点和方法去培育青年学生的世界观、人生观和价值观，研究新时期高校思想政治教育与思想政治工作的特点和规律。所以，它是我们马克思主义理论学科建设的出发点和归宿。马克思主义理论学科建设，最终是为了提高高校思想政治教育和教学的质量和水平，并为这一教育提高科学和学科的基础。

总之，马克思主义理论学科中的五个二级学科，是一个有机统一的整体，它们既有区别，又有联系，构成马克思主义理论学科的学科体系，为我们的教学和教材建设奠定了科学基础。

（原载《思想理论教育导刊》2006 年第 11 期）

当代资本主义与中国社会主义发展道路

国际垄断资本主义的
本质特征和历史地位

　　人类社会发展像滔滔江河一样，波浪起伏，奔流不息。人类纪元的两个千年已经成为历史，新的千年才刚刚开始。在两千多年里，人类社会经历了奴隶社会、封建社会和资本主义社会，从 20 世纪初叶，社会主义又作为一种崭新的社会形态横空出世，揭开了社会发展崭新的一页，开辟了人类历史上一个新的时代。这个时代可以作这样的概括：社会主义同资本主义并存、竞争、经过长期反复较量，逐步取代资本主义的时代。其特征是：第一，它表明在这一历史过程中，社会主义同资本主义两种制度、两种思想体系既并存、竞争，又相互依存和相互渗透的复杂形势；第二，在这两种制度的并存和斗争中，资本主义居于主导地位，因而决定了这一时代的内容和发展特点；第三，随着资本主义社会的发展和基本矛盾的深化，随着资本主义不可避免地向世界扩张以及国际形势的变化，社会主义物质因素和政治力量，将在世界范围内不断发育、壮大，就像资本主义取代封建主义一样，最终必将代替资本主义。这是历史发展的总趋势。

　　马克思主义关于时代的观点，为我们科学地认识人类历史的发展，认识资本主义的历史性和社会主义胜利的必然性提供了钥匙，也是我们研究当代资本主义新变化的理论前提。首先，马克思主义时代观为我们提供了划分时代的科学标准。这种时代观，不是用某种思想观念和道德伦理原则，也不是单纯以生产力状况来划分时代、来区分这种或那种社会形态的特征，而是用基于一定的生产力发展之上的生产关系、用一定社会经济关系的总和作为划分时代的标准。正如马克思在《资本论》中指出的那样："各种经济时代的区别，不在于生产什么，而在于怎样生产，用什么劳动资料生产。劳动资料不仅是人类劳动力发展的测量器，而且是劳动借以进行的社会关系的指示器。"① 恩格斯也有过类似的论述，他说："每一历史时代主要的经济生产方式和交往方式以及必然由此产生的社会结构，是该时代政治的和精神的历史所赖以确立的基础"②。按照马克思主义创始人的观点，人们借以进行生产的社会关系，即社会生产关系，是随着生产资料、生产力的变化和发展而变化和发展的，生产关系总合起来构成为所谓社会关系，构成为社会，并且构成为处于一定历史发展阶段上的社会，具有独特特征的社会。所谓时代，就是一种更高的社会形态代替前一种社会形态的大的历史阶段。正是在这个意义上，马克思在《〈政治经济学〉序言》中指出："大体说来，亚细亚的、古希腊罗马的、封建的和现代资产阶级的生产方式可以看作是经济的社会形态演进的几个时代。"③ 马克思主义时代观所谓的时代，是指大的历史时代，是指社会形态、社会制度更替的大的历史时期，其中包含着若干个反映该时代阶段性特征的、相互衔接的阶段。这种科学的时代观，就使我们对人类社会发展有了清晰的、合乎规律的认识。其次，马克思主义时代观，体现着辩证发展的观点和彻底革命的精神。按照这种观点，人类历史是由生产力和科技发展推动的社会形态由低级到高级的运动过程，历史时代按照自己固有规律永不停息地向前发展。在这个过程中，后一时代继承了前一时代所取得的一切有价值的成果，摒弃了先前社会制度的种种弊端，创造出更高、更新的社会形态。这是一个不可抗拒的历史法则。人类科学思想发展到 19 世纪，许多进步的思想家都已具有这种辩证发展的思想，并用它来解释历史的发展。辩证法大师黑格尔的学说中就充满着关于历史的辩证发展思想，关于这一点，马克思主义经典作家曾不止一次地指出过。就连空想社会主义者的著作中，也包含有不少辩证法的观点。圣西门、傅立叶和欧文虽然都还没有冲破唯心主义历史观的束缚，但已试图论证人类社会是有规律的发展过程，明确地认为，资本主义并不是永恒的社会制度，它迟早要退出历史舞台的。马

---

① 《马克思恩格斯全集》第 23 卷，人民出版社 1972 年版，第 204 页。
② 《马克思恩格斯文集》第 2 卷，人民出版社 2009 年版，第 14 页。
③ 同上书，第 592 页。

克思主义创始人只不过是给前人的这些卓越思想以历史唯物主义的解释，将其奠定在科学的基础之上。所以，马克思主义时代观，不仅是科学真理，而且在实践上可以得出非常革命的结论。它能够指导我们在极其复杂的形势下，深刻地认识当代资本主义的变化和世界社会主义的发展前景。

毋庸讳言，资本主义是人类社会发展进程中的一个极其重要的阶段和社会形态。同先前社会形态相比，它极大地推动了人类社会的发展，使社会经济、政治和思想文化都发展到前所未有的高度。对于资本主义的进步作用，马克思、恩格斯在《共产党宣言》中，曾经给予极高的评价。但是，任何事物都具有两重性，当它发展到最高点时，其内在矛盾的积累又驱使它走向衰败，以致为新的事物所取代。资本主义也不能例外。资本主义是建立在生产资料私人占有制和资本剥削雇佣劳动基础之上的一种社会制度。在价值规律和竞争规律的作用下，它既促进了科学技术和社会生产力的迅速而巨大的发展，同时又带来许多社会矛盾、全球性问题和生态灾难。资本主义社会形态同历史上任何其他社会形态一样，是人类历史长河中的一个暂时性的历史阶段，它经过一个发展过程最终必将为更高的社会形态所代替。就资本主义社会本身而言，它也是一个由低级阶段向着更高阶段发展的进程。在资本主义产生至今的几百年间，它经历了自由资本主义阶段、私人垄断资本主义阶段、国家垄断资本主义阶段，今天它已经发展到国际垄断资本主义阶段。国际垄断资本主义是当代资本主义的主要特征。它不仅制约着自身的发展，而且对当今的时代和国际形势，以及对世界社会主义运动都发生着深刻影响。当代资本主义发生的变化主要源于它进入到一个新的历史阶段，就像 20 世纪初它进入帝国主义阶段一样，今天的资本主义变得更加贪婪，更加腐朽，更富于侵略性，带来更多的全球性问题。下面仅从总的方面指明几个主要之点。

一　国际垄断资本主义产生的历史条件和主要表现

资本主义的运动法则，就是追逐利润的最大化，从而也就是资本的无限扩张。否则，资本主义便无法生存。马克思主义创始人，早在《共产党宣言》中就明确指出："资产阶级除非对生产工具，从而对生产关系，从而对全部社会关系不断地进行革命，否则就不能生存下去。""生产的不断变革，一切社会状况不停的动荡，永远的不安定和变动，这就是资产阶级时代不同于过去一切时代的地方。"① 当国内市场被完全占领后，它必然向外扩展，寻求国外市场，把资本主义市场变为世界市场；当国内资源不能满足资本的需求时，它必然去占领和掠夺经济不发达国家的资源，如果列宁在《帝国主义是资本主义的最高阶段》中，把煤炭和钢铁作为资本主义掠夺的重点，那么在当今能源特别是石油就成为争夺的重点。各种形式的资本输出、建立世界市场、掠夺资源和剥削不发达国家的人民，是当代资本主义赖以生存的基础。这种特性是由资本主义的本质决定的，也是国际垄断资本主义产生的最深刻的原因。从私人垄断资本主义，经过国家垄断资本主义，发展到国际垄断资本主义，就是由资本驱动的一种必然历史趋势。

国际垄断资本主义的产生有其更为直接的现实的原因，这就是经济全球化的发展和苏东解体后世界统一市场的形成。从20世纪初叶垄断资本主义产生以后，资本主义的变化更加剧烈，发展更加迅速。经济全球化本来就是伴随着资本的发展而发展起来的，但当经济全球化进一步发展，便极大地推动了资本向全球的扩张。特别是苏联解体，经互会和华约解散，原苏东国家放弃社会主义制度，走向西方资本主义市场经济道路，世界上两个平行的世界市场不复存在，加之所有的社会主义国家和发展中国家，在总结经济发展经验教训的基础上，都放弃了中央计划经济体制和闭关自守的方针，实行了对外开放政策和不同类型的市场经济体制，为垄断资本的进入敞开了大门。由于以上因素的作用，在以信息技术为核心的现代高科技和市场经济全球化推动下，就形成了以资本主义为主导的统一的世界经济体系和世界大市场，从此世界真正进入了以金融、投资、贸易、技术转让四大市场为主要内容的世界经济全球化时期。所有这些，就使得国际垄断资本的发展如鱼得水，在发展的速度和规模上都达到了前所未有的高度。当今，各种形式的国际垄断资本已在资本主义的发展中占有支配地

---

① 《马克思恩格斯文集》第2卷，人民出版社2009年版，第34页。

位，起着决定性的作用。在当今的资本主义国家，几乎所有大的公司都是跨国性的，都以在全球的发展作为自己追求的目标，都不仅寻求在国内的垄断地位，而且寻求在国际上的垄断地位。在当今经济全球化的世界里，国际垄断资本已无孔不入，无所不在，它们在科技、投资、产品、贸易、金融等各个方面的挑战和竞争越来越激烈。世界任何国家、任何企业和整个经济，甚至各国的国计民生无不在不同程度上受到国际垄断资本的冲击和影响。总之，在全球资本主义经济的所有领域，包括科学技术、投资、生产、销售、金融、贸易、服务以及整个世界经济秩序等，国际垄断资本都已牢牢占据了主导和支配地位，世界已经进入资本主义发展的最新阶段——国际垄断资本主义阶段。

世界进入国际垄断资本主义的主要标志是：真正意义上的包括技术市场、商品市场和金融市场在内的市场经济全球化，以及在这种全球化中确立起来的国际垄断资本的全球性统治。世界几乎所有的国家，无论是强国还是弱国，无论是发达国家还是发展中国家，都无不受到国际垄断资本的强大影响或控制；几乎世界所有国家的国民，都在不同程度上同国际垄断资本主义发生着联系，都在不同程度上消费着国际垄断资本的产品；甚至西方的政治观念和思想文化也都程度不同地影响着这些国家的社会生活和人们的思想。总之，国际垄断资本通过各种跨国公司在很大程度上控制着世界经济命脉，影响着世界各国的社会生活。

这从下面一些基本数字可以看得很清楚。据联合国贸易与发展会议在1998年、1999年《世界投资报告》里的统计数字，1980—1987年，全球跨国直接投资流出额年均增长13%，1998年全球商业巨头在海外直接投资的增长速度高达39%，跨国公司的直接投资已占整个世界跨国直接投资的90%。1998年全球大的跨国公司已有5.4万家，其遍布全球各地的分公司44.9万家，到现在跨国公司已达6.3万家，分公司达到70多万家。从它们的资产和获取的巨额利润来看，也是相当惊人的。1996年美国《幸福》杂志列出的1995年世界500家大公司中的前100家，总资产约为124414.6亿美元，相当于当年世界国内生产总值的40%以上；其当年的销售额约为56588.4亿美元，相当于当年世界国内生产总值的20%以上，世界总贸易额的56%；其利润总额约为1277.6亿美元，相当于一个中等国家的国民生产总值。1997 年，国际资本输出额的 60%、国际投资额的 80%、技术转移项目的 70%、服务业投资的 60%，都是在跨国公司之间或跨国公司内部进行的。同年，不包括金融跨国公司在内的世界最大的 20 家跨国公司的销售收入就达 13937 亿美元，占当年世界国民总产值（299257 亿美元）的 4.7%，超过了英国的国民生产总值。1998 年，世界跨国公司的产值已占世界总产值的 40%，其贸易额已占世界贸易总额的 60% 以上，其跨国直接投资已占世界直接投资总额的 90% 以上。根据美国《商业周刊》公布的 1999 年世界最大的 1000 家企业计算，其前 100 家的市值已达到 115874.7 亿美元，相当于 1998 年世界国民生产总值（288622 亿美元）的 40% 以上。美国最大的 50 家跨国公司的年收入为 25429 亿美元，占当年美国国民生产总值的 30% 以上。根据联合国的统计，世界跨国公司每年的直接投资额都在 4000 亿美元以上。如果把其在东道国的融资数量及合作伙伴的股份也计算在内，其实际控制的投资额要在 14000 亿美元以上。[①] 国际垄断资本在全世界的支配和统治地位，由此可见一斑。

二　国际垄断资本主义的实质和基本特征

国际垄断资本主义的实质可以这样来概括：是资本国际化或资本国际社会化，是资本在国际化运动中实现不断增值。如上所述，资本的本性就是不断实现自身的增值和扩张。国际垄断资本主义是资本实现增值和扩张的一种新的形式和最高的阶段。它同先前发展阶段的不同之点就在于，这种垄断资本在形式上和某种程度上是超越国家主权的；它是在以生产资本为主体的各种形态资本的国际化运动中，即在以国际直接投资为主要形式的生产资本的国际化、以国际贸易为主要形式的商品资本国际化、以国际信贷为主要形式的货币资本国际化运动中，实现其价值增值和垄断利润的。这种变化的核心和趋向，就是资本的社会化和利润

---

① 参见靳辉明、谷源洋主编《当代资本主义与世界社会主义》上卷，海南出版社 2004 年版，第 85—87 页。

的最大化。它同私人垄断资本主义和国家垄断资本主义阶段相比，其社会化已经不只是局限于一个国家的社会，而是已经发展为国际社会，也就是资本国际社会化。

国际垄断资本主义的基本特征，是同其性质和实质有机联系在一起的。特征无非是其本质的具体的体现和展开，它使人们能够更深刻地认识国际垄断资本主义的本质。列宁把帝国主义定义为"资本主义的垄断阶段"①。他特别强调垄断和金融资本是帝国主义的最重要特征，并且具体地指出了以下的五个特征："（1）生产和资本的集中发展到这样高的程度，以致造成了在经济生活中起决定作用的垄断组织；（2）银行资本和工业资本已经融会起来，在这个'金融资本的'基础上形成了金融寡头；（3）和商品输出不同的资本输出具有特别重要的意义；（4）瓜分世界的资本家国际同盟已经形成；（5）最大资本主义大国已经把世界上的领土瓜分完毕。"② 除了"把世界上的领土瓜分完毕"以外，其他几点都是依然存在，并且在今天每个方面都发展到了极端。第二次世界大战后，随着社会主义运动和民族解放运动的高涨，帝国主义殖民体系已经彻底瓦解，占领别国领土、直接压迫和剥削殖民地人民的现象已不复存在。但是，代之而起的是通过经济的、政治的、甚至是军事的手段去征服弱小国家，掠夺他国的资源、特别是能源，剥削不发达国家的人民，在这方面帝国主义本性不仅没有改变，而且变本加厉。至于其他四个特征，通过前面的阐发和数据可以清楚地看出，国际垄断资本主义把这些特征不论在规模还是深度上，都发展到很高的程度。

在今天，垄断资本较半个多世纪前有了巨大的质的变化。

1. 垄断已经不是一般的垄断，而是高度集中的国际垄断；垄断组织也不再是最初的"国际托拉斯"，而是庞大的跨国公司以及触角伸向世界各个角落的子公司。

这种巨型国际垄断公司，是当前世界经济中集生产、贸易、投资、金融、技术开发和技术转让以及其他服务为一体的最主要的经济实体，是包

---

① 《列宁专题文集——论资本主义》，人民出版社 2009 年版，第 175 页。
② 同上书，第 176 页。

括科学技术在内的各种资本形态国际化和全球化的主要载体，是在国际垄断资本主义阶段资本主义存在和发展的支柱。这种巨型国际垄断组织通过投资社会化、生产一体化、管理信息化和网络化等，控制着全球的技术、资本、生产、销售和市场，决定着整个世界经济的导向和秩序。同时，为了适应全球发展的需要，能在更大范围争夺垄断地位，一些大型跨国公司还结成各种形式的国际联盟，以集团的力量加强其在全球市场上的竞争力和垄断地位。

2. 金融资本在当今经济全球化中起着决定性作用，在金融资本的推动下，资本和财富迅速集中，在世界上形成了空前巨大的财团、寡头和豪富。

列宁当时在分析垄断资本主义时，特别强调资本与生产的高度结合、银行资本与生产资本的结合以及金融寡头的形成。当今资本主义资本和生产的高度集中，已经不是个别的寡头，而是形成了真正意义上的寡头集团和寡头经济。据美国《财富》公布的 1999 年世界 500 家大企业的统计数字显示，其中前 30 家的总收入 28024.2 亿美元，相当于 1998 年世界国民生产总值的 9.7%，比英国和法国两国的国民生产总值（27300 亿美元）还多 2.6%，相当于世界 160 多个中低收入国家全部国民生产总值（62633 亿美元）的 44.7%。据美国《商业周刊》公布的 1999 年排在前十位的最大的企业的市场价值为 22442.2 亿美元，相当于 1998 年世界国民生产总值的 8.5%，比世界排名第三的德国的国民生产总值（21227 亿美元）还高出 5.7%，其利润额为 419.5 亿美元，其中仅美国通用电气公司的利润就达到 92.96 亿美元。这种寡头经济的形成，突出地表现在巨型国际垄断资本通过合并和并购，进一步扩大规模和提高垄断程度上。20 世纪 90 年代，世界一些巨型国际垄断企业为了维持其在国际市场上的垄断地位，又进行了更大规模的合并和兼并，形成了世界第五次企业合并和兼并大潮。在这种合并和兼并大潮中形成了巨型垄断寡头，并且在其控制下，形成了世界性的寡头垄断经济。据汤姆森金融证券资料研究公司的统计数据，1990—1995 年全球企业合并和收购的总金额超过 3.131 万亿美元，1996 年为 1.14 万亿美元，1997 年为 1.4 万亿美元，1998 年高达 2.49 万亿美元，1999 年进一步上升为 3.073 万亿美元，几乎相当于 1990—1995 年的总和。从这里十分清楚地看到资本积累的加剧。

1998 年全球十大兼并案所涉及的跨国公司，即美国埃克森公司—美国美孚公司、花旗银行—旅行者集团、美国科技公司—西南贝尔公司、国民银行—美洲银行、贝尔大西洋公司—通用电话电信公司、英国石油公司—美国阿莫科石油公司、美国电信公司—美国电话电报公司、世界通信公司—美国微波公司、戴姆勒公司—奔驰跨国公司—克莱斯勒公司、英国家庭用品公司—猛山都公司，都是世界超级的巨型公司，它们涉及石油、银行、电信、汽车、化工等重要行业。这些并购案的市值均在 1000—2000 亿美元，在世界上引起很大轰动。而在 2000 年 1 月份发生在美国的一起新的并购案，即美国在线—时代华纳并购案，其合并后的市值达到了 3500 亿美元。这次世界巨型企业并购潮，不仅来势猛、速度快，而且规模特别巨大，突出体现了当今国际垄断资本发展的特点和趋势。同时也使国际垄断资本不仅在行业中的竞争力更强，垄断程度更高，而且在国际经济中的寡头统治地位也更加巩固。

由于历史的原因，目前世界上的这种垄断寡头不仅集中在西方少数发达资本主义国家，而且主要集中在美国。根据美国《商业周刊》所公布的全球排名前 1000 家巨型国际垄断公司统计数字显示，1999 年，在这 1000 家中，美国有 494 家；日本有 136 家；英国有 108 家。美、日、德、英、法、意、加七国共有 866 家，占总数的 86.8%。在排名前 100 家中，美国有 62 家，占 62%。在排名前 10 家中，美国有 8 家，占 80%。以市场价值看，在 1000 家市场总价值 196993 亿美元中，美国有 112730 亿美元，占 57.2%；上述七国合起来有 173838 亿美元，占 78.7%。1998 年，西方七国国民生产总值为 186273 亿美元，相当于世界全部国民生产总值 288622 亿美元的 64.53%；相当于世界 160 多个中、低收入国家国民生产总值 61236 亿美元的 3 倍多①。正是由于这些巨型国际垄断资本在全球的垄断性和掠夺性经营，大大增强了这些国家的经济实力和在全球化进程中的战略地位。

---

① 参见靳辉明、谷源洋主编《当代资本主义与世界社会主义》上卷，海南出版社 2004 年版，第 89—92 页。

这些事实充分说明，美国是由这些国际垄断寡头构成的头号帝国。这些国际垄断寡头在全球性的发展和统治，正是构成其世界寡头帝国的基础，构成其在全球大搞霸权主义的基础。反过来看，美国在全球推行霸权主义的目的和实质，又是为了通过国家的力量来维护这些国际垄断寡头的利益和统治。

巨型的国际垄断集团和寡头的迅速形成并在世界取得强势地位，金融资本起了巨大作用。毫无疑问，金融资本是国际垄断资本主义产生和发展的强大的动力，以致有些西方学者把当代资本主义称为"金融垄断资本主义"，并且认为这一概念最能反映当代资本主义的本质特征和发展规律，这是很有道理的。列宁也曾经说过，"帝国主义的特点，恰好不是工业资本而是金融资本。"还说"金融资本造成了垄断组织的时代"[①]，并且指出，金融资本就是由银行支配而由资本家运用的资本。垄断资本主义的实质，就是金融资本的统治，就是金融寡头的统治。今天的现实是，金融资本国际化和市场经济全球化，以及庞大的跨国资本、巨型跨国公司和金融垄断寡头主宰着世界经济。可以说，列宁在90年前的预见，今天已经变成了现实。

3. 资本输出已经成为国际垄断资本主义发展的主要形式。

列宁在讲到帝国主义特征时曾指出"资本输出具有特别重要的意义"，这在近20年来国际垄断资本的发展中表现得再清楚不过了。几乎所有垄断资本都把资本的高度国际化、把在国外寻找新的有利的投资场所并进行大量投资，参与国际资本市场、技术市场、商品市场和服务市场的激烈竞争，作为自己生存和发展的关键和立足点，想方设法地将资本投入国际资本市场的运转，以追逐最大增值，谋取巨额利润。据《1994年世界投资报告》统计，世界最大的100家跨国公司（不包括银行和金融）在全球拥有的资产为3.4万亿美元，而其1.3万亿美元投在本国之外。1998年跨国公司的直接投资已占整个世界跨国投资的90%。以跨国公司直接投资为主导的资本输出，不仅每年都会从投资接受国获取高额利润，加强了自己的经济实力，而且也加速了资本的集中和在全球的经济垄断地位。

---

① 《列宁专题文集——论资本主义》，人民出版社2009年版，第178、153页。

　　从资本开拓世界市场和国际垄断资本主义形成特点来看，无论是在自由竞争资本主义阶段还是在垄断资本主义阶段，资本家们都在拼命地进行扩张。资本的本质就是不断地增值和扩张，否则它就不能存在。资本主义制度确立后的发展史，就是一部不断对外进行扩张和侵略的历史。不过，直到进入垄断资本主义阶段和进行重新瓜分世界为止，这种对外扩张的特点，都是以军事实力为基础并带有强制性，即资本主义国家以武力手段为资本家们开拓世界市场。这种扩张是以大炮和战车开道，把扩张对象变成殖民地，然后进行经济掠夺。而在国际垄断资本主义阶段，资本对外扩张的最有利的武器，已经主要不是大炮，而是雄厚的资本、先进的科技，以及以此为核心的高度发展的生产力。在市场经济全球化、金融贸易自由化、各国对外开放的大环境中，这种不带血腥味的武器，比任何大炮都要强大。这时，其对外扩张的特点是携带资本、商品、技术和管理知识的垄断资本家，以和平方式长驱直入地进入全球各地，有人称之为是典型的"经济帝国主义"。这些武器不仅能为资本家带来大量的垄断利润，而且还能为进入的国家和地区带去一定的利益和好处，所以，一般不会遇到抵抗，反而还会受到欢迎。此时国家在资本对外扩张中依然起着很大作用，主要是保护国际垄断资本在全球的利益。无论在世界何地，只要这些垄断资本的利益受到损害，或因利害关系同当事国或地区发生矛盾和冲突时，它们也会进行武力干涉，以保护垄断资本的利益，表现出赤裸裸的政治霸权主义。国家和垄断资本的结合是内在的、本质的，只是在不同发展阶段有不同的表现形式罢了。

三　国际垄断资本主义的历史地位

　　国际垄断资本主义是由私人垄断资本主义逐渐发展起来的，是垄断资本主义或帝国主义发展的新阶段。国际垄断资本主义的实质和本质特征已经内在地决定了它的历史地位。历史的辩证法就是如此，当一种社会形态、社会制度发展到最高点，当它内外矛盾积累到相当的程度，当它为更高的社会形态准备了"新的社会因素"的时候，这种社会形态不可避免地要退出世界历史舞台。当代资本主义表面上显得十分强大，也可以说是迄今历史上最大的帝国主义，但它同样不可能逃脱历史上强大帝国覆灭的命运。所以，应该讲两句话：资本主义在其发展的过程中，为人类社会创造了巨大的生产力和物质财富，带来了空前未有的精神文明和政治文明，在这方面它远远超过了先前所有的社会形态；另一方面这种社会形态所固有的弊病以及它所造成的社会问题和生态灾难也是空前的，建立在生产资料私有制基础上的资本主义制度已经成了人类社会全面健康地向前发展的阻碍，它不可能为广大人民带来福祉，不可能为人的自由全面发展创造条件。所以，在资本主义基础上产生更好更新的社会形态是必然的，它的出现只是时间问题。20 世纪的社会主义，就是这一历史进程的前兆和伟大实验。尽管一部分社会主义国家失败了，但是，它留给人们的启示和经验却具有巨大的历史价值。

关于资本主义制度内部产生的否定因素，恩格斯曾经这样论述过："资产阶级从它产生的时候起就背负着自己的对立物：资本家没有雇佣工人就不能存在"①。他依据唯物主义历史观，深刻地揭示了资本主义社会固有的基本矛盾，指出：生产资料和生产实质上已经社会化了，但它们仍然服从于私人占有这样一种形式，"赋予新的生产方式以资本主义性质的这一矛盾，已经包含着现代的一切冲突的萌芽，""社会化生产和资本主义占有之间的矛盾表现为无产阶级和资产阶级的对立。"② 资本主义的这种基本矛盾和阶级矛盾以及由其制约的其他社会矛盾，推动着资本主义的发展、变化，并使其最终走向衰亡。与资本主义意识形态相对立的社会主义思想体系，就是资本主义的基本矛盾和社会冲突及其发展过程在人们头脑中的反映和理论表达，首先是在那个受压迫和剥削最深的阶级即工人阶级头脑中的反映。所以，资本主义创造出辉煌的成就的同时，也创造出自己的否定因素。历史的辩证法就是如此。

众所周知，解决人与社会、人与自然的关系，是人类面临的两大主题。一种社会制度的优劣，历史最终选择何种社会制度，在很大程度上取决于对这两大问题的解决。从人类社会进入阶级社会开始，社会制度的更

---

① 《马克思恩格斯文集》第 3 卷，人民出版社 2009 年版，第 525 页。
② 同上书，第 551 页。

替主要是由社会矛盾和阶级矛盾推动的。近代以来，随着人类生存环境的恶化，人与自然的关系日益凸显出来，各种社会学说都在寻找答案，探索解决的途径。资本主义及其御用学者也在试图回答这些问题，但由其本质决定，他们不仅不可能解决这些问题，而且使之越来越恶化。

首先，在处理人与人、人与社会的关系上，资本主义制度只能作某些改良和某种程度的调整，而不可能予以根本地解决。人们谈论比较多的北欧实行的"福利社会主义"，认为这种"社会主义"解决了资本主义社会的弊病，其实，这只是皮相之见。"福利社会主义"不过是在分配领域做文章，而不可能去触动资本主义赖以存在的生产资料私有制，其结果不仅解决不了资本主义社会的弊病，而且这种"福利社会主义"也难以为继。如前所说，以生产资料私有制为其基本特征的资本主义，它的一切活动都是为了追求利润的最大化。资本，在资本主义制度下就是资本家发财致富的本钱，是剥削雇佣劳动的手段。资本家的富有和贪婪，是建立在广大工人阶级贫困的基础之上的。在这种制度下，根本谈不上人们的共同富裕和人的全面发展，只能产生两极分化和贫富对立。

两极分化是资本主义私有制的必然结果和本质表现。从资本主义产生起就存在，并且愈演愈烈。就以美国这个当今最发达的资本主义国家为例，贫富分化和分配不公，不仅得不到控制，而且在不断加剧。根据美国人口普查局提供的数据，美国居民户收入基尼系数 1980 年为 0.403，到 1999 年已上升为 0.457，升幅为 13.4%。同期，收入最低的 20% 的人在总收入中所占比例，从 4.3% 下降到 3.6%，而收入最高的 20% 的人所占比例，则从 43.7% 上升到 49.4%。在这 30 年中，不平等程度明显扩大。再据《福布斯》杂志的调查，1995 年，美国最富的 1% 居民户拥有全国近 40% 的财富，而 80% 的居民户只拥有 16% 的财富。可见，美国的财富在迅速向少数富人手里集中。在这二十年间，收入差距也在迅速扩大。比如，公司高级管理人员与工人的工资差距，从 1980 年的 42∶1 上升到 1998 年的 419∶1，这还不包括股票期权的价值。同时，还应该看到，在发达资本主义国家，美国收入不平等的增长还不是最快的。数据显示，1980 年到 1995 年，英国的不平等程度年均增长 2%；瑞典、丹麦、荷兰和澳大利亚年均增长 1.5%；美国、瑞士、法国、德国、日本等国家，年均增长

0.5% 到 1%①。从这些材料可以清楚看出，资本主义制度不仅解决不了社会贫富不均，而且在资本的作用下，社会两极分化还会加剧。根本原因就在于资本主义的私有制。就连三大空想社会主义者也看到了这一点，他们已经把私有制视为资本主义社会一切弊端的"祸根"，并开始从理论上探讨和论证消灭生产资料私有制等社会主义的重大原则。所以，恩格斯称，共产主义的思想微光终于点燃起"直接共产主义的理论"的火炬。②

与上述相联系，穷国与富国之间的差距也在不断扩大。比如，在 1993 年，世界国内生产总值为 230000 亿美元，其中发达工业国家为 180000 亿美元，第三世界国家仅为 50000 亿美元，而第三世界国家的人口却占世界总人口的 80%。穷国与富国之间的实际差距是十分惊人的。再从世界人均国内生产总值来看，1998 年，美国为 29605 美元，日、德、法、意、英等国都在 20000 美元以上，而许多发展中国家只有 1000 多美元，非洲有些国家更低。世界穷国与富国的差距，1950 年为 35∶1，1973 年为 44∶1，1992 年为 72∶1，不到半个世纪差距扩大一倍多，而且还在呈不断扩大的趋势。发达国家与第三世界国家差距的扩大，是由多种因素造成的，但殖民主义和资本主义制度的存在是最主要的原因。

其次，资本主义的过度消费带来全球性问题，造成极大生态灾难。人类社会伴随着空前强大的科学技术力量而进入新的时代，但它同时面临着社会和经济的、政治和民族的、文化和道德的冲突。在资本主义条件下，世界经济的发展是建立在疯狂的消费竞争和毫无节制的消耗自然资源并使其接近枯竭的基础之上。人类生存环境被破坏，资源危机的增长和掠夺资源与能源产地的残酷斗争日趋激烈。这种情况已经引起世界人民的高度关注和强烈不满，波及全球的"绿色运动"、"红绿色运动"以及"生态社会主义"，就是对资本主义破坏生态环境，疯狂掠夺自然资源的一种抗争。1995 年 1 月 22 日，俄共三大通过的《俄罗斯联邦共产党纲领》，就突出地反映了当前出现的这种生态危机，并且以此论证了社会主义取代资本主义的历史必然性。首先，《俄共纲领》对当代资本主义的本质作了揭露，

---

① 参见王荣军《现今美国贫富分化状况及原因分析》，《美国研究》2001 年第 4 期。
② 《马克思恩格斯文集》第 3 卷，人民出版社 2009 年版，第 525 页。

认为"如今占据大半个地球的资本主义是这样一种社会，那里的物质和精神生产从属于最大限度地搜刮利润、积累资本、追求无限膨胀的市场法则。一切都已变为商品，一切事物的唯一准则是挣钱。这就决定了资本主义特殊的、消费的性质。它把生产看作是对人的全面剥削和对自然资源的全面掠夺，而不考虑社会的耗费，不考虑对下一代人生活与环境的有害后果。"其次，《俄共纲领》指明了当代资本主义已经进入"消费社会"及其带来的三个严重后果：第一，发达资本主义国家为了满足资本增值对于市场的需要，铺天盖地的广告刺激人们的占有欲和享受欲，迷惑他们的健全理智，强迫他们进行消费。商品为更新而更新，人们为消费而消费，消费远远超出了人们的合理需要。人不仅是机器的附属，而且成了信用卡的附属；不仅生产活动异化了，人的消费活动也异化了，人进一步沦为资本自我增值的工具。人的这种变态大大深化了资本主义的固有矛盾。第二，资本主义的剥削本性并没有改变，资本与劳动、剥削与被剥削的矛盾越出了发达资本主义的国界，扩展到世界不同国家和地区。生活在发达资本主义国家的近十亿居民成为特殊的"金十亿"，他们的超级消费建立在地球上大多数居民的经常性消费不足和相对、绝对贫困的基础之上。虽然发达资本主义国家内部存在的阶级矛盾因此得到一定程度的缓和，但就全球而言，这一矛盾更为广泛、更为深刻，这些国家和其他国家的关系具有了阶级剥削的性质。第三，这种过度消费，推动了工业生产的毫无节制的发展，其结果造成了严重的生态问题、发展问题、资源问题等全球性问题。基于上述的分析，《俄共纲领》指出，正是这样严重的后果，决定了资本主义社会的必然灭亡。"资产阶级式的社会生活已濒临其可能的极限。连最狂热的拥护者也承认，资本主义生产方式不仅已到了其内部的临界线，而且到了自然的临界线。"一个基本事实是：充其量占全球人口五分之一的工业发达国家，消费着世界原料、能源及其他资源的大约五分之四。因此，如果全世界都按照发达资本主义国家"金十亿"的生活方式去生活，那么地球将不堪重负，人类将无法生存。作为《俄共纲领》依据的一个佐证，1998 年联合国开发计划署的一份报告显示：占世界人口 20%（约 10亿）的发达国家的居民，消费着世界 86% 的产品；1998 年在发达国家生活的 1 个儿童所消耗的产品和排出的废物，相当于第三世界国家 50 个儿童所消耗的产品和排出的废物。这种人与人、人与自然的关系是何等的不平等!《俄共纲领》由此得出结论:人类必须抛弃资本主义的价值追求和社会制度,必须对社会生活加以全面的有计划的控制,把人自身的完善和发展放在首位,而这也就是社会主义的实现,是向共产主义的前进。在这里,十分清楚地揭露了资本主义生产方式的本质和历史局限性。

可以看出,《俄共纲领》是在马克思主义关于社会主义历史必然性的经典性论证的基础上,结合新的时代特征和资本主义的新变化,对这一科学原理的进一步丰富。除俄共以外,近年来有些西方左翼学者,也作过类似论证的尝试。这些都清楚地说明,马克思主义关于社会主义历史必然性的原理,不仅没有过时,反而获得了新的时代内容。

这里,我们应当结合上述新的事实,对列宁在《帝国主义是资本主义的最高阶段》中,对垄断资本主义的本质特征和历史地位的揭露和分析作进一步的思考。列宁在该书的"帝国主义的历史地位"部分,在论述了垄断资本主义四种主要表现以后得出这样的结论:"垄断,寡头统治,统治趋向代替了自由趋向,极少数最富强的国家剥削愈来愈多的弱小国家——这一切产生了帝国主义的这样一些特点,这些特点使人必须说帝国主义是寄生的或腐朽的资本主义。帝国主义的趋势之一,即形成为'食利国'、高利贷国的趋势愈来愈显著,这种国家的资产阶级愈来愈依靠输出资本和'剪息票'为生。"① 他接着指出,"根据以上对帝国主义的经济实质的全部论述可以得出一个结论,即应当说帝国主义是过渡的资本主义,或者更确切些说,是垂死的资本主义。"② 当代资本主义发生了很大变化,但它的本质并没有改变,列宁所指出的帝国主义的寄生性、腐朽性和垂死性这些特征,不仅没有改变,而且变本加厉,表现得更为突出,更为尖锐。从我们前面所列举的数字已经看得十分清楚,大资本家和寡头们通过金融垄断、资本输出、高额利润从世界各国和各地区攫取了数额惊人的财富,他们还通过股市交易、金融市场和房地产等灰色经济获取暴利。资本的这种趋势就使得世界上贫富差距、穷国与富国的差距达到了空前尖锐的程度。

---

① 《列宁专题文集——论资本主义》,人民出版社 2009 年版,第 210 页。
② 同上书,第 211 页。

西班牙《起义报》2004 年 7 月 9 日载文说：所谓七国集团，美国、加拿大、德国、英国、法国、意大利和日本占世界总人口的 11%，而 GDP 却占世界 65%；但世界其余国家和地区人口占世界的 89%，而 GDP 仅占35%，差距最大的亚太地区，人口占世界的 52%，而 GDP 只占 8%。该报的结论是，只要世界上继续推行新自由主义模式，穷国的发展就没有希望。事实上，国际垄断资本主义已经成为世界上大多数国家走向富强和广大人民获得幸福生活与自由发展的桎梏。

　　关于帝国主义的垂死性，列宁从垄断资本主义的本质，从人类社会历史演进的角度，揭明了资本主义这一社会形态的历史性。列宁讲的"垂死的资本主义"，即"过渡的资本主义"，指的是帝国主义是向着更高的社会制度过渡的历史阶段。这里所谓的"垂死"，决不是有些人曲解的马上就会"死亡"。有的人甚至以此为依据否定列宁"帝国主义论"的科学性，这是毫无道理的。列宁似乎也预见到有人会在这里做文章，所以他同时写下了这样一段意味深长的文字，他说："如果以为这一腐朽趋势排除了资本主义的迅速发展，那就错了。不，在帝国主义时代，某些工业部门，某些资产阶级阶层，某些国家，不同程度地时而表现出这种趋势，时而又表现出那种趋势。整个说来，资本主义的发展比以前要快得多，但是这种发展不仅一般地更不平衡了，而且这种不平衡还特别表现在某些资本最雄厚的国家（英国）的腐朽上面。"[1] 从这段论述中，可以看出列宁的深刻的洞察力和科学的预见性。"资本主义的发展比从前要快得多"，但它不可能改变走向衰亡的历史趋势，而且在这种发展过程中，资本主义国家间的不平衡也在加剧。当今世界有 140 多个资本主义国家，而发达资本主义国家也仅有 20 个左右，其中最发达的资本主义国家也只有几个。而美国帝国主义在经济、政治和军事等方面更是鹤立鸡群，它远远地超过了历史上曾经出现的任何强大帝国。资本主义发展的不平衡性在今天表现得更为突出，比列宁时代更是有过之而无不及。国际垄断资本主义的历史地位，已经由国际垄断资本的实质及其基本特征所决定了。这是历史发展的内在法则。

---

[1] 《列宁专题文集——论资本主义》，人民出版社 2009 年版，第 210 页。

四　国际垄断资本主义更富侵略性和扩张性

经济霸权主义和政治霸权主义结合，是国际垄断资本主义重要特征。这一特征影响着世界经济和政治，影响着当今的国际形势的变化。不能认为，国际垄断资本主义可以完全脱离本国政府的保护，也不能认为这种资本主义不具有侵略性。近几年来，西方有的政要和媒体，大肆宣扬"新帝国主义论"，并且以罗马帝国、蒙古帝国、大英帝国等为例，声称为了"神圣的国家利益"，美国"将成为人类最后唯一的帝国"，主张通过"新帝国主义形式控制当今的世界局势"。美国总统布什 2002 年 1 月，在西点军校讲到："这些在冷战时期有效的战略，即通过经济、外交、军事和道德压力，而不是通过武力实现目标，已不适合 21 世纪国家安全的需要"。那种"非帝国主义"手段是靠不住的。新帝国主义论者，毫不隐晦其目的是要在经济全球化中保护富国建筑在不公正、不合理分配基础上的既得利益。剥削不发达国家的人民，掠夺其他国家的资源，维护国际垄断资产阶级的利益，这就是新帝国主义本质的表现，也是新帝国主义的战略目的。为此，他们把大批资金用于军费开支。数据显示，全球军费开支前三名是：美国 4559 亿美元，英国 474 亿美元，法国 462 亿美元。美国军费开支排名第一，超过了排名在它后面的 32 个军费大国的开支总和。排名前 15 位的国家，军费开支占全球军费总开支的 82%。

2004 年，美国军费开支占其国内生产总值 3.9%。在冷战时期曾经达到 6%。为反恐美国大量增加军费开支，2004 年比上一年增加了 12%，达到 4559 亿美元，占全球军费总开支的 47%。美国政府计划到 2010 年，美国的军费开支将达到 5020 亿美元。不仅如此，他们还把一批国家列为"无赖国家"和"邪恶轴心"，认为这些国家"对西方国家的生存提出了新挑战"，"要求一个权威的政治中心"，来维护西方国家的利益。因此，他们反对多极化的世界潮流，试图形成以所谓后现代国家为首的、具有治理别国的绝对权威的世界格局。与此相联系，他们还提出了"新干涉主义论"、"国家主权过时论"、"人权高于主权论"、和"有限主权论"等等。这些谬论就构成了新帝国主义妄图侵略别国、称霸世界的理论基础。

最近，美国又抛出"1421"战略，声称美国应具有同时与两个国家作战的军事实力，要消灭一个国家，同时占领一个国家的首都。这个战略中的"1"代表保卫美国国土；"4"是指在全球4个地区遏止战争的能力；"2"指的是几乎同时击败两个敌人这一首要要求；最后一个"1"是指以决定性优势击败其中一个敌人，并在必要时占领该国的能力。国际垄断资本和新帝国主义的侵略性，在这里已经溢于言表。他们为了掠夺别国，满足其最大利益，在资本输出和资本扩张的同时，也决不会放弃军事干涉和武装侵略。这就是帝国主义的本质。列宁关于帝国主义是战争根源的论断在今天并没有过时。

总之，当今的时代，还是资本主义居于中心地位的时代，而且这个资本主义已经发展到国际垄断资本主义，发展到新帝国主义。我们不论是观察国际形势，还是谋划国内的发展；不论是研究当代资本主义的变化和走向，还是研究当今世界社会主义的发展前景，都不能脱离开这个大的背景，都必须考虑到时代的这个总的特点。否则，就会在这个错综复杂、险象环生的世界形势下迷失方向。

五　当代资本主义对世界社会主义的影响

马克思曾经明确指出：无产阶级解放所必需的物质条件是在资本主义生产发展过程中自发地产生的。[①] 资本的文明面之一，是它榨取剩余劳动的方式和条件，同以前的奴隶制、农奴制等形式相比，都更有利于生产力的发展，有利于社会关系的发展，有利于更高级的新形态的各种要素的创造。战后，资本主义社会生产力的巨大增长为未来社会主义新社会创造着绝对必需的实际前提；其市场经济的完善和发展也为社会主义生产组织形式和社会主义"新人"的形成创造条件。在当今西方发达国家，占统治地位的物质技术基础是以工业化和信息化为核心的社会大生产，具有历史上最发达、最复杂的生产组织，其科学技术和经济发展水平都有较大幅度的提高，其经济结构更加现代化和"高级化"。新科技革命及其成果的应用

---

① 参见《马克思恩格斯全集》第34卷，人民出版社1972年版，第358页。

不仅提高了劳动生产率和经济发展水平，而且使人们的生产能力、生产方式及其在生产中的地位发生了质的飞跃，日益为更高级的社会主义自主联合劳动和对整个社会的计划调节奠定物质技术基础。与此同时，当代西方发达国家的市场经济体制越来越完善，世界市场进一步拓展，人的依赖关系进一步被打破了，人们日益摆脱各种自然血缘关系和超经济的统治服从关系，不断扩大对自然界和社会联系的普遍占有，为社会主义所必需的人的自由全面发展创造条件。此外，全球化所造成的世界性生产体系、金融体系、知识体系和管理体制，也为在世界范围内有效配置资源，最终实现社会主义和共产主义准备了物质技术基础。马克思作为科学社会主义的创始人所提出的有关未来社会的生产方式的一系列基本特征和历史条件，随着国际垄断资本主义的发展已经初见端倪。

特别值得注意的是，当代资本主义内部还出现了一系列"新社会因素"，提供了解决资本主义生产方式内在矛盾的"线索"。1871 年马克思在《法兰西内战》中写道："工人阶级不是要实现什么理想，而只是要解放那些由旧的正在崩溃的资产阶级社会本身孕育着的新社会因素。"[①] 事实也证明，当代资本主义在对生产关系和上层建筑的具体形式以及国家管理体制进行调整的同时，也在产生合作经济、社会保障和福利、职工参与管理、社会主义思想道德的萌芽等一系列促使"旧的生产方式解体的各种要素"。目前，西方发达国家合作社的总数达 64 万个，其产值在国民经济中占有较大比例，如丹麦的合作社在国内生产总值中占 24%，法国和荷兰都超过 10%，美国也达到 5% 左右。[②] 这种由劳动者集体所有和共同管理的合作经济对于社会主义运动的意义是不能低估的。

战后西方发达国家逐渐建立了种类繁多、覆盖面广的社会保障体系，包括最低工资限额、低收入补贴、失业救济、医疗保险、养老保险、教育补贴等。《共产党宣言》提出的实行高额累进税，对所有儿童实行公共的和免费的教育等措施，在西方某些发达国家已不同程度地得到现实。西欧

---

① 《马克思恩格斯文集》第 3 卷，人民出版社 2009 年版，第 159 页。
② 胡连生、杨玲：《当代资本主义的新变化与社会主义的新课题》，人民出版社 2000 年版，第 245 页。

各国还普遍实行"共同决定制度",允许职工参与企业管理,以保障工人在工作、生活等方面的权利。恩格斯在《反杜林论》中认为:无论转化为股份公司,还是转化为国家财产,都没有消除生产力的资本属性。"生产力归国家所有不是冲突的解决,但是它包含着解决冲突的形式上的手段,解决冲突的线索。"① 在恩格斯写作本书一百多年后的今天,西方发达国家的股份公司、垄断组织的规模越来越大,国有经济和跨国公司也有大幅度的增长。这表明当代资本主义的生产社会化在更大的范围内和更高的程度上有了显著的发展,为社会主义所作的物质准备,更加充分、更加完备了。当然,我们肯定战后资本主义的新发展为社会主义准备前提条件,决不意味着资本主义可以通过这些前提条件"和平长入"社会主义。一般说来,资本主义社会虽然为社会主义准备一些物资条件和"新社会因素",而且这些条件和因素今后还可能逐渐积累和增加,但受资本主义制度的制约,这些条件和因素不能得到充分的发展,不能导致资本主义自动地、和平地长入社会主义。只有通过社会变革,把合作社、股份公司、大银行、大垄断组织、国有企业和一切国家计划和管理机构,"从资本主义那里夺取过来",掌握在人民手中,才能真正建立起社会主义新社会。至于这种社会变革采取什么形式,资本主义转向社会主义走什么道路,只能根据未来资本主义的发展状况、阶级力量的对比和工人阶级进行斗争的实际情况作出回答。

国际垄断资本主义的新发展既给社会主义新社会准备着越来越充分的物质基础和历史条件,也给现有社会主义国家构成了巨大的压力和挑战。众所周知,第二次世界大战以后,世界人民迅速觉醒和反抗帝国主义和殖民主义的斗争,形成了两大历史潮流:一是欧亚大陆和拉丁美洲的一批国家先后走上社会主义道路,国际共产主义运动再次勃兴;二是亚非拉一大批国家和地区摆脱殖民统治,掀起波澜壮阔的民族解放运动。这两股潮流,相互促进,相互支持,矛头直指帝国主义和殖民主义的反动统治。因此,诋毁马克思主义意识形态,推翻共产党的领导,颠覆社会主义国家制度,恢复资本主义的一统天下,是国际垄断资产阶级在其阶级本性驱使

---

① 《马克思恩格斯文集》第9卷,人民出版社2009年版,第295页。

下，极力追求的战略目标。当他们用武力无法扑灭、遏制社会主义之后，便采取"和平演变"战略，即利用他们历史形成的经济、科技方面的优势，对社会主义国家实施政治、经济和思想文化的全面渗透，主要依靠非战争的、和平的手段诱使这些国家逐步离开社会主义的轨道，重新归附资本主义的社会制度和世界体系。20 世纪 80 年代末、90 年代初的东欧剧变和苏联解体，可以说是国际垄断资产阶级实施"和平演变"战略的一个重大"成果"。当今世界，社会主义与资本主义两大体系既互相并存，又互相斗争。只要社会主义还只是在少数国家取得胜利，帝国主义包围社会主义的态势仍然存在；只要社会主义国家在科技、经济等方面还相对落后，世界资本主义还保持优势，帝国主义对社会主义国家实施"和平演变"的战略就不会改变。而且和平演变在苏东得逞，又会鼓励帝国主义加紧对其他社会主义国家的渗透和颠覆活动，对社会主义国家进行一场"没有硝烟的世界战争"。这就表明，"和平演变"与反"和平演变"是一种关系到社会主义前途与命运的长期的、艰巨的斗争，决不能等闲视之，掉以轻心。

随着经济全球化浪潮的兴起，国际垄断资产阶级不仅加强对国内外无产阶级和其他劳动人民的剥削和统治，导致世界范围内的贫富悬殊和两极分化，而且侵犯社会主义国家的主权，破坏社会主义国家乃至整个世界的和平与发展。在全球化进程中，发达资本主义国家一方面以提高企业的国际竞争力为借口，肆意削减工人的工资与福利，减免资产者的税收，压制国内的工人运动和社会主义力量的发展；另一方面，他们凭借雄厚的经济和技术力量及其在世界经济中的垄断地位，制定国际经济活动的"游戏规则"并强加于人，加强对社会主义国家的盘剥与掠夺。对不遵从者，动辄施以经济制裁，甚至进行野蛮的军事打击。苏东剧变，也可以说是国际垄断资产阶级大肆推行新自由主义的全球化战略的结果。更为复杂的是，在经济全球化和扩大对外开放的条件下进行社会主义建设，社会主义国家不得不同发达资本主义国家增加经济、文化交流和人员往来，这就在客观上也为国际垄断资本主义遏制和颠覆社会主义提供了某些便利条件。我们只有保持清醒的头脑，坚持独立自主的和平外交政策，积极开展对外合作与交流，又始终把国家的主权和安全放在首位，极力维护国家主权和人民群众的根本利益，才能在参与国际竞争和全球化的进程中始终立于不败之地，并争取社会主义的完全胜利与共产主义的最终实现。

研究当代资本主义有着十分重要的意义，这不仅可以为我们正确认识当今世界形势，制定我们的国际战略提供科学根据，而且对于我们坚持和发展马克思主义，巩固社会主义制度也至关重要。当今的时代，就是社会主义和资本主义两种社会制度和思想体系并存、竞争与相互较量的历史时代，矛盾和斗争是回避不了的，只能正视它，研究它，以因势利导。

研究当代资本主义必须运用科学的方法，这个方法就是马克思主义的立场、观点和方法，就是历史唯物主义的观点和方法。只有这一科学方法，才能使我们透过复杂纷纭的社会现象和错综复杂的社会矛盾，把握客观真理，揭示事物的本质和规律。为此，首先必须使自己具有坚实的马克思主义理论基础，掌握真正而非虚假的、深刻而不肤浅的哲学知识，培养自己的独立思考能力和科学创新能力。具有这样一种素养，我们一定能够对当代这一最重大的课题作出科学的回答。让我们在这一领域的研究中共勉吧！

（原载《马克思主义研究》2006 年第 1 期）

《帝国主义论》与现时代

——纪念列宁诞辰 140 周年

今年是伟大的无产阶级革命家、思想家和理论家，全世界无产阶级和劳动人民的革命导师和伟大领袖，世界上第一个社会主义国家——苏联的缔造者——列宁诞辰 140 周年。他在第一次世界大战期间写成的《帝国主义是资本主义的最高阶段》（简称《帝国主义论》）这部划时代的著作，对 20 世纪的人类历史发展和国际共产主义运动产生了广泛而深刻的影响。这部著作发表至今 90 多年过去了，虽然当代资本主义和世界社会主义都发生了巨大的变化，但列宁关于帝国主义的基本理论仍然闪耀着科学真理的熠熠光芒，指引着无产阶级革命斗争和社会主义建设实践的伟大征程。坚持列宁《帝国主义论》的基本原理，并将它与当今时代特征和各国具体实际相结合，丰富和发展马克思主义关于资本主义和帝国主义的理论学说，对于认清当代资本主义的新变化，争取社会主义运动的新高潮，具有十分重要的理论意义和现实意义。

一　帝国主义和无产阶级革命时代的伟大认识成果

马克思和恩格斯曾经说过："一切划时代的体系的真正的内容都是由于产生这些体系的那个时期的需要而形成起来的。"[1] 列宁的《帝国主义论》是解决俄国这样经济文化落后国家在帝国主义矛盾激化、爆发帝国主义战争的时代条件下，如何推翻资产阶级反动统治、夺取社会主义革命胜

---

[1]　《马克思恩格斯全集》第 3 卷，人民出版社 1960 年版，第 544 页。

利这一历史性课题应运而生的，是系统研究帝国主义的本质特征、运动规律和发展趋势的科学理论。

众所周知，自由竞争的资本主义在 19 世纪 60—70 年代发展到了顶点，开始向垄断资本主义过渡；到 19 世纪末出现经济高涨和 1900—1903 年爆发经济危机，垄断资本主义得到普遍发展，"发达的资本主义转化为帝国主义"①。这是由于：一方面，自由竞争推动了生产的发展、科技的进步和产业结构的变化。以电力的广泛使用为标志的第二次科技革命，使资本主义社会的生产力由蒸汽时代提升到电气时代；新的炼钢法、内燃机、合成燃料等新的生产技术和生产部门相继出现，重工业逐渐取代了农业、轻工业上升为主导产业。生产力的大发展必然要求扩大企业规模，加快资本积累和生产集中。另一方面，自由竞争加强了企业之间优胜劣汰的分化，在各个部门形成了少数拥有巨额资本的大企业、大公司。生产和资本的高度集中，为垄断资本主义的形成和发展打下了基础。

伴随帝国主义时代的到来，资本主义社会所固有的矛盾，特别是无产阶级和资产阶级的矛盾，宗主国和殖民地的矛盾，各帝国主义国家之间的矛盾都空前激化，并导致了重新瓜分世界的第一次世界大战。资产阶级思想家、政治家引用资本主义发展的新材料为帝国主义的侵略扩张辩护，为金融资本的既得利益寻找借口，掩盖帝国主义的实质和矛盾。右派社会民主党人跟在资产阶级后面，抹杀帝国主义的本质特征，宣扬阶级合作和社会改良思想，支持本国政府发动帝国主义战争。对此，列宁指出："所有的有产阶级全都转到帝国主义方面去了。'普遍'迷恋于帝国主义的前途，疯狂地捍卫帝国主义，千方百计地美化帝国主义，——这就是当代的标志。帝国主义的意识形态也渗透到工人阶级里面去了。工人阶级和其他阶级之间并没有隔着一道万里长城。德国现在的所谓'社会民主'党的领袖，被人们公正地称为'社会帝国主义者'，即口头上的社会主义者，实际上的帝国主义者。"②

在资本主义发展到帝国主义阶段，在帝国主义引发世界大战的条件

---

① 《列宁专题文集——论资本主义》，人民出版社 2009 年版，第 176 页。
② 同上书，第 195 页。

下，究竟还能不能进行社会主义革命、如何进行社会主义革命的问题，尖锐地摆在马克思主义者面前。列宁顺应时代的要求，根据无可争辩的资产阶级统计的综合材料和各国资产阶级学者的自白，说明 20 世纪初期，即第一次世界帝国主义大战前夜，全世界资本主义经济在其国际相互关系上的总的情况。他先后在瑞士的伯尔尼和苏黎世的图书馆里查阅了大量的图书资料，从 148 本各种文字的书籍和刊登在 49 种不同期刊上的 232 篇论文中，作了约 50 个印张、共 1000 页的摘录、提要、笔记等（这些资料于 1939 年被汇编为厚厚一本《关于帝国主义的笔记》出版）。正是在充分地占有和科学分析世界主要国家的实际材料和理论成果的基础上，列宁才最终于 1916 年 6 月写成《帝国主义是资本主义的最高阶段》一书，并于 1917 年 4 月在俄国出版。这标志着马克思主义关于帝国主义的科学理论正式诞生了，第二国际为帝国主义辩护的机会主义思潮趋于破产，社会主义也由此开始从理论到实践的历史性飞跃。

二　对帝国主义的本质特征和发展趋势的深刻揭示

在列宁以前或同时代，研究帝国主义的不乏其人。马克思在《资本论》中，就对自由竞争引起生产集中作了详细分析，预见到生产集中发展到一定阶段就会导致垄断，并考察过股份公司、信用制度的发展过程和历史作用；恩格斯在编辑整理《资本论》第二、三卷时，阐述过卡特尔、托拉斯等垄断组织的出现及影响，分析了交易所的形成和作用。列宁创造性地运用马克思和恩格斯关于资本主义的基本观点和方法，批判性地分析和借鉴拉法格、希法亭、霍布森等人的理论成果，对 20 世纪初垄断资本主义产生和发展的新情况及其对社会主义运动的影响进行了全面深入的研究，创立了马克思主义关于帝国主义的科学理论，丰富和发展了马克思主义的思想宝库。

首先，列宁深刻揭示了帝国主义的本质内涵和主要特征。列宁认为，帝国主义不仅是一种对外扩张和侵略政策而且是经济关系，不同时代的帝国主义建立在不同的经济基础之上。他把帝国主义明确地定义为"资本主义的垄断阶段"，并概括了它的五个基本特征：（1）生产和资本的集中发展到这样高的程度，以致造成了在经济生活中起决定作用的垄断组织；
（2）银行资本和工业资本已经融合起来，在这个"金融资本的"基础上
形成了金融寡头；（3）和商品输出不同的资本输出具有特别重要的意义；
（4）瓜分世界的资本家国际垄断同盟已经形成；（5）最大资本主义大国
已把世界上的领土瓜分完毕。① 二战后，随着社会主义运动和民族解放运
动的高涨，帝国主义殖民体系瓦解，资本主义大国直接瓜分世界领土的罪
行难以为继了，但帝国主义的基本特征至今不仅依然存在，而且每个方面
都发展到了极端。历史证明，列宁当年对帝国主义本质特征的分析和判断
是正确的。

　　其次，列宁深刻揭示了帝国主义的历史地位和发展趋势。由于从资本
主义的自由竞争中生长起来的垄断并不消除自由竞争，而是凌驾于这种竞
争之上，与之并存，必然产生许多特别尖锐、特别剧烈的矛盾、摩擦和冲
突。列宁明确指出："垄断，寡头统治，统治趋向代替了自由趋向，极少
数最富强的国家剥削愈来愈多的弱小国家，——这一切产生了帝国主义的
这样一些特点，这些特点使人必须说帝国主义是寄生的或腐朽的资本主
义。帝国主义的趋势之一，即形成'食利国'、高利贷国的趋势愈来愈显
著，这种国家的资产阶级愈来愈依靠输出资本和'剪息票'为生。"② 他
还指出：根据对"帝国主义的经济实质的全部论述可以得出一个结论，即
应当说帝国主义是过渡的资本主义，或者更确切些说，是垂死的资本主
义"③。有的人以战后资本主义的发展来美化资本主义，否定帝国主义的垂
死性和腐朽性，这是毫无道理的。列宁似乎预见到有人会在这里做文章，
所以同时写下了这样一段意味深长的话："如果以为这一腐朽趋势排除了
资本主义的迅速发展，那就错了。不，在帝国主义时代，某些工业部门，
某些资产阶级阶层，某些国家，不同程度地时而表现出这种趋势，时而又
表现出那种趋势。整个说来，资本主义的发展比从前要快得多，但是这种
发展不仅一般的更不平衡了，而且这种不平衡还特别表现在某些资本最雄

---

① 参见《列宁专题文集——论资本主义》，人民出版社 2009 年版，第 175—176 页。
② 《列宁专题文集——论资本主义》，人民出版社 2009 年版，第 210 页。
③ 同上书，第 211 页。

厚的国家（英国）的腐朽上面。"① 从这些精辟的论述中，可以看出列宁
《帝国主义论》深远的洞察力和科学的预见性。

马克思主义是发展的理论。同样，列宁创立的帝国主义论也不是封闭
的、一成不变的学说，而是开放的、不断创新的理论，它要随着社会的进
步和时代的变革，而不断得到丰富和发展。战后，帝国主义发生了部分质
变，从私人垄断资本主义先后发展到国家垄断资本主义和国际垄断资本主
义（有的学者称为国际金融垄断资本主义）阶段。西方垄断资本集团更加
强大，跨部门、跨行业的超级企业和巨型跨国公司加速发展，资本主义生
产的社会化已经从一国扩展到多国，逐渐形成全球规模的生产和销售体
系。据联合国贸发组织的统计，早在 1999 年底全球跨国公司的总数就达
到 6.3 万家，共有国外分公司 70 多万家。这些跨国公司控制着世界生产
的 40%—50%、国际贸易的 50% 以上、国际直接投资和民用科技开发和
转让的 90%。近几年来，跨国公司的全球化程度大大提高。1995 年全球
最大的 100 家跨国公司海外资产占其总资产的 41%，到 2004 年最大 100
家跨国公司海外资产占其总资产比例就上升到 53%。海外资产总额则从
1994 年的 9000 亿美元上升到 2004 年的 47280 亿美元，10 年中增加了 4
倍。同一期间，最大 100 家跨国公司海外销售占其总销售的比例从 46% 增
加到 56%。在当今世界，国际垄断资本可以说无孔不入、无处不在，任何
国家、任何企业甚至各国的国计民生都在不同程度上受到国际垄断资本的
冲击和影响。帝国主义的本质没有变，但它同列宁在帝国主义论中讲的已
经是不可同日而语了。

三　当前发生的全球性经济危机证明
列宁帝国主义论的正确性

近年来由金融危机引发的全球性资本主义经济危机，更加证明了列宁
帝国主义论的正确性和洞察力。世界进入国际垄断资本主义的主要标志
是：真正意义上的包括技术市场、商品市场和金融市场在内的市场经济全

---

① 《列宁专题文集——论资本主义》，人民出版社 2009 年版，第 210 页。

球化，以及在这种全球化中确立起来的国际垄断资本的全球性统治。列宁当时在分析垄断资本主义时，特别强调资本与生产的高度集中、银行资本与生产资本的结合以及金融寡头的形成，指出"帝国主义的特点，恰好不是工业资本而是金融资本"。还说"金融资本造成了垄断组织的时代"①。当今金融资本国际化和市场经济全球化，以及庞大的跨国资本、巨型跨国公司和金融垄断寡头主宰着世界经济。只要他们出了问题，就会危及世界经济，以致引发世界性的经济危机。今天发生的全球性的经济危机，就是金融资本的高度垄断，以及在新自由主义模式作用下形成的巨大泡沫破裂的结果。可以说，列宁在90年前的预见，今天已经变成了现实。

就连一些西方人士和媒体对这场百年不遇的金融危机也进行了揭露。引起这次经济危机的原因是什么，用积极推行新自由主义经济政策的格林斯潘的话来说，是政府管理不力，是自由放任的市场经济的结果。他在《华尔街日报》撰文说"在过去五年的市场乐观情绪下，这场危机迟早都会发生。即使不被次级债定价不当的问题引爆，也会因为其他市场领域的问题而被点燃。"2009年2月4日澳大利亚《月刊》杂志刊登该国总理陆克文的文章，更明确地指出"新自由主义是全球金融危机祸首"，说"这一后果的始作俑者就是过去30多年以来自由市场意识形态所主导的经济政策"。该文还写道，"新自由主义及其所伴生的自由市场至上主义，不过是披着经济哲学外衣的个人的贪欲。"这里所谓"贪欲"不正是列宁所说的帝国主义腐朽性的表现吗！再比如，美国著名学者弗朗西斯·福山说，"金融危机使新自由主义模式进入了死胡同"。就连美国前财政部长保尔森，离职后去了约翰·霍布金斯大学，他研究的课题是："资本主义崩溃及其未来"。有的西方学者还从道德层面研究资本主义经济危机发生的原因。诺贝尔和平奖获得者穆罕默德·尤努斯认为，资本主义金融危机源于资本主义的唯利是图、贪婪以及道德沦丧。《纽约时报》一位专栏作家呼吁，"我们需要的不仅是金融救援，我们需要的是道德救援"。②唯利是

---

① 《列宁专题文集——论资本主义》，人民出版社2009年版，第178、153页。

② 参见《"海啸"起处神话灭——怎么看席卷全球的国际金融危机》，《光明日报》2009年8月27日。

图、贪婪正是资本主义本质在人们思想、道德方面的集中表现。帝国主义的寄生性和腐朽性，可以说在金融危机中表现得更加清楚。

当前发生的全球性金融危机，充分表明资本主义制度不能解决自身面临的问题和矛盾，而且一步步地走向崩溃的边缘。对于社会主义来讲，对于社会科学来讲，这是一个百年不遇的历史机遇，通过对当前资本主义经济危机的研究，可以使我们更深刻地认识资本主义制度的本质和发展极限，认识马克思关于资本主义理论和列宁帝国主义论的深远历史意义，用新的研究成果丰富和发展马克思列宁主义。

四 无产阶级革命斗争和社会主义建设实践的锐利思想武器

列宁的帝国主义论深刻揭示了资本主义发展到垄断阶段的本质规律，提出了"帝国主义是无产阶级社会革命的前夜"的科学论断，为社会主义革命在一国或数国首先取得胜利奠定了理论基础。正是在列宁帝国主义论的指引下，俄国布尔什维克党领导俄国人民才取得了十月革命的伟大胜利，建立了世界上第一个社会主义国家，开辟了人类历史的新纪元。第二次世界大战后，社会主义从一国发展到多国，并一度形成了一个与帝国主义相抗衡的社会主义阵营，改变了整个世界的格局和面貌。列宁的帝国主义理论不仅得到了社会实践的反复检验，而且显示了变革世界的伟大力量，充分证明这一理论是帝国主义时代无产阶级革命斗争的科学指南和重要法宝。

列宁帝国主义论对殖民地人民反抗帝国主义侵略、开展民族解放斗争也具有广泛而深远的影响。列宁根据马克思主义民族理论，结合帝国主义时代的新特点，将《共产党宣言》中"全世界无产者联合起来"的口号扩展为"全世界无产者和被压迫民族联合起来"的口号，主张"把争取社会主义的革命斗争同民族问题的革命纲领联系起来"。① 正是在列宁的指导下，共产国际正确地制定了民族和殖民地问题的政策，推动了殖民地人

---

① 《列宁全集》第27卷，人民出版社1990年版，第77—78页。

民的民族解放运动和帝国主义国家里的无产阶级革命运动的高涨，使帝国主义的旧殖民体系和垄断资产阶级的反动统治遭到了沉重的打击。实践证明，列宁的帝国主义论对于巩固全世界无产阶级和被压迫民族的反帝统一战线，加强社会主义革命运动和民族解放运动之间的联系与合作，具有非常重要的指导意义。

战后国际形势和世界格局发生了巨大变化，西方发达国家吸取了20世纪上半叶资本主义陷入危机和战争、促发社会主义革命的教训，在不触动资本主义根本制度的前提下，进行了一些调整和改良。然而，当代资本主义的实质仍然是垄断资本主义，帝国主义的本质属性——垄断，以及由垄断所产生的帝国主义的寄生性、腐朽性和垂死性并没有根本改变。我们党的第一、第二代中央领导集体的重要成员陈云同志在1989年指出："列宁论帝国主义的五大特点和侵略别国、互相争霸的本质，是不是过时了？我看，没有过时。""那种认为列宁的帝国主义论已经过时的观点，是完全错误的，非常有害的。这个问题，到了大呼特呼的时候了。"[①] 特别是苏东剧变以后，伊拉克、南联盟、阿富汗等一些主权国家相继遭受美英发动的高科技战争的打击，古巴、中国、朝鲜等社会主义国家也受到西方国家"和平演变"甚至武力颠覆的威胁。建立一个"没有边界的、全球性的新美利坚帝国"已经成为了美国政府的根本战略。近年来，英美学者鼓吹"新帝国"和"新帝国主义"，某些政要也奉行新帝国主义的政策，霸权主义和强权政治更加猖獗。国内外的有识之士越来越深刻地认识到，要正确把握时代的性质和帝国主义的本性及其对世界社会主义的影响，仍然离不开列宁帝国主义论的指导。

当今世界正处于大变革大调整大发展之中，社会主义与资本主义两大体系既互相并存，又互相斗争。只要社会主义还只是在少数国家取得胜利，帝国主义包围社会主义的态势就仍然存在；只要社会主义国家在科技、经济等方面还相对落后，帝国主义对社会主义国家实施"和平演变"的战略就不会改变。邓小平同志告诫我们："一个冷战结束了，另外两个冷战又已经开始。一个是针对整个南方、第三世界的，另一个是针对社会

---

① 《陈云文选》第3卷，人民出版社1995年版，第370页。

主义的。西方国家正在打一场没有硝烟的第三次世界大战。"① 我们只有在积极吸收和借鉴当今世界各国，特别是资本主义发达国家的文明成果的同时，自觉抵制资本主义剥削制度和腐朽思想的侵蚀，才能巩固和发展中国特色社会主义，推动世界社会主义在 21 世纪再次走向复兴与高涨！

（原载《中华魂》2010 年第 5 期）

---

① 《邓小平文选》第 3 卷，人民出版社 1993 年版，第 344 页。

社会主义历史必然性的哲学思考

人类历史的社会形态是由低级到高级不断发展的过程。迄今为止的历史，已经经历了原始社会、奴隶社会、封建社会和资本主义社会形态，并开始迈向一个新的历史阶段。这不仅为马克思主义唯物史观所论证，而且也为人类历史发展所证明。社会主义是作为资本主义对立物而产生的。它作为一种更高级的社会形态，是对资本主义社会形态的否定，但是，这种否定不是简单的否定，而是扬弃，即它是在吸纳了资本主义创造的一切有价值的东西的基础上的否定。人类社会形态更替的逻辑总是这样：前一种社会形态为后一种社会形态的出现准备了必要的物质条件和精神条件，一旦社会变革的时机到来，新的社会形态取代旧的社会形态便成为历史的必然。这是一条不可抗拒的历史法则，也是我们通常所说的，新生事物是不可战胜的。依照这个法则，资本主义也不可能是永恒的。无论它现在如何强大，也注定是要退出历史舞台的，同资本主义社会形态代替封建主义社会形态一样，它迟早要被社会主义社会形态所取代。当代哲学社会科学的一个重要任务，就是要研究社会主义存在和发展的历史条件，探讨其运动和变化的规律。

曾经在历史上创造过辉煌成就的资本主义，之所以注定要退出历史舞台，是由于它本身固有矛盾所推动，是由于资本主义制度内部不断产生的否定因素所致。正如恩格斯所指出的那样："资产阶级从它产生的时候起就有自己的对立物同它缠在一起：资本家没有雇佣工人就不能存在"①。他依据唯物主义历史观，深刻地揭示了资本主义社会固有的基本矛盾，指出：生产资料和生产实质上已经变成社会化的了，但是，它们仍然服从于

---

① 《马克思恩格斯选集》第3卷，人民出版社1995年版，第721页。

私人占有这样一种形式。"赋予新的生产方式以资本主义性质的这一矛盾，已经包含着现代的一切冲突的萌芽。""社会的生产和资本主义占有之间的矛盾表现为无产阶级和资产阶级的对立。"① 资本主义的这种基本矛盾和阶级矛盾，以及由其所制约的其他社会矛盾，推动着资本主义社会的发展变化，并使其最终走向灭亡。社会主义思想就是资本主义的基本矛盾和社会冲突及其发展过程在人们头脑中的反映，首先是在那个直接吃到它的苦头的阶级即工人阶级的头脑中观念的反映。所以，资本主义创造出辉煌的成就，同时也创造出自己的掘墓人。这就是历史的辩证法。

社会主义作为一种思潮，从英国人莫尔于 1516 年发表《乌托邦》算起，迄今快 500 年了。继之有意大利人康帕内拉的《太阳城》，德国人托玛斯·闵采尔关于"千载太平天国"的幻想，英国"掘地派"领袖温斯坦莱的《自由法》等。这一阶段的空想家们关于理想社会的描绘，还流于单纯的幻想，还只是"共产主义思想的微光"②。空想社会主义思想还处于萌芽阶段。到 18 世纪，空想社会主义学说在形式上发生了重大变化，出现了从理论上论证社会主义理想的著作。我们可以从让·梅里叶的《遗书》，马布利的论战著作，巴贝夫的论文和演说中，看到空想社会主义学说突破《乌托邦》以来的文学形式，开始从理论上探讨和论证消灭生产资料私有制等重大社会主义原则。共产主义的思想微光终于点燃起"直接共产主义的理论"③ 的火炬。最后，在 19 世纪初，空想社会主义学说发展到最高阶段，其主要代表人物是法国的圣西门、傅立叶和英国的欧文。他们继承了空想社会主义前辈们对资本主义的批判精神和对未来理想社会探索的成果，使空想社会主义学说成为更为完整的思想体系。由这三大空想社会主义者为代表的空想社会主义学说有这样几个鲜明的特点：

第一，它是在西欧主要国家资本主义纷纷确立这一新的历史时期出现的空想学说。18 世纪末和 19 世纪初发生的法国大革命与英国的产业革命，确立了资产阶级的政治统治，也使资本主义进入现代机器大生产的阶段。

---

① 《马克思恩格斯选集》第 3 卷，人民出版社 1995 年版，第 744、745 页。
② 《马克思恩格斯全集》第 7 卷，人民出版社 1959 年版，第 405 页。
③ 《马克思恩格斯选集》第 3 卷，人民出版社 1995 年版，第 721 页。

但是，对于雇佣工人和其他劳动群众来说，无论是社会革命还是技术革命，都没有改善他们的社会地位和经济状况。法国大革命后的社会现实，不过是一幅令人极度失望的讽刺画。产业革命所创造的空前宏伟的社会生产力，不但没有给工人带来福利，反而使工人变为机器的奴隶，生活更加悲惨。在这样一种全新的历史条件下，产生了19世纪具有代表意义的空想社会主义思想家，有可能对资本主义进行更深刻的观察和揭露，抨击资本主义的全部基础，把他们批判的矛头明确地指向资产阶级和资本主义；而在他们之前的空想家们，或多或少总是把资本主义和封建主义混同起来，笼统地批判社会不平等现象。

第二，圣西门、傅立叶和欧文的三个各自独立的空想体系，思想内容都很丰富，有比前辈更为明确的哲学指导思想，在不同形态的唯物主义自然观和认识论中，都包含有不少辩证法思想。三个人虽然都还没有冲破唯心主义历史观的束缚，但已试图论证人类社会是有规律的发展过程，资本主义并不是永恒的社会制度。他们对未来社会原理的猜测也更明确、更具体和更理论化，特别是克服了16—18世纪空想社会主义者要求历史车轮倒转的倾向，纠正了他们的前辈美化人类原始社会，幻想回到原始共产主义所谓"黄金时代"的错误观点，抛弃了粗鄙的禁欲主义和平均主义，把自己理想的未来社会同现代机器大生产和科学文化的发展联系起米，用时代精神改造了以往的空想思想。

第三，19世纪的空想社会主义者突出地提出了实现理想社会的问题，但是由于时代的局限，他们还没有找到解决问题的正确途径。19世纪资本主义生产方式还处在上升时期，生产力和生产关系的矛盾才刚刚暴露。同时，现代无产阶级也还处于形成过程中，还是一个自在的、无力采取独立行动的社会阶层。这种社会发展状况和阶级状况表明，无产阶级和资产阶级的阶级矛盾还不够发展，两个阶级大搏斗的时代还未到来。"解决社会问题的办法还隐藏在不发达的经济关系中，所以只有从头脑中产生出来。"[①]正如恩格斯所说，这种不成熟的理论，是同当时不成熟的资本主义生产状况、不成熟的阶级状况相适应的。

---

① 《马克思恩格斯选集》第3卷，人民出版社1995年版，第724页。

从上述可见，空想社会主义思潮的出现不是偶然的，它是伴随着资本主义的产生而产生，随着资本主义的发展而发生变化。当时的空想社会主义者已经看到了资本主义制度的痼疾，批判了资本主义制度的非人性，针对这种制度的弊端，他们对未来社会主义基本特征（如生产资料公有制、按劳分配、计划生产）和消灭社会压迫，实现人与人的平等等，都已经作了天才的猜测和文学式的描述，并搞了一些实际的试验。空想社会主义是历史上进步的思想体系，但不是科学的思想体系，它有两个致命的弱点：一是它不是建立在历史唯物主义基础之上，而是以历史唯心主义为其理论依据的，因此，它不可能正确认识资本主义社会关系的本质，不可能科学地揭示资本主义生产方式的运动规律，所以它只能流于空想的、粗糙的关于未来社会的猜测。二是与上述相联系，空想社会主义者脱离现实斗争，脱离工人运动，不了解无产阶级的历史地位和无产阶级的历史使命，所以，不可能找到实现社会主义的正确道路。尽管有这样的历史局限性，但不会抹杀空想社会主义存在的巨大历史意义。其意义就在于：空想社会主义预示了在资本主义社会内部孕育着一种否定的因素，这种制度在其发展途程中必然为另一种更高的社会形态所代替。不仅如此，它还为科学社会主义的产生提供了极为重要的思想材料。正如恩格斯所说，科学社会主义是在空想社会主义已取得的思想成果的基础上发展起来的。

空想社会主义者提出而不能解决的任务由马克思、恩格斯——科学社会主义天才的创始人成功地解决了。马克思、恩格斯之所以能超越空想社会主义并进而创立科学社会主义，是有前提的，首先，时代条件的变化。马克思、恩格斯所处的时代，主要资本主义国家已经取得政治统治，资本主义生产力有了更高的发展，资本主义生产关系和社会关系也更加成熟，阶级矛盾和社会矛盾暴露得更加清楚，更加简单化。这就为揭露资本主义生产秘密，认识资本主义的本质，揭示资本主义生产方式的运动规律，提供了客观可能性。其次，随着资本主义的发展和进入现代机器大工业时代，无产阶级特别是产业工人队伍不断壮大，资产阶级在推动社会生产发展的同时，也为自己准备了掘墓人。当资本主义固有矛盾激化和经济危机频频发生时，无产阶级与资产阶级之间的阶级矛盾必然日益尖锐化，并迅速上升为社会主要矛盾。19世纪三四十年代在法国、英国和德国相继发生的三次大的工人运动，标志着无产阶级反对资产阶级统治的历史新纪元已经开始了。刚刚兴起的工人运动向何处去？用什么样的理论和策略武装无产阶级战士，使无产阶级解放事业能够沿着正确的轨道前进？这是时代提出的严峻的历史课题。关心早期无产阶级命运的已有理论、特别是空想社会主义学说，已无法回答这个历史课题。时代和社会实践呼唤革命理论，呼唤着时代巨人的产生，于是，马克思、恩格斯及其思想学说便应运而生了。再次，人类精神的发展也为科学社会主义的产生提供了丰富的思想材料。除了空想社会主义学说以外，德国古典哲学和英国古典政治经济学也是马克思主义产生的重要思想来源。恩格斯曾经指出，马克思主义是以前人提供的思想文化成果为前提的。他说："如果不是先有德国哲学，特别是黑格尔哲学，那么德国科学社会主义，即过去从来没有过的唯一科学的社会主义，就决不可能创立。"① 在谈到空想社会主义学说的影响时，恩格斯说："他们天才地预见了我们现在已经科学地证明了其正确性的无数真理。"② 这里，当然包括社会主义本质特征的观点，马克思和恩格斯不过是给它们以更为科学的说明罢了。由此可见，没有前人的理论贡献，就不会有科学社会主义的产生。这是客观条件。除此之外，还有科学社会主义创始人的主观因素。这首先是马克思、恩格斯的天才和勤奋，是他们伟大的理论创造。其次，更为重要的是他们的立场和世界观的转变，即从唯心主义转向唯物主义，从革命民主主义转向共产主义。他们始终不渝地为工人阶级和广大受苦群众的利益奔走呼号，为他们的利益和事业贡献了毕生的精力。没有这种高尚品格和鞠躬尽瘁的大无畏的革命精神，科学社会主义也是不可能创造出来的。

从上述可见，社会主义的出现绝不是偶然的，它是历史发展的产物，是资本主义发展的必然结果。空想社会主义的出现和科学社会主义的产生，只是这一历史必然性在人们头脑中的反映，在观念形态上的表现。

当代资本主义，特别是在第二次世界大战以后，随着科技革命和全球化浪潮的发展，它本身发生了很大变化，并且对生产关系、分配方式和管

---

① 《马克思恩格斯选集》第 2 卷，人民出版社 1995 年版，第 635 页。
② 同上书，第 636 页。

理方法作了很大的调整，一定程度地缓和了社会矛盾，推动了生产力的发展。但是，这种调整和改变是有限度的，它不可能从根本上解决资本主义的社会矛盾，挽救不了资本主义的衰败。

解决人与社会、人与自然的关系，是人类面临的两大主题。近代以来，随着人类生存环境的恶化，人与自然的关系日益凸显出来，同人与社会的关系一样引起人们的焦虑和关注。对于这两大问题，各种社会学说都在寻找答案，探索解决的途径。资本主义及其御用学者也在试图回答这些问题，但是他们不仅不可能解决这些问题，而且使之越来越恶化。

首先，在处理人与人、人与社会的关系上，资本主义制度只能作某些改良和某种程度的调整，而不可能予以根本的解决。因为，以生产资料私有制为其基本特征的资本主义，它的一切活动都是为了追求利润的最大化。资本，在资本主义制度下就是资本家发财致富的本钱，剥削雇佣劳动的手段。资本家的富有和贪婪，是建立在广大工人阶级贫困的基础之上的。这在资本主义原始积累时期表现得尤为突出。马克思和恩格斯在他们的许多著作中，描写了这种悲惨的情景。在这种制度下，根本谈不上人们的共同富裕和人的全面发展，只能产生两极分化和贫富对立。如前所说，随着资本主义发展到 20 世纪，特别是第二次世界大战以后，许多资本主义的有识之士也看到资本主义这种弊端和造成的社会问题及其严重后果，于是借鉴社会主义国家的计划生产与分配方式，对资本主义生产关系和分配形式作了某些调整，劳动群众的生活条件有所改善，一定程度地缓和了阶级矛盾，使社会经济取得了稳步发展。有的西方学者认为，资本主义又迎来它的"黄金时期"。对于资本主义福利政策应从两个方面看，既要看到上面述说的这些积极作用，又要看到它的局限性和消极作用。其局限性主要表现在，它试图在不触动资本主义所有制的条件下，在分配上作一些文章，也就是实行所谓的"第二次分配"以缩小贫富差距。但是，这种治标不治本的做法，不仅不能解决资本主义的两极分化，而且由于用于社会福利的资金过大，而影响了扩大再生产，使福利政策也难以为继。

两极分化是资本主义私有制的必然结果和表现，从资本主义产生起就存在，并且越演越烈。就以美国这个当今最发达的资本主义国家为例，"贫富分化"和财富分配不公，不仅得不到控制，而且在不断加剧。根据美国人口普查局提供的数据，美国居民户收入基尼系数从 1980 年的 0.403 上升至 1999 年 0.457，升幅为 13.4%。同期，收入最低的 20% 的人在总收入中所占比例，从 4.3% 下降至 3.6%，而收入最高的 20% 的人所占比例，从 43.7% 上升到了 49.4%。在这 20 年中，不平等程度明显扩大。再如，据美国国内税收署的统计，1992 年，总资产在 60 万美元以上的富人大约有 370 万，在总人口中约占 2%，而他们的净财富总值却达到 5 万亿美元，在美国个人财富总额中所占比例约 28%。到 1995 年，这类富人的人数增至 410 万，净财富总值达到 5.7 万亿美元。另据《富布斯》杂志的调查，1995 年，最富的 1% 居民户拥有全国近 40% 的财富，而 80% 的居民户只拥有 16%。可见，美国的财富在迅速向富人手里集中。在这 20 年间，收入差距也在迅速扩大。比如，公司高级管理人员与工人的工资差距，从 1980 年的 42∶1 上升到 1998 年的 419∶1，这还不包括股票期权的价值。同时，还应看到，在发达资本主义国家，美国收入不平等的增长还不是最快的。数据显示，1980 年到 1995 年间，英国的不平等程度年均增长 2%；瑞典、丹麦、荷兰和澳大利亚年均增长 1%；美国、瑞士、法国、德国、日本等国家，年均增长 0.5% 到 1%。[①] 从这些材料可以清楚地看出，资本主义制度不仅解决不了社会贫富不均，而且在资本的作用下，社会两极分化会不断加剧。根本原因在于资本主义私有制，在于资本的性质所致。

其次，与上述相联系，穷国与富国之间的差距也在不断扩大。比如，在 1993 年，世界国内生产总值为 230000 亿美元，其中发达工业国家为 180000 亿美元，第三世界国家仅为 50000 亿美元，而第三世界国家的人口却占世界总人口的 80%。实际差距是十分惊人的。再从世界人均国内生产总值来看，1998 年，美国为 29605 美元，日、德、法、意、英等国都在 20000 美元以上，而许多发展中国家只有 1000 多美元，其中缅甸是 1199 美元，尼泊尔是 1157 美元。[②] 非洲有些国家更低。世界最穷国家与最富国家的差距，1950 年为 35∶1，1973 年为 44∶1，1992 年成为 72∶1。不到

①　王荣军：《现今美国贫富分化状况及原因分析》，《美国研究》2001 年第 4 期。
②　参见联合国开发计划署《2000 年人类发展报告》。

半个世纪增长一倍多，而且呈不断扩大的趋势。发达国家与第三世界国家差距的扩大，是由多种因素造成的，但殖民主义和资本主义制度的存在是最主要原因。

再次，资本主义的过度消费带来全球性问题，造成极大的生态灾难。人类社会伴随着空前强大的科学技术力量的发展而进入新的时代，但它同时经受着社会和经济的、政治和民族的、文化和道德的矛盾。世界经济的发展是建立在疯狂的消费竞争和毫无节制的消耗自然资源使其接近枯竭的基础上。人类生存环境被破坏，资源危机的增长和争夺原料与能源产地的残酷斗争日趋激烈。这种情况已经引起世界人民的强烈不满和高度关注，波及全球的"绿色运动"、"红绿色运动"和"生态社会主义"，就是对资本主义破坏生态，疯狂掠夺自然资源的有力抗争。1995 年 1 月 22 日，俄共三大通过的《俄罗斯联邦共产党纲领》，突出地反映了当前出现的这种生态危机，并以此论证了社会主义取代资本主义的必然性。首先，新党纲对当今资本主义的社会本质作了揭示，认为"如今占据大半个地球的资本主义是这样一种社会，那里的物质和精神生产从属于最大限度地搜刮利润、积累资本、追求无限膨胀的市场法则。一切都已变为商品。一切事物的唯一准则是挣钱。这就决定了资本主义特殊的、浪费的性质。它把生产看作是对人的全面剥削和对自然资源的全面掠夺，而不考虑社会的耗费，不考虑对下一代人生活与环境的有害后果"。其次，指出了资本主义的生产与消费造成的三个严重后果：第一，新党纲认为发达资本主义国家进入了"消费社会"。为了满足资本增值对于市场的需要，铺天盖地的广告刺激人们的占有欲和享受欲，迷惑他们的健全理智，强迫他们进行消费。商品为更新而更新，人们为消费而消费，消费远远超出了人们的合理需要。人不仅是机器的附庸，而且成了信用卡的附庸；不仅生产活动异化了，人的消费活动也异化了，人进一步沦为资本自我增值的工具。人的这种变态大大深化了资本主义的固有矛盾。第二，资本主义的剥削本性并没有改变，资本和劳动、剥削和被剥削的矛盾越出了发达国家的国界，扩展到不同国家和地区。生活在发达资本主义国家的近十亿居民成为特殊的"金十亿"，他们的超级消费建立在地球上大多数居民的经常性消费不足和相对、绝对贫困的基础之上。虽然发达资本主义国家内部依然存在的阶级矛盾因此得到缓和，但就全球而言，这一矛盾更为广泛、更为深刻，这些国家和其他国家的关系具有了阶级剥削的性质。第三，这种过度消费，推动了工业生产毫无节制的发展，其结果是造成了严重的生态问题、发展问题、资源问题等全球性问题。基于上述的分析，新党纲指出，正是这样的严重后果，决定了资本主义社会的必然灭亡。"资产阶级式的社会生活已濒临其可能的极限。连最狂热的拥护者也承认，资本主义生产方式不仅已到了其内部的临界线，而且到了其自然的临界线"。一个基本的事实是：充其量只占全球人口五分之一的工业发达国家，消费着世界原料、能源及其他资源的大约五分之四。因此，如果全世界都按照发达资本主义国家"金十亿"的生活方式去生活，那么地球将不堪重负，人类将无法生存。作为俄共依据的一个佐证是：1998 年联合国开发计划署的一份报告显示：占世界人口 20%（约 10 亿）的发达国家的居民，消费着世界 86% 的产品。并指出，1998 年在发达国家生活的一个儿童所消耗的产品和排出的废物，相当于第三世界国家 50 个儿童所消耗的产品和排出的废物。可见，这种在人与人、人与自然关系上的极其不平等现象是普遍公认的，是一个客观的存在。俄共由此得出的结论是：人类必须抛弃资本主义的价值追求和社会制度，必须对社会生活加以全面的有计划的自觉控制，把人自身的完善和发展放在首位，而这也就是社会主义的实现，是向共产主义的前进。

可以看出，这是在马克思主义关于社会主义历史必然性的经典性论证的基础上，结合新的时代特征，对这一科学原理的进一步丰富。除俄共以外，近年来有些西方左翼学者，也作过类似论证的尝试。这清楚地说明：马克思主义关于社会主义历史必然性的原理，不仅没有过时，反而结合新的实际获得了新的时代内容。

（原载《中共云南省党校学报》2004 年第 1 期）

中国特色社会主义理论科学体系的形成及逻辑结构

马克思主义同中国具体实际相结合，在中国走过了漫长而艰难的道路，其间经历了新民主主义革命、社会主义改造和社会主义建设诸历史阶段。中国特色社会主义理论就是中国社会主义建设的本质和规律的理论概括。它遵循科学社会主义的一般原则，又具有中国特色，是马克思主义在当代中国具体历史条件下的创造性的运用和发展。江泽民同志在党的十四大报告中指出："建设有中国特色社会主义理论，是马克思主义同中国实际相结合的最新成果，是当代中国的马克思主义，是指引我们实现新的历史任务的强大思想武器。"要求"坚持用邓小平同志建设有中国特色社会主义的理论武装全党"。研究中国特色社会主义理论的科学体系，是正确地掌握这一强大思想武器的现实要求。

一　理论表达的逻辑形式

伟大的实践，产生伟大的理论。而理论只有成熟，才能有效地指导实践。从党的十一届三中全会以来，经过近20年建设有中国特色社会主义实践和对其经验的理论总结，可以说这个理论正在走向成熟。当然，它还要在社会主义建设实践中继续完善、丰富和发展，有些原理也还要继续经受实践的检验。之所以说它走向成熟，不仅因为反映中国社会主义建设规律的一系列基本原理已经确立，而且还因为揭示这些基本原理的内在联系的逻辑结构也已经形成。理论不是为了体系而存在，但是一个成熟的理论必然以一个科学体系的形成为标志。所谓科学体系，就是反映事物本质和规律的一系列基本原理和基本观点的内在逻辑联系。正是在这个意义上，邓小平同志把马列主义、毛泽东思想看成是"由这些基本原理构成的科学体系"①。如果只是一些个别观点、个别论断，而没有形成原理和观点的系统，就不能说这个理论已经形成。

一般而论，任何一个科学理论，都有一个思想体系。这是因为，一个理论总是以一定的思想形式表现某一些客观事物及其发展过程的。而这个事物及其运动过程，并不是杂乱无章的，而是一个有序的系统，反映其本质和内在联系的认识，就是思想体系。思想形式是主观的，而其内容是客观的。一个科学的思想体系，就是主观和客观这两方面的有机统一。它是在实践过程中，经过反复的认识而得出的理论升华。

从理论体系的形成来看，有些是理论创立者本人经过专门的理论研究而建立起来的，有些则是理论创立者提出思想和观点，经过理论工作者的精心研究、加工制作而确立起来的。这两种情况在历史上都曾出现过。中国特色社会主义理论的科学体系，就是根据理论创立者的观点和思路，由理论工作者经过潜心研究而建立起来的。由于理论工作者占有材料和研究问题的角度的差异，对同一理论可能会出现不同的思想体系，不同的逻辑结构，但经过反复比较和认识的深化，这一理论的体系会更趋完整和科学。

思想体系、逻辑结构，是一个理论赖以建立的形式，是理论存在的重要条件。过分囿于理论体系而忽视其精神实质和现实意义是片面的，但忽视对理论体系的研究和建立也是片面的。必须防止这两种片面性。要完整、准确地掌握邓小平建设有中国特色社会主义理论，深刻领会其精神实质，就必须掌握这一理论的科学体系。因此，研究中国特色社会主义理论体系，绝不是一种可有可无的事情，而是关系正确领会这一理论的精神实质，科学地掌握这一强大思想武器的现实需要。

---

① 《邓小平文选》第 2 卷，人民出版社 1994 年版，第 171 页。

二 艰辛探索的历程

中国特色社会主义理论及其科学体系，是在和平与发展成为时代主题的条件下，在我国改革开放和社会主义现代化建设的实践过程中，在总结我国社会主义胜利和挫折的历史经验，并借鉴其他国家社会主义兴衰成败的历史经验的基础上，逐渐形成和发展起来的，马克思曾深刻地指出："一切划时代的体系的真正的内容是由于产生这些体系的那个时期的需要而形成起来的。所有这些体系都是以本国过去的整个发展为基础的，是以阶级关系的历史形式及其政治的、道德的、哲学的以及其他的后果为基础的。"① 中国特色社会主义理论体系，是应在经济、文化落后国家如何认识社会主义和如何建设社会主义的现实需要而生的，是中国社会主义初级阶段实践的理论表达。正如马克思所说，它同任何体系一样，也是"以本国过去的整个发展为基础的"，特别是党的十一届三中全会以来波澜壮阔的改革开放和现代化建设的实践为它的产生提供了客观基础。社会实践是一个大舞台，绚丽多姿的剧目就是在这个大舞台上编导出来的。没有这种实践，便不可能产生与之相应的理论。这种理论的表达形式，主要是从实践经验中抽象出来的，是通过对实践经验的理论总结和概括而形成的观点、概念的体系，但是，它又不可避免地受着过去的政治、哲学、文化的发展结果的制约。不了解这一点，就既不可能正确把握体系的理论内容，也不可能正确了解其逻辑。

中国共产党人的一个最大特点和优势，是善于创造性地将马克思主义普遍真理同我国各个时期革命和建设的实际相结合，走自己的路。中国新民主主义革命就是走有中国特色的革命道路，我们党没有照搬苏联革命的模式，而是根据中国的具体情况走出一条具有中国特色的革命道路，从而取得胜利的。正如邓小平同志所说，中国革命就没有按照俄国十月革命的模式去进行，而是从中国的实际情况出发，农村包围城市，武装夺取政权。否则，中国革命的胜利是完全不可想象的。

---

① 《马克思恩格斯全集》第 3 卷，人民出版社 1960 年版，第 544 页。

　　同样，在中国搞社会主义，不论是革命还是建设，都只能搞有中国特色的社会主义。这是马克思主义基本原理同中国具体实际相结合的必然要求和结果。只有一般原理而无特色，就会沦为教条主义，而只有特色丢掉一般原理，又会脱离社会主义轨道，走到邪路上去。唯有将两者有机地结合起来，才能在当代中国将马克思主义推进到一个新的阶段，使社会主义在中国大地上开花结果。我们党的几代领导集体，为此进行了艰辛的探索，经历了艰难的曲折，最后取得了举世瞩目的成绩。

　　以毛泽东为核心的党的第一代领导集体，就开始了对中国社会主义建设道路的探索，并积累了丰富的经验。胡绳同志在为纪念毛泽东诞辰一百周年而写的《毛泽东一生所做的两件大事》一文中指出："毛泽东所做的第一件大事是领导党和人民，推翻了帝国主义、封建主义和官僚资本主义在中国的统治，完成了民主革命的任务。在中国的具体条件下，要战胜如此强大的敌人，中国革命不能沿袭别国的模式，而必须把马克思主义普遍真理和中国的具体实际相结合，走自己独特的道路。第二件大事是在以带有中国特色的方法完成了社会主义改造以后，努力探索中国的社会主义建设的道路。毛泽东是这种探索的开创者。他领导全党和全国人民抗拒来自国外的强大影响和强大压力，从而发动并且坚持进行这种探索。所以，毛泽东作为这种探索的开创者的历史功绩应当用最浓的笔墨记载在史册上。"① 胡绳同志对毛泽东功绩的这种评价是完全正确的，是符合历史实际的。关于毛泽东对中国社会主义建设道路的探索，我们只想简单地强调以下几点：

　　第一，倡导和坚持马克思主义普遍真理和中国具体实际相结合，把马克思主义中国化。在国际共产主义运动史上，毛泽东从理论到实践成功地解决了相结合的问题，并将它作为革命和建设的最根本的指导原则，这不仅对探索中国社会主义建设道路，而且对世界社会主义运动的发展，都有极为重要的意义。没有这条根本原则，一切都无从谈起。邓小平同志十分中肯地指出："毛主席最伟大的功绩是把马列主义的原理同中国革命的实

---

① 《人民日报》1993 年 12 月 17 日。

际结合起来，指出了中国夺取革命胜利的道路。"① 江泽民同志强调说："毛泽东同志是实践这种结合的光辉典范。他提出的关于新民主主义革命、社会主义革命的理论、路线、方针和原则，他在政治、经济、文化、军事、外交和党的建设方面所做的不朽贡献，他对社会主义建设一系列重大问题提出的正确思想，都是对马克思列宁主义的丰富和发展，都是我们宝贵的精神财富。"② 对这个功绩无论怎样估价都不为过。

第二，强调和坚持不照搬苏联模式，走自己的路。从 50 年代中期，在《论十大关系》形成过程中，毛泽东同志就不止一次地强调，社会主义建设不能走苏联的老路，提出"以苏为鉴"，避免苏联社会主义建设中出现的错误，从我国国情出发，总结自己的经验，探索一条适合中国情况的社会主义建设道路。他强调"要打破迷信，不管中国迷信还是外国迷信"，学习苏联也不要迷信。他提出一切国家的先进经验都要学，也要学习资本主义国家的先进技术。《论十大关系》表明，我们党鉴于苏联建设社会主义中的失误，开始找到自己的一条适合中国的路线，开始反映中国客观经济规律。正是由于我们党破除迷信，不照搬苏联的模式，才真正开辟了有中国特色的社会主义建设道路的探索。当然，在开始探索时期，也不可避免地会犯某些错误，这从认识论上来讲，是完全可以理解的。

第三，鉴于苏联社会主义建设的失误，我们党在经济、政治、科学文化建设方面，另辟蹊径，采取了一套有别于苏联的新的做法，为后来建设有中国特色社会主义的理论与实践准备了有价值的思想材料和经验。

在经济方面，针对苏联"片面地注重重工业，忽视农业和轻工业"的倾向，毛泽东同志提出"以农业为基础，工业为主导"，按照"农轻重"的次序安排经济建设，正确处理沿海工业和内地工业、经济建设和国防建设、大型企业与中小型企业的关系，以及中央和地方、国家、集体和个人等方面的关系，调动各方面积极因素为社会主义建设服务，初步提出了中国社会主义经济建设的若干新方针。关于商品生产，也在一定范围内作了有益的探索。毛泽东同志从我国存在两种所有制的现实出发，为了发展国

---

① 《邓小平文选》第 2 卷，人民出版社 1994 年版，第 345 页。
② 江泽民：《在庆祝中国共产党成立七十周年大会上的讲话》，人民出版社 1991 年版，第 10 页。

民经济，提高人民的生活，提出要发展商品生产。他说，我国是商品生产最不发达的国家，"目前我国商品生产不是多了，而是少了，应当利用商品生产和商品交换的形式来促进生产的发展"。① 他批评有些人主张过早地消灭商品生产，说"现在，我们有些人大有消灭商品生产之势，有不少人向往共产主义，一提商品生产就发愁，觉得这是资本主义的东西，没有区别社会主义与资本主义商品的本质差别，没有懂得利用其作用的重要性，这是不承认客观法则的表现，不认识五亿农民的问题"。② 毛泽东还首次提出"社会主义商品生产"的概念，认为这种商品生产"是在社会主义公有制的基础上有计划地进行的"。他提倡要向价值规律这所"大学校"学习。显然，毛泽东关于商品生产的思想已大大超越了以前社会主义的实践家们，由于当时的客观形势和认识的限制，他不可能从理论上真正解决社会主义商品经济的问题，但是，这些认识对后来的探索无疑有着直接的促进作用。

在政治方面，我们党创造性地实行了人民民主专政这一无产阶级专政的特殊形式。其特点是广大人民享有充分的民主，而对少数反动派实行专政。毛泽东同志提出并在中国建立具有中国特色的议行合一的人民代表大会制度。针对苏联一党制的弊端，总结了我国多党联合的历史经验，毛泽东同志确立了共产党领导的多党合作制这样一种独特的多党制形式。他说："究竟是一个党好，还是几个党好？现在看来，恐怕是几个党好。不但过去如此，而且将来也可以如此。就是长期共存，互相监督。"人民政治协商会议是实现共产党领导的多党合作，发扬社会主义民主的重要形式，这种形式将要长期存在下去。实践证明，共产党领导的多党合作和政治协商制度，是行之有效的、有利于巩固和发展社会主义的根本制度。我们今天进行的政治改革，就是要进一步完善这种政治制度，使之更好地适应社会主义现代化建设事业的要求。

在科学文化方面，为适应社会主义经济建设的需要，我们党十分重视发展社会主义科学文化，重视知识分子的重要作用。鉴于苏联在学术批评

---

① 转引自《中共党史教学参考资料》第22册，第578页。
② 《马克思、恩格斯、列宁和我国领导人论社会主义发展阶段》，第200、201页。

中的粗暴作风和教条主义倾向，毛泽东同志用唯物辩证方法，分析了当时社会矛盾和科学文化领域的矛盾的特点，倡导实行学术自由，提出"百花齐放，百家争鸣"这一繁荣社会主义科学文化的方针。在艺术和学术领域，好的与坏的、正确的与错误的，总是同时存在着，往往相互交织在一起，只有通过比较和鉴别，通过自由讨论，才能分辨是非。真理是在同谬误作斗争中发展起来的。有鉴别、有斗争，才能有发展，才能坚持真理，修正错误。在这里，行政命令是无济于事的，只有实行学术自由，创造自由探讨的学术氛围，才能真正解决思想文化领域的矛盾。正如毛泽东同志所指出的，"思想斗争同其他的斗争不同，它不能采取粗暴的强制的方法，只能用细致的讲理的方法"。"双百"方针是一个马克思主义的方针，其基本含义有两个方面：一是通过"百花齐放，百家争鸣"推进社会主义的文学艺术和学术理论的繁荣、发展；二是通过"双百"方针不断扩大社会主义思想阵地，逐步解决意识形态领域"谁战胜谁"的问题。因此，实行"双百"方针并不是没有前提的，这就是必须坚持马克思主义的指导，坚持毛泽东同志提出的六条政治标准，这六条标准是：（1）有利于团结全国各族人民；（2）有利于社会主义改造和社会主义建设；（3）有利于巩固人民民主专政；（4）有利于巩固民主集中制；（5）有利于巩固共产党的领导；（6）有利于社会主义的国际团结和世界爱好和平人民的国际团结。他认为，"这六条标准中，最重要的是社会主义道路和党的领导两条"。① 也即后来由邓小平同志所概括的党的四项基本原则。这些原则不仅是解决思想文化方面问题的原则，也是我国政治生活方面必须遵循的原则。

科学是关系我们的国防、经济和文化各个方面的有决定性的因素。为适应我国社会主义工业化的需要，毛泽东同志提出"向科学进军"。在科技领域缩短同西方国家的差距，并准备赶超他们，知识分子问题就自然成为一个突出的问题被提了出来。周恩来同志在 1956 年 1 月召开的关于知识分子问题的会议上指出："社会主义建设，除了必须依靠工人阶级和广大农民的积极劳动以外，还必须依靠知识分子的积极劳动，也就是说，必须依靠体力劳动和脑力劳动的密切合作，依靠工人、农民、知识分子的兄

---

① 《毛泽东著作选读》下册，人民出版社 1986 年版，第 789 页。

弟联盟"。他还强调,我国知识分子中的绝大部分,"已经成为国家工作人员,已经为社会主义服务,已经是工人阶级的一部分"。① 这是我们党和政府对知识分子阶级属性的一次正确表述,它对马克思主义和社会主义建设实践有着极为重要的意义。毛泽东同志不断强调,对知识分子一要发挥作用,依靠他们,二要加强党的领导。他特别强调,世界观的转变是一个根本的转变,希望我国的知识分子,逐步地树立共产主义的世界观,逐步地学习马克思列宁主义,逐步地同工人农民打成一片。尽管后来在实践中出现过这样那样的失误和问题,但这些思想和影响是不可抹杀的。

第四,关于社会主义社会矛盾的学说,为巩固、完善和发展社会主义制度奠定了理论基础。毛泽东同志《关于正确处理人民内部矛盾的问题》的发表,在国内外引起极为强烈的反响,被认为是社会主义运动史上的一件大事,是对马列主义的重大发展。苏联哲学博士斯捷潘年发表评论,称赞"毛泽东同志文章的原理:社会主义社会的统一不排斥矛盾","是一个马克思主义的普遍真理"。"毛泽东同志的讲演是在深刻地概括中国和其他社会主义国家的丰富的新经验的基础上创造性地发展马克思列宁主义的典范。"匈牙利党的机关报发表《马克思列宁主义的真理》的社论,认为毛泽东的讲话是"以新的观点,创造性的方式,照耀着整个工人运动的理论和实践的讲话"。同时还指出,区别敌我矛盾和人民内部矛盾,在匈牙利有着重大意义。② 这些评价是客观的,也是恰如其分的。它表明《关于正确处理人民内部矛盾的问题》在当时发生的重大影响和意义。

《关于正确处理人民内部矛盾的问题》的主要理论思想可简要概括为以下几点:

1. 在世界社会主义运动史上,首次鲜明地创立了关于社会主义社会矛盾的学说。按照唯物辩证法的矛盾法则,矛盾规律,不论在自然界、人类社会和人们的思想中,都是普遍存在的,社会主义社会当然也不例外。但是,由于思想的禁锢和形而上学方法,当时在苏联和我国理论界都有人认为,"社会主义社会生产力和生产关系完全适合,没有矛盾冲突","和

---

① 《周恩来选集》下卷,人民出版社1980年版,第160—162页。
② 参见薄一波《若干重大决策与事件的回顾》下卷,人民出版社1997年版,第595—596页。

谐一致是社会发展的动力"。这种片面的理论和形而上学的方法，会给社会主义事业造成严重的危害，特别是在实际矛盾和冲突面前会不知所措，甚至会出乱子。毛泽东同志总结了社会主义实践中的经验和教训，根据唯物辩证法的矛盾原理，即对立统一规律，深刻地分析了社会主义社会的实际，指出国家的统一，人民的团结，国内各民族的团结，这是我们事业必定胜利的基本保证。但是，"这并不是说在我们的社会里已经没有任何的矛盾了。没有矛盾的想法是不符合客观实际的天真的想法"。他说，"在社会主义社会中，基本的矛盾仍然是生产关系和生产力之间的矛盾，上层建筑和经济基础之间的矛盾"。不过，社会主义社会的这些矛盾，与旧社会"具有根本不同的性质和情况罢了"。它不表现为剧烈的对抗和冲突，可以经过社会主义制度本身不断地得到调整和解决。总之，社会主义社会的生产力和生产关系，经济基础和上层建筑是又相适应，又相矛盾的。"矛盾不断出现，又不断解决，就是事物发展的辩证规律。"① 40 年过去了，实践证明毛泽东同志所揭示的这一伟大真理仍然是颠扑不破的，仍然是我们今天社会主义实践的坚实的理论依据。

2. 基于社会主义社会基本矛盾的理论，毛泽东同志进一步提出了两类矛盾和正确处理人民内部矛盾的学说。1956 年上半年，我国生产资料私有制的社会主义改造基本完成，社会主义制度已经建立，这是我国历史上最伟大最深刻的变革。现在的情况是，革命时期的大规模的急风暴雨式的群众阶级斗争基本结束，但是阶级斗争还没有完全结束。因此，研究区分两类矛盾和处理人民内部矛盾就成为突出的重大课题。随着波匈事件的发生和我国出现的一些群众闹事的情况，研究这个问题就更具有重要性和紧迫性。毛泽东同志抓住历史转变时期的这个关键问题，从理论上和实践上予以正确的解决。他指出："在我们的面前有两类社会矛盾，这就是敌我之间的矛盾和人民内部的矛盾。这是性质完全不同的两类矛盾。"② 他在具体分析了什么是人民，什么是敌人，什么是对抗性矛盾，什么是非对抗性矛盾以后，强调说，"敌我之间和人民内部这两类矛盾的性质不同，解决

---

① 《毛泽东著作选读》下册，人民出版社 1986 年版，第 757、767、769 页。

② 同上书，第 757 页。

的方法也不同。简单地说起来，前者是分清敌我的问题，后者是分清是非的问题"。在当前，大量存在的是人民内部矛盾。对于人民内部的思想问题、是非问题，不能用行政命令的方法去解决，只能用讨论的方法、批评的方法、说服教育的方法去解决。他认为，"团结——批评——团结"的公式，"是解决人民内部矛盾的一个正确的方法"①。

应该特别强调的是，毛泽东同志在社会主义革命史上，第一次提出工人阶级和民族资产阶级的矛盾属于人民内部矛盾，工人阶级和民族资产阶级的阶级斗争一般地属于人民内部的阶级斗争的思想。他认为，这是由于我国特殊的历史环境和我国民族资产阶级的两面性决定的。在资产阶级民主革命时期，它有革命性的一面，又有妥协性的一面。在社会主义革命时期，它有剥削工人阶级取得利润的一面，又有拥护宪法、愿意接受社会主义改造的一面。工人阶级和民族资产阶级之间存在着剥削和被剥削的矛盾，这本来是对抗性的矛盾。但是在我国的具体条件下，这两个阶级对抗性的矛盾如果处理得当，可转化为非对抗性的矛盾，可以用和平方法解决这个矛盾。这是毛泽东同志在理论上和实践上的一个重大突破，是马克思主义在我国具体条件下的创造性的运用和发展。这个理论，不仅成功地指导了我们完成生产资料的社会主义改造，而且在今天也仍有重要的现实意义。

毛泽东同志的贡献是多方面的，影响也是极其深远的，上面仅是列举了几个主要方面。但是，毋庸讳言的是，由于国际国内的因素，由于主客观方面的原因，他在晚年也犯有许多错误，特别是阶级斗争扩大化和"文化大革命"这样严重的错误，对我国经济发展和人民生活都造成重大影响。十一届三中全会后，我们党对毛泽东同志的历史功绩和毛泽东思想的重要意义作了科学的评价，对他晚年所犯的错误也作了认真的总结和批评。正如邓小平同志所说："这是一个伟大的革命家犯错误，是一个伟大的马克思主义者犯错误"。他的错误同他的功绩相比是第二位的。他还说："三中全会以后，我们就是恢复毛泽东同志的那些正确的东西嘛，就是准确地、完整地学习和运用毛泽东思想嘛。基本点还是那些。从许多方面来

---

① 《毛泽东著作选读》下册，人民出版社1986年版，第759、763页。

说，现在我们还是把毛泽东同志已经提出、但是没有做的事情做起来，把他反对错了的改正过来，把他没有做好的事情做好。今后相当长的时期，还是做这件事。"① 这是马克思主义者对待历史和领袖人物的正确态度，是我们国家近十年来能够思想统一、社会安定、团结全国人民一心一意地搞经济建设的重要的原因。前苏联领导人全盘否定斯大林、否定自己的历史，最后导致社会主义和共产党垮台的历史教训，是任何时候也不应忘记的。

毛泽东同志对社会主义建设道路的探索，无疑为中国特色社会主义理论的形成提供了有价值的思想成果，但是，这个理论及其科学体系的真正确立，是在十一届三中全会以来的 20 年间。只有以经济建设为中心，实行改革开放，才能为中国特色社会主义理论的形成提供现实的可能性。全党和全国人民为此付出了艰辛的劳动。以邓小平同志为核心的党的第二代领导集体，通过对实践经验的总结和理论的概括，奠定了有中国特色社会主义理论。以江泽民同志为核心的党的第三代领导集体，在解决新的问题，总结新的经验的基础上，又从许多方面对这个理论进行了完善、丰富和发展。所以，中国特色社会主义理论凝结着全党和全国人民的智慧，是我们党的几代领导人艰辛探索的思想结晶。

邓小平同志的理论贡献是多方面的，下面我们仅列举几点：一是正确地评价毛泽东和毛泽东思想，统一了认识，团结了全党，为开辟建设有中国特色社会主义的伟大实践创造了良好的政治局面。如果像苏联那样在对待斯大林问题上犯错误，那么在我国不仅不会有社会主义建设的新局面，就连社会的安定团结也难以保证。这里充分表现了邓小平同志作为无产阶级革命家的高瞻远瞩和博大胸怀。

二是倡导实事求是，解放思想，实现思想上和政治上的拨乱反正，纠正"以阶级斗争为纲"的"左"的错误，把党和国家的工作中心转移到经济建设上来。并且通过批判"两个凡是"的错误，强调完整、准确地理解毛泽东思想，恢复了党的辩证唯物主义的思想路线，从而为建设有中国特色社会主义奠定了思想基础和现实的前提。

---

① 《邓小平文选》第 2 卷，人民出版社 1994 年版，第 307、300 页。

三是在新的历史条件下，进一步开创研究和发展马列主义、毛泽东思想的新风。邓小平同志不止一次地强调，要根据马克思主义的基本原则和方法，不断结合变化着的实际，探索解决新问题的答案，从而也发展马克思主义理论本身。指出真正的马克思主义者必须根据现在的情况，认识、继承和发展马克思主义。不以新的思想和观点去继承、发展马克思主义，就不是真正的马克思主义者。墨守成规的观点只能导致落后，甚至失败。他还强调掌握马克思主义基本理论对于实践的重大意义，认为"只有这样，我们党才能坚持社会主义道路，建设和发展有中国特色的社会主义"①。既要坚持马克思主义的基本理论和基本方法，坚持正确的政治方向，又鼓励解放思想，大胆探索，研究和解答新的问题，从而开创了社会主义事业的新局面，把马克思主义推向前进。没有这样一种新的精神境界和新的学风，中国特色社会主义理论也是不可能产生的。

四是在总结新的实践经验的基础上，对建设有中国特色社会主义作了理论概括。邓小平同志第一次明确提出建设有中国特色社会主义的概念，并且对它的一系列基本观点、基本思想做了科学的阐发，特别是提出并阐明了这一理论核心思想：一个中心，两个基本点，反复强调在搞经济建设的同时，必须坚持改革开放，坚持四项基本原则，以及关于社会主义本质的理论，社会主义初级阶段的理论，社会主义市场经济的理论，指明在进行社会主义物质文明建设的同时，必须搞好社会主义精神文明建设等。这些思想，反映了在中国这样经济文化落后的国家建设社会主义的客观规律。邓小平同志十分重视对理论体系的研究，并且勾画了中国特色社会主义理论观点之间的逻辑关系。这是我们今天研究中国特色社会主义理论体系的指导原则和主要依据。

正如党的十四大报告所指出的，邓小平同志对中国特色社会主义理论的创立作出了重大的历史贡献。今天，邓小平同志虽然已逝世，但像毛泽东同志一样，为后人留下了宝贵的思想遗产。我们要结合新的实践，继往开来，把这一理论继续推向前进。

以江泽民同志为核心的党的第三代领导集体，继承了邓小平建设有中

---

① 《邓小平文选》第3卷，人民出版社1993年版，第147页。

国特色社会主义理论，并在结合新的实践和解答新的历史课题中，继续丰富和发展了这个理论。这里，需要特别指出的是，他从经济、政治、文化三个方面对中国特色社会主义基本内容作了深刻阐发，对我国现阶段诸种社会关系、社会矛盾，以及经济与政治、与意识形态的关系等问题，都作了科学的分析和阐明，这些思想是建设有中国特色社会主义的本质性和规律性的反映，为建设有中国特色社会主义理论增添了真理性认识。随着实践的深入发展，随着新的矛盾和问题的出现与解决，这个理论还将继续经受检验、完善、丰富和发展。

江泽民同志强调指出，马列主义、毛泽东思想和邓小平建设有中国特色社会主义理论，一脉相承，是统一的科学体系，我们决不能把它们对立起来。这一观点对我们研究中国特色社会主义理论体系，有着十分重要的指导意义。众所周知，对于任何一种科学理论，都必须考虑到它的历史的继承性和发展性的特点。把一种在历史上曾起过巨大作用的理论，凝固化和绝对化，视为终极真理，它就会失去自己的生命力，变成僵化的东西；反之，把一种新的理论与历史割裂开来，孤立起来，使之成为无源之水、无本之木，也会失去它的科学意义，成为难以理解的东西。江泽民同志上述论断，为我们的研究提供了重要方法论原则。

综上所述，有中国特色社会主义理论是我们党的几代领导人共同探索的结果，每一代领导集体都为此作出独特的贡献，也都留有尚待继续解决的问题。可以这样说，党的第一代领导集体开创了探索的事业，准备了有价值的思想材料；党的第二代领导集体奠定了这个理论，并初步形成完整的体系；党的第三代领导集体已经并且继续完善、丰富和发展这个理论。历史长河奔流不息，社会实践日新月异，随着社会实践的发展，中国特色社会主义理论及其科学体系，必然会充实更新自己的内容，走向新的发展阶段。

三　理论体系的逐步形成

中国特色社会主义理论及其科学体系，是在建设有中国特色社会主义实践中逐步形成起来的。理论的形成与实践的发展是一种互动的过程。实践呼唤着、孕育着理论的创新，而理论总结实践经验又不断指导群众性实践的深化。两者辩证统一，互为作用。

邓小平同志指出，中国特色社会主义理论，"是我们总结长期历史经验得出的基本结论"。[①]它包括十一届三中全会以前的艰辛探索，也包括十一届三中全会以后的深入研究和制定，特别是十一届三中全会以来的改革开放和现代化建设的伟大实践，为这一理论的形成提供了客观基础和丰富的经验材料。在将近20年间，中国特色社会主义理论经历了孕育、确立、深化和走向成熟等几个发展阶段，而党的十二大、十三大、十四大则是这一理论形成的三个重要里程碑。分析这一形成的过程，不仅使我们能够清楚地看到这一理论在实践基础上逐步发展的线索，而且能够帮助我们更深入地理解它的实质和意义。

科学体系的形成，是理论走向成熟的突出标志，也最集中地体现出理论深化和发展的过程。就理论自身的发展而言，从党的十一届三中全会至十四大的十五年，我们党对中国特色社会主义理论进行完整表述和科学概括主要有过五次。这五次概括清楚地反映了这期间我们对中国特色社会主义理论体系探索的尝试和研究的成果，有力地推动了理论本身的形成。下面对这五次理论概括作一分析比较，从中可以看出中国特色社会主义理论形成和发展的轨迹。

第一次理论概括，体现在1981年6月十一届六中全会通过的《关于建国以来党的若干历史问题的决议》中。这里对中国特色社会主义建设道路的主要之点概括为十条：（1）我国现阶段的主要矛盾是人民日益增长的物质文化需要同落后的社会生产之间的矛盾，必须以经济建设为中心，大大发展社会生产力。（2）必须从我国国情出发，量力而行，积极奋斗，有步骤分阶段地实现现代化的目标。（3）社会主义生产关系的变革和完善必须适应于生产力的状况，有利于生产的发展。我们的任务是要根据我国生产力发展的要求，在每一阶段上创造出与之相适应和便于继续前进的生产关系的具体形式。这里实际上提出了经济改革的要求和任务。（4）阶级斗争已不是主要矛盾，但还将在一定范围内长期存在，在某种条件下还有可

---

① 《邓小平文选》第3卷，人民出版社1993年版，第3页。

能激化。（5）逐步建设高度民主的社会主义政治制度，是社会主义革命的根本任务之一，提出政治改革的目标和要求。（6）社会主义必须有高度的精神文明。（7）改善和发展社会主义的民族关系，加强民族团结。（8）在战争危险依然存在的国际条件下，必须加强现代化的国防建设。（9）在对外关系上，必须继续坚持反对帝国主义、霸权主义、殖民主义和种族主义，维护世界和平。（10）必须把我们党建设成为具有健全的民主集中制的党。

根据以上 10 条，《决议》指出：“三中全会以来，我们党已经逐步确立了一条适合我国情况的社会主义现代化建设的正确道路。”① 这条道路在理论上还很不完备，还将在实践中不断充实和发展，但它的“主要点”已经确立。这些“主要点”并不是凭空产生的，它一方面是对三中全会以来实践经验的总结，另一方面是从新中国成立以来正反两方面的经验，特别是“文化大革命”的教训中得到基本的总结。所以，它是反映我国具体实际的真理性认识。尽管还很不完备，但它是建设有中国特色社会主义这棵理论之树的“根”。这个理论及其科学体系，是由此而发端的。

第二次理论概括是在党的十三大报告中。从党的十二大到十三大，是中国特色社会主义理论及其科学体系形成的决定性阶段。党的十二大以后，改革开放全面展开，阔步前进。它经历了从农村改革到城市改革，从对内搞活到对外开放。还兴办了深圳、珠海、汕头、厦门四个经济特区。随着改革开放和现代化建设的发展，我们对基本国情和现代化建设规律的认识逐步深化。这期间理论上的进展主要表现在：（1）提出了建设有中国特色社会主义的概念。在党的十二大开幕词中，邓小平同志明确提出了“把马克思主义的普遍真理同我国的具体实际结合起来，走自己的道路，建设有中国特色的社会主义”。同时强调，“核心是经济建设，它是解决国际国内问题的基础。”② （2）更为系统地阐明了社会主义初级阶段的理论，指明它是特指我国在生产力落后、商品经济不发达条件下建设社会主义必然要经历的特定阶段。（3）提出社会主义商品经济，即公有制基础上的有

---

① 《三中全会以来重要文献选编》下，人民出版社 1982 年版，第 839 页。
② 《邓小平文选》第 3 卷，人民出版社 1993 年版，第 3 页。

计划商品经济的概念，强调运用计划调节和市场调节两种形式和两种手段发展经济，突破了把计划经济同商品经济对立起来的传统观念。（4）明确地概括和阐明了"一个中心，两个基本点"这一中国特色社会主义理论体系的主体内容和核心思想。（5）把社会主义精神文明建设作为社会主义的重要特征，对精神文明建设的重要地位及其同物质文明的关系作了科学阐述，等等。正是基于对这些重大问题在认识上的突破，十三大报告对中国特色社会主义理论进行了更为完整的科学概括，促进了这一理论科学体系的形成。

十三大报告所概括的我们党对社会主义再认识过程中，在哲学、政治经济学和科学社会主义等方面，发挥和发展了的12个观点，包括：（1）关于解放思想，实事求是，以实践作为检验真理的唯一标准的观点；（2）关于建设社会主义必须根据本国国情，走自己的路的观点；（3）关于在经济文化落后的条件下，建设社会主义必须有一个很长的初级阶段的观点；（4）关于社会主义社会的根本任务是发展生产力，集中力量实现现代化的观点；（5）关于社会主义经济是有计划商品经济的观点；（6）关于改革是社会主义社会发展的重要动力，对外开放是实现社会主义现代化的必要条件的观点；（7）关于社会主义民主政治和社会主义精神文明是社会主义重要特征的观点；（8）关于坚持四项基本原则同坚持改革开放的总方针这两个基本点相互结合、缺一不可的观点；（9）关于用"一个国家，两种制度"来实现国家统一的观点；（10）关于执政党的党风关系到党的生死存亡的观点；（11）关于按照独立自主、完全平等、互相尊重、互不干涉内部事务的原则，发展同外国共产党和其他政党关系的观点；（12）关于和平与发展是当代世界的主题的观点，等等。这些观点，构成了建设有中国特色的社会主义理论的轮廓，初步回答了我国社会主义建设的阶段、任务、动力、条件、布局和国际环境等基本问题，规划了我们前进的科学轨道。

这一科学概括同《决议》的概括相比，具有这样几个特点：首先，它是对已经深入开展的改革开放和现代化建设的实践经验的直接总结，是广大群众创造智慧的集中反映，因而它具有深厚的群众实践基础，对实践活动具有更强的指导作用。其次，围绕社会主义初级阶段及其根本任务，回答了经济、政治、思想方面最迫切的问题，阐明了建设有中国特色社会主义主体内容和核心思想。"一个中心，两个基本点"，不仅是党的基本路线的实质内容，而且也是中国特色社会主义理论的深刻内涵，由于这一思想的提出，中国特色社会主义理论的完整性才得以确立。再次，这 12 个基本观点，有较强的内在逻辑联系。它使得这一理论的结构，不仅更加完整，而且具有层次性。因此，尽管这个理论概括还只是初步的，尚未形成完整的理论形态，但可以看出，中国特色社会主义进入到一个质的崭新的阶段，并为这一理论及其科学体系的形成起了重要的奠基作用。此后的探索，都是在这个基础上对这些理论内容的完善和深化。

第三次理论概括，反映在 1990 年 12 月十三届七中全会通过的《中共中央关于制定国民经济和社会发展十年规划和"八五"计划的建议》中。《建议》对建设有中国特色社会主义的基本理论和基本实践，精辟地概括了十二条主要原则[1]。李鹏同志在《关于国民经济和社会发展十年规划和第八个五年计划纲要的报告》中指出："这十二条，有些是我们几十年来所一贯坚持的基本原则，在新的历史条件下又有新的发展，充实了新的内容；有些则是十多年来改革开放和现代化建设新鲜经验的总结。"[2] 这如实地反映了有中国特色社会主义理论形成的实际情况。

这十二条原则是在十三大概括的十二个基本观点上的进一步发挥，是在某些方面对十三大理论内容的深化。首先，从内容表述上这十二条原则更为充实和鲜明；其次，针对当时国际国内形势，更突出地强调了某些方面，如在坚持把发展社会生产力作为社会主义根本任务，和改革开放的同时强调要坚持以社会主义公有制为基础的多种经济成分并存的所有制结构，坚持工人阶级领导的以工农联盟为基础的人民民主专政，坚持共产党的领导，加强党的政治、思想、理论和组织建设，等等。这些都具有很强的现实针对性。再次，它既有深刻的理论内容，又是行之有效的方针政策，具有实践性的特点。所以，这十二条主要原则，是从理论与实践的结合上，对建设有中国特色社会主义道路的丰富和深化。

---

① 参见《十三大以来重要文献选编》下，人民出版社 1993 年版，第 1488—1490 页。

② 《十三大以来重要文献选编》下，人民出版社 1993 年版，第 1490 页。

第四次理论概括，体现在1991年7月1日江泽民同志在庆祝中国共产党成立70周年大会上的讲话中。这里，最重要的是，江泽民同志从经济、政治、文化三个方面深刻阐明了建设有中国特色社会主义的主要内容和基本思路，指明了探索中国社会主义现代化建设的客观规律和研究中国特色社会主义理论体系的重要方法论原则。

众所周知，认识一种社会形态及其发展规律，必须从生产力和生产关系、经济基础和上层建筑的关系上去把握，同样，认识一种特定的社会制度及其发展规律也必须从这些关系，通过对该发展阶段的经济、政治、思想文化的研究，才能获得总体性的认识。因此，研究社会主义建设的各个侧面，深入探讨并首先提出一些基本观点是十分必要的。否则，认识也不可能深化。但是，不从经济、政治、文化及其相互关系上进行整体性研究，作为科学体系的中国特色社会主义理论也是难以确立的。在这方面，毛泽东同志的《新民主主义论》是一个光辉的典范。他正是从新民主主义政治、经济、文化及其相互关系的研究中，揭示了新民主主义社会本质、特征和发展规律，创立了新民主主义理论。关于这三者的关系，他指出：新民主主义政治是新民主主义经济的集中表现，而新民主主义文化，"则是在观念形态上反映新政治和新经济的东西，是替新政治新经济服务的"。[①] 理论体系，是在逻辑上再现这些方面的内在关系。江泽民同志阐明了中国特色社会主义经济、政治、文化及其内在联系，提出了一系列必须坚持的重要观点，使中国特色社会主义理论不仅有了基本构架，而且有血有肉，成为一个有机的系统。所以，江泽民同志从经济、政治、文化方面对中国特色社会主义理论的阐述，进一步推动了中国特色社会主义理论体系的形成，表明我们的认识又有了质的飞跃。

第五次理论概括，体现在党的十四大报告中。十四大报告的重要理论成果，是在先前认识深化的基础上，对中国特色社会主义理论作了更为完整的科学表述。它不是就事论事，也不是停留于对事物表象的认识，而是通过对诸多现象的分析研究，概括事物深层本质和规律性的东西。一种理论体系的成熟程度，就要看它的概括是否完整、科学。十四大报告对中国

---

① 《毛泽东著作选读》上册，人民出版社1986年出版，第384页。

特色社会主义理论的概括，达到了一个新的水平。这说明我们党对中国社会主义建设规律的认识，在理论上日趋成熟。

十四大报告对中国特色社会主义理论的概括，同以前各次概括相比，有这样几个显著的特点：（1）对中国特色社会主义理论作了一个十分重要的总的论断：它是马克思列宁主义基本原理与当代中国实际和时代特征相结合的产物，是毛泽东思想的继承和发展，是全党全国人民集体智慧的结晶，是中国共产党和中国人民最可珍贵的精神财富。这段文字包含着丰富而深刻的内涵，它表明了中国特色社会主义理论是科学社会主义学说的一种新形态，时代特征、中国实际和马克思主义基本原理这三大要素体现在这一理论体系的各个部分。强调这一理论是毛泽东思想的继承和发展，表明了理论的继承性和创造性的统一。强调集体创造作用的同时，突出了邓小平同志的杰出贡献。这个总的论断，全面、准确且富有新意，是中国特色社会主义理论的精辟的总括。（2）充实了新的理论内容。它总结我国过去在社会主义建设道路探索中的经验和教训，借鉴一些国家社会主义兴衰成败的历史经验，特别是研究近十多年来我国改革开放和现代化建设中出现的新情况、新问题，就使我们站在了新的时代高度，在理论上得到了新的升华。邓小平同志在1992年初所阐明的社会主义本质、计划与市场都是经济调节手段、改革也是一场革命、"三个有利于"的标准、"两手抓、两手都要硬"以及重新强调在整个改革开放的过程中，必须始终注意坚持四项基本原则等许多新思想、新观点，都给中国特色社会主义理论充实了新的内容，溶化了我们对这一理论的总体认识。（3）这次理论概括达到了新的高度。它从建设有中国特色社会主义的最重大、最基本问题的高度着眼，全面系统地阐明了建设有中国特色社会主义的"发展道路"、"发展阶段"、"根本任务"、"发展动力"、"外部条件"、"政治保证"、"战略步骤"、"领导力量和依靠力量"以及"一国两制"等重大问题。显然，这不是停留于某些具体的理论观点，更不是停留于某些方针政策，而是从更高的理论层次，回答了建设有中国特色社会主义的基本问题。

从这样的理论高度进行概括，还是第一次。这表明我们党对建设有中国特色社会主义的认识，已经进一步走向成熟。但是，这理论也同任何真理认识一样，既有绝对的一面，也有相对的一面。正像党的十四大报告所指出的，它只是"比较系统地初步回答了"中国社会主义建设的一系列基本问题，"还要在研究新情况、解决新问题的过程中，在实践检验中继续丰富、完善和发展"。这清楚地说明，我们党一贯坚持用辩证唯物主义和历史唯物主义的观点和方法处理问题，既肯定这一理论初步形成，又不把它绝对化，认为它并没有穷尽真理，只是为进一步更深刻地认识真理开辟了道路。这就为我们深入探讨中国特色社会主义理论，从理论形态上进一步研究和构建这一理论的科学体系，留下了广阔的余地。因此，我们还必须不断创新，开拓前进，在实践的推动下，继续用新的思想丰富和发展中国特色社会主义理论及其科学体系。

四　逻辑结构和特点

任何一个理论体系都有其比较严密的逻辑结构，即概念、原理之间的内在逻辑联系，否则就不称其为理论体系，人们也难以系统、完整地把握这个理论。众所周知，德国伟大哲学家黑格尔曾以正、反、合的思辨模式构建了庞大的哲学体系，尽管其中蕴涵着丰富的辩证法思想，但它的体系建筑在客观唯心主义之上，其中不乏牵强附会和主观臆断。中国特色社会主义理论体系，是以客观事实为依据、以改革开放的实践为基础的，是通过逻辑的形式再现客观事物及其内在的逻辑联系，它是抽象的，但也是具体的。从其思想内容来看，该理论体系含有四个相互关联的逻辑层次。下面对这四个层次作一概要的分析。

第一个层次，是中国特色社会主义理论及其科学体系赖以存在的哲学基础。"实事求是"是马克思主义的精髓，也是中国特色社会主义理论的精髓。它是辩证唯物主义认识论的精辟概括和集中体现，是中国特色社会主义理论的世界观和方法论基础。这一世界观和方法论，不仅指导中国特色社会主义理论的形成，而且贯穿于这一理论的一切方面，渗透于各个观点和原理之中，并使这一理论的科学体系得以确立。所以，它是世界观的基础，是最高的理论层次。

第二个层次，是中国特色社会主义理论的基本原理和基本观点。它包含着两个既有一定区别、又有内在联系的组成部分：中国特色社会主义理论基石和中国特色社会主义经济、政治、文化。理论基石也即最基本原理，包括社会主义本质理论、初级阶段理论、市场经济理论和改革开放理论。它们是中国特色社会主义的最核心的理论内容，舍此便不可能有中国特色的社会主义。它们从根本上说明，社会主义本质和在我国现实情况下社会主义所处的阶段，以及由此而提出的根本任务和实现这一战略任务的主要途径。它们是有中国特色社会主义的理论支柱，对整个理论及其体系起着奠基的作用。其他的部分都是这些最基本原理的具体展开和深刻体现。对于这些最基本原理，应该而且必须加以专门的阐发，以便为整个理论体系提供坚实的理论基础。中国特色社会主义的经济、政治、文化，则是中国特色社会主义的实质内容和主体部分，是这一理论及其科学体系的基本构架。它依据历史唯物主义关于经济基础和上层建筑的理论，从中国社会主义初级阶段的实际出发，深刻阐明中国特色社会主义经济、政治、文化的一系列基本原理和基本观点，深刻揭示了中国特色社会主义的本质、特点及其运动规律。它是上述最基本原理的体现、展开和深化。这两个方面的有机结合，完整地展现了中国特色社会主义这一新的理论形态，奠定了它的科学体系的基本的理论内容。

第三个层次，是以中国特色社会主义理论为依据的党的基本路线、基本政策。它是中国特色社会主义的实践纲领，也可以称之为是实践化的理论。马克思主义理论的最突出特点，就在于它的实践性。理论不仅源自实践，而且还要回到实践，用它去指导实践。理论是指导实践的原则，而实践则是理论的实际运用，是理论实践化的过程。理论本身并不能实现什么，要实现理论就必须通过路线、方针和政策。而这个过程，也是理论的具体化和深化的过程，是检验和丰富理论的过程。因此，这在实践方面，党的基本路线和基本政策，应当成为中国特色社会主义理论体系的有机的组成部分，并鲜明地体现出中国特色社会主义的理论与实践的统一，以及理论的革命能动性的特点。

第四个层次，是中国特色社会主义理论体系的基本范畴。这是一个既具有相对独立性，又是理论体系不可缺少的部分。所谓范畴，就是人们思维对客观事物的本质属性的概括，是反映客观事物的诸种矛盾关系的概念。这些概念是使理论系统化所必需的。列宁根据黑格尔的思想，曾把范畴界定为"认识世界的过程中的梯级"，"认识和掌握自然现象之间的网上纽结"①。范畴并非人们的主观臆断，而是客观事物在人们头脑中的反映，反过来，又成为人们认识和改造客观世界的工具。中国特色社会主义理论体系的范畴，就是在认识社会主义和建设社会主义过程中对一些重要问题和矛盾关系的概括，它是帮助我们更好地把握这一理论体系的实质、深化人们认识的关节点。它同基本原理既有联系，又有区别。它要阐明的是一些基本原理未曾专门涉及的问题，通过对这些重要问题和矛盾关系的阐述，使人们更完整、更深刻地理解中国特色社会主义理论体系及其基本原理，对中国特色社会主义有更加深入的认识。所以，这些范畴是对中国特色社会主义认识的结果，同时又使这一理论体系的内涵更加充实和丰满。范畴在理论体系中起着深化认识的重要作用，应该深入研究和科学地阐发中国特色社会主义理论的基本范畴。毛泽东同志的《论十大关系》和江泽民同志的《正确处理社会主义现代化建设中的若干重大关系》，为我们研究范畴问题提供了基本思路和有价值的思想材料，有助于我们进行更深入的理论探讨。

总之，以上四个层次，比较完整地反映了中国特色社会主义理论体系的内在逻辑结构，蕴涵着对在当代中国认识和建设社会主义一系列基本问题的阐明，揭示了中国特色社会主义的本质性和规律性的认识。如前所述，任何一个成熟的理论，都有与之相适应的体系。但对体系要有正确的理解，它只表明理论的完整性和科学性，决不意味认识的终结。

中国特色社会主义理论体系有这样几个显著特点：一是科学的完整性。中国特色社会主义是一门科学，而且是完整的科学。其完整性，首先体现在它系统、科学地回答了在中国这样经济、文化落后国家认识社会主义和怎样建设社会主义这一基本问题，揭示了社会主义建设的客观规律。其次，它的一系列概念、范畴、原理，都是围绕这一基本问题而展开的，这些概念、范畴、原理之间有着内在的逻辑联系，形成一个有机的整体。这种逻辑的联系是以客观事物的联系为依据的，科学体系就是对这种客观

---

① 《列宁全集》第55卷，人民出版社1990年版，第78页。

的联系的理论概括，它完整反映了认识社会主义和建设社会主义这个基本问题。简言之，科学的完整性就在于，它既揭示了事物的本质和规律，又以完整的逻辑形式加以理论的表达。在这里，内容与形式是有机统一的。再次，理论体系的科学的完整性，并不意味窒息发展，而是内在地蕴涵着辩证发展的思想，因为任何理论的完整性都是相对的，而不是绝对的，它要随着实践的发展而不断完善，甚至部分地改变自己的形式。因此，应科学地理解理论体系的完整性。

二是革命的实践性。实践性是中国特色社会主义理论的重要特点。这个理论产生于实践，并且在指导实践的过程中不断丰富、发展和日趋成熟。没有这种革命的实践，便不可能形成中国特色社会主义的理论。这种革命的实践性，也突出地体现在理论体系之中。首先，它明确地表达了社会主义的价值目标，反映了工人阶级和广大人民群众的根本利益。建设有中国特色社会主义，就是要把社会主义的基本原理与当前中国的具体国情相结合，在生产力高度发展的前提下，最终实现共产主义。丢掉这个原则，就会走到邪路上去。中国特色社会主义的实质，就在于把我们当前要实现的任务同长远奋斗目标有机地结合在一起。反映在理论和政策上，比如，提出在实行改革开放的同时，必须坚持四项基本原则；在实行"并存"和共同发展的同时，强调主体的作用；在进行社会主义物质文明建设的同时，要特别加强社会主义精神文明的建设，等等。在我们总的价值目标上，体现了革命的实践性。其次，理论体系突出地反映出改革开放和革命创新的精神，强调从实际出发，以实践标准审视一切，革除不利于社会发展的种种弊端，采取一系列不利于社会主义经济、政治、文化发展的措施。这种革命创新的精神，在中国特色社会主义理论体系中也得到充分的体现，更加显示出其实践性的特点。这不仅使路线和政策具有了很强的理论性，而且也使理论具有了直接现实性。通过路线、方针和政策，中国特色社会主义理论才能转化成实践。理论与实践的辩证统一是它的又一显著特征。

三是高度的开放性。人们一讲到理论体系，总认为它是封闭的、僵化的，这是一种误解。中国特色社会主义理论体系，完整而不故步自封，结构严谨而又具有开放性。它总结各方面的经验，吸纳各种先进思想于自己的体系之中。邓小平同志曾指出，一个新的科学的提出，都是总结、概括实践经验的结果。没有前人或今人、中国人或外国人的实践经验，怎么能概括、提炼出新理论？搞封锁害人又害己。中国特色社会主义理论及其科学体系，正是在总结实践经验的基础上，吸纳其他优秀思想成果而形成起来的，它没有类似宗派主义的东西，首先，它是马列主义、毛泽东思想的继承和发展，坚持科学社会主义的基本原理，将它运用于当代中国的实际，才探索出了建设社会主义的新理论。其次，它面向广大群众的革命实践，尊重群众的首创精神，凝结集体的智慧。实践是理论的源泉，中国特色社会主义理论，是群众性的实践经验的概括和提炼。所以，它能够得到广大群众的认同。第三，它面向世界，对外开放。中国特色社会主义理论体系创立过程中，深刻汲取了其他社会主义国家的经验教训，同时也吸收了资本主义社会的优秀文明成果，特别是新的科技成果和先进的管理经验，使中国特色社会主义理论更具时代的特征。同时，这个理论在国外也引起很大的反响，得到许多进步人士的理解。第四，它面向未来，开拓前进。中国特色社会主义理论体系并没有封闭自身，自诩为终极真理，而是在实践中不断开辟认识真理的道路，用新的科学成果和新的实践经验不断丰富和完善自身。它作为在当代中国发展了的马克思主义，具有鲜明的开拓性，它与时俱进，随着实践的发展不断把这门科学推向前进。这些基本特点，是由中国特色社会主义的社会性质决定的。我们要全面地、正确地领会这个理论及其科学体系，使之发扬光大。

五　重大的理论意义和实践意义

中国特色社会主义理论及其科学体系，尽管只是初步形成，但已经显示出它的重大的理论意义和实践意义。

从理论上讲，它向前发展了马克思主义，解决了在经济文化落后的国家如何建设社会主义，如何巩固和发展社会主义这一当代最大的课题。如前所述，社会主义在由理论变为实践的过程中，并未像它的创始人预见的那样，首先发生在先进的资本主义国家，而是发生在经济文化落后的国家里，这就产生了20世纪社会主义实践中的一系列问题。它要求实践者既坚定不移地推进社会主义事业，又不墨守成规，在实践上找到社会主义实现的具体形式。列宁因过早逝世不可能解决这个问题。但是，他已经看到，社会主义在发达资本主义国家"开始困难，继续比较容易"；反之，在经济文化落后国家，则"开始容易，继续比较困难"①。20世纪的社会主义实践，证明了列宁这一论断的正确性。斯大林同反对在经济文化落后国家建设社会主义的错误倾向进行了斗争，坚持社会主义原则，并且在实践中构造出第一个社会主义的经济体制模式。应该承认，这一体制模式有其历史的合理性，也产生过重要的积极作用。但是随着社会主义建设实践的发展，这一体制模式的弊端日益突出，越来越不利于生产力的迅速发展。社会主义国家的改革，一般地讲，是社会主义社会的自我完善和自我发展，它贯穿于社会主义发展过程的始终。这也正如恩格斯所说的，社会主义社会是一个"改革的社会"。特殊地讲，当前的改革，主要是革除旧体制的弊端，建设适合生产力发展的、充满生机和活力的新体制。新中国成立后，以毛泽东同志为代表的中国共产党人就开始了对中国建设社会主义道路的探索，并积累了丰富的经验。但是，直到党的十一届三中全会后，随着改革开放实践的深入发展，在创立建设有中国特色社会主义理论以后，才真正解决了在经济文化落后国家建设社会主义这个历史性课题。这是我们党对马克思主义作出的历史性的重大贡献。

中国特色社会主义理论及其科学体系，是在中国具体历史条件下产生的，带有民族的特色。但作为理论概括，它也具有普遍意义。因为，这个理论所要解决和回答的问题，也是现在各个社会主义国家共同面临的问题。只要在经济文化落后国家建设社会主义，就不能回避这些问题。同时，作为理论概括，它所揭示的本质性和规律性的东西，必然具有一定的普遍性，包含着真理性的认识。因此，中国特色社会主义的理论，既有社会主义的特殊，又有社会主义的一般；既是在当代中国发展了的马克思主义，又必将越出一国的范围而对世界社会主义产生深远的影响。

从实践方面讲，中国特色社会主义理论，对我国实现社会主义现代化和社会全面进步，将会产生巨大的影响，对建设有中国特色社会主义实践

---

① 《列宁全集》第34卷，人民出版社1985年版，第343页。

的健康发展，将会起巨大的推动作用。马克思曾说过："理论一经掌握群众，也会变成物质力量"①。理论的功能就在于服务于社会实践，没有社会主义理论，就不会有社会主义的运动。要实现理论，就必须依靠党的路线和政策的正确性，必须诉诸群众的实践。没有广大群众自觉地积极地参加，任何历史活动也是难以成功的。但要激发群众的积极性和创造性，最根本的就是让群众认同和掌握这个理论，让广大群众自觉意识到中国特色社会主义理论和党的基本路线代表着全国各族人民的根本利益，以便为实践这个理论而努力奋斗。用科学的理论武装人，就是要坚持以中国特色社会主义理论及其科学体系为指导，以此来统一全党和全国人民的思想和行动。这是我们社会主义事业能够经受考验，顺利达到目标的最可靠的保证。

中国特色社会主义理论是一面旗帜，在这面旗帜的引导下，我们已经走过了近20年的历程，在它的引导下，我们必将胜利地跨入21世纪，并终将把我国建设成富强、民主、文明的社会主义强国，为世界社会主义事业作出更大的贡献。

（本文为《中国特色社会主义理论体系研究》一书的导言。
原载《马克思主义研究》1997年第5期）

---

① 《马克思恩格斯文集》第1卷，人民出版社2009年版，第11页。

当今时代课题与中国发展道路的探索

如何认识和把握时代的性质，是国际问题研究和马克思主义研究面临的重大的理论和实践的课题。无论是研究当代资本主义的变化，还是研究世界社会主义的发展，都离不开对时代性质的分析和判断。只有正确地认识当今时代的性质，站在时代发展的高度，才能更清楚地认识世界发展的趋势，了解世界社会主义和资本主义的相互关系和发展前景。从一定意义上讲，正确认识时代及时代的阶段性特征，是社会科学研究的基本前提。

一　关于时代与时代特征

1. 马克思主义的时代观

关于时代，人们可以从各个角度加以理解和使用，可以根据某一具体特征和表象表述一个时代，如石器时代、铜器时代、铁器时代、启蒙时代、文明时代、信息时代等，它反映了生产发展一定阶段的特点，对于科学研究有一定的意义。也有的把一个时期或阶段称为时代，如和平时代、战争时代，这是人们一种习惯性的用法，并不是严格科学意义上的理解。

马克思主义创始人依据唯物主义历史观给时代赋予科学的含义，也就是我们通常所说的马克思主义时代观。马克思所谓的时代，是指人类社会形态发展、更替的大时代。划分时代的依据是什么？是该时代的经济结构和生产关系。马克思在《资本论》中讲到："各种经济时代的区别，不在于生产什么，而在于怎样生产，用什么劳动资料生产。劳动资料不仅是人类劳动力发展的测量器，而且是劳动借以进行的社会关系的指示器。"这样，从人类社会产生以来，大致经历了原始的、奴隶的、封建的和资本主义的几种社会形态、几个大的时代。现今正处于从资本主义向社会主义、共产主义社会形态转变的历史时代。

根据马克思主义时代观，我们应当正确认识和判断当今世界所处的时代，以及当今时代的性质，给世界社会主义运动指明方向。列宁所处的历史环境同马克思、恩格斯所处的历史环境有很大的不同，这时资本主义已经发展到垄断资本主义、即帝国主义阶段，他对时代作了新的表述。列宁分析了垄断资本主义阶段的各种经济、政治特征，以及各种社会矛盾，提出了"帝国主义时代"的概念，认为"帝国主义时代不可避免地会成为危机的时代"，是"资本主义崩溃的前夜"，"目前所达到的资本主义发展阶段成为无产阶级社会主义革命的时代"。后来，斯大林在《论列宁主义基础》一文中，简明地将当今时代概括为"帝国主义和无产阶级革命的时代"。从以上马克思主义经典作家的论述中可以看出，马克思主义关于时代的理论，是以唯物主义历史观为理论基础的，反映了时代的阶级关系和社会制度的变革，指明了人类历史发展的趋势。所以，马克思主义时代观体现了科学性、革命性和实践性的统一。

基于上述理论，1957年在莫斯科召开的世界共产党和工人党代表大会所通过的宣言，把当今时代表述为"世界从资本主义向社会主义过渡时代"。这一提法，传播最广，影响最大，为世界大多数共产党所认同，并成为当时国际共产主义运动的指导思想。

半个世纪过去了，对当今时代性质的这种规定还是否正确，理论界也有过研究和讨论。国外有的共产党已经放弃了这个提法。我认为，用"世界从资本主义向社会主义过渡时代"这一概念来界定当今时代的性质，仍然是比较正确、比较稳妥的。因为，这一概念正确地反映了当今世界发展的现实和人类社会的历史趋势。无论资本主义发生了什么样的变化，世界社会主义出现了怎样的曲折，都改变不了当今时代的性质，改变不了人类历史发展的这一总趋势。但是，经过半个多世纪的发展，上述这一概念是不是可以表述得更为全面一些呢？我认为是可以的。我们在《当代资本主义与世界社会主义》（上下卷）中，将当今时代表述为：社会主义与资本主义共存、竞争，经过反复较量最终取代资本主义的时代。

其基本内涵：其一，当今世界主要矛盾是社会主义与资本主义的矛盾。尽管世界还存在封建主义、种族主义以及恐怖主义等矛盾，但都不能构成当今世界的主要矛盾，也不能决定当今世界的性质。同任何事物的矛盾一样，社会主义与资本主义两种制度、两种思想体系也是既相斗争，又相统一的，也就是既共存，又竞争。这一矛盾贯穿于社会主义取代资本主义的全过程。其二，在现阶段，总的态势还是资强社弱，资本主义在现时代居主导地位，用列宁的话来说，资产阶级还居于中心地位。这种状态将会持续很长的时间。其三，在这个漫长的较量过程中，资本主义由于自身固有的矛盾而逐渐地削弱，社会主义因素和力量则不断地增长、壮大，最终必然代替资本主义，使人类社会发展到一个更高、更新、更合乎人性的社会。这就是我们通常所说的人类历史的总趋势。社会主义作为新生事物必然要取代资本主义，这只是一个时间问题。过去把这个时间看得太短了，犯了急于求成的错误；这些年来，有些人又过于悲观，散布一种共产主义渺茫论，同样是错误的。社会主义何时能够代替资本主义，不能靠主观臆断，只能根据历史发展的客观条件和阶级力量的对比作出判断，否则就会犯主观主义的错误。因为历史是波浪式地前进运动，不仅有渐进的平稳的发展，而且也会有突发式的飞跃。过去的人们绝不会想到 20 世纪发生两次惨绝人寰的世界大战，以及曾经一度出现了一个震撼资本主义世界的社会主义阵营。今天很多人都没有想到，在 21 世纪初竟然爆发了震惊世界的资本主义全球性的金融危机。所以，我们决不能作历史的算命先生。

毛泽东正是依据历史唯物主义的观点和方法，分析了当今时代的性质和当时的国际形势，提出了"三个世界"的理论，为我们中国共产党人制定了正确的国际战略和策略。这个理论在今天仍然是正确的，仍有其现实意义。

2. 当今时代的阶段性特征和面临的主要课题

每一个历史时代，每一种社会形态都要经历一个自己独有的发展过程，期间都会经历一系列相互衔接的发展阶段。比如资本主义社会就经历了自由资本主义、垄断资本主义、国家垄断资本主义，现在进入国际垄断资本主义阶段。同样，社会主义也要经历若干个发展阶段，才能达到共产主义社会。我国是经济、文化相对落后的国家，建成社会主义需要更长的时间。我们现在还处于社会主义初级阶段，还要经过若干个阶段才能建成社会主义。而每个阶段都会有自己特殊的矛盾和特殊问题，也就是说，都会呈现出自己独有的阶段性特征。邓小平分析了当前国际形势和我国面临的任务，提出了"和平与发展"是当今世界的两大问题的正确论断。党的十三大报告，将其表述为"和平与发展是当代世界的主题"。这个论断是正确的，是符合当今世界实际的，它指导我们正确地认识当前的国际形势，一心一意地进行社会主义现代化建设。这里讲的"问题"或"主题"也就是这个发展时期的阶段性特征，即当今时代发展中的某个阶段的特征。所以，简单地说，当今时代是和平发展时代是不准确的，它是相对于战争与革命而言的。

在这个大的时代里，我们要研究和解决的课题是什么呢？首先，从宏观上讲，人与自然、人与社会的矛盾关系，是人类社会发展的主题，也是科学研究的永恒的主题。它是人类永无止境的研究课题。各种社会制度都在试图解决这两大问题，但历史与现实证明，资本主义制度不仅解决不了这两大矛盾，而且还在加剧着这两大矛盾；社会主义制度，就其本质而言是能够解决这两大问题的，但由于种种原因现在也没有解决好，仍然在探索之中。科学发展观的提出有着划时代的意义。其科学价值和重大意义就在于表明社会主义的中国，解决这两大问题的坚定决心。

其次，从实践角度来讲，要真正解决这两大问题，就必须进行制度创新，实现科学发展。制度创新有两层含义：一是制度的变革，社会主义制度的建立就是人类历史上的最大创新和变革。它改变了以往以私有制为基础的社会制度，建立了以公有制和以公有制为主体的社会制度。二是具体制度即体制的创新，在现有制度范围内，进一步改革和完善经济的和政治的等方面的体制，以推动社会生产力快速发展。三十多年来我国的改革不是改变根本制度，而是改革和完善社会主义的经济、政治体制。改革的最终目的是要促进生产力和社会的全面进步。所以，如何实现科学发展就成为建设中国特色社会主义的最重大的课题。以人为本的科学发展观，就是要把人民的根本利益作为出发点和归宿，实现社会的全面、协调、可持续的发展，建立社会和谐的、环境友好型社会。党的十七大报告全面地阐明了科学发展观的基本内容。前不久召开的十七届四中全会，又进一步强调了生态文明建设，把它同经济建设、政治建设、文化建设和社会建设并列为我国的五大文明建设，这是有重大意义的。

总之，科学发展观是推动社会主义发展、最终过渡到共产主义的马克思主义的发展理论。只有科学发展观才能解决人类面临的历史性课题，正确解决人与自然、人与社会的矛盾，使人类社会实现全面、协调、可持续的发展。

二　社会主义应在批判性地研究资本主义经济危机中发展自己

当前发生的全球性金融危机，充分表明资本主义制度不能解决人类面临的问题和其自身的矛盾，而且一步步地走向崩溃的边缘。对于社会主义来讲，对于社会科学来讲，这是一个百年不遇的大好机会，通过对资本主义经济危机的研究，可以使我们更深刻地认识资本主义制度的本质和发展极限，认识马克思关于资本主义理论的正确性，增长我们对社会主义的信念和信心。

1. 要深入研究和正确认识当前金融危机的原因与实质

这场资本主义经济危机的发生不是偶然的，是以美国为首的国际垄断资本主义近三十年来推行新自由主义造成的必然结果。用西方人士的话来讲，这是百年不遇的严重的金融危机，或者说这是自 20 世纪 30 年代初发生的资本主义经济危机以来又一次经济大危机。引起这次经济危机的原因是什么，众说纷纭，用积极推行新自由主义经济政策的格林斯潘的话来说，是政府管理不力，是自由放任的市场经济的结果。他在《华尔街日报》撰文说"在过去五年的市场乐观情绪下，这场危机迟早都会发生。即使不被次级债定价不当的问题引爆，也会因为其他市场领域的问题而被点燃。"2009 年 2 月 4 日澳大利亚《月刊》杂志刊登该国总理陆克文的文章，更明确地指明"新自由主义是全球金融危机祸首"，说"这一后果的始作俑者就是过去 30 多年以来自由市场意识形态所主导的经济政策"。该文写道，"在 20 世纪 30 年代的大萧条中，不受约束的自由市场主义本已名誉扫地，但到 70 年代，由于英国撒切尔和美国总统里根的推崇而重新翻身，成为经济界的正统。事实证明，新自由主义及其所伴生的自由市场至上主义，不过是披着经济哲学外衣的个人的贪欲。"这里讲得多么好啊！我认为，他们的这些说法接近了问题的真相。比我国有的经济学家将之说成是"自由市场经济以外因素造成的"要深刻得多。

当前发生的资本主义经济危机，有力地证明了马克思主义的真理性，证明了马克思主义关于资本主义基本矛盾和资本主义经济危机理论的正确性。这次经济危机实质上是马克思所揭示的生产的社会化与生产资料私人占有这一资本主义社会基本矛盾在新形势下的暴露，是资本逻辑发展的必然结果，是虚拟资本脱离实体资本，反过来又影响实体资本的表现，是金融资本和金融衍生品不断膨胀，形成泡沫及其破裂的结果。这些问题，马克思早在100多年前在《资本论》中都加以阐明了，为了寻找问题的答案，人们又在重读《资本论》。这就是目前在西方、特别是在欧洲兴起的《资本论》热的原因。西方政要可以从马克思《资本论》找到资本主义经济危机发生的原因和表现形式，但他们绝不可能接受马克思的结论，即用一种更高、更合理的社会制度代替资本主义制度。当前，我们应当利用这次难得的机会，从各个方面对这场经济危机进行多学科的研究，用新的事实和结论丰富马克思主义。

目前，世人关注的焦点是，这次金融危机是否已经触底？对这个问题，也是众说纷纭。我认为，对这个问题需要进行跟踪研究。问题是，这次金融危机还没有过去，已经有人在预测下一次危机的到来了。西班牙《国家报》2009年9月14日，发表一篇国际货币基金组织前首席经济学家哈佛大学教授肯尼思·罗戈夫的"从金融危机到债务危机"的文章，他预言："金融危机可能正在冬眠，并且它会转变为一场政府的债务危机"。因为，现在各国政府都在设法救市，甚至是举债救市，同时，各国都出现了严重的赤字，央行的利率差不多已经被调至零。一个负债累累的经济体是很难持续的。文章说："现在的坏消息是，政府债务的累积速度极易在几年内引发第二次金融危机"。这也就是马克思所说的资本主义经济危机的周期率。这是资本主义无法摆脱的。

2. 世界左翼及其对社会走向的思考

世界社会主义运动出现一些新的亮点，特别值得关注的，一是一些共产党通过民主选举上台执政，如果他们能够巩固自己的政权，并且利用自己掌握的权力对社会进行社会主义的改造，那么，这将创造了马克思主义发展史上的一个新的范例。二是正在兴起的拉美的左翼运动。由于新自由主义在拉美国家的破产，使得拉美国家左翼领导人纷纷上台执政，现在，拉美四分之三以上的国家由左派执政。他们的政治主张非常明确：反对资本主义主导的经济全球化，反对新自由主义和美国的霸权战略。至于拉美左翼运动是什么性质的，同世界社会主义是什么关系，国内外学界、政界有不同看法，还需要进一步研究，但我认为他们应该是世界社会主义的一个组成部分，特别是在世界社会主义运动处于低潮的情况下，拉美左翼运动对世界社会主义的复兴有着重要意义。正如俄共主席久加诺夫所说，这是一块我们见证的正在变红的大陆。

3. 现有社会主义国家探索适合本国特点的社会主义实践形式，沿着社会主义道路继续前进

列宁和毛泽东都讲过，十月社会主义革命开辟了人类历史的新纪元。什么是新纪元？就是十月革命打破了资本主义一统天下，在世界上开始出现了第一个社会主义国家。从理论上讲，就是在人类历史上，开始了社会形态转变的大时代。苏联宣布社会主义制度建立到现在才70多年，时间还比较短。在资本主义革命过程中，也曾出现过多次复辟和反复辟斗争，经过一个比较长的时期资本主义制度才逐渐巩固下来。在20世纪社会主义出现一些挫折乃至失败，这从认识论上来讲，是可以理解的。吸取了过去的经验和教训，现有社会主义国家才可以更加健康地发展起来。

经过20世纪社会主义实践经验的启示和苏东剧变的教训，现有社会主义具有如下的几个共同特征：一，在坚持社会主义大方向的前提下，适应世界形势的变化，不同程度地进行改革开放，探索适应本国特点的社会主义实践形式；二，深化了对社会主义的认识，纷纷从高度集中的计划经济转为社会主义市场经济，或引进市场机制，推进国民经济的发展；三，加强了对社会主义民主政治的探讨，探索适合本国国情的社会主义民主建设道路；四，克服了对资本主义的片面认识，加强了同资本主义国家的交流、交往，学习资本主义的先进技术和先进管理方法，乃至学习资本主义的有价值的思想文化。这是一个共存与竞争的时代，只有吸取人类创造的一切有价值的文化，社会主义才能真正地发展起来；五，正确对待当今的

经济全球化。全球化是一种客观趋势，当今的全球化是资本主义主导的全球化。要参与进去，但必须保持自己独立自主和社会主义的性质，像有的党所说的，"要融入但不被融化"。这些新的理念，是在苏东剧变后，在"资"强"社"弱的形势下，现有社会主义国家能够存在和发展的重要原因。

三　中国对社会主义道路的探索

今年是新中国成立 60 周年，国内召开了各种理论讨论会纪念建国 60 周年，集中探讨了新中国 60 年的发展历程和基本经验。大多数学者认为，新中国 60 年，是一个整体，是一个探索社会主义发展道路的完整过程。不能把前 30 年与后 30 年割裂开来和对立起来，不能把毛泽东的探索排除在中国社会主义道路探索之外。新中国建立后，我们通过对资本主义的社会主义改造确立社会主义制度，接着便开始了对中国社会主义建设道路的探索，期间积累了许多经验，取得了许多有价值的理论成果，但是也有严重失误和挫折。在中国这样一个经济文化落后的国家探索实现社会主义的道路，绝不可能是一帆风顺的。经过 60 年的艰辛探索，我们逐渐地找到了一条适合中国国情的社会主义建设道路，即中国特色社会主义道路，最终形成了中国特色社会主义理论体系。

中国社会主义建设道路的探索和中国特色社会主义理论体系的形成，是一个包含一系列相互衔接的发展阶段的演进过程，其中每届领导集体都在各自所处的环境中以他们有价值的思想成果丰富、发展着这个理论。关于毛泽东对中国特色社会主义的探索，我赞同薄一波同志和胡绳同志在纪念毛泽东诞辰 100 周年大会上讲话中的观点。薄老讲到对中国特色社会主义理论探索"始于毛，成于邓"，其含义是：对中国特色社会主义的探索从毛泽东就开始了，但在邓小平时期形成并走向成熟，以后各届领导集体都以自己有价值的思想成果丰富和发展着这个理论。这个论断在很长时期为我国理论界众多学者所认同，并用于研究和教学之中。胡绳同志讲到毛泽东一生所作的两件大事，他说："毛泽东所做的第一大事是领导党和人民推翻了帝国主义、封建主义和官僚资本主义在中国的统治，完成了民主革命的任务。在中国的具体条件下，要战胜如此强大的敌人，中国革命不能沿袭别国的模式，而必须把马克思主义普遍真理和中国的具体实际相结合，走自己独特的道路。第二件大事是在以带有中国特色的方法完成了社会主义改造以后，努力探索中国的社会主义建设道路。毛泽东是这种探索的开创者。他领导全党和全国人民抗拒来自国外的强大影响和强大压力，从而发动和坚持这种探索。所以，毛泽东作为这种探索的开创者的历史功绩应当用最浓的笔墨记载在史册上。"这两位前辈对毛泽东功绩的这种评价是完全正确的，也是符合历史实际的。这些见解，对于我们探讨中国特色社会主义理论的形成和发展有重要的启迪作用和借鉴意义。

十年以后，即 2003 年 12 月 26 日，在纪念毛泽东诞辰 110 周年的大会上，胡锦涛总书记对毛泽东对中国社会主义建设道路的探索给予了很高的评价，他指出："毛泽东同志和党中央带领全党全国人民对适合中国国情的社会主义道路进行了艰苦探索，并取得了重要的理论成果。我们不仅建立起独立的比较完整的工业体系和国民经济体系，为社会主义现代化建设奠定了重要的物质技术基础，而且积累了在中国这样的社会生产力水平十分落后的东方大国进行社会主义建设的重要经验。"这些理论成果和重要经验，不仅是中国特色社会主义理论形成的重要思想来源，而且也是构成中国特色社会主义理论体系的重要思想元素，理应包含于其中。

毛泽东的理论贡献可以分为两个方面：一是他成功地领导了新民主主义革命，创立了新民主主义理论。这个理论自成体系，并且经过了历史的考验和实践的检验。在这个理论的指导下，我们取得了新民主主义革命的伟大胜利。另一是在新中国成立后，他在领导社会主义改造和建设实践中，对有中国特点的社会主义建设道路探索中产生的一系列有价值的理论成果和重要经验。

第一，倡导和坚持马克思主义普遍真理与中国具体实际相结合，把马克思主义中国化。在国际共产主义运动史上，毛泽东从理论到实践成功地解决了相结合的问题，并把它作为革命和建设的最根本的指导原则，这不仅对探索中国社会主义建设道路，而且对世界社会主义运动的发展，都有极为重要的意义。我们知道，列宁曾经提出这个原则，并把它运用于指导实践，成功地领导了十月社会主义革命。但苏联共产党并没有对这个重要原理从理论上加以总结和充分阐明，确立为指导革命和建设的根本原则。斯大林不仅放弃了这个原则，而且还认为这是狭隘民族主义思想。所以，邓小平十分中肯地指出："毛泽东最伟大的功绩是把马列主义的原理同中国革命的实际结合起来，指出了中国夺取革命胜利的道路。"对毛泽东的这个功绩无论怎样估价都不为过。

第二，倡导和坚持不照搬苏联模式，走自己的路。从 50 年代中期，在《论十大关系》的形成过程中，毛泽东就不只一次地强调，社会主义建设不能走苏联的老路，提出"以苏为鉴"，避免苏联社会主义建设中出现的错误，要从我国国情出发，总结自己的经验，探索一条适合中国情况的社会主义建设道路。他提出"要打破迷信，不管中国迷信还是外国迷信"，学习苏联也不能迷信。他强调要学习一切国家包括资本主义国家的先进经验和先进技术。《论十大关系》表明，我们党鉴于苏联建设社会主义的失误，开始探索反映客观规律的自己的发展道路。当然，在探索过程中也不可避免地会犯某些错误，这从认识论上讲，是完全可以理解的。

第三，鉴于苏联社会主义建设的失误，我们党在经济、政治、科学文化建设方面，另辟蹊径，采取了一套有别于苏联的新的作法，这为后来建设有中国特色社会主义的理论与实践提供了有价值的思想和经验。在经济方面，针对苏联"片面地注重重工业，忽视农业和轻工业"的倾向，毛泽东主张"以农业为基础，工业为主导"，按照"农轻工重"的次序安排经济建设，以及处理好经济建设中的各种关系，最大限度地调动各方面积极性为社会主义建设服务。在政治方面，创造性地实行了"人民民主专政"这一无产阶级专政的特殊形式。毛泽东提出并在中国建立具有中国特色的议行合一的人民代表大会制度。他针对苏联一党制的弊端，总结了多党联合的历史经验，确立了共产党领导的多党合作制（即政治协商制度）这一独特的多党制形式以及民族区域自治制度。实践证明：这一套完整的政治制度和体制，是符合我国国情的，是行之有效的，无疑成为中国特色社会主义理论体系的重要内容。在科学文化方面，毛泽东运用唯物辩证方法，分析了当时社会矛盾和科学文化领域的矛盾特点，倡导实行学术自由，提出"百花齐放，百家争鸣"这一繁荣和发展社会主义科学文化的方针。所有这些都是马克思主义中国化的极为重要的思想成果。

　　第四，关于社会主义社会矛盾的学说，为巩固、完善和发展社会主义制度奠定了理论基础。这是毛泽东对马克思主义所作的最重大的理论贡献。《关于正确处理人民内部矛盾的问题》的发表，在国内外引起强烈的反响，被认为是社会主义运动史上的一件大事，是对马克思主义的重大发展。鉴于当时一些社会主义国家认为社会主义社会只有统一，没有矛盾，主张社会主义"无冲突论"，毛泽东关于社会主义社会矛盾理论的重要思想价值和重大实践意义就更加凸显出来。《关于正确处理人民内部矛盾的问题》的主要理论观点可简要概括为以下几点：一是在世界社会主义运动史上，首次鲜明地创立了社会主义社会矛盾的学说；二是基于社会主义社会基本矛盾的理论，毛泽东进一步阐明了两类矛盾和正确处理人民内部矛盾的理论和方法；三是在社会主义革命史上毛泽东第一次提出工人阶级和民族资产阶级的矛盾属于人民内部矛盾，工人阶级和民族资产阶级的阶级斗争一般地属于人民内部的阶级斗争的思想；四是基于对社会主义社会矛盾的分析，进一步阐明了社会主义社会思想和意识形态领域矛盾的特点，提出了正确处理人民内部矛盾的科学方法和"双百"方针，以及提出了马克思主义发展规律的重要思想。毛泽东关于社会主义社会矛盾的学说，为我国社会主义建设和改革奠定了坚实的哲学基础。

　　第五，毛泽东在探讨社会主义商品经济问题上的重要贡献。关于社会主义商品经济和市场经济是马克思主义在当代面临的最大难题。不搞商品经济和市场经济，社会主义生产力不能快速发展，国民经济不能迅速增强。但是，实行商品经济和市场经济又存在走向资本主义的危险。所以，在 20 世纪社会主义实践中，围绕这个问题探索时间最长，争论也最激烈。马克思所设想的未来共产主义社会，是建立在生产力高度发展基础上的社会，这种超越资本主义社会形态的新的社会形态，不存在商品生产和商品交换。但是，在 20 世纪特殊历史条件下，社会主义发生于经济、文化相对落后的国度，因此，20 世纪社会主义实践家们就面临着一个不可跨越的历史难题，他们不能不在新的实践中进行新的探索和理论创新。在这方面，具有代表意义的是，列宁提出并实行了新经济政策，倡导商品的生产和交换；斯大林经过一个曲折过程，在晚年他主持发表了《苏联社会主义经济问题》，强调要尊重价值规律，并提出了社会主义特种商品生产的概念；毛泽东在 20 世纪 50 年代末 60 年代初倡导读苏联政治经济学教科书，总结了过去的经验与失误，发表了许多关于社会主义商品经济的重要观点，达到了当时对这一问题认识的新的高度。

毛泽东在这个问题上的新的贡献，主要有以下几点：一是强调要利用商品生产发展经济。他从我国存在两种所有制现实出发，主张为了发展国民经济和提高人民的生活水平，必须要发展商品生产。他说，我国是商品生产最不发达的国家，"目前我国商品生产不是多了，而是少了，应当利用商品生产和商品交换的形式来促进生产的发展"。他还批评主张尽早地消灭商品生产的人是"没有区别社会主义与资本主义商品的本质差别，没有懂得利用其作用的重要性，这是不承认客观法则的表现，不认识五亿农民的问题"。二是首次提出"社会主义商品生产"的概念，认为这种商品生产"是在社会主义公有制的基础上有计划地进行的"。他提倡要向价值规律这所"大学校"学习。三是把商品生产的存在同生产力发展水平联系在一起，实际上是把商品生产和商品交换看作是一个历史范畴。他认为两种所有制的存在，是商品生产的主要前提，这同苏联的看法是一致的，但他又认为商品生产的命运最终同生产力发展水平密切相关。因此，即使是过渡到了单一的社会主义全民所有制，如果产品还不丰富，某些范围的商品生产和商品交换就仍然可能存在。在这一点上，毛泽东又超过了前人的认识。这些认识是很有价值的。众所周知，在十一届三中全会以后，我们经过几年时间的探讨和争论，才确立了社会主义经济是"在公有制基础上的有计划的商品经济"的认识，并写进了党的十二届三中全会通过的《关于经济体制改革的若干决定》中。可见，毛泽东在对社会主义商品生产的探索过程中提出的重要思想，是弥足珍贵的。

总之，毛泽东为中国特色社会主义奠定了"根本的政治前提和制度基础"，同时也为中国特色社会主义理论体系的形成提供了"重要经验"和"重要的理论成果"。这些理论成果理应成为中国特色社会主义理论体系的思想来源和重要内容。对毛泽东同中国特色社会主义理论的关系，决不能简单化，更不能把两者完全割裂开来。当然，不可否认的是，毛泽东在晚年犯了错误，有些错误还是严重的。这些错误，也影响了他的正确思想在实践中进一步贯彻和发挥。关于毛泽东的错误，在《关于建国以来党的若干历史问题的决议》中，已经作了正确地总结和批评，《决议》指出，与他的伟大功绩相比，"错误是第二位的"。正如邓小平所说，"这是一个伟大的革命家犯错误，是一个伟大的马克思主义者犯错误"。这些错误虽然是令人十分痛心的，但我们党正是从中吸取了经验教训，从错误中引出好的结果，才真正开辟了一条建设有中国特色社会主义的发展道路，并取得了辉煌的成绩。

（原载《阅江学刊》2009 年第 4 期）

落实科学发展观
构建社会主义和谐社会

　　科学发展观是马克思主义的社会主义发展观。它是以马克思社会发展理论为依据，总结当代中国特色社会主义建设和发展的实践经验而形成的关于社会全面、协调、可持续发展的学说。社会主义和谐社会只有在落实科学发展观的过程中才能变成现实。

　　早在上世纪末，胡锦涛同志已经提出了科学发展观的重要思想。党的十六届三中全会正式以文件形式将它表述为"以人为本"的科学发展观，强调在完善社会主义市场经济体制中要实现"五个统筹"。这是马克思主义关于社会发展理论在当代中国的新的运用和诠释。科学发展观把经济发展、科技发展、社会进步、生态环境的保护和人的全面发展有机地统一起来，体现了物质文明、政治文明、精神文明和生态文明的高度结合和协调发展，反映了广大人民群众的根本利益和长远利益。所以，科学发展观具有很高的理论价值和重大的实践意义。当前最重要的任务就是全面贯彻和落实以人为本的科学发展观，努力构建社会主义和谐社会。

一　科学发展观是马克思社会发展理论在
我国具体条件下的新的发展和运用

　　马克思主义学说是以辩证唯物主义和历史唯物主义为其哲学基础的，它不仅揭示了复杂的社会现象和社会关系的本质，而且揭示了人类社会运动过程及其发展规律。它是关于客观世界全面、深刻的发展学说。马克思主义社会发展理论有以下几个重要观点：它既关注人的自由发展，又关注人的全面发展。人的自由发展包含着人从旧式分工和社会关系中解放出来的意思，这是人的全面发展的前提，所以自由发展与全面发展在马克思主义社会发展学说中是统一的。它既关注所有人的发展，又关注每个人的发展，而且把每一个人的发展视为一切人发展的条件。它既关注人的当前发展和现实利益，又关注人的长远发展和根本利益。《共产党宣言》指出，"共产党人为工人阶级的最近目的和利益而斗争，但是他们在当前的运动中同时代表运动的未来。"所以共产党人必须把当前利益和长远利益、把个人利益和整体利益、把最低纲领和最高纲领有机地结合起来，这是共产党领导工人阶级和广大劳动人民取得胜利的重要原则。它既关注经济与社会的协调发展，又关注人与自然的协调发展，并把这两个方面有机地统一起来。马克思、恩格斯一再强调人与自然的和谐，自然界是人的无机的机体，违背自然规律是要受到自然界惩罚的，等等。以上这些重要思想就是马克思主义发展理论的主要观点，也是我们今天提出科学发展观的重要理论根据。

从哲学意义来讲，所谓发展观就是人们对发展问题的总的看法，是人们解决发展问题的观点、思路和方法。所以，它是马克思主义世界观和方法论，即辩证唯物主义和历史唯物主义在发展问题上的具体体现。科学发展观是用马克思主义立场、观点和方法认识发展规律，把握发展方向，解决实际发展问题的观点、思路和方法的新的理论概括。

二　科学发展观是对我国经济社会发展的理论反思

发展问题是中国特色社会主义建设和改革中最重要的问题，只有在实践中通过不断地探索、反思和总结才能找到更为健康的发展道路。所以，科学发展观就其现实性而言，它是针对我国在发展中出现的问题而提出的，是对过去发展过程的理论反思，以及对其经验与教训的科学总结。

改革开放的20多年来，我国GDP增长很快，平均达到9%以上，我国的综合国力也明显增强，人民生活有显著提高。但是，另一方面，在发展过程中造成的诸多社会问题和生态问题也十分严重。有关数字显示，中国343个城市的近2/3目前未达到国家空气质量标准。除了空气污染，还出现了严重的水污染、海洋污染以及水土流失、森林和湿地减少，饮用水严重不足，地下水开采几乎殆尽。国家环保总局 2005 年 6 月发表的报告称，全国最大的 27 个湖泊中有 25 个已经污染。过去十年中发生了多达2500 多起环境事故。

众所周知，素有"天堂"美誉的苏南地区，是我国经济增长最快的地区。但是，这种发展也付出了极大的社会代价和生态代价。特别是生态环境方面，问题十分严重，大小河流、湖泊受到污染，太湖水质为五类，西太湖的水已经不能饮用；地下水也受到了污染，水质性缺水十分严重；耕地面积大量减少，甚至有些土地毒化，已经不适宜粮食生产；化工等污染企业使空气质量下降，已危害到人居环境，等等。苏南地区的污染主要是工业污染，而其中最主要的是化工企业和生活污水的污染。这一地区大小化工企业有 6000 多家，其中太湖上游的宜兴就有 1000 多家。此外，还有许多印染、造纸、电镀企业。这些众多的化工等污染企业的存在，不仅严重地破坏了当今苏南地区的生态，而且遗祸于子孙后代。更值得注意的是，现在大的化工集团都集中在长江两岸。一旦发生污染事件，后果不堪设想。苏南地区的经济快速发展，有市场经济的利益驱动和盲目性的一面，同时也可以从中看到发达国家向发展中国家转移污染企业、特别是化工企业的影子。从这里我们可以更深刻地认识到落实科学发展观的重要性和紧迫性。

三　科学发展观中价值观和发展观是内在统一的

重视经济发展无疑是正确的，但是，如果不重视人的生存条件、人的利益和发展，不重视自然生态的保护，这种发展也难以持续下去。科学发展观体现了价值观和发展观的统一。以人为本是价值观，是一种价值趋向，它指明一种发展目的，即发展为了什么。科学发展观是发展诸因素的本质的联系，是规律性的反映，或者说是关于发展规律的科学理论。它包括：为何发展、发展什么、怎样发展等基本问题，包括发展目的、方向、动力、条件、要素以及战略、政策和措施的选择等。脱离了这些条件和因素，全面、协调、可持续发展是不可能实现的。在把握科学发展观上，有以下两点值得注意：

第一，以人为本的科学发展观，重点在于正确地把握科学发展。以人为本的价值观，指明了发展的出发点和归宿。它体现于发展过程和发展规律之中。要真正地把握科学发展观，就必须深入研究发展的各种要素的内在联系和规律性的东西，研究不同地区、不同条件下发展的不同方式和道路。我们所讲的"以人为本"，是从现实问题着眼，从科学发展观着眼，强调要关注人民群众的根本利益，特别是要关注弱势群体的实际问题。这也就是中央领导一再强调的"权为民所用，情为民所系，利为民所谋"，体现了"立党为公，执政为民"和全心全意为人民服务的宗旨。

第二，以人为本的科学发展观突出了发展的价值目标。价值观同世界观、历史观既有区别，又有联系，后者是更根本的，前者受着后者的制约。就像价值判断与科学判断不能混淆一样，价值观同世界观、历史观也是不能混淆的，否则，就会得出极为错误的结论。价值观属于道德伦理的范畴，而世界观、历史观则属于本体论和认识论的范畴。前者回答应如此，后者回答是如此，即回答本质和规律性的问题。在以人为本的科学发展观中，"以人为本"指明发展为了什么，指明发展的目的性；而科学发展观则回答什么是发展、如何发展的问题，揭示各种发展条件和要素的内在联系与规律。这种价值观通过科学的发展观而体现出来。所以，发展的目的性明确后，应该重点研究怎样发展的问题，如何实现科学的、协调的、可持续的发展的问题。

四　科学发展观的重大意义

科学发展观不仅有重要的理论价值，而且具有重要的现实意义；不仅具有国内意义，而且具有世界性意义，尤其对发展中国家具有重要的借鉴意义。从国内来看，它是指导我们建设中国特色社会主义、实现远大理想的强大的思想武器。科学发展观就是指导我们建设中国特色社会主义的根本的思想武器，也是今天我们构建社会主义和谐社会的根本指针。科学发展观是社会主义的发展观。它的出发点和归宿，是人民的根本利益和社会主义的理想。所以，社会主义根本原则即"以公有制为主体，共同富裕"，这也是科学发展观的根本原则。只有遵循社会主义的根本原则，才能真正地实现全面、协调和可持续发展。反过来说，只有认真落实科学发展观，社会主义理想和社会主义和谐社会也才能真正得以实现。两者是相辅相成的。

从世界范围来讲，要解决全球性的社会问题和生态问题，使世界人民都能过上和平、安宁、幸福的生活，建立一个和谐的世界，实现可持续发展，也要有科学发展观的精神。从世界历史的角度看，科学发展观具有深远的意义和影响。邓小平晚年不只一次地讲到，和平与发展这两大问题，一个也没有解决，而且变得更为严重。当前，世界上存在的严重的社会问题、全球性问题、生态问题，以及严峻的国际形势，都同当代资本主义已发展到国际垄断资本主义，以及所奉行的新自由主义政策有关。它已经使一些国家和地区陷入困境，并且还会造成越来越多的全球性社会问题和生态问题。为了攫取更大的利润，他们鼓励过度生产、过度消费，把污染企业转移到发展中国家，不仅造成世界性的两极分化，而且也造成了极大的生态灾难。这样，使得世界和谐与可持续发展变得困难重重。人与社会、人与自然是社会历史发展不断面对的两大主要问题，也是理论研究永恒的主题。哪一种制度能够正确地解决这两大问题，就是一种好的制度。但历史和现实都证明，只有随着社会主义的建成和共产主义事业的发展，这两大问题才能逐渐得到解决。在这个发展过程中，马克思的社会发展理论和社会主义的发展观，始终具有重要的意义。

五　落实科学发展观，必须制定明确的政策，采取有力的措施

市场经济是一种多元主体经济，在经济多元、利益多元的条件下，必须制定明确的政策，采取有力的措施，才能使科学发展观落到实处。

首先，必须对全民进行环保教育，确立科学的生态意识。在这里我举一个古代保护生态环境的例子。川北有一片很大的古代林木，叫"翠林廊"，其中一座小庙里面塑着一尊县官的像。因为以前这里有个规定，县官上任后先要数一数所管辖的地区有多少棵树，卸任后树木增加得多，就

表明政绩大。这个县官任期内树木增加最多，所以建庙予以表彰。古代人尚且如此，难道我们今人就不能效法吗！

其次，要制定对干部考核和评价的科学的指标体系，树立科学的政绩观。对干部考核不能只看经济指标，同时要看在经济发展中能耗是否降低，生态环境保护如何，以及社会问题解决情况等因素。

再次，要制定明确的政策，这些政策有鼓励性的，有限制性的，也有惩罚性的。对做得好的要鼓励，对有些企业和产品要限制，对严重污染环境并造成后果的要严厉惩罚。否则，落实科学发展观、实现可持续发展，只能是纸上谈兵。

总之，科学发展观是以马克思社会发展理论为依据的社会主义的发展理念，是推动我国社会主义建设、改革和健康发展的重要指导思想，也是解决当前存在的社会问题和生态问题的最重要的指针。当前最重要任务是正确学习和领会科学发展观的基本内涵和精神实质，坚决贯彻和落实科学发展观，推动我国经济社会实现全面、协调和可持续发展。

（原载《红旗文稿》2006 年第 23 期）

马克思主义与人道主义

列宁研究马克思早期思想
发展的方法论原则

　　研究马克思早期思想的形成，对于阐明马克思主义创始人在人类认识史上完成的伟大革命，对于完整地理解马克思主义理论体系，具有重要意义。列宁的理论研究活动开辟了研究马克思主义史的新阶段。他的研究成果，为进一步研究这个领域奠定了方法论基础。

　　马克思早期思想的形成，在整个马克思主义史中占有特殊地位。它所涉及的问题本来就比较复杂，加之资产阶级和修正主义者蓄意曲解，使有些问题愈加混乱。值得注意的是，近几十年来，所谓"青年马克思问题"，成了西方资产阶级和修正主义者伪造马克思主义的中心议题。他们歪曲青年马克思和老年马克思的关系，把青年马克思的思想说成是"真正的马克思主义"，打着"恢复"马克思的本来面目的幌子，实际上竭力否定成熟的马克思主义。针对这些问题，坚持和运用列宁的方法论原则，揭示马克思思想形成的真实过程，无疑是十分重要的。

一

　　马克思主义形成时期，通称马克思早期，包括学生时代至 1848 年 2 月《共产党宣言》问世的十余年时间。列宁科学地揭示了马克思思想形成的过程，指明这个过程又分为若干阶段。各个不同的阶段，是马克思向着成熟目标前进中的确定路标。而每一个阶段的重大进展都受着他那个时代条件的制约。列宁研究了这些历史条件和基于其上的马克思思想的能动发展，阐明了这个发展过程所经历的诸不同阶段及其时间范围和每一阶段质的规定性。照列宁的看法，马克思思想形成经历了 4 个主要阶段，这些阶段既相区别，又相联系，构成马克思思想发展的辩证运动过程。

第一阶段，马克思世界观转变前的思想演变，包括 1842 年《莱茵报》以前的整个时期。列宁明确指出，马克思和恩格斯"两人都是由民主主义者变成社会主义者的"①。这就是说，马克思革命民主主义观点的确立和发展是这一阶段的本质特征。在 19 世纪 30 年代后期，德国资产阶级反封建的斗争是以青年黑格尔派哲学斗争的形式更为激烈地展开的。马克思当时也积极参加了青年黑格尔运动，并以饱满的战斗热情站在这个运动的最前列。但是，马克思不是站在资产阶级自由主义立场，而是站在革命民主主义立场。在哲学上他是一个"黑格尔唯心主义者"，但也不像他们那样追求主观意志的绝对自由，而是用革命民主主义精神解释黑格尔哲学，探求"定在中的自由"，即在现实生活中寻找个人的自由。这种在当时倾向激进的政治立场和哲学观点，使青年马克思能够面向实际，同情群众和富于勇敢的进取精神。从而在他面前展现了一条摆脱唯心主义的出路。因此，研究马克思的革命民主主义观点，无疑是正确理解他实现世界观转变的出发点。

第二阶段，马克思世界观的根本转变。马克思结束了学校生活，走向社会，直接参加了从 1840 年开始高涨的德国资产阶级反封建的斗争。由于接触到各种社会问题，尤其在巴黎直接同工人运动的结合，使他迅速地实现了从唯心主义到唯物主义、从革命民主主义到共产主义的转变。照列宁的看法，马克思是从 1842 年《莱茵报》开始到 1844 年春《德法年鉴》，"彻底完成"了这个转变。其标志是，马克思"已作为一个革命家出现"，认识到无产阶级是"现代社会唯一彻底革命的阶级"，主张依靠无产阶级和通过社会主义革命对社会进行根本改造。与此相联系，马克思唯物主义深入地理解哲学和现实、理论和实践的辩证关系，把哲学作为无产阶级改造世界的精神武器。马克思世界观的这一根本转变，表明马克思已经"成为马克思"，完成了世界观由旧质到新质的"飞跃"，为其以后思想发展奠定了新的基础。这是马克思早期思想发展的第一个伟大转折。

---

① 《列宁专题文集——论马克思主义》，人民出版社 2009 年版，第 59 页。

　　第三阶段，马克思世界观的深化和发展。这个阶段从 1844 年初至 1845 年春，是马克思完成世界观转变后从不成熟到成熟的过渡，是质变中的量的扩张。工人运动的蓬勃开展和马克思在理论上的深入探讨，使他彻底同旧哲学划清了界限，"奠定了革命唯物主义的社会主义的基础"①，已经接近了"自己的整个'体系'的基本思想"（指生产关系的思想）②，"几乎已经形成了的对无产阶级革命作用的观点"③。从而实现了列宁所说的"离开黑格尔走向费尔巴哈，又超过费尔巴哈走向历史（和辩证）唯物主义"④。这个"进一步"，是从《神圣家族》开始，到 1845 年春马克思写《关于费尔巴哈的提纲》时初见成效。它终于实现了马克思世界观的转变，为成熟的马克思主义著作准备了必要前提。

　　必须指出，列宁的上述论断，同普列汉诺夫等人的"三阶段论"没有丝毫共同之处。按照"三阶段论"，马克思开始是彻底的黑格尔派，继而是彻底的费尔巴哈派，最后是以上两者的综合。这完全是用机械论的方法臆造马克思的思想发展过程。其实，马克思从来不是"正统的"黑格尔学生，也不是"忠实的"费尔巴哈信徒，在任何时候他也没有无条件地赞同过黑格尔或费尔巴哈。马克思对其先驱者总是采取分析的态度，所以他才能超越他们，把人类认识推向新的发展阶段。

　　第四阶段，创立辩证唯物主义和历史唯物主义，结束了马克思主义哲学的形成过程。大家知道，由于伯恩施坦将马克思早期一部最重要的、也是最大的著作《德意志意识形态》扣压了 30 年之久，致使列宁生前无法读到这部著作。尽管如此，列宁根据其他有关材料仍然正确指明了这个阶段的主要特征。

　　在这个时期，马克思深入地研究了政治经济学，批判了费尔巴哈直观唯物主义和唯心主义历史观，完成了发展其历史唯物主义的工作。这就是列宁所说的"超过费尔巴哈走向历史（和辩证）唯物主义"。《德意志意识形态》一书乃是这一工作的直接继续和辉煌成果。这部著作，首次科学

---

①　《列宁专题文集——论马克思主义》，人民出版社 2009 年版，第 56 页。
②　《列宁全集》第 55 卷，人民出版社 1990 年版，第 13 页。
③　同上书，第 8—9 页。
④　同上书，第 293 页。

地阐明了历史唯物主义诸基本原理，如社会存在和社会意识、生产力和生产关系（这里通称"交往方式"）、经济基础和上层建筑。阐明了社会历史运动的"前提"，并在实际上论述了社会经济形态的重要概念。同时，在揭示生产力和生产关系的矛盾是社会变革的"根源"的基础上，提出了无产阶级专政和共产主义革命的重要思想。虽然有的术语尚欠准确，但就其内容来讲，它已经成熟了。因此，把《德意志意识形态》视为成熟的马克思主义的最初著作，完全符合列宁关于这个时期的评述。

综上所述，马克思观点的形成是辩证的发展过程。其中每个阶段都是该过程的一个有机环节，都以自己特殊的质为下一阶段做了必要的准备。前阶段是后阶段发展的前提；后阶段是前阶段发展的必然趋势。因此，按照列宁的方法论原则，不能把某一阶段从它的整体中游离出来，而应与其整体联系起来考察。必须把每一理论成果都置于确定的阶段来加以研究，既看到它包含的新内容，又要看到其中仍带有旧哲学的痕迹；既不低估新的思想因素在其发展中的意义，也不把它绝对化。这样才能科学地再现马克思思想的形成过程。

资产阶级学者，尤其是当前西方流行的所谓"马克思学"，伪造马克思主义的惯用手法之一，就是歪曲马克思早期思想发展过程。或者把不成熟的东西如马克思《1844 年经济学哲学手稿》视为成熟的东西，而把成熟的东西，特别是马克思的《资本论》视为理论创作的"减弱"；或者将成熟阶段的东西仅仅看作不成熟阶段东西的"阐述而已"，进而将其归结于德国古典哲学，甚至胡说什么科学社会主义"孕育在"黑格尔的《精神现象学》中。这些说法暴露了他们在理论上的荒谬和思想上的贫乏，列宁的方法论原则，是我们粉碎资产阶级反动谬论的有力武器。

二

研究马克思主义三个组成部分的相互关系，是列宁的方法论的又一重要内容。

研究马克思早期思想发展的进程，应主要掌握些什么呢？这个问题很有探讨之必要。过去，有的研究者仅仅着眼于说明马克思对其先驱者态度的变化和对青年黑格尔派影响的克服，而很少注意这种变化之何以发生。列宁的方法论原则，为我们探讨这个问题指明了方向。他说，要揭示"马克思已经掌握了什么以及他如何转到新的思想领域"①。这就是说，重要问题在于全力抓住马克思在每个时期新的思想获得及其深化的程度，以此来判断马克思如何摆脱旧哲学的影响，并转向新的发展阶段。

根据列宁的论述，要阐明马克思世界观实质性的进展，即"马克思已经掌握了什么"，最重要的是从马克思主义三个组成部分的相互关系予以考察。这是因为，马克思世界观的发展，首先取决于社会实践提出的问题，以及对它从理论上解决的程度，而对社会实践提出的问题的回答，不能只限于某一个方面，而是政治、经济和哲学的共同任务。这就决定了马克思主义各个部分的内在统一。每个组成部分都是在同其他部分相互制约、相互作用的基础上产生的。这种相互作用的关系，在每个不同发展阶段又有不同的特点。所以，马克思的观点始终都是一个复杂的有机的统一整体。资产阶级思想家把马克思主义形成仅仅归结为哲学问题，似乎他们很重视马克思哲学观点的形成，其实这是极大的歪曲。马克思主义形成史完全说明了列宁的方法论原则的正确。

19 世纪 40 年代，社会实践提出的重大课题，是使社会主义和工人运动相结合，为社会主义奠定科学的理论基础，而对无产阶级历史作用的认识，就成为解决这一任务的关键所在。列宁说："马克思学说中的主要的一点，就是阐明了无产阶级作为社会主义社会创造者的世界历史作用。"②马克思思想形成过程，正是以这个"主要之点"的提出、发展和成熟为标志的。但这个"主要之点"又是在马克思主义创始人"创造的哲学、历史和经济的理论中成长起来的"③。马克思的政治观点的发展推动着他的哲学和经济理论的形成，而没有这些理论为基础，科学社会主义学说也不能最终确立。

早在《莱茵报》时期，马克思已经发现当时广为传播的各种社会主义

---

① 《列宁全集》第 55 卷，人民出版社 1990 年版，第 6 页。
② 《列宁专题文集——论马克思主义》，人民出版社 2009 年版，第 61 页。
③ 《列宁专题文集——论无产阶级政党》，人民出版社 2009 年版，第 76 页。

学说的非科学性，认为当前首要任务就是为社会主义提供"理论论证"，为此必须研究哲学和政治经济学。

列宁指出，马克思提出无产阶级历史作用的学说是在 1844 年。在这一年，马克思不论在实践方面还是理论方面都有了长足的发展。在实践方面，马克思移居巴黎后，直接接触到法国社会主义者和工人运动的代表人物，与工人运动的结合使他的视野为之开阔。作为一个唯物主义者，马克思不能不关心当时最急迫的社会问题。同时，他开始探讨政治经济学，研究人们的经济关系和物质利益。这一理论探讨，使马克思在 1844 年接近了社会生产关系的重要思想。如果说马克思在 1844 年"几乎已经形成了"关于无产阶级历史作用的观点，那这只能归因于实践的推动和理论的探讨。

诚然，到 1844 年，马克思学说的这个"主要之点"还是不成熟的，而这种不成熟性又恰恰是同他哲学和经济学观点的不成熟性相适应的。由于这时马克思对政治经济学研究还很不够，还未形成唯物主义的历史观，所以还不能从无产阶级所处的经济地位来揭示它的阶级本质。因此，他关于无产阶级历史作用的学说，还未能完全建立在历史唯物主义之上，在一定程度上仍受着费尔巴哈人本主义的影响。例如，把无产阶级和有产阶级的对立视为"人的自我异化"；在说明无产阶级革命作用时还是从"人类解放"的角度提出问题；把资本主义社会理解为违反人性的不道德的社会，而未从其历史发展和阶级关系来认识；无产阶级在现代社会中的地位被理解为人性的"丧失"，而共产主义则是人性的完全"复归"，等等。费尔巴哈人道主义的影响，在这里是毋庸置疑的。然而这不足为怪，因为它是刚刚产生的新事物所包含的旧事物的遗迹。资产阶级和修正主义者极力夸大这种遗迹，把马克思诬蔑为真正的人道主义者，把共产主义歪曲为真正人道主义的实现，这完全是别有用心。

马克思在自己的前进中，不断地克服这些遗迹。在 1844 年和 1845 年间，他对世界历史，特别是对政治经济学进行了浩繁的研究，使他在短短几个月中，迈出了决定性的一步。这一研究是如此卓有成效，以致在 1845 年 1 月就与一个出版商签订了出版两卷本《政治和政治经济学批判》一书的合同。该书虽未问世，但却促成了马克思唯物史观的诞生。正如我们所看见的，由于他对政治经济学的研究和对市民社会的解剖，产生了社会生产关系这一唯物史观的最基本概念和生产力最终决定社会状况的原理，从而对一切复杂的社会现象、对人们之间的社会关系和阶级斗争作了科学的说明。从此，马克思不再用费尔巴哈的人道主义，而是从社会经济地位和阶级关系来说明无产阶级的历史作用。社会主义学说终于找到了它的科学基础。

由此可见，马克思观点的形成，是哲学、科学社会主义和政治经济学在实践基础上相互作用的结果。这三者的关系，依照列宁的论述，科学社会主义作为"纲领"在马克思主义中居于中心地位；政治经济学是其"主要内容"；哲学是它的"理论"，即哲学基础。这三个方面各以其不同的地位和作用，相互制约，相互依存，又相互推动。马克思的政治观点的发展影响和促进他的哲学和经济学理论的形成，它不仅向哲学和经济学提出为之作论证的需要，而且还规定这两者的发展方向；马克思的哲学和经济学理论的发展也制约着他政治观点的形成，这两个方面的进展同时也是他政治观点的深化，它们愈趋成熟，马克思政治观点的基础也愈加牢固。同样，马克思的哲学和经济学也处于相互作用之中。列宁指出："使马克思的理论得到最深刻、最全面、最详尽的证明和运用的是他的经济学说。"① 因此，研究马克思观点的形成，就应从它的三个组成部分的相互联系中去考察。

当然，马克思主义三个组成部分在形成的过程中是有重点的，并非均衡地发展。马克思主义创始人善于根据不同情况和理论斗争的特点把问题的不同重点和不同方面提到首位，通过解决那些最急迫的理论问题去发展自己的观点。列宁说："在1848年以前，特别突出的是马克思主义哲学的形成。"② 在马克思哲学观点发展中，又是将历史唯物主义提到首位。

承认马克思主义哲学的这种重点地位，与资产阶级学者把马克思主义形成只归结为哲学问题毫无相同之处。资产阶级学者的错误，在于完全离开马克思主义三个组成部分的有机统一，孤立地强调一点，以偏概全，用

---

① 《列宁选集——论马克思主义》，人民出版社2009年版，第17页。
② 《列宁全集》第20卷，人民出版社1989年版，第129页。

主观随意性代替对事物的客观分析。

实际上，在 19 世纪 40 年代，马克思注重于历史唯物主义的探讨，正如列宁所说的，这"不取决于主观愿望，而取决于一切历史条件"。首先，是无产阶级革命实践的迫切需要。以往社会主义学说之所以流于"空想"，主要原因就在于"不懂得历史运动的唯物主义原理"①。马克思不满意空想社会主义者的"肤浅言论"，决心为社会主义提供"理论论证"，为此，必须把历史和唯物主义结合起来，建立科学的唯物主义历史观。

其次，历史唯物主义成为当时理论上的突出问题，是人类哲学思想发展的必然结果和趋势。列宁明确指出：当时马克思"感兴趣的只是从黑格尔和费尔巴哈继续前进"②。还说，"马克思和恩格斯的学说是从费尔巴哈那里产生出来的，是在与庸才们的斗争中发展起来的，自然他们所特别注意的是修盖好唯物主义的上层，也就是说，他们所特别注意的不是唯物主义认识论，而是唯物主义历史观"③。若不使唯物主义"向上发展"，而"只重复那些已经解决了的认识论问题"④，那么，就会像费尔巴哈一样，不仅不能彻底发展唯物主义，而且也不能使认识论奠定在真正的科学基础上。可见，历史赋予马克思主义哲学创始人的任务，首先就是"在理论上发展唯物主义"，"修盖好唯物主义哲学这所建筑物的上层"⑤，创立完备的唯物主义哲学，以便为马克思主义政治学和政治经济学提供坚实的理论基础。没有历史唯物主义，便不可能有真正的社会科学，所以列宁称之为"科学思想中的最大成果"⑥。

唯物史观在形成时期是牵动整体的一个突出重点。马克思的天才智慧，正在于牢牢地把握住了科学思想发展的这个重心，并卓有成效地解决了它，从而推动了马克思主义理论体系的产生。因此，研究马克思观点的形成，还必须从对重点的深入研究去把握整体。当然，这个重点也只具有

① 《列宁专题选集——论马克思主义》，人民出版社 2009 年版，第 62 页。
② 《列宁全集》第 55 卷，人民出版社 1990 年版，第 293 页。
③ 《列宁专题文集——论辩证唯物主义和历史唯物主义》，人民出版社 2009 年版，第 115 页。
④ 同上书，第 117 页。
⑤ 《列宁选集》第 2 卷，人民出版社 1995 年版，第 179 页。
⑥ 《列宁专题选集——论马克思主义》，人民出版社 2009 年版，第 68 页。

相对意义，因为离开马克思主义其他方面的作用，尤其在哲学中离开辩证唯物主义的前提，它本身也无从形成。所以，通过马克思主义各个部分的相互作用去掌握这个重点，又通过对重点的研究更深刻地把握整体，即把握整个马克思学说，这正是列宁的方法论所要求的。

三

马克思主义是社会实践的产物，是无产阶级革命经验的科学总结。然而作为一个完整的无与伦比的理论体系，它又是综合人类历史上一切优秀的思想成果并加以发展而建立起来的。马克思主义就是共产主义从全部人类知识中产生出来的典范。①

列宁在研究马克思思想形成时，科学地阐明了批判和继承的辩证关系。在十月革命后，他针对在苏联出现的"无产阶级文化派"臆造所谓"特殊文化"的反动观点，尤其强调了继承历史遗产对发展无产阶级文化的重大作用。他认为，马克思主义之所以坚强无比和赢得了世界历史性意义，"是因为它并没有抛弃资产阶级时代最宝贵的成就，相反地却吸收和改造了两千多年来人类思想和文化发展中一切有价值的东西"②。"无产阶级文化派"的错误，就在于用虚无主义态度对待人类优秀的思想遗产，妄图离开人类文明大道建立无产阶级文化。

在辩证论者看来，继承是事物发展中的肯定环节和继续发展的先决条件。没有继承便不能前进，否定继承就是割断历史。然而继承并不是兼收并蓄，而是批判地继承。没有批判，也就没有真正的继承。所谓批判，就是分析的态度，分清哪些属于历史的沉渣，哪些属于合理的内核，以剔除其糟粕，吸取其精华。所以这种批判，就不是一概否定，而如列宁所说，"是作为联系环节、作为发展环节的否定"，是保持肯定的否定和包含继承的批判。总之，继承是批判的目的，批判是继承的前提和手段，批判和继承是辩证的统一。

---

① 参见《列宁专题文集——论无产阶级政党》，人民出版社 2009 年版，第 280 页。
② 《列宁专题文集——论社会主义》，人民出版社 2009 年版，第 167 页。

列宁认为，马克思主义哲学是德国古典哲学的"直接继续"；它的产生是批判地继承历史上优秀思想遗产的光辉范例，马克思坚决摒弃了黑格尔唯心主义体系，救出了它神秘外壳中的"合理内核"，把辩证法的诸基本规律和范畴奠定在唯物主义基础上，使之真正成为最完整最深刻的关于发展的学说。同时，他又彻底地批判了费尔巴哈哲学的唯心主义的宗教伦理杂质以及它的形而上学观点，吸取了他唯物主义的"基本内核"，并以辩证法对之加以改造和丰富，使它发展成为完备的唯物主义哲学，从而把人类哲学思想推进到一个完全崭新的阶段。

马克思主义创始人在创立自己的哲学时，是否批判地继承了先前历史观中的合理因素，这个问题在一段时间内被视为"禁区"。其实，恩格斯早就指出过：黑格尔"划时代的历史观是新的唯物主义观的直接的理论前提"①。马克思创立唯物史观时，不仅吸取了英国古典经济学和法国复辟时代历史学家的优秀思想遗产，而且还批判地继承了黑格尔历史哲学的某些合理因素，尤其是他的历史辩证法思想。

黑格尔的巨大功绩，首先在于他第一次有意识地表述了"辩证法的一般运动形态"，同时还在于对科学历史观的产生较之他的先辈做出了无与伦比的贡献，在于他还提出了探求历史的最终动力问题。虽然黑格尔在探讨这一问题时乞援于绝对精神，找不到历史的现实基础，因而不能解决这个课题，但他的可贵之处，正在于提出了历史动力问题。不仅如此，黑格尔还试图揭示历史的内在联系，历史发展中自由和必然、可能和现实、人的目的和客观世界的关系，以及人的劳动在历史进程中的作用，等等。无怪乎，列宁谈到黑格尔历史哲学的这类见解时，认为"在黑格尔那里有历史唯物主义的胚芽"②。因此，尽管黑格尔的历史哲学较之他的逻辑学所提供的东西少得多，但也不能简单抛弃。

马克思对德国古典哲学的批判地继承，体现了科学性和革命性的高度统一。其革命性就在于对历史"糟粕"的否定"没有任何动摇、没有任何折衷"，而不是一概否定。其科学性在于吸取那些经过批判和革命实践

---

① 《马克思恩格斯文集》第 2 卷，人民出版社 2009 年版，第 602 页。
② 《列宁全集》第 55 卷，人民出版社 1990 年版，第 274 页。

的检验确属合理的有价值的东西，而不是一概肯定。即便对那些有价值的东西，也不是原封照搬，而是经过革命改造，在实践基础上得出新的结论，所以批判地继承意味着对历史遗产的改造和发展。它既显示了人类认识过程的内在的逻辑的联系，又显示了认识发展中的质的飞跃。坚持批判和继承的辩证统一原则，必须既反对只要批判不要继承、貌似革命实则糟蹋革命的恶劣的形而上学，又反对只讲继承不讲批判的反科学的庸俗进化论。

马克思同其思想先驱的关系问题，从来就是资产阶级学者和修正主义者所歪曲的重要方面。其主要倾向就在于极力取消列宁关于批判地继承原则的革命意义。如前面提到的那种"综合论"，把马克思对德国古典哲学的批判地继承歪曲为机械地综合，认为辩证唯物主义无非是黑格尔的辩证法加上费尔巴哈的唯物论，否认辩证法和唯物论在实践基础上的有机统一，把两者视为机械地凑合。所以，这种"综合论"，不过是庸俗进化论的变种。现在西方的所谓"马克思学"也是如此。它把不成熟的马克思说成"成熟"的马克思，又进而把马克思的思想归之为黑格尔和费尔巴哈的思想。他们为了达到这个目的，势必歪曲列宁批判地继承的原则。他们胡说，列宁认为"只要用'唯物主义的方法'读黑格尔的著作"，就可以把黑格尔辩证法"接受过来"。这种歪曲，完全抹杀了马克思与其思想先驱者的原则界限。

马克思主义史的研究表明，凡是违背列宁关于批判和继承辩证关系原则的，无不在理论上陷入荒谬。十月革命后，在苏联的研究工作中，曾因割裂批判和继承关系的形而上学方法交替出现，而走过不少弯路。在20世纪20年代初，当列宁批判了"无产阶级文化派"的虚无主义态度后，无批判地继承的倾向有所滋长。研究者在强调马克思对德国古典哲学的继承关系时，往往忽视了他对其先驱者的观点所作的原则性批判。例如，阿·德波林认为，马克思对费尔巴哈唯物主义只是"作了某些修改"，"马克思主义是费尔巴哈主义的继续"[①]。还有的人认为，"关于世界的共

---

① 阿·德波林：《路德维希·费尔巴哈／个性和世界观》，莫斯科1923年版，第360页。

产主义学说是完全地建立在黑格尔理论的基础之上的"①。他们都否认马克思对德国古典哲学的批判改造和在新的基础上的发展，从而在根本上否定了马克思主义哲学。

实际上，这种观点并非20世纪20年代的独创，而是普列汉诺夫思想的复活。普列汉诺夫是最早研究马克思思想形成的学者之一，他最先认识到研究马克思主义创始人观点的产生对掌握马克思主义完整理论体系的意义，并且贡献卓著。然而，作为一个拓荒者，他也犯有许多错误，主要表现在抹杀马克思的哲学与德国古典哲学，特别是费尔巴哈哲学的原则界限。他不仅主张"马克思的认识论实际就是费尔巴哈的认识论"②，而且还认为马克思关于人的本质是"一切社会关系的总和"的科学论断，同费尔巴哈人本学观点的联系"比别的地方暴露得更加明显"③。从而把马克思的唯物主义完全降低到费尔巴哈的唯物主义。众所周知，马克思关于以实践为基础的认识论同费尔巴哈直观的认识论有着质的不同，特别是在历史观方面，马克思关于人的本质的科学论断不仅与费尔巴哈人本主义不同，而且恰恰相反。列宁指出，普列汉诺夫之所以把这两者混为一谈，是因为他没有站在辩证唯物主义立场，而是站在庸俗进化论立场。

苏联研究者在20世纪30年代纠正上述错误倾向时，由于没有正确坚持列宁的批判地继承的原则，从肯定一切又转向否定一切。在他们看来，黑格尔和费尔巴哈对马克思的影响是微乎其微的，青年马克思在学生时代就已经以革命家而出现了，并从开始就同其先驱者划清了界限。这种简单化的态度，导致对德国古典哲学的一概否定。这种倾向的出现，主要是由研究者的思想方法片面性和非历史主义态度造成的，但同时又是和斯大林同志对黑格尔哲学的错误观点分不开的。他"把德国古典唯心主义哲学说成是德国贵族对于法国革命的一种反动。"作这样一个结论，就把德国古典唯心主义哲学全盘否定了。④

---

① 《共产主义哲学》，转引自捷·伊则尔曼《马克思主义哲学的形成》，生活·读书·新知三联书店1964年版，第12页。

② 《普列汉诺夫哲学著作选集》第3卷，生活·读书·新知三联书店1962年版，第147页。

③ 同上书，第156—157页。

④ 《毛泽东文集》第7卷，人民出版社1999年版，第194页。

　　在我国的研究工作中，围绕着批判和继承的关系问题也出现过这样或那样的偏差。历史教训要求我们必须认真学习和坚持列宁的方法论原则，以清算各种错误观点，把马克思主义史的研究提高到一个新的水平。

（原载《文史哲》1979 年第 5 期）

马克思是怎样使用"异化"概念的

　　17—18 世纪的一些哲学家、启蒙思想家如卢梭等就提出过异化（意义亦可解作转让）思想，作为历史上国家权起源的一种解释（即人们把自己的权力转让给政治机构）。在德国古典哲学中，特别是黑格尔的著作中，异化作为一个哲学范畴纳入思辨哲学体系之中，得到广泛的运用。马克思在自己的一些理论著作、特别是早期著作中，也使用过异化概念。但是，在马克思思想发展的不同时期，异化概念在他的学说中的地位和含义是有变化的。

　　马克思在创立唯物主义历史观以前，他的思想发展，先是受黑格尔唯心主义的影响。这时，他肯定概念异化，把现象"理解为本质的异化"①。

　　从 1843 年夏对黑格尔法哲学进行批判，到 1845 年春在写作《关于费尔巴哈的提纲》以前，马克思又接受了费尔巴哈人本主义的影响，列宁称之为马克思"离开黑格尔走向费尔巴哈"②。在黑格尔那里，异化是绝对观念的异化，是一个思辨唯心主义的概念。费尔巴哈则用异化来批判宗教神学。他的一个基本命题，就是"神是人的本质的异化"。就是说，不是神创造人，而是人创造神，人把自己的真正本质从人本身分裂出去变成神，反过来又与人相对立。费尔巴哈承认存在着一个抽象的、不变的人的本质，他的观点是立足于人本主义基础之上的。在费尔巴哈的直接影响下，马克思这时曾把"异化"作为其学说的中心概念，并把它从纯理论范围转移到实践领域，研究社会历史现象，剖析资本主义经济关系，提出了异化劳动的思想。他试图通过异化劳动来揭示劳动和私有制的本质联系，

----

　　① 《马克思恩格斯全集》第 40 卷，人民出版社 1982 年版，第 231 页。
　　② 《列宁全集》第 55 卷，人民出版社 1990 年版，第 293 页。

并用这个思想把哲学、经济学和共产主义学说融为一个整体。

异化劳动是资本主义生产方式下工人的劳动活动。马克思阐明了异化劳动的四个规定。（一）劳动同自己的劳动产品相异化。工人生产的产品数量越大，他就越贫穷；工人创造的商品越多，他就越变成廉价商品。（二）工人同其自身活动相异化。就是说，工人的劳动不属于他自己，而属于别人；不是属于他本质的东西，而是外在的东西。劳动对工人说来，不是自愿的，而是被迫的、强制的。（三）由以上两者规定的人同类本质相异化。"人的类本质……变成人的异己的本质，变成维持他的个人生存的手段。"① （四）以上三种事实"所造成的直接结果就是人同人相异化"②。当人同自身相对立的时候，他也同他人相对立。

"总之，通过异化的、外化的劳动，工人生产出一个跟劳动格格不入的、站在劳动之外的人同这个劳动的关系"，"生产出资本家……同这个劳动的关系。从而，私有财产是外化劳动……的产物、结果和必然后果。"③ 马克思由此得出否定私有制的结论，指出："共产主义是私有财产即人的自我异化的积极的扬弃。"④ 同时，他从理论上认识到生产活动的决定作用，并以萌芽的形式表述了一定方式的生产产生一定的社会关系的重要思想，使他接近了历史唯物主义。

但这时马克思的观点，还带有明显的费尔巴哈人本主义的痕迹。这不仅表现在上述异化劳动的思想中，而且还表现在：第一，他赞同人的本质异化的观点，如认为国家是"人的本质的客体化"⑤；金钱的统治是人的自我异化⑥；异化了的人"还不是真正的类存在物"⑦，甚至认为"有产阶级和无产阶级同是人的自我异化"⑧。第二，马克思把人类解放理解为人的异化的彻底消除，把共产主义看成是"对人的本质的真正占有"，"是人

---

① 《马克思恩格斯全集》第42卷，人民出版社1979年版，第97页。

② 同上书，第98页。

③ 同上书，第100页。

④ 同上书，第120页。

⑤ 《马克思恩格斯全集》第1卷，人民出版社1956年版，第293页。

⑥ 参见《马克思恩格斯全集》第1卷，人民出版社1956年版，第448页。

⑦ 《马克思恩格斯全集》第1卷，人民出版社1956年版，第434页。

⑧ 《马克思恩格斯全集》第2卷，人民出版社1957年版，第44页。

向自身、向社会的（即人的）人的复归"，是"存在和本质"、"个体和类之间的斗争的真正解决"①。这些显然表现了费尔巴哈人本主义观点的影响。无怪乎，马克思当时称赞费尔巴哈"给社会主义提供了哲学基础"②。

从《关于费尔巴哈的提纲》到《共产党宣言》（1847 年 12 月—1848年 1 月），是马克思全面制定唯物主义历史观的时期。这时，这一崭新的科学历史观，被看成是随着思辨的终止而开始的"真正实证的科学"，而"异化"则被视为只是"暂时还用一下"的"哲学家易懂的话"③。异化也不是人的自我异化，它根源于一定的生产力和由此决定的社会分工。马克思在回答人们的社会关系为什么会变成反对他们的异己力量的问题时，指出："总之，分工，分工的阶段依赖于当时生产力的发展水平。"④ 因此，消除国家、社会关系的异化的前提，在于"生产力的巨大增长和高度发展"，在于消灭私有制和"对生产实行共产主义的调节"⑤。由此，马克思对青年黑格尔派滥用异化概念进行了批判，指出他们把"任何一个客体或者关系"都说成"是我的异化"，这样就"把这些关系和个人都变成关于异化的完全抽象的词句"⑥。

同时，马克思批判了费尔巴哈人本主义和由它装备起来的"真正的社会主义"观点，指出费尔巴哈不去研究现实社会矛盾和历史的客观基础，而把"人"作为历史发展的动力，把整个历史看成"是'人'的自我异化过程"，这就意味着"把整个历史变成意识发展的过程了"⑦。"真正的社会主义"用"人的本质的异化"去解释社会主义，在法国社会主义原著下面写上"人的本质的外化"和"抽象普遍物的统治的废除"等等，这就完全阉割了这些学说所反映的现实的阶级内容，追求什么"人的本质的利益，即一般人的利益"⑧。马克思坚决反对从人的抽象本质引出共产主

① 《马克思恩格斯全集》第 42 卷，人民出版社 1979 年版，第 120 页。
② 《马克思恩格斯全集》第 27 卷，人民出版社 1972 年版，第 450 页。
③ 《马克思恩格斯全集》第 3 卷，人民出版社 1960 年版，第 31、316、39 页。
④ 《马克思恩格斯选集》第 1 卷，人民出版社 1995 年版，第 135 页。
⑤ 《马克思恩格斯全集》第 3 卷，人民出版社 1960 年版，第 39、40 页。
⑥ 同上书，第 316、317 页。
⑦ 同上书，第 77 页。
⑧ 《马克思恩格斯选集》第 1 卷，人民出版社 1972 年版，第 277—278 页。

义结论，认为共产主义不是"从寻找'本质'开始的"，它"是用实际手段来追求实际目的的最实际的运动"①。这既是对费尔巴哈人本主义异化观的批判，又是对马克思本人"从前的哲学信仰"的"清算"。

在马克思主义的第一个纲领性文献《共产党宣言》中，只有一处提到"外化"，而且如上所述，是用在批判"真正的社会主义"关于异化观点的地方。

在写于《共产党宣言》之前的《哲学的贫困》中，在写于《共产党宣言》之后的《雇佣劳动与资本》、《1848 年至 1850 年的法兰西阶级斗争》、《路易·波拿巴的雾月十八日》、《法兰西内战》等重要著作中，马克思都没有使用异化概念。

19 世纪 50 年代末和 60 年代，马克思在创作《资本论》过程中，使用了异化概念。但在为《资本论》直接提供了哲学基础和方法论的《〈政治经济学批判〉序言》和摘自 1857—1858 年经济学手稿的《〈政治经济学批判〉导言》中，却没有一处出现异化这个词。这清楚说明，马克思在《资本论》及其准备作品中使用异化概念，已不像早期那样，用异化去解释经济、政治、宗教、意识等现象，从而去说明整个社会历史发展，而是在研究经济学中使用这个概念去描写一些经济现象。在研究经济学中，马克思并没有在一般方法论意义上使用异化概念，而主要限于说明资本对雇佣劳动的关系和资本主义生产方式的历史暂时性。这时，马克思发挥了他早期的异化劳动的思想，但已完全克服了其中含有的人本主义因素，而异化也不再是马克思学说的中心概念了。

马克思提出了"异化劳动"和"劳动的异化"②的概念，用以表示劳动同劳动本身所创造的劳动条件和劳动产品的对立关系，并由此而讲到资本的异化，利息和利润的异化，生产条件的异化。马克思说："关键不在于物化，而在于异化，外化，外在化，在于巨大的物的权力不归工人所有，而归人格化的生产条件即资本所有，这种物的权力把社会劳动本身当

---

① 《马克思恩格斯全集》第 3 卷，人民出版社 1960 年版，第 236 页。

② 《马克思恩格斯全集》第 42 卷，人民出版社 1979 年版，第 96、102 页。

作自身的一个要素而置于同自己相对立的地位。"① 在劳动异化的条件下，"劳动的物质条件的增长不是表现为劳动的不断增长的力量"，"反而表现为这些物质条件的不断增长的支配劳动和反对劳动的权力"②。这种异化随着科学技术的发明，随着机器的发展而发展成为完全的对立。在劳动异化的情况下，工人备受摧残和奴役，他们受到资本的极其残酷的剥削。

这种"极端的异化形式"在资本对雇佣劳动关系中，"是一个必然的过渡点"，它是资本主义生产和交换的前提，同时又是"自在地、但还只是以歪曲的头脚倒置的形式，包含着一切狭隘的生产前提的解体"③。这种颠倒的过程，是一种历史的必然性。但"决不是生产的某种绝对必然性"④，而是一种暂时的必然性，这一过程的趋势必然扬弃这种"颠倒"产生的基础及其形式即劳动的异化。这就是说，劳动异化是资本主义私有制造成的必然的而又是暂时的现象，必将随着资本主义的消灭而消失。这就是马克思通过劳动的异化，对资本主义生产方式进行分析所得出的结论。

综上所述，马克思对异化概念的使用及其地位，有一个发展过程。在历史唯物主义产生以前，异化是马克思学说的中心概念，它既包含有异化劳动的卓越思想，又受到黑格尔哲学特别是费尔巴哈人本主义的明显影响。在历史唯物主义产生以后，异化才得到正确的说明，而且它已不是马克思学说的中心概念。在《资本论》及其创作过程的手稿中，马克思虽然多处使用了异化概念，但这是以历史唯物主义作为指导来揭示资本对雇佣劳动的对抗关系，揭露资本主义剥削的实质的。马克思这里使用的已不是一般的"异化"，而是"异化劳动"。异化劳动是资本主义生产关系所固有的现象，具有历史的暂时的性质。因此，不能把异化看成是人类社会生活的永恒现象，不能把异化概念变成超越特定历史阶段的普遍适用的范畴。

马克思在论述社会主义社会时没有使用过"异化"概念。在《哥达纲

---

① 《马克思恩格斯全集》第46卷（下），人民出版社1980年版，第360页。
② 《马克思恩格斯全集》第48卷，俄文版，第83页。
③ 《马克思恩格斯全集》第46卷（上），人民出版社1979年版，第520页。
④ 《马克思恩格斯全集》第46卷（下），人民出版社1980年版，第361页。

领批判》中，马克思只是说："我们这里所说的是这样的共产主义社会，它不是在它自身基础上已经发展了的，恰好相反，是刚刚从资本主义社会中产生出来的，因此它在各方面，在经济、道德和精神方面都还带着它脱胎出来的那个旧社会的痕迹。"①

　　注：20世纪80年代以来，我国理论界有些同志在文章中宣扬所谓社会主义的异化。他们认为"异化"是马克思主义的基本范畴，并摘引马克思著作中的某些说法作为依据。马克思究竟是怎样使用"异化"概念的？这篇文章，是为了帮助大家弄清这个问题而写的。——《红旗》编辑部注

（原载《红旗》1983 年第 11 期）

---

　　① 《马克思恩格斯选集》第 3 卷，人民出版社 1972 年版，第 10 页。

马克思是怎样理解和使用
人道主义概念的

在新兴资产阶级反对封建主义的过程中，兴起了人道主义思潮。它始自"文艺复兴"时代，发展于 17—18 世纪资产阶级革命时期，在美国《独立宣言》和法国《人权宣言》中得到最高体现。到 19 世纪 30 年代，随着英法资产阶级在历史上最终取得政治统治，资产阶级人道主义的积极作用也达到它的极限。19 世纪 30—40 年代，发展较晚的德国资产阶级，面临奋起反对普鲁士封建专制制度和宗教神学的战斗任务，又举起了人道主义的旗帜。然而，德国的特殊历史条件和哲学环境，赋予人道主义理论以新的特点：第一，它更具有哲学的抽象性质；第二，人道主义变成博爱主义。尽管如此，不能低估人道主义在德国哲学上取得的进展和它在实践中的积极作用，以及对科学共产主义创始人所发生的重大影响。

马克思的思想发展，是从黑格尔出发，经过费尔巴哈，"走向历史（和辩证）唯物主义"[1] 的。因此，随着马克思世界观的转变和发展，他关于人和人道主义的观点也不断发生改变。

马克思在 1843 年夏天批判黑格尔法哲学以前，他的思想受着黑格尔唯心主义的影响。这时，他把人性理解为"普遍自由"，认为"自由确实是人所固有的东西"，是"人的本质"，并且把"自由理性"视为国家的基础[2]。这显然是黑格尔式的唯心主义观点，但这个时期，马克思没有使用过人道主义概念。

马克思使用人道主义概念说明自己当时的社会政治见解，是在 1844

---

① 《列宁全集》第 55 卷，人民出版社 1990 年版，第 293 页。
② 参见《马克思恩格斯全集》第 1 卷，人民出版社 1956 年版，第 58、63、67、127 页。

年"离开黑格尔，走向费尔巴哈"的时期。费尔巴哈人本主义是资产阶级人道主义的特殊形态。两者的共同点，是以抽象的人性论为基础，不同点，是后者更赋予18世纪人道主义以哲学思辨的色彩，使人道主义成为人本主义学说。其特征有二：一是宣扬自然主义，主张人是自然界的一部分，是自然界的最高表现；二是承认存在着抽象不变的人最高本质和人的本质的异化。这种人本主义学说，强调要实现人的本质，认为人应该是符合自己真正本质的自然存在物。

在历史唯物主义形成以前，马克思受到费尔巴哈的深刻影响。这种影响具有两重性。一方面，费尔巴哈的人本主义唯物主义推动马克思摆脱黑格尔的理性的人，把人本身当作研究的主要对象，又进而通过研究现实的人，研究他们的物质活动和社会关系，使他"接近"了历史唯物主义。与此相联系，马克思开始放弃先前把自由视为人的本性的观点，着手从市民社会来考察"自由的人性"①。另一方面，费尔巴哈人本主义作为传统力量，又给马克思思想发展造成新的束缚。费尔巴哈人本主义观点同马克思新世界观的天才萌芽交织在一起。唯物主义历史观正是在不断克服费尔巴哈人本主义历史观过程中逐步形成起来的。

这时，费尔巴哈人本主义对马克思的影响，主要表现在：第一，马克思也主张存在着人的最高本质。他说："人的根本就是人本身"，"德国唯一实际可能的解放是以宣布人本身是人的最高本质这个理论出发的解放"②。他赞同费尔巴哈关于"人是全部人类活动和全部人类关系的本质基础"③的观点，认为人的解放就是消除人的自我异化，"把人的世界和人的关系还给人自己"④。这些观点，正是费尔巴哈人本主义的主要特征。

第二，马克思从费尔巴哈人本主义引申出"真正的人道主义"概念，用以表示他当时的共产主义观点。在马克思这时的著作中，主要有六处用

---

① 《马克思恩格斯全集》第2卷，人民出版社1957年版，第144—145页。
② 《马克思恩格斯选集》第1卷，人民出版社1972年版，第9、15页。
③ 《马克思恩格斯全集》第2卷，人民出版社1957年版，第118页。
④ 《马克思恩格斯全集》第1卷，人民出版社1956年版，第443页。

了"人道主义"①一词，除一处用以说明社会外，其余五处都同说明他的共产主义观点有关。马克思认为，共产主义就是人道主义原则的实现。但以往的共产主义学说，如卡贝、德萨米和魏特林等人的共产主义，并非如此。"这种共产主义只不过是人道主义原则的特殊表现，它还没有摆脱它的对立面即私有制的存在的影响。"②后来，马克思在批判粗陋的平均的共产主义时又指出，这种共产主义不过是"私有财产的卑鄙性的一种表现形式"③。就是说，以往这些共产主义学说，还没有把私有制作为人的自我异化加以彻底的积极的扬弃。因此，马克思将自己理解的共产主义，确定为"是私有财产即人的自我异化的积极的扬弃"，是"对人的本质的真正占有"，是向人本身的"复归"。他说："这种共产主义，作为完成了的自然主义，等于人道主义，而作为完成了的人道主义，等于自然主义"④。自然主义和人道主义在"人"上是相通的。完善的自然主义应含有人，人是自然界的最高表现；完善的人道主义应当实现人的自然本性。两者融为一体，相互贯彻，就是"真正的人道主义"，即马克思当时理解的共产主义的基本特征。

第三，正因为如此，马克思称赞费尔巴哈"给社会主义提供了哲学基础"⑤。正像法国共产主义者德萨米、盖伊等人把法国唯物主义"当做现实的人道主义学说和共产主义的逻辑基础"⑥一样，费尔巴哈的"和人道主义相吻合的唯物主义"⑦，为德国共产主义提供了理论根据。恩格斯把这种"从德国本国哲学"所必然引出的共产主义，称为"哲学共产主义"⑧。并把青年马克思列为它的最早信奉者之一。

可见，"真正的人道主义"只是马克思在费尔巴哈人本主义影响下用

---

① 参见《马克思恩格斯全集》第 1 卷，人民出版社 1956 年版，第 416 页；《马克思恩格斯全集》第 2 卷，人民出版社 1957 年版，第 7、160、167—168 页；《马克思恩格斯全集》第 42 卷，人民出版社 1979 年版，第 120、122 页。

② 《马克思恩格斯全集》第 1 卷，人民出版社 1956 年版，第 416 页。

③ 《马克思恩格斯全集》第 42 卷，人民出版社 1979 年版，第 119 页。

④ 同上书，第 120 页。

⑤ 《马克思恩格斯全集》第 27 卷，人民出版社 1972 年版，第 450 页。

⑥ 《马克思恩格斯全集》第 2 卷，人民出版社 1957 年版，第 167—168 页。

⑦ 同上书，第 160 页。

⑧ 《马克思恩格斯全集》第 1 卷，人民出版社 1956 年版，第 591—592 页。

以说明社会主义和共产主义的特定概念。以费尔巴哈人本主义唯物主义为"哲学基础"、用"真正的人道主义"为旗帜的共产主义学说，固然使马克思对私有制提出了否定，对资本主义制度的非人性进行了无情的谴责，但是，这种学说还不是科学的，它既不可能正确地指导无产阶级的现实运动，更不可能正确地预见未来。

从1845年春天写作《关于费尔巴哈的提纲》到《共产党宣言》，是马克思全面制定唯物主义历史观的阶段。这时，马克思在理论上的重大突破，是通过社会生产关系科学概念的形成而洞察到社会现象的本质联系，并据此揭示出以生产力和生产关系辩证法原理为基础的人类社会发展的一般规律。由于马克思的这一伟大发现，使他彻底摆脱了思辨哲学的影响，而把对人、人的本质和共产主义的认识完全奠定在科学的基础之上。

人是什么，"既和他们生产什么一致，又和他们怎样生产一致"。一句话，"这取决于他们进行生产的物质条件"①。人的本质，不在于"人自身"，"它是一切社会关系的总和"②。构成人的本质的基础的东西，不是人的自然性，也不是人的自然性和社会性的结合，而是人们的社会关系。马克思在发挥上述观点时指出："每个个人和每一代当作现成的东西承受下来的生产力、资金和社会交往形式（即生产关系——引者）的总和，是哲学家们想象为'实体'和'人的本质'的东西的现实基础"③。如果离开这个"现实基础"，离开人们生活于其中的社会关系，去概括人的本质，那么，这只能是从人的观念中去进行概括，只能是概念的抽象，因而这个"人"也不过是"概念、观念的另一个名称而已"④。

伴随这一新的理论立场，马克思对共产主义的理解也发生了根本变化。共产主义不再是"人的本质异化"和"复归"的人道主义结论，而是资本主义社会生产力和生产关系矛盾发展的必然产物。他指出，共产主义不是"从寻找'本质'开始的"，它"是用实际手段来追求实际目的的

---

① 《马克思恩格斯选集》第1卷，人民出版社1972年版，第25页。
② 同上书，第18页。
③ 《马克思恩格斯全集》第3卷，人民出版社1960年版，第43页。
④ 同上书，第332页。

最实际的运动"①。他还指出，"我们所称为共产主义的是那种消灭现存状况的现实的运动。这个运动的条件是由现有的前提产生的。"② 生产力和生产关系的高度发展，以及基于其上的无产阶级反对资产阶级的斗争，就是这种现实的前提。科学共产主义的哲学基础，只能是历史唯物主义，而不能是任何其他的哲学学说。因此，马克思这时不再把共产主义称为"真正的人道主义"，而是直接表述为"实践的唯物主义"，表述为"共产主义"③。他用"实践的唯物主义"即历史唯物主义，代替了费尔巴哈的"和人道主义相吻合的唯物主义"，用与其内容相符合的科学共产主义概念，取代了"真正的人道主义"的不成熟的用语。这清楚表明，马克思最终同那种力图使现实符合抽象理性的"哲学共产主义"划清了界限。

同时，马克思尖锐地批判了费尔巴哈"抽象的人"的观点，以及那种坚持用费尔巴哈人本主义解释社会主义和共产主义的德国"真正的社会主义"。"真正的社会主义者"鼓吹"人的本质就是一切中的一切"，把"人"作为历史的终极目的，认为一切现实关系和历史发展，那是"人"的自我展开。他们提出这样的口号："必须实现共产主义，以便实现人道主义"④，"共产主义和社会主义归根到底都消融在人道主义中。"⑤ 就是说，人道主义是社会主义和共产主义的真理。据此他们谴责法国社会主义者不是去引导"人"意识"自己的本质"，而是把人引导到"对粗暴的物质的依赖"。他们非难法国社会主义者，就在于"法国人没有以费尔巴哈的哲学作为自己的整个运动的最高原则"。马克思深刻地指出："德国人是……［从永恒的观点］根据人的本质来判断一切的，而外国人却是从实际出发，根据实际存在的人们和关系来观察一切的。外国人思考和行动是为了自己所处的时代，而德国人思考和行动却是为了永恒。"⑥ "真正的社会主义"所关心的不是实际的人而是"人"；所代表的不是无产阶级利

①　《马克思恩格斯全集》第 3 卷，人民出版社 1960 年版，第 236 页。
②　《马克思恩格斯全集》第 1 卷，人民出版社 1972 年版，第 40 页。
③　同上书，第 48 页。
④　《马克思恩格斯全集》第 3 卷，人民出版社 1960 年版，第 651 页。
⑤　同上书，第 540 页。
⑥　同上书，第 541、544—545 页。

益，而是人的本质的利益；所宣扬的不是革命热情，而是"普遍的爱"。他们把共产主义完全变成关于"爱的呓语"。

针对"真正的社会主义"把一切现实问题都归结为抽象的"人的本质"，和"人的特性"，从而代替对复杂社会现象的研究，马克思指出："这样，当然就取消了任何继续讨论的可能性"①。"'大谈'其'爱'和'克己'，比起研究现实关系的发展和实际问题要容易得多。"②

在《共产党宣言》以后，马克思的主要理论活动：一是，总结1848年欧洲革命的经验和1871年巴黎公社的革命经验，丰富和发展马克思主义。二是，创作《资本论》，为科学共产主义思想体系提供经济学论证。在这些活动中，马克思没有再用人道主义这个概念来说明自己的共产主义观点。但是，在《法兰西内战》初稿和二稿中，马克思有两处正面使用了"人道"的概念。一是说巴黎公社将提供合理的环境，使阶级斗争能够以"最合理、最人道的方式进行"；二是说工人阶级在战斗中显示了"过分的人道"③。可见，马克思清算了抽象的人道主义，但并没有笼统地抛弃"人道"概念。

此外，马克思在一些地方涉及人道与人道主义，多是用来揭露资产阶级人道主义的虚伪性。例如，马克思批判德国小资产阶级民主主义者海因岑等人，用"人道"否定阶级斗争，指出"他们发出一阵阵带有血腥气的和自以为十分人道的叫嚣"，"他们只不过是资产阶级的奴才"④。又如，马克思指出，在英法土俄战争中，于1865年通过的"海上法宣言"，"在慈善的词句后面隐藏着很大的不人道"，"宣言的人道借口只是给欧洲观众看的，和神圣同盟的宗教借口完全一样"⑤。

综上所述，马克思对人道主义的理解和使用，是一个发展的过程。马克思把人道主义作为一个重要概念说明自己的共产主义学说，是在受费尔巴哈影响时期。因为，他试图为共产主义提供"理论论证"，但自己的科

① 《马克思恩格斯全集》第3卷，人民出版社1960年版，第548页。
② 《马克思恩格斯选集》第1卷，人民出版社1972年版，第94页。
③ 《马克思恩格斯全集》第17卷，人民出版社1963年版，第593、640页。
④ 《马克思恩格斯全集》第28卷，人民出版社1973年版，第509页。
⑤ 《马克思恩格斯全集》第15卷，人民出版社1963年版，第452页。

学世界观又未形成，所以只好借助于黑格尔学派解体后在当时影响最大的费尔巴哈人本主义哲学。这就产生了现实的内容和抽象的思辨方法之间的矛盾。这个矛盾由于马克思的历史唯物主义的形成而得到解决。这时，共产主义不再以费尔巴哈人本主义为哲学基础，而是历史唯物主义的必然结论。在此之后，马克思对资产阶级人道主义进行了揭露和批判。但是，"人道"概念，作为一种原则和方法，马克思还是继续使用着。

　　遵循马克思的观点，我们应当批判资产阶级人道主义，同时宣传和实行社会主义人道主义。社会主义人道主义不是一种思想体系、世界观，也不是马克思主义的基本理论，而是在马克思主义指导下，用以调节社会主义社会人与人之间关系的一个具体的道德伦理范畴。因此，不论就其理论基础（历史唯物主义），还是就其阶级基础（无产阶级）而言，它同资产阶级人道主义不仅毫无共同之处，而且恰恰相反。社会主义人道主义，从理论上说，它是马克思的人道原则在社会主义条件下的运用和发展，从实践上说，它是我们过去所实行的革命人道主义的继承和引申，是社会主义精神文明建设的内容之一。正确宣传和实行社会主义人道主义，对我国社会主义现代化建设将起积极的促进作用。

（原载《红旗》1984 年第 3 期）

马克思以前异化概念的演变

"异化"的意思就是异己化，是指某一主体在发展过程中分化出与自己相对立的东西这一特殊现象。可见，"异化"即"外化"或"外在化"，首要特征是同主体活动有关，是指主体同其活动的对立关系。其次，它是一个历史的、客观的现象。

异化概念，并非马克思首用，在马克思以前，它早已为17—18世纪一些启蒙思想家、哲学家所提出和使用了，并且经历了一个演变过程。

最初，"异化"一词主要是一个社会学和法学用语，说明权利和财富的转让或让渡的意思。霍布斯在《利维坦》一书中这样说："每当一个人转让他的权利或者放弃他的权利时，那总是由于考虑到对方将某种权利会让给他，要不然就是他希望由此得到某种特别的好处。因为这是一种自愿行为，而任何人的自愿行为，目的都是为了某种对自己的好处。"① 卢梭在《社会契约论》一书中，也在同样意义上使用"异化"一词，他说："每个结合者及其自身的一切权利全部都转让给整个的集体"②，"这种转让所具有的唯一特点就是：集体在接受个人财富时远不是剥夺个人的财富，而只是保证他们自己对财富的合法享有。使据有变成为一种真正的权利，使享用变成为所有权。"③ 由此可见，霍布斯和卢梭等人是在权利和财富转让的意义上来使用异化概念的。他们所理解的"异化"，同后来的含义全然不同。第一，这种转让即"异化"的结果，不是同主体相对立，而是协调一致；不是使主体受损，而是使主体受益。第二，这种转让行为不是瓦解它产生的后果，而是加强它产生的后果。所以，这些思想家都把转让作为

---

① 霍布斯：《利维坦》，商务印书馆1985年版，第100页。
② 卢梭：《社会契约论》，商务印书馆1980年版，第23页。
③ 同上书，第33页。

社会契约的根据，正如霍布斯所说的，"权利的相互转让就是人们所谓的契约。"① 就是说，人们只有自觉地相互转让部分或全部自然权利，才能使社会协调一致，人类才能生存下去。"异化"即转让概念，是 17—18 世纪资产阶级人道主义者关于"自然状态"、"自然权利"学说的一个重要思想，并无后来那种哲学的神秘含义。

在德国古典哲学中，特别是黑格尔的著作中，异化才具有了哲学的含义，才作为一个哲学范畴纳入思辨哲学体系之中，得到广泛的运用。黑格尔最早在《精神现象学》中，用异化概念来描述人的意识的发展过程。他说："在这个运动中，直接的东西，没经验过的东西，即是说，抽象的东西，无论属于感性存在的或属于单纯的思想事物的，先将自己予以异化，然后从这个异化中返回自身，这样，原来没有经验过的东西才呈现出它的现实性和真理性，才是意识的财产。"② 就是说，意识只有经历这样一个异化和异化的扬弃过程，才能成为具有现实性和真理性的意识，也即黑格尔的"绝对知识"。

马克思曾指出，《精神现象学》是"黑格尔哲学的诞生地"③。实际上，这里的异化思想，就孕育着黑格尔整个体系的诞生，或者说，"异化"成为黑格尔构思自己唯心主义哲学体系的一个中心概念。黑格尔把绝对精神视为世界的最高原则、历史的最后动力。他认为，这个绝对精神不是僵死的，而是能动的本质。它先在逻辑范围内发展，经过一个运动过程，绝对精神便异化或外化为自然界，最后出现了人类社会，绝对精神在人的意识中又返回到自身，达到最高的精神境界。马克思在揭露这种思辨哲学时指出："把实体了解为主体，了解为内部的过程，了解为绝对的人格。这种了解方式就是黑格尔方法的基本特性。"④ 一方面，黑格尔哲学充满辩证法的因素，他特别强调主体的能动性，强调主体的自我分化、自我运动的特性，把世界历史看作是由低级到高级的充满矛盾的过程。这正是黑格尔思想的卓越之处。但另一方面，他是彻底的唯心主义者，他不是把主体了

---

① 霍布斯：《利维坦》，商务印书馆 1985 年版，第 100 页。
② 黑格尔：《精神现象学》上卷，商务印书馆 1979 年版，第 23 页。
③ 《马克思恩格斯全集》第 42 卷，人民出版社 1979 年版，第 161 页。
④ 《马克思恩格斯全集》第 2 卷，人民出版社 1957 年版，第 75 页。

解为物质实体，而是了解为精神，并作为世界的本原。这样，世界历史的过程，也即绝对精神的异化和异化扬弃的过程，实际上就成为绝对精神创造世界的过程，是在哲学的形式下，使基督教的创世说死灰复燃。可见，异化在黑格尔哲学中，既含有否定辩证法的因素，同时又带有浓厚的唯心主义和神秘主义的成分。

黑格尔的异化概念，是他用于维系其唯心主义体系和宗教神学的一个基本概念，但是，在他的激进学生中，这个概念反过来又成为否定宗教和批判黑格尔唯心主义的一个重要思想武器。在这方面，费尔巴哈是其中最卓越的代表。

费尔巴哈用"人"代替了黑格尔的绝对精神，以"人"为中心建立起自己人本主义唯物主义哲学。他否定了黑格尔唯心主义，但接受了他的异化概念，用于说明人的自我分裂，说明"个体和类的矛盾"，并由此出发，来批判宗教神学，他的基本观点，就是"神是人的本质的异化"。就是说，不是神创造人，而是人创造神，人把自己的真正本质从人本身分裂出去变成神，反过来又与人相对立。他写道："人使他自己的本质对象化，然后，又使自己成为这个对象化了的，转化成为主体、人格的本质的对象。这就是宗教之秘密。"① 还指出："宗教使人的本质跟人割离开来。上帝的活动、恩典，乃是人的被异化了的自我活动，乃是被对象化了的自由意志。"② 他明确地把神、上帝说成是人的自我异化的产物。他把人和上帝作为两个极端，说人把自己的属性异化出去的越多，他自己丧失的也就越多；"上帝越是全能，人越是无能；上帝越是神圣，人越是罪恶"③。他认为，在基督教统治的时代，这种个体和类的矛盾，这种异化达到了顶点，但消除这种异化现象，同样是历史的必然。因此，费尔巴哈认为，只要把对上帝的爱转变为对人的爱，把被异化了的人的本质复归于人，使人和自己的类本质相统一，一句话，使人重新占有自己的本质，宗教便自然归于消灭。

---

① 《费尔巴哈哲学著作选集》下卷，生活·读书·新知三联书店1984年版，第56页。
② 同上书，第281页。
③ 同上书，第60页。

　　同时，费尔巴哈也用这个观点批判黑格尔的思辨唯心主义哲学。他尖锐地指出："上帝的人格性，本身不外乎就是人之被异化了的、被对象化了的人格性。那种使人对上帝的意识成为上帝的自我意识的黑格尔式的思辨学说，便是以这种自我异化过程为基础的。"① 他还指出，思辨哲学同宗教神学有着内在联系，"思辨哲学的本质不是别的东西，只是理性化了的、实在化了的上帝的本质"②。所以，他大声疾呼，要否定宗教神学，同时必须否定其哲学基础即黑格尔思辨唯心主义。

　　19 世纪 40 年代初期，德国正处于资产阶级革命的前夜，如同马克思所说，对宗教的批判，在德国是一切革命的前提。费尔巴哈用"人的本质的异化"和"复归"的学说，比青年黑格尔派更坚决地打击了宗教神学，起到了反对封建主义的进步作用，对当时的德国社会生活发生了积极的影响。在理论上，他用自然的人代替了黑格尔的绝对精神，恢复了唯物主义的权威，大大地解放了人们的思想。就异化观点来讲，他用人代替了绝对精神，从而实现了异化主体的转变。当然，这个转变是很不彻底的，主要因为费尔巴哈的"人"是自然的人。从自然观来看，他的人是自然存在物，是自然界的一部分，是唯物主义的；从社会观来看，这个"人"脱离了社会生活和社会关系，是抽象的人，用这个"人"去说明社会历史现象，必然陷入历史唯心主义。这正是费尔巴哈哲学的局限性，是时代条件赋予他的哲学以这样的特征。

　　但是，费尔巴哈的学说，对人类哲学思想发展的推动作用是不可低估的。它在从黑格尔到马克思的过渡中起了"桥梁"的作用。费尔巴哈突破了黑格尔的体系，站在唯物主义立场看待宗教，这就为他以后的思想发展提供了逻辑起点："由于费尔巴哈揭露了宗教世界是世俗世界的幻想……在德国理论面前就自然而然产生了一个费尔巴哈所没有回答的问题：人们是怎样把这些幻想'塞进自己头脑'的？这个问题甚至为德国理论家开辟了通向唯物主义世界观的道路。"③ 费尔巴哈的功绩，不在于解决了这些问

---

①　《费尔巴哈哲学著作选集》下卷，生活·读书·新知三联书店 1984 年版，第 267 页。

②　《费尔巴哈哲学著作选集》上卷，生活·读书·新知三联书店 1984 年版，第 123 页。

③　《马克思恩格斯全集》第 3 卷，人民出版社 1960 年版，第 261 页。

题，而在于以鲜明的形式提出了这些问题。马克思正是在费尔巴哈成果的基础上，"超越"和发展了费尔巴哈。他以社会为出发点，以社会的人代替费尔巴哈的自然的人，不仅科学地解决了异化的问题，而且创立了完整的唯物主义历史观。

（原载《谈谈异化和人道主义》，北京出版社 1984 年版）

论人道主义的历史演进和基本内涵

人道主义在人类历史上源远流长，其影响波及社会生活的各个方面，对人类思想文化的影响尤其深刻。可以说，除马克思主义之外，它是最具影响力的一种社会学说。在当代，一些左翼政党和学者提出，要挖掘马克思学说中的人文因素，就是强调要研究马克思主义学说中关于人和人道主义的思想。在我国，从 20 世纪 90 年代初以来，也突出了对马克思人学思想的研究。这里所说的马克思学说中的人文因素和人学思想，是指马克思主义关于人、人的本质、人的尊严、人的价值、自由平等以及人的全面发展和人类解放这些重要思想。概括地讲，也就是马克思主义的人道主义思想。我也赞同这样的观点，即马克思以前关于人的学说的主要理论形态是人道主义。在马克思主义产生以后，历史上人道主义研究的问题和取得的有价值的成果，经过历史唯物主义的加工改造已纳入马克思主义的学说之中了。历史上的人道主义作为一种思潮，当然可以研究，也可以借鉴，但它决不是我们今天奉行的意识形态。我们的主流意识形态是马克思主义和中国化的马克思主义。马克思主义的人道主义或社会主义人道主义，作为一种道德、伦理原则存在于马克思主义理论体系之中，并对我国社会生活发生着重要影响。

今天，研究历史上的人道主义仍然具有重要意义。其意义不仅在于，通过对历史上有价值的文化思想的研究和挖掘，可以丰富马克思主义的人道主义思想，丰富和充实我国社会主义新文化的建设，同时也有助于抵制西方错误思潮的影响，扩大和巩固社会主义主流意识形态。众所周知，用资产阶级人道主义曲解、否定马克思主义和社会主义早已有之。西方许多学者早就鼓吹要把马克思主义人道主义化，甚至主张用历史上的人道主义取代马克思主义。这种思潮对国际共产主义运动也发生了很大影响，戈尔巴乔夫的"人道的民主的社会主义"就是在当代的突出表现。近几年来，在我国一些人宣扬的"普世价值"，也同这种人道主义思潮有着内在的联系，其理论基础都是资产阶级的抽象人性论。抽象的人道主义已经成为历史，但是它对当今社会生活的影响却是不可低估的。人道主义思潮是一种十分复杂、影响十分广泛的社会现象，因此，必须坚持历史唯物主义的观点和方法，从历史、理论和现实各个方面进行深入地研究，才能真正认识它的实质，才能对它做出深刻地剖析，才能吸取其有价值的思想，抛弃其糟粕。

一　人类历史观演进的几种形态

历史观就是人们在社会实践中对社会现象的本质、社会发展过程和历史规律的认识。而这种认识是一个十分漫长的过程。综观人类思想史，人们在改造客观世界中，在对自然认识的同时便开始了对自身的认识，而认识自然现象比认识社会现象要困难得多，复杂得多，漫长得多。人类对自身历史的认识，经历了一个从"神"到"人"，再到用物质生产和社会关系去说明社会历史的、漫长的、曲折的发展进程。回溯人类的自我认识史便会发现，历史越是久远，人们对自己历史的认识便越是带有浓重的神秘色彩。在一个相当长的历史时期内，人们既不能正确说明自然界，更不能正确解释社会现象，而把这一切都归之于一种超自然的神秘的力量。"神"是当时人们回答历史之谜的总答案，神学历史观在很长的历史时期禁锢着人们的头脑。这种情况不论是在中国还是在外国，都是如此。这是人类对自己历史认识的一个不可避免的阶段。它不仅是物质生产力和人们精神世界发展的产物，而且也是人们的需要，特别是统治阶级进行政治统治的需要。例如，中国的"天命"、"天道"观，认为国家的治乱兴衰，帝王将相的出现，都是由上天安排好了的。其兴，必有祯祥；其亡，必有妖孽。在西方则认为，上帝是世界万物的最高"主宰"，"一切现存事物都是由神布排的"（托马斯·阿奎那）。说法不同，实质则一，都是在宣扬一种唯心主义的神学历史观。尽管历史上有许多哲学家和无神论者，提出"人是万物的尺度"（西方的普罗塔哥拉）和"人事为本，天道为末"（中国的仲长统）的卓越见解与之抗衡，但也不能根本抹掉这层覆盖在人类社会机体上的神学阴影。但是，社会实践是强大的推动力，随着工商业和自然科学的迅速发展，以及人们认识视野的进一步扩展，冲破这种神学历史观也是不可避免的。

文艺复兴时期开始的人道主义思潮，标志着从"神"到"人"的历史性转折。这一历史观的重大转折，植根于当时的社会经济和政治的事实之中，是资本主义生产方式和科学进一步发展的经过。正如恩格斯所说，即使宗教包含的某些材料所发生的变化，也都是"由造成这种变化的人们的阶级关系即经济关系引起的"①。人类历史观的变化就更是如此了。诚然，人道主义历史观较之神学历史观是一个巨大的进步，它使人们对社会现象的认识从天上下降到人间，开始用"人"而非用神来解释社会历史现象。但是，这种历史观所理解的"人"是一种抽象的人，而不是生活在现实中的人，它并且用这种"人"去解释人类历史和社会现象，所以，以抽象的"人"和"人性"说明社会历史现象的人道主义历史观虽然比神学历史观是一个进步，但仍然还是一种唯心主义历史观。

随着资本主义生产方式的进一步发展，社会矛盾的尖锐化和阶级关系的明朗化，揭开历史之谜和社会现象本质的条件已经成熟。于是，唯物主义历史观在已有认识的基础上，在研究"现实的人"和回答时代问题的过程中应运而生，从而实现了人类历史的伟大变革。

众所周知，马克思是在 19 世纪 40 年代的德国开始自己的理论活动的，因此，他不可能不受当时德国精神环境的影响，特别是费尔巴哈人本主义哲学的影响。但是，他通过自己的理论探索，终于找到了摆脱这种理论困境的出路。这就是，他超越关于"人"的抽象议论，而把自己研究的基点放在探讨"现实的人"和"人的世界"。马克思说：这种历史观所由出发的前提"是人，但不是处在某种虚幻的离群索居固定不变状态中的人，而是处在现实的、可以通过经验观察到的、在一定条件下进行的发展过程中的人。""这是一些现实的个人，是他们的活动和他们的物质生活条

---

① 《马克思恩格斯文集》第 4 卷，人民出版社 2009 年版，第 312 页。

件，包括他们已有的和由他们自己的活动创造出来的物质生活条件"。① 马克思主义创始人正是通过研究人的物质生产活动和这种活动赖以进行的社会关系，才一步步地接近了唯物主义历史观。

马克思究竟把握了什么，才使他得以实现这个伟大发现的呢？可以肯定地说，关键问题是在于他捕捉住了生产关系的重要思想。众所周知，资产阶级经济学家提出并阐明了生产力的概念，但没有也不可能提出生产关系的思想。提出生产关系（开始称交往形式）的思想，是马克思的重要理论贡献。按照列宁的看法，马克思在 1845 年写成的《神圣家族》已经"接近"了唯物史观的这一最基本的思想。接着，在《德意志意识形态》中对之作了全面的阐发。马克思认为，人们的精神交往不过是"人们物质关系的直接产物"，而在各种物质关系中生产关系又是最基本的，它不仅是政治制度和"国家的现实基础"，而且也是"一切实际的财产关系的真实基础"。这样，马克思就从人们的各种关系中划分出了决定其他一切关系的最基本和最原始的关系。生产关系概念的形成，不仅对生产力诸因素结合的性质和方式有了更为科学的认识，而且有可能揭明生产过程本身内在结构，揭明生产力和生产关系的辩证统一。据此，进而揭示了人类社会的基本矛盾、发展动力和运动规律，解答了长期困扰人们的历史之谜。马克思的唯物史观的基本思想形成于 19 世纪 40 年代下半期，在欧洲革命风暴时期得到实践的验证，直到 1859 年，在马克思的《政治经济学批判》序言中才得到了经典性的表述。

马克思主义的唯物史观是迄今为止最科学的历史观，列宁称之为是"科学思想中的最大成果"，是"惟一的科学的历史观"，它的产生使人们对社会历史的认识真正变成科学。从上述可见，历史上的人道主义是同一种特定的历史观紧紧联系在一起的，唯物主义历史观的产生就是对这种唯心主义历史观的根本扬弃和超越。马克思主义的人道主义即社会主义人道主义，不再是一种历史观，它是建立在唯物主义历史观基础之上的道德伦理观念。

----

① 《马克思恩格斯文集》第 1 卷，人民出版社 2009 年版，第 525、519 页。

二　人道主义的历史演变和历史作用

人道主义是一个历史的概念，它不是古已有之，而是伴随着资本主义产生发展而形成和演变。从文艺复兴到现在，人道主义作为一种社会思潮和社会学说，经历了一个演进过程，出现了诸种不同的理论形态，与此相联系，其社会作用也在发生变化。从文艺复兴到现在，数百年间，人道主义大致经历了以下几种形态：

1. 文艺复兴时期的人文主义

人道主义理论形成比较晚，但人们关注人，研究人从古代就开始了。据文献记载，建于 3000 多年前的希腊德尔斐神庙门前就出现过这样一句石刻铭文："认识你自己！"这条言简意赅、朴实无华的箴言，表达了人类探索属人世界的古老愿望，启发了从古至今无数哲人的智慧。古希腊哲学家最早开始了对人的思考和探讨，比如著名智者普罗泰戈拉明确提出："人是万物的尺度，是存在的事物存在的尺度，也是不存在的事物不存在的尺度。"[①] 在中国，古代思想家也十分关注对人、人性问题的研究，提出了性善论、性恶论、性无善恶论等各种各样关于人的学说。孔子所谓"仁者人也"，"仁者爱人"等观点，就是古人对人、人性研究的思想成果。但是，那时对人、人性的研究带有很大的局限性，总的来讲还停留于孤立的、表面的研究，不可能得出科学的认识。但能够把人的问题突出出来，置于思想研究视野之内，其本身就具有很大的意义。18 世纪法国启蒙思想家卢梭在其《论人类不平等的起源和基础》一书中，开宗明义地说："我觉得人类的各种知识中最有用而又最不完备的，就是关于'人'的知识。我敢说，德尔斐城神庙里唯一碑铭上的那句箴言的意义，比伦理学家们的一切巨著都更为重要，更为深奥。"[②] 同时，由于缺乏科学世界观的依据，他们对人的问题的认识，又感到困惑。在历史发展的那个阶段，真正揭开人类历史之谜，认识人的本质，形成关于人的完备的理论还是不可能的。

---

① 普罗泰戈拉：《古希腊罗马哲学》，商务印书馆 1961 年版，第 138 页。
② 卢梭：《论人类不平等的起源和基础》，商务印书馆 1962 年版，第 62 页。

　　人类社会进入 14 世纪，欧洲一些国家经过中世纪的漫漫长夜，先后出现了资本主义的萌芽。新的社会实践呼唤新的理论，人文主义作为人道主义的初始形态，正是伴随资本主义生产方式的出现，适应反对封建桎梏，进行思想启蒙的历史要求而出现于世的。它是正在兴起的市民阶级改造现实世界的思想观念和意识形态。这个时期，处于形成中的人道主义有如下一些鲜明特征：

　　第一，批判中世纪基督教神学，抬高神而贬低人的宗教愚昧主义观点，推崇人的经验与理性，肯定人的存在和价值，主张以人为中心的世界观取代以神为中心的世界观。高扬人的尊严，宣扬人的意志自由。这种思想集中地反映在当时文学家们的作品中。比如，新时代的伟大诗人但丁说："人的高贵，就其许多成果而言，超过了天使的高贵"①。莎士比亚的名言则是：人是"宇宙的精华，万物的长灵"。这无疑是对人和人的作用的高扬，对宗教神学的严重挑战。

　　第二，反对中世纪神学的禁欲主义和来世观念，提倡注重现实生活，追求享受人世快乐。法国著名文学家拉伯雷大声疾呼，"要服从您的意欲行事"。意大利人文主义的先驱彼特拉克明白地说："我不想变成上帝，或者居住在永恒中，或者把天地抱在怀抱里。属于人的那种光荣对我就够了。这是我所祈求的一切，我自己是凡人，我只要求凡人的幸福。"② 他们认为，我不是神，我是凡人，凡是凡人享有的幸福，我都应该享有。主张把人们对天国的向往，回归到对尘世生活的追求。这时的人文主义者倡导一种享乐主义的人生观。

　　第三，反对封建等级制度，要求自由和平等，提倡个性解放。他们认为，人不仅天生就有意志自由，而且是天然平等的。意大利人文主义先驱薄伽丘认为，人的贵贱不取决于等级，而取决于人的品德高低，他说"我们人类是天生一律平等的，只有品德才是区分人的标准，发挥大才大德的人才当得起一个'贵'，否则就只能算是'贱'。"③ 尽管这时的人文主义

---

　　① 《从文艺复兴到十九世纪资产阶级文学家艺术家有关人道主义人性论言论选辑》，商务印书馆1971 年版，第 3 页。

　　② 同上书，第 11 页。

　　③ 薄伽丘：《十日谈》，上海译文出版社 1980 年版，第 357 页。

者有很大的历史局限性，缺乏正确的理论依据，还是以复兴古希腊、罗马文化中进步的东西为自己的思想武器，但是，其矛头所向是十分清楚的，即指向封建等级制度及其精神支柱宗教神学。它用人道反对神道，用人权反对特权，废除封建等级，主张个性解放，充当了资本主义产生时期市民阶级的意识形态。最初的人文主义在当时已经是投向封建主义的一把犀利匕首。

可见，人道主义是一种从欧洲文艺复兴时期开始出现的一种社会思潮，但是，人道主义概念却产生于19世纪初，1808年德国教育学家弗里德里希·伊曼奴尔·尼特哈默尔在《当代教育课程中的博爱主义和人道主义之争》的论文中，首次使用了"人道主义"（humannismus）一词，来表示一种以文艺复兴时期的人文主义为典范，继德国古典哲学和文学的人道主义代表人物之后，以研究古典的语言、文学和知识领域为目的的教育理论。以后黑格尔才赋予其以更为广泛的意义，理解为肯定人的尊严和人的价值的学说。到了19世纪后半期，作为哲学意义上的人道主义概念在西方国家才普遍确立起来。

2. 17、18世纪资产阶级革命时期的人道主义

这个时期，资本主义生产方式进一步发展，资产阶级的力量也更加壮大，与此相适应，人道主义在理论上也更加完备，并且在政治上以"人权宣言"的形式予以充分的肯定，直接成为资产阶级反对封建主义的思想武器和革命的意识形态。伴随革命实践的需要，在英法等国出现了一批著名的启蒙思想家，如洛克、卢梭、伏尔泰等人。他们高举人道主义的旗帜，反对封建主义和宗教神秘主义，为资产阶级革命摇旗呐喊，为资本主义鸣锣开道。人道主义的革命作用得到了充分的表现。这时的人道主义有以下几个突出特点：

第一，以自然主义、自然法和社会契约论为理论依据，批判封建主义的君权神授论，为建立资本主义的"理想王国"提供理论依据。卢梭认为，在自然状态下人人自由平等，但随着人类各种机能的发展，出现了种种阻力，威胁人类的生存，迫使人们订立社会契约，建立国家，以维护每个人的自然权利。然而，随着社会的发展导致贫富差别和强弱对抗，乃至出现暴君专制，人民又不得不起来革命，推翻暴君统治，重订社会契约，

建立自由、平等的新社会。社会契约论就成为资产阶级启蒙思想家最初的政治理念。

第二，以"天赋人权"对抗封建特权，形成了以自由、平等、博爱和人权为基本内容的人道主义的完备的理论形态。洛克、卢梭等启蒙思想家都主张人生而自由、平等，每个人按其本性就应该享有各种"自然权利"。这种权利在政治、法律上就表现为人权和公民权。法国1879年革命后颁布的《人和公民的权利宣言》，标志着以"天赋人权"为中心内容的人道主义，已经在政治上取得了完全的胜利。

第三，坚决反对宗教神学，宣扬无神论思想。18世纪法国唯物主义哲学家从唯物主义自然观和认识论出发，猛烈地抨击宗教神学，摧毁了上帝存在论和灵魂不死的理论基础，认为宗教起源于无知、愚昧和恐惧，达到了战斗无神论的高度。

第四，宣扬个人主义和利己主义，为资本主义制度和生活方式辩护。这时的人道主义者大多从人的本性出发，证明满足人的欲望、自我保存、规避不幸是合乎人的本性的。霍布斯认为，人的本性就是保全自己，具有争执、侵略的本能，因而，人对人像狼一样，都要不择手段地追求个人的权利和幸福。爱尔维修也认为，人的本性就是寻求肉体的快乐，逃避肉体的痛苦，并视其为人们思想、感情和活动的动力。这里清楚地折射出资本主义制度的基本价值观。

虽然资产阶级革命时期的人道主义理论基础是自然主义和抽象人性论，并最终陷入历史唯心主义的泥潭，但是这并未妨碍资产阶级以之为武器去号召社会各阶层群众，推翻封建专制制度和宗教神学，完成反对封建主义的民主革命任务。这个时期的人道主义，不仅是资产阶级理想的意识形态，起了革命的作用，而且对以后各种人道主义流派产生了广泛而深远的影响。

3.19世纪德国的哲学人道主义

费尔巴哈的人本主义是人道主义的一种特殊形态。资产阶级人道主义之所以能够在德国古典哲学、尤其是在费尔巴哈哲学中得到进一步发展，是同德国当时的具体历史条件分不开的。19世纪40年代初，英法资产阶级已经取得政治统治，而德国还处于资产阶级革命的前夜，反对封建专制制度和宗教神学的斗争，使德国资产阶级只能继承18世纪的人道主义遗产作为自己的战斗武器。但是，新的历史条件、特别是这时无产阶级作为独立的政治力量已经登上世界历史舞台，当先天不够强大的德国资产阶级开始反对封建主义的时候，它发现自己身边已经站着另一个敌人，它既要反对封建主义，又要防范刚刚兴起的无产阶级，这种状况就决定了德国资产阶级政治上的软弱性。这种先天的软弱性也在德国思想领域得到明显的表现。同时，德国又是一个哲学的民族，得天独厚的哲学环境，又赋予德国人道主义理论以新的特点。这些特点是：

第一，使人道主义更具有哲学的抽象性和思辨性。法国资产阶级的现实的政治和经济要求，在德国资产阶级那里变成了抽象的哲学要求；现实人的利益，变成了抽象的人和人的本质的利益。由费尔巴哈人本主义哲学体现的这种人道主义，特别突出人、人性，高扬人的意义，但又把"人"限于哲学思辨的范围。法国资产阶级有物质动机的意志变成了"人是目的"、"意志自律"等纯粹思想上的概念规定和道德假设。法国革命的人道主义，在德国带有浓厚的哲学色彩，变成了哲学人道主义，就像现实的共产主义在德国变成了"哲学共产主义"一样。

第二，使人道主义变成一种博爱主义。在这里博爱上升为人道和人性的根本内容，无博爱便无平等、自由可言。因此，人性主要体现为博爱，以博爱为中心的费尔巴哈人本主义，实际上是德国资产阶级特性及当时复杂的社会矛盾在哲学上折光的反映，希望用关于"爱"的呓语化解现实生活中的矛盾。这里，最充分地暴露了德国哲学人道主义理论的弱点。

第三，在把理性导入人道主义的同时，也把辩证法引入人道主义理论。费尔巴哈的唯物主义思想、特别是黑格尔的辩证法思想，进一步赋予人道主义以新的哲学含义。18世纪启蒙思想家洛克、卢梭等人已经开始从社会生活和历史发展来解释人性与平等原则。康德认为，人是有理性的从事理论活动和实践活动的自律而又自主的主体，黑格尔更是把理性的能动作用推向了极端。黑格尔虽然是客观唯心主义者，但他的辩证法又赋予他以很强的历史感，他已经认识到，人权不是天赋的，而是历史形成的，这一观点马克思在《神圣家族》中予以很高的评价。黑格尔提出"定在中的自由"，认为自由不能脱离现存的国家制度和自由是发展的思想等，以及费尔巴哈关于人与自然统一的观点，无疑都丰富了人道主义的理论内容，并且直接成为马克思主义人学思想重要理论来源。

第四，德国的人本主义突出了人道主义历史观的方面，用"人"和"人性"的异化去说明社会的矛盾和历史的演进。德国狂飙运动的先驱赫尔达认为，"人道是人类天性的目的"，"各个民族的全部历史，便像是一个竞技学校，教人去夺取人道和人类尊严的最美丽的花冠。"① 费尔巴哈在《未来哲学原理》等著作中，把人的"理性"、"爱"、"意志力"这些"绝对本质"归结为人的自然性，把宗教的本质看作是人的本质的异化，进而又把历史解释为人的异化及其扬弃的过程，而不是把人类历史理解为物质生产发展的过程。德国哲学人道主义凸显了历史上人道主义作为世界观和历史观的方面，同时又把历史过程变成思辨的产物。正是针对这种思辨唯心主义历史观，马克思主义创始人深刻地指出："他们把我们所阐述的整个发展过程看做是'人'的发展过程，从而把'人'强加于迄今每一历史阶段中所存在的个人，并把'人'描述成历史的动力。这样，整个历史过程就被看成是'人'的自我异化过程，实质上这是因为，他们总是把后来阶段的一般化的个人强加于先前阶段的个人，并且把后来的意识强加于先前的个人。借助于这种从一开始就撇开现实条件的本末倒置的做法，他们就可以把整个历史变成意识的发展过程了。"② 把"人"抽象化，把这种抽象的"人"作为本源的人本主义历史观，是一种更为精致的唯心主义历史观，其最初的代表就是费尔巴哈。尽管他在唯心主义占统治地位的德国恢复了唯物主义的王位，但他绝不是一个彻底的唯物主义者。"当费尔巴哈是一个唯物主义者的时候，历史在他的视野之外；当他去探讨历史的时候，他不是一个唯物主义者。在他那里，唯物主义和历史是彼此完全脱离的。"③ 试图把人抽象化，把这种"人"作为最高原则，并且由此用"人的本质的异化"的命题解释社会现象的作法，最后都会重蹈历史唯心主义的覆辙。在当时德国产生的这种人本主义历史观和"哲学人道主

---

① 《从文艺复兴到十九世纪资产阶级文学家艺术家有关人道主义人性论言论选辑》，商务印书馆1971年版，第439—444页。

② 《马克思恩格斯文集》第1卷，人民出版社2009年版，第582页。

③ 同上书，第530页。

义"对后来的人道主义思潮，甚至对国际共产主义运动产生的影响不可低估。

4. 现代西方哲学人道主义（或哲学人本主义）思潮

这主要指反映在 19 世纪下半叶和 20 世纪上半叶资产阶级哲学中的人道主义思想。也就是，一些西方哲学家用自己的哲学观点解释人、人性而得出的结论。不同于过去的理性主义，他们主要从非理性主义出发来解释人道主义。其主要流派有：唯意志论和生命哲学、弗洛伊德主义、存在主义和法兰克福学派等。这些流派的观点十分复杂，这里只是指出他们的最主要的特点。其一，强调人、人性、人的本能和人的自在存在，把人的感性、欲望、意志放在第一位，以反理性主义取代古典哲学中的理性主义。其二，在看到科技发展和科技成果的同时，突出科技发展对人、人性的抑制作用，针对科学主义重新强调人本主义，提出要消除"人"的新的异化。其三，现代人道主义在社会实践上具有两面性，一方面，对资本主义社会的反人性、战争暴行和一切非人道行为，进行无情地揭露和批判；另一方面，也批评现实社会主义制度，以及社会主义在实践中的某些失误，用各种人道主义观点"补充"和曲解马克思主义。例如，存在主义学者认为，在马克思主义中存在着"人学的空场"，马克思主义是"见物不见人"，因而主张用存在主义理解的"人"来"补充"马克思主义，即形成了所谓的"存在主义的马克思主义"。当代西方哲学中的这种非理性主义，最后从否定理性，到否定任何对本质的认识，否定规律，否定决定论。它对人类科学认识的发展具有极大的危害性。

5. "社会人道主义"

我用这个概念概括试图用人道主义历史观来说明和解释社会问题、社会矛盾的一种理论思潮，特别是指反映在国际社会主义运动中的理论思潮。这种思潮从社会主义运动产生起就已存在，一直延续到今天，而且在社会主义运动中发生着越来越大的影响。它同西方资产阶级人道主义思潮平行发展、相互影响、相得益彰。它是社会主义运动中的一种反马克思主义意识形态。

从历史上看，它有以下几种形式：一是作为 18、19 世纪空想社会主义思想基础的人道主义历史观，这些空想社会主义者以对人性和人道主义的这样那样的理解，来揭露和批判资本主义，构想未来理想社会；二是以人本主义为哲学依据的、发轫于 19 世纪 30—40 年代的德国"真正的社会主义"思潮，马克思、恩格斯在《德意志意识形态》和《共产党宣言》已经作过深刻批判；三是第二国际及其以后的右翼社会民主党人鼓吹的"伦理社会主义"、"价值社会主义"。它"以抽象的人为中心，以自由、公正、团结为基本价值观，追求一种伦理道德的完善"，并且把社会主义理解为一种纯粹的伦理追求。正如美国学者卡尔·兰杜埃评价的，"民主社会主义哲学的核心是人道主义"；四是发端于赫鲁晓夫、完成于戈尔巴乔夫、并直接导致了苏东社会主义国家的垮台的现代"人道的民主的社会主义"，可以说，它是这种"社会人道主义"的集大成者，在理论上修正马克思主义，在实践上瓦解现有社会主义制度，它造成的破坏也远远超过了它的先辈。

以上这种思潮的主要特点是：第一，以抽象人道主义为理论基础，用抽象的人或人性去解释历史的发展和现实社会制度，认为社会主义就是为了消除人的异化，使人性得到复归，从而把社会主义人道主义化。第二，用抽象人性论否定马克思主义阶级分析方法和阶级斗争理论。这是这种思潮的一个共同特点。马克思、恩格斯在《共产党宣言》中就一针见血地指出：这是企图用抽象人的利益代替现实的阶级利益，抹杀社会阶级关系。"他们克服了'法国人的片面性'，他们不代表真实的要求，而代表真理的要求，不代表无产者的利益，而代表人的本质的利益，即一般人的利益，这种人不属于任何阶级，根本不存在于现实界，而只存在于云雾弥漫的哲学幻想的太空。"[①] 现代"人道的民主的社会主义"在理论上同历史上的这股思潮是一脉相承的。赫鲁晓夫和戈尔巴乔夫都是根据抽象人性论，提出以"人"为中心，主张全人类利益高于阶级利益，全人类价值高于一切，宣扬"全民国家"、"全民党"，反对马克思主义阶级和阶级斗争学说。这种理论已经给世界社会主义事业造成了严重的后果。第三，历史上资产阶级人道主义是反对封建主义的思想武器，而社会主义运动中出现的这股人道主义思潮，则是一把双刃剑，它既批判资本主义，也反对社会

---

① 《马克思恩格斯文集》第 2 卷，人民出版社 2009 年版，第 58 页。

主义制度。在社会主义国家，它起着资产阶级意识形态同盟军的作用。

从上面五种人道主义理论形态来看，历史上的人道主义本质上是一种资产阶级意识形态。其历史地位和作用，随着资产阶级历史地位的改变而改变。当资本主义处于发端时期，它以不成熟、不完善的人文主义形式为资本主义发展鸣锣开道。当资本主义与封建主义矛盾达到白热化，进行资产阶级革命的时候，它充当了资本主义革命的思想旗帜，直接投入了反对封建主义的斗争，其理论形态也更加完备。当资产阶级在欧洲多数国家取得统治地位、无产阶级开始走向世界政治舞台的时候，资产阶级人道主义的进步作用也达到极限，开始走向自己的反面。正如恩格斯所说，19世纪30年代是欧洲历史的一个转折点，人道主义开始走向反动。当工人运动兴起时，资产阶级撕掉了自由、平等、博爱的人道主义的假面具，对工人阶级开始了残酷的剥削和镇压。当今，当资本主义制度走向稳定和社会矛盾尖锐化、并向外扩张时，资本主义国家一些进步人士又举起人道主义的旗帜，反对资本主义的非人性方面，以及在国际上违反人道的作法，如侵略战争、殖民主义和种族主义，以及以"人道主义干涉"为借口侵略别国等等。同时，也反对社会主义制度。这时人道主义具有两面性。反映在世界社会主义运动中的资产阶级人道主义，则是社会主义制度和意识形态的腐蚀剂，起着瓦解社会主义制度的作用。而马克思主义的人道主义或社会主义人道主义，则是社会主义精神文明的重要内容。总之，人道主义是十分复杂的思想体系，必须给以具体的、历史的分析，简单的肯定或简单的否定都不可能得出正确的结论。这就是说，对人道主义思潮必须进行深入的、科学的研究，汲取其有价值的思想，抛弃其不合理的内容，使我们更加深刻地挖掘马克思学说中人文思想，更好地构建社会主义的人道主义，丰富社会主义的文化建设。

三　人道主义的基本内涵和主要特征

人道主义思潮虽然存在了几百年，但对人道主义概念的理解却是众说纷纭。这主要因为它的内涵随着历史的发展而有所变化，特别是它的形式和内容往往脱节，再加之资产阶级御用学者对它的蓄意粉饰，使人们在很长的历史时期里对它的实质认识不清楚。因此，要科学的理解人道主义的深刻内涵，一是要坚持科学的世界观和方法论，即历史唯物主义的观点和方法；二是要运用马克思主义的阶级分析方法，对它进行科学的分析和阐明。否则，只能是仁者见仁，智者见智。人道主义作为曾经在历史上发挥过重大作用的理论形态，其内容是十分丰富的，就其主要内容而言，它有以下的基本含义：

1. 人道主义主张"以人为中心"或最高命题，以"人"为研究问题的出发点和归宿。关心人和重视人，是人道主义题中应有之意。至于人是什么，这里姑且不论。从一般意义上讲，人道主义是关于人的学说，可以称之为人学。但是，不能反过来说，凡研究人的学问都是人道主义。因为有许多研究人的学问并不都是人道主义。以上是人道主义的一个基本内涵。

2. 人道主义的核心内容是关于人性、人的本质、人道、人权、人的价值和人的自由发展等问题的理论。或者说，人道主义是关于人、人性、人的本质、人的价值和人的发展的思想体系。它不是研究人的表象，也不是孤立地研究人的某个方面的特点，而是从整体上研究人。这样关于人的系统的学问，当然就是人学。历史上的人道主义或抽象人道主义，是资产阶级关于人的学问的思想体系。

3. 历史上的人道主义，不仅是道德伦理原则，也是一种世界观、历史观。人道主义就其本义来讲，首先是一种道德伦理原则，它是针对非人道、非人性而言的。资产阶级在反对封建主义的斗争中特别突出了人道主义的这个方面，而且有力地批判了封建特权和宗教神学。就是说，人道主义作为一种道德范畴，在各个社会是共同的。但是，历史上的人道主义不仅是一种道德范畴，而且也是一种历史观。如前所说，人道主义者以人、人性为尺度去衡量社会制度的优劣，去判断社会的进步和发展。有的用抽象的人的观点去解释历史发展，把历史看成是人性的发展过程，即人的异化和向人性复归的过程。马克思在早年已经批判过的这种历史观，后来在法兰福学派理论家那里又再度复活。这也说明人道主义历史观影响的深广。

4. 人道、人道主义还被理解为人们所追求的未来合理社会制度的目标和"理性王国"的根本内容。这在17、18世纪启蒙思想家和哲学家（如康德）的著作中，以及在现代人道主义者的作品里都可见到。当然，对什么是理想的社会制度，以及如何实现这种社会制度，理解是很不相同的。资产阶级试图以"天赋人权"和自由平等原则来建立自己的理想王国；空想社会主义也以人道原则来构想一种"乌托邦"制度；现代人道主义者则想建立一个消除了人的异化的自由社会。他们对未来社会制度的追求都同对人道主义原则的理解和运用联系在一起。但是，只有实现了共产主义原则，只有实现了生产资料公有制，消灭了阶级压迫和阶级剥削，才能实现人的真正自由而全面的发展。正是在这个意义上，马克思说共产主义是人道主义的彻底实现。

抽象人道主义的最基本特征是形式与实质的脱离。它赋予"人"以普遍的抽象的形式，并把这样一个不食人间烟火的人作为自己学说的中心和出发点，作为说明社会历史的原则。实际上，是在普遍性的外观下，隐藏着资产阶级的特殊阶级的特殊利益。为什么会形成这样一种矛盾现象呢？我认为，这是由两个方面原因造成的：一是意识形态的特点和意识形态虚假性（消极方面）的表现。概念的抽象可以脱离它所反映的事物而具有一种独立的外观，或者说具有一种相对独立性，如果将这种独立性片面夸大，使其脱离了它所反映的客观存在，就会使任何概念（如人和人道主义）神秘化。这是抽象人道主义存在的认识根源。二是由一种特殊的社会关系造成的。马克思、恩格斯在《德意志意识形态》中对这种现象作了深刻的分析，他们指出，在资产阶级反对封建主义时期，为了动员广大群众参加革命斗争，他们高举普遍人权的旗帜，并赋予自由、平等、博爱以普遍性的形式，似乎这些口号也同样代表广大群众的利益。实际上这些口号有着明显的阶级性。但不可否认的是，在当时的历史条件下，反对封建主义在一定程度上也反映了广大劳动群众的要求和愿望，在一定程度上也符合广大劳动群众的利益，所以他们在当时也接受了这些口号，并参加了资产阶级反对封建主义的斗争，但是当他们认识到问题的转向后，便纷纷退出了这个运动。马克思、恩格斯还认为，社会关系越复杂，阶级矛盾越尖锐，资产阶级理论家越要赋予自己的利益以普遍性的形式，编造种种虚假的理论，以蒙骗群众。

　　一百多年后的今天，事情仍然如此。帝国主义仍然以普遍人权为幌子侵略别国，并将称之为"人道主义干涉"。他们把自由、民主、人权、人道主义说成是普遍性的东西，如果不接受他们的理论观点，就被冠以"专制制度"、"邪恶国家"采取种种方式予以打击，甚至发动侵略战争。难道他们所谓的自由、民主、人权、人道主义也代表被侵略国家和民族的利益吗？当然不是。他们所以这样做，无非是想争取更多人的支持，蒙骗广大群众，掩盖自己贪婪和剥削的本质，满足大资产阶级的利益和欲望。

四　马克思主义和人道主义的关系

　　最后，简明地概述一下马克思主义的人道主义和历史上的人道主义的异同。不能把马克思主义归结为人道主义，也不能把马克思主义视为人道主义演进的一种形态，但是，马克思主义中确实包含着人道主义思想，这就是马克思主义人道主义，或称社会主义人道主义。马克思主义人道主义是对资产阶级人道主义的扬弃和超越。马克思主义人道主义同历史上人道主义的关系，可以从以下几个方面来看：

　　第一，马克思主义继承了历史上人道主义所包含的一切有价值的思想成果，比如关心人、爱护人、尊重人的价值，强调人的全面发展，弘扬人道精神，倡导人道原则，反对一切不合理、不平等、不人道的现象。这些都是各种人道主义所具有的共同原则。但马克思主义对这些问题给予阶级的分析，作了科学的阐明。是用阶级分析方法，还是用抽象人性论的方法，研究和阐明人道主义问题，是马克思主义同资产阶级人道主义的一个根本区别。

　　第二，历史上的人道主义就其哲学基础而言，大多是历史唯心主义，所以它们一般对人性、人的本质、人的发展都作了抽象的理解；而马克思主义把对人的问题的研究奠定在科学的即历史唯物主义的基础上，它对人、人性、人的本质、人的价值、人的自由、平等、人权，以及人的全面发展等问题，都作了科学的阐明，而且对人的各个方面问题的研究形成了一个完整的思想体系。这个思想体系构成了马克思主义的人道主义，也就是我们今天所说的社会主义人道主义。马克思主义人道主义或社会主义人道主义，不是一种历史观，它是基于唯物主义历史观之上对人的问题的全面、科学地阐释，它是关于人的道德、价值学说。

第三，历史上人道主义虽然提出了人的自由、平等、博爱和全面发展的理想目标，但受到历史的、阶级的局限性，它既不可能正确地阐释这些理论问题，更不可能找到实现这些理想目标的正确道路，而马克思主义的人道主义超越了历史上人道主义的理论的和阶级的局限性，不仅科学地阐明了人性、人的本质和人的发展等重要问题，而且把人的本质、人的价值的实现和人的全面发展，同社会主义、共产主义事业紧紧联系在一起。马克思说过，社会生活在本质上是实践的。"哲学家们只是用不同的方式解释世界，问题在于改变世界。"[①] 清楚地表明了马克思主义哲学同一切旧哲学的根本不同。后人把马克思的这个至理名言，作为墓志铭刻在了伦敦海格特公墓的马克思的墓碑上。可见，这个论断在马克思学说中的重要性。正是在这个意义上，马克思说"实践的唯物主义者，即共产主义者"。这里强调，与费尔巴哈的直观唯物主义不同，马克思新的世界观是实践的唯物主义，它同人们变革社会的实践活动紧紧联系在一起。人的价值的实现和人的全面发展只有在不断认识世界、改造世界的历史过程中，在推动社会物质生产和变革社会关系，在完善和巩固社会主义制度和体制的过程中得以实现。同样，也应当从人的实践活动和社会关系去研究人。这里，为了加深对上述思想的理解，我在这里援引一段恩格斯在逝世前两年的给意大利《新纪元》周刊的题词。1894 年 1 月，该周刊致信恩格斯，请求他用简短的字句来表述未来社会主义纪元的基本思想，以区别于诗人但丁曾说的"一些人统治，另一些人受苦难"的旧纪元。恩格斯回复说：要用几句话来概括未来社会主义纪元的基本思想，几乎是不可能的。经过考虑后，我认为，除了《宣言》中的"代替那存在着阶级和阶级对立的资产阶级旧社会的，将是这样一个联合体，在那里，每个人的自由发展是一切人的自由发展的条件"这句话之外，"我再也找不出合适的了"[②]。从中不难看出，恩格斯把人的全面发展看成是社会主义的重要特征，看成是社会

---

① 《马克思恩格斯文集》第 1 卷，人民出版社 2009 年版，第 502 页。
② 《马克思恩格斯文集》第 10 卷，人民出版社 2009 年版，第 666 页。

主义事业发展的结果。今天，离开生产力的发展，离开对社会关系、生产关系的根本变革，也就是离开社会主义事业，来研究和观察人、人性、人道主义，只能是流于形式的空洞说教。

西方的某些学者攻击马克思主义不讲人道主义，说马克思主义见物不见人，说马克思主义中存在"人学的空场"，甚至说马克思主义"反人道主义"。这些都是对马克思主义的曲解和误解。实际上，这里反映出认识和解决人和人的发展问题的两种根本不同的思路：是从社会生活和社会关系出发，去说明人和人的发展；还是从抽象的人、抽象的人性出发，去说明社会生活和人的发展。马克思主义的人道主义则主张从社会关系和历史发展，从社会生产方式和生活方式的发展变化，去说明人和人的发展问题，而不是停留于对人的抽象的议论。20 世纪 80 年代初那场关于人道主义和异化问题的争论，重要问题也正在于此。这也是我们今天研究和解决人、人道主义问题必须坚持的正确原则和科学方法。

（原载 1997 年 8 月出版的《人道主义与现代化》，
加工整理后发表于《学海》2002 年第 2 期）

关于人的本质的科学规定

　　人是什么，人的本质是什么？长期以来，哲学家和思想家们在苦苦探索、寻求答案，然而，都不得其解。只有马克思在 19 世纪 40 年代中期，针对费尔巴哈的"抽象的人"明确指出，人的本质"在其现实性上，它是一切社会关系的总和"在人类认识史上第一次形成了马克思主义关于人的本质的科学规定，从根本上解决了人的问题。

　　这个科学概念的产生，绝不是偶然的，它是马克思早期思想发展和深化的结晶。我们知道，马克思早期思想发展，是一个从黑格尔唯心主义出发，经过费尔巴哈人本主义唯物主义，到马克思的辩证唯物主义和历史唯物主义的进程。按照列宁的说法："马克思在 1844—1847 年离开黑格尔走向费尔巴哈，又进一步从费尔巴哈走向历史（和辩证）唯物主义。"①

　　1843 年夏至 1845 年春，正是马克思"离开黑格尔走向费尔巴哈"的发展阶段，即其思想经历着主要受费尔巴哈观点影响的时期。在这个时期，马克思如同费尔巴哈一样，也把对人的研究作为自己理论活动的中心。然而，他通过对人的活动和物质生活条件的考察，使他一步步地接近了历史唯物主义。这时，费尔巴哈哲学对马克思的影响是双重的：它推动马克思离开黑格尔的理性的人，转向对现实的人的考察，同时作为一种传统力量又给马克思的思想造成新的束缚。这种影响是如此之深，以至在这个过程中，马克思的新的思想萌芽，往往同费尔巴哈人本主义痕迹紧紧交织在一起。但是，作为这一发展过程的必然趋势，是马克思不断"超越"费尔巴哈而逐渐达到人的本质的科学概念，最终形成了他的唯物主义历史观。

---

　　①　《列宁全集》第 55 卷，人民出版社 1990 年版，第 293 页。

恩格斯这时在给马克思的信中指出："要使我们的'人'成为某种真实的东西"，"必须从个别物中引申出普遍物，而不要从本身中或者像黑格尔那样从虚无中去引申"①。这就是说，要真正科学地认识"人"，必须从旧哲学的圈子中跳出来，既不能囿于黑格尔的抽象理性，也不能停于费尔巴哈的"人自身"，而要"把握特殊对象的特殊逻辑"，通过考察人的现实生活和生存条件去揭示人的本质。就是说，不能从"人"出发，只能从人们的社会生活条件出发去研究人。

马克思从费尔巴哈的以自然为基础的人，过渡到以社会为基础的人，主要是通过对人的劳动和物质利益的探讨实现的，而根本关键在于，马克思形成了自己的生产关系的基本思想。

首先，马克思通过对人的劳动的分析，加深了对人的社会性和社会本质的理解。他在发挥费尔巴哈的人是类存在物时指出，"人是类存在物，不仅因为人在实践上和理论上都把类……当作自己的对象；而且因为……人把自身当作现有的、有生命的类来对待"②。所谓"有生命的类"，即指从事着改造世界活动的人。这种活动，是人的自由的能动的类生活，它不仅改变着自然界，同时也改变着"人自身"。从而把对人的认识，由纯理论范围，由仅仅当作"人自身"，推向实践的领域。

同时，马克思还吸取了黑格尔"把劳动看作人的本质"的合理思想，将人区别于动物的本质属性归结于人的自觉的生产活动，把它视为反映人的社会本质的一面镜子。人之所以必定是社会的存在物，正因为生产本身是社会性的活动。不论是劳动还是消费，也不论是物质生产还是精神生产，都只能在社会中进行。"个人是社会存在物。因此，他的生命表现，即使不采取共同的、同其他人一定完成的生命表现这种直接形式，也是社会生活的表现和确证。"③社会生活在本质上是实践的，而人的实践永远都是社会的。承认劳动是人的本质的确证，也就从根本上肯定了人的社会本性。

① 《马克思恩格斯全集》第27卷，人民出版社1972年版，第13页。
② 《马克思恩格斯全集》第42卷，人民出版社1979年版，第95页。
③ 同上书，第122—123页。

其次，尽管劳动是人区别于动物的本质特性，是人的社会性的确证，但到此为止，仍不能达到关于人的本质的科学规定，还必须深入研究人与人的社会关系。马克思通过对异化劳动的探讨，已经深刻认识到，人的劳动不仅生产出为社会所必需的劳动产品，而且也生产出工人和资本家的关系。劳动者同自己产品和活动的异化，同时也使人与人相异化，从而肯定了社会关系的客观必然性。这里，马克思以萌芽的形式，表述了一定方式的生产活动不可避免地产生出一定的社会关系的重要思想。

进而，马克思通过对物质利益的探讨，更加深化了自己的观点，认识到正是"自然的必然性"①、利益把人们彼此联系起来。随着生产的发展而发展起来的物质利益，必然使人们结成不同的社会集团和等级，恰恰是这种社会关系和阶级关系，直接决定着人们的社会本质。

物质利益是联系着人们的纽带，物质关系背后深深隐藏着基于这种利益的人与人的社会关系。马克思通过对财产关系的分析，表述了一个极为重要的思想，即实物、人的劳动产品，不仅是人的存在的确证，同时也反映着"人对人的社会关系"。这种关系在生产过程中，也就是人们的生产关系。因此，列宁认为，马克思在这里已经"接近"自己的"体系"，即社会生产关系的基本思想②。这是马克思在 1844 年所取得的最重要的思想成果。几个月后，马克思把自己的社会历史理论完整地表达出来，同时明确地提出人的本质"是一切社会关系的总和"的科学论断。

由此可见，马克思关于人的本质的科学概念决不是随意提出的，它是 1844 年马克思思想深化的结果。马克思在深入研究现实人的过程中，揭示出人与人的社会关系，一旦他形成自己的生产关系的科学概念，便立即对人的本质作出科学的规定，从而把对人的本质的认识置于真实的基础之上。

马克思从提出人就是人的世界，人的社会③，到得出人的本质"是一切社会关系的总和"的科学结论，是一个对人的社会本质认识深化的过

① 《马克思恩格斯全集》第 2 卷，人民出版社 1957 年版，第 154 页。
② 参见《列宁全集》第 55 卷，人民出版社 1990 年版，第 13 页。
③ 参见《马克思恩格斯全集》第 1 卷，人民出版社 1956 年版，第 452 页。

程，也是不断"超越"费尔巴哈的"自然人"和"人自身"的过程。这个过程同马克思的历史唯物主义的形成是一致的。因此，不能把构成人的本质的基础，归结于人的自然性，也不能归结于人的自然性与社会性的统一，而只能把它看成是人的社会性，人的社会关系。正像马克思在发挥自己上述观点时所指出的："每个个人和每一代当作现成的东西承受下来的生产力、资金和社会交往形式（即生产关系——引者）的总和，是哲学家们想象为'实体'和'人的本质'的东西的现实基础。"①

马克思关于人的本质的科学概念是一个社会历史范畴。在这里，将人性和人的本质的概念适当加以区别，是十分重要的。这两个概念，既有联系又有区别。人性概念的含义要广泛得多，它指人区别于动物的诸多基本属性，通常总是把人性与兽性相对立。它不仅包括人的劳动、互助、恻隐之心等社会属性，而且包括饮食、男女等自然属性。然而，就是这种自然属性也并非纯粹的自然性，而是受着社会性所制约的人的自然性。它只有在社会中，才能成为人的特性。因此，如果把人的自然性与社会性分割开来，或者用人的自然性取代人的社会性，将它们作为人的本质的基础，那么，正如马克思所指出的："在这种抽象中，它们就是动物的机能。"②在人性的多种规定中，劳动是把人同动物区别开来的最根本的属性，这就决定了人的自然性必然受着社会性的制约，并且是基于生产力发展之上的历史的产物。

至于人的本质的概念，其内涵更加确定，是对人的社会性的进一步概括，是较之人性概念更深一层的范畴。它不停留于人的一般社会性，而是深入到人的最本质的东西。本质就是关系。人的本质是关于人的本质的概念，无非是个人关系和社会关系的理论表达。人们在其中进行生产的物质条件和生产关系，以及由此所决定的个人关系和社会关系，当它们以观念形式表现出来时，"即在意识中表现为从一般人的概念中，从人的本质中、从人的本性中、从人自身中产生的规定"。人是什么，反映在意识中，就

---

① 《马克思恩格斯全集》第3卷，人民出版社1960年版，第43页。
② 《马克思恩格斯全集》第42卷，人民出版社1979年版，第94页。

是"关于人的生存方式或关于人的最切近的逻辑规定的观念"①。这就清楚地表明，关于人的本质的概念，只是移植于人们头脑中的由生产条件和生产系所制约的个人关系和社会关系。哲学家们对于人的本质的看法，概出于这个现实的基础，只不过有的是科学抽象，有的是思辨歪曲罢了。

人体现着各种社会关系的总和，就是说在现实的人身上都存在有他所处的各种社会关系和条件的规定，他的思想和行动无不可以在现实关系中找到根据。但是，社会关系的总和，并非机械的凑合，它是诸多社会关系的有机统一体。其中，不仅有各种关系的从属关系，而且有相互作用关系。社会就是人们彼此发生的那些联系和关系的总和。在这些关系中，有思想、政治关系，也有经济关系；有家庭关系，也有各种各样的社会联系；在生产过程中，有人与人的生产关系；在阶级社会中，更有人们之间的阶级关系，等等。按照马克思主义观点，在这些诸多关系中，思想、政治关系受着经济关系的制约，如列宁所说，生产关系是最基本的、原始的、决定其他一切关系的关系。它决定着整个社会的面貌，同时也决定着人们的社会本质。人们可能受着家庭关系和其他关系的直接影响，但最终起支配作用的还是生产关系。

在阶级社会中，人们的阶级关系虽非唯一的社会关系，但它无疑是生产关系的最突出的表现，因而必然对人的本质发生强烈的影响。高尔基说得好，阶级特征"是一和内在的、深入神经和骨髓的东西"。甚至就连一味诉诸直观的费尔巴哈也察觉到，"皇宫中的人所想的，和茅屋中的人所想的是不同的"②。在这种场合，人的本质在很大程度上取决于人的阶级关系，费尔巴哈所宣扬的"彼此相爱"和"人和人的统一"，是会荡然无存的。

人的本质的科学规定，既是一个抽象的概念，又是一个科学的具体。它不仅从根本上把人和动物区别开来，而且也区别了不同时代、不同阶级和阶层的人。它适合于一切历史时代的所有的人。资本主义社会的人之不同于封建社会的人，无产者之不同于资产者，就因为他们所处的社会关系

---

① 《马克思恩格斯全集》第3卷，人民出版社1960年版，第199—200页。
② 《马克思恩格斯全集》第4卷，人民出版社1972年版，第233页。

不同。他们都是由社会关系的总和决定的，但由于他们所处的社会关系的特殊性，显示出人们之间的本质的差别。所以在考察人的本质时，必须具体地研究人们的现实的社会关系。

马克思关于人的本质的概念同存在主义是根本对立的。存在主义者认为，"存在先于本质"，即人的本质不是由客观的社会关系所决定，而是由人的"自我"的存在规定的。萨特公开鼓吹："人不外是他自己使自己成为的那个东西。"从而把人的本质完全变成人的主观"自我"的产物。这是十足的主观唯心主义哲学。按照这种观点，人只能关起门搞"自我设计"，而忽视客观的社会关系对自己的决定性影响，实际上，任何人都不可能生活在真空之中，总是受一定社会关系的制约。所谓搞"自我设计"，无非是要人们逃避当前的现实，走"个人奋斗"的道路。我们应该重视社会关系的客观性和对个人发展的决定性影响，积极投入无产阶级改造世界的实践活动。

从上述也可以看出，马克思正是摒弃了"人"，而去研究社会，才创立了科学的世界观，同时也才科学地解决了人的问题。如果马克思仅仅从人出发，不去深入研究社会，那么他不但不能前进到唯物主义历史观，而且必然倒退到费尔巴哈的人本主义，至多像德国的"真正的社会主义者"一样。因此，把人作为马克思主义的出发点，在理论上是一个倒退。

（原载《谈谈异化和人道主义问题》，北京出版社 1984 年版）

马克思主义和人道主义

在当代哲学社会科学中，有许多争论问题，然而很少有像马克思主义和人道主义的关系问题这样惹人注目，而又被搞得如此混乱不堪，以致大有把这两种根本不同的思想体系合二为一的势头。正如胡乔木同志在《关于人道主义和异化问题》一文中所指出的："现在确实出现了一股思潮，要用作为世界观和历史观的人道主义来'补充'马克思主义，甚至要把马克思主义归结为或部分归结为人道主义。"这就尖锐地指明了从理论上解决马克思主义和人道主义关系问题的迫切性。

人道主义和马克思主义究竟是怎样的一种关系，这的确是一个理论难题，而且涉及世界观和历史观的根本问题。如果对两者关系缺乏正确理解，那必然会造成思想理论上的混乱，或者把两种对立的世界观，兼收并蓄，融为一体；或者对人道主义不加区分，一概摒弃。这既会妨碍我们正确坚持和发展马克思主义，也不利于我们建设社会主义的实践。胡乔木同志对人道主义两种含义的科学区分，以及对这两者关系的正确阐明，为我们解决这个理论难题，弄清马克思主义和人道主义的关系，提供了重要的指导思想和方法论基础。

一　马克思主义是人道主义历史观的根本扬弃

人类社会是一个复杂纷纭、层次繁多、各种现象相互交织的不断发展变化的有机体。人们在一定条件下创造着自己的历史，同时也力求探索着社会历史的奥秘。然而，他们真正地认识自己的历史，比开始创造自己的历史要晚得多，比对自己改造（自然界）的认识也要困难得多。正像一个人的认识不是形成于实践活动的初始，而是产生于实践过程的末期一样，真正揭开历史之谜，发现其内在的规律性，也必然是伴随着生产力的发展和人们精神视野的扩展而发展的过程。

人类对自身历史的认识，经历了一个从"神"到"人"，再到用物质生产和社会关系去说明社会历史的、漫长的、曲折的发展进程。

回溯人类的自我认识史便会发现，历史越是久远，人们对自己历史的认识便越是带有浓重的神秘色彩。在一个相当长的历史时期内，人们既不能正确说明自然界，更不能正确解释社会现象，而把这一切都归之于一种超自然的神秘的力量。"神"是当时人们回答历史之谜的总答案，神学历史观禁锢着人们的头脑。这种作茧自缚的情况，不论是在中国还是在外国，都是如此。这是人类对自己历史认识的一个不可避免的阶段。它不仅是物质生产力和人们精神世界发展的产物，而且也是人们的需要，特别是统治阶级进行政治统治的需要。中国的"天命"、"天道"观，认为国家的治乱兴衰，帝王将相的出现，都是由天命安排好了的。其兴，必有祯祥；其亡，必有妖孽。在西方则认为，上帝是世界万物的最高"主宰"，"一切现存事物都是由神布排的"（托马斯·阿奎那）。说法不同，实质则一，都在宣扬一种唯心主义的神学历史观。这种神学历史观，就成为在人类历史上存在数千年之久的奴隶制度和封建专制制度的精神支柱。尽管历史上有许多哲学家和无神论者，提出"人是万物的尺度"（西方的普罗塔哥拉）和"人事为本，天道为末"（中国的仲长统）的卓越见解与之抗衡，但也不能根本抹掉这层盖在人类社会机体上的神学阴影。充其量，它只不过预兆着人类认识自己历史的一个不同方向而已。

用一种超自然、超人的意志和力量说明人类历史，固然是极其荒唐的，然而它确是人类认识发展在一定阶段上的一种必然现象。但是随着工商业和自然科学的迅速发展，以及人们精神视野的进一步扩展，抛弃这种神学历史观也同样是历史的必然。

文艺复兴时期开始的人道主义思潮，标志着从"神"到"人"的新的转折。这一历史观的重大转折，植根于当时社会经济和政治的事实之中，正如恩格斯所说，即使宗教包含的某些材料所发生的变化，也都是"由造成这种变化的人们的阶级关系即经济关系引起的"。至于作为其对立物而应运而生的人道主义思潮，就更是如此了。

　　人道主义作为一种社会思潮，始自 14—16 世纪的文艺复兴时代。这个时期，人道主义以复兴希腊罗马的古典文化为形式的"人文主义"而出现在古老欧洲的历史舞台上。"人文主义"表现为古典学术研究的形式，实际是以古典文化对抗中世纪的基督教文化，含有鲜明的反对封建专制制度及其精神支柱宗教神学的意义，在封建主义和神权主义的统治下，为人的存在争一席之地。宗教把神奉为宇宙的主宰和人类万能的创造者。新兴资产阶级的思想家，适应时代潮流，奋起反对宗教蒙昧主义及其尘世的代表封建专制君主。他们以人为中心，要求把一切归于人，而不是归于神，提出以人道代替神道，以人性代替神性，用个性自由反对宗教桎梏。同时，由于工商业和自然科学的发展，也大大开阔了他们的视野，开始认识到人在自然界的积极的创造作用，热情地赞扬人是"宇宙精华！万物的灵长！"从而提高了人的价值和尊严，致命地打击了神的权威。毫无疑义，最初以"人文主义"表现出来的人道主义思潮，已经显示出了它那种蓬勃向上、敢于进取的战斗精神。

　　随着资本主义经济实力的增长，在 17—18 世纪资产阶级革命时期，人道主义不仅得到理论论证，而且以"人权宣言"的形式在政治上予以充分肯定。这时，以"自由、平等、博爱"为中心内容的人道主义，突出表现为"天赋人权"的思想，认为自由平等是人所固有的，是按其本性生而就有的"自然权利"。这种以自然权利和自然法为根据、以"人权"形式出现的人道主义，虽然并非科学，然而它没有妨碍资产阶级以此为武器去反对封建主义和发展资本主义，而且正是这种理论有效地满足了资产阶级的政治和经济要求，在当时起了积极的历史作用，对社会生活发生了巨大的影响。

　　人道主义是资产阶级的意识形态。正如马克思所说，由"人权宣言"所体现的这种人道主义，"不过是承认利己的市民个人，承认构成这种个人的生活内容，即构成现代市民生活内容的那些精神因素和物质因素的不可抑制的运动"。它的自然基础，"是市民社会以及市民社会中的人"[①]。作为资产者的"人"，是它的出生地和基础。

　　然而，它的理论表达却不是这样直言不讳。人道主义理论的基本特

――――――――――

① 《马克思恩格斯全集》第 2 卷，人民出版社 1957 年版，第 145 页。

征，是赋予"人"以普遍的抽象形式，并把这个抽象的人作为自己学说的中心和出发点，作为说明社会历史现象的唯一原则。人道主义关于人的尊严、价值和"天赋人权"，关于人的本性的理论，从实质上说，是要求建立一个与他们设想的人性相符合的社会。理想的社会，美好的制度，应该是同人性相一致。正如古代的炼金术士寻找"哲人之石"一样，他们也企图找到一种能解释人类社会一切现象的最终依据，这个依据就是人性。尽管各种人道主义派别赋予人性以不同的内涵，从而使人道主义具有不同的色彩，但其共同之点，都是把人性作为历史的尺度。凡是符合人性的就应当予以肯定，凡是不符合人性的就应当予以否定。人性成为最高的审判官，一切聚讼纷纭的有关人类行为合理性和社会制度是否公允的争论，都诉诸人性的法庭。由此可见，从"文艺复兴"开始的由"神"向"人"的转折，实则是由神性进到人性，而没有达到现实的人。

费尔巴哈的人本主义是人道主义的一种特殊形态。资产阶级人道主义之所以能够在德国古典哲学，尤其是在费尔巴哈哲学中得到进一步发展，这是同德国的具体历史条件分不开的。德国资本主义在 19 世纪 30 年代才有了真正的发展。40 年代初期，德国正处于资产阶级革命的前夜，反对封建专制制度和宗教神学的斗争，使德国资产阶级只能继承 18 世纪的人道主义作为自己的战斗武器。但是，新的历史条件和德国的哲学环境，又赋予人道主义理论以新的特点：第一，使人道主义更具有哲学的抽象性；第二，人道主义变成一种博爱主义。在这里，博爱上升为人道和人性的根本内容，无博爱便无自由可言，因此，人性只有通过博爱以求其实现。以博爱为中心的费尔巴哈的人本主义，就是德国资产阶级特性及其生活条件在哲学上折光的反映。但是，从历史观的转折来看，它是从"神"到"人"转变过程的一个缩影，同时也是最集中地暴露了人道主义理论的弱点。

费尔巴哈以人来对抗神，认为"神是人的本质的异化"，从而把神的本质归结为人的本质，显示了他的人本主义哲学的战斗性，然而正因为他仅仅停留于人与神的对立，只停留于考察人与神的关系，而没有进一步探究人与人的社会关系，寻找这种对立的世俗原因，因而他不可能突破人性论的壁障。恩格斯指出："费尔巴哈的'人'是从上帝引申出来的，费尔巴哈从上帝进到'人',这样,他的'人'无疑还戴着抽象概念的神学光轮。"① 费尔巴哈的人与神一样,都是脱离现实基础的抽象物。他只是用一个抽象的人代替了同样抽象的神。过去曾以神的是非为是非,而费尔巴哈则以"人"为善恶、是非的标准。他明确地说,"凡是与人相适合、相适应的东西,便是善的,凡是与他相矛盾的东西,便是恶的、劣的。"② 费尔巴哈把人更加抽象化了,并把这个抽象化了的人视为衡量事物的尺度和历史的基础。这正如马克思所揭露的,这实际上是"把整个历史变成意识发展的过程"③。

以抽象人性论为基础的人道主义历史观,必然要陷入双重的矛盾之中。其一,是理论与历史的矛盾。不变的人性怎么能成为变动不拘的历史的原因呢?如果人性是变化的,那人性变化的原因又是什么?人道主义历史观始终在这个困难的迷宫里徘徊。要走出这个迷宫,就要研究具体的人性,研究随着历史的发展和社会条件的变化而不断改变的人性。这样,就不是用抽象的人性去说明社会,相反的,要用社会去说明人性。其二,抽象的形式与其所表达的现实内容的矛盾。这一矛盾是人道主义阶级性的充分表现。资产阶级越是在政治上取得进展,它同无产阶级的斗争越是激烈,它就越是要粉饰自己阶级利益和其他阶级利益之间的对立,因而它的理论表达便越是虚伪,越要赋予它以"普遍性的形式"④,即把资产阶级的利益说成是全民的利益。就是说,它越是意识到自己阶级利益与其他阶级利益之间的对立,它便越要以为了"人"的面貌出现。到头来,这种人道主义也只能成为空洞的道德说教。马克思将之称为"用以表达市民的利益的形式和这些利益本身之间的假象的矛盾"⑤。这种矛盾,在资产阶级人道主义范围内是根本无法解决的。

就是19世纪的空想社会主义者,虽然他们以抽象的人道主义为武器,激烈抨击资本主义的非人制度,并构思出他们的合理社会,提出了许多后

---

① 《马克思恩格斯全集》第27卷,人民出版社1972年版,第12—13页。
② 《费尔巴哈哲学著作选集》下卷,生活·读书·新知三联书店1962年版,第434页。
③ 《马克思恩格斯全集》第3卷,人民出版社1960年版,第77页。
④ 同上书,第54页。
⑤ 同上书,第213页。

来成为马克思主义重要理论来源的卓越思想，然而他们也无法填平这种理论与现实生活之间的鸿沟。这就更加证明了，抽象人道主义理论的非科学性和无根据性。以这种人道主义历史观为思想依据的社会主义，也只能流于空想。

真正解决这个历史矛盾，揭开历史之谜，只有伴随着大工业的发展而产生了无产阶级及其反对资产阶级的斗争的时候，才能真正地实现。要把社会主义由空想变为科学，实现解放全人类的历史任务，就必须抛弃关于合乎人类天性的社会条件的议论，通过研究现代社会关系和阶级结构，在批判地改造人类历史上一切优越思想成果的基础上，揭示"那些作为支配规律在人类社会的历史上起作用的一般运动规律"①，创立唯物主义的历史观。

马克思主义的历史唯物主义正是人道主义历史观的根本扬弃。马克思跳出了延续几个世纪之久的在人性中寻找答案的圈子，找到了一条不同的途径。正如恩格斯所说的："达到'人'的真正道路是与此完全相反的。"② 所谓完全相反的道路，就是根本不同于把"人"作为出发点和归宿，以人性为对象，思辨地探索人的问题，而是研究现实的人。

毋庸讳言，马克思在自己的青年时期，确曾受过人道主义、特别是费尔巴哈人本主义的强烈影响，他不仅有过抽象的人和人性的观点，而且也曾用人性异化的思想去说明现实社会生活和未来的共产主义制度。但是，他绝没有像青年黑格尔派赫斯和当时所谓的"哲学共产主义"那样，仅仅停留于这一点上，而是把自己研究的基点放在探讨"人的世界"和揭露"市民社会"的秘密上。问题不在于要不要前提和出发点，而在于以什么为前提和出发点。这是能否走出人道主义历史观迷宫的关键所在。正像马克思后来所说的，费尔巴哈提出而没有回答的问题，"为德国理论家开辟了通向唯物主义世界观的道路，这种世界观没有前提是绝对不行的，它根据经验去研究现实的物质前提，因而最先是真正批判的世界观"③。

---

① 《马克思恩格斯文集》第 4 卷，人民出版社 2009 年版，第 301 页。
② 《马克思恩格斯全集》第 27 卷，人民出版社 1972 年版，第 13 页。
③ 《马克思恩格斯全集》第 3 卷，人民出版社 1960 年版，第 261 页。

所以，马克思首先为自己的科学历史观确定了一个真实的前提、即正确的出发点。他说：这种历史观所由出发的前提"是人，但不是某种处在幻想的与世隔绝、离群索居状态的人，而是处在一定条件下进行的、现实的、可以通过经验观察到的发展过程中的人"。还说："这是一些现实的个人，是他们的活动和他们的物质生活条件，包括他们得到的现成的和由他们自己的活动所创造出来的物质生活条件。"① 一句话，这个前提就是人们的社会生活、社会关系。这是马克思认识人的本质和社会历史的现实基础，是唯物主义历史观和人道主义历史观的根本分水岭。

其次，马克思从这个现实的前提出发，深入地考察了生产、分工和交换，研究了人们的物质利益和各种社会关系，逐步形成了生产关系的科学概念，认识到各种社会现象的本质联系，并且在此基础上，揭示出以生产力和生产关系辩证法则为核心的历史发展的一般规律，从而把对社会历史现象的认识完全奠定在真正科学的基础之上。同时，也科学地回答了人、人性、人的自由、人的价值和尊严，以及个人的发展等一系列的问题，解决了人道主义所无法解决的矛盾。

不破不立，但也只有真正的立，才会有真正的破。正是由于马克思自己科学历史观的形成，他才批判了已有几百年历史、经历了各种形态、但都是以抽象的人和人性为出发点的人道主义的唯心史观，包括批判了马克思曾深受其影响的费尔巴哈人本主义及其关于人的本质的异化的观点，正如他自己所说："实际上是把我们从前的哲学信仰清算一下。"②

"思辨终止的地方"，"正是描述人们的实践活动和实际发展过程的真正实证的科学开始的地方。"③ 历史唯物主义是在彻底扬弃人道主义历史观的过程中，作为人道主义历史观的对立物，摒弃"抽象的人"，转而研究现实的人的过程中逐步建立起来的。它的创立，实现了人类历史观的伟大变革，以往用"神"、"人"或理性说明社会发展的历史哲学，统统作为人们认识的一个阶段、一种形式而成为过去。列宁说得对："在我们还没

---

① 《马克思恩格斯全集》第 3 卷，人民出版社 1960 年版，第 30、23 页。
② 《马克思恩格斯文集》第 2 卷，人民出版社 2009 年版，第 593 页。
③ 《马克思恩格斯全集》第 3 卷，人民出版社 1960 年版，第 30—31 页。

看见另一种科学地解释某种社会形态（正是这种社会形态，而不是什么国家或民族甚至阶级等等的生活方式）的活动和发展的尝试以前，没有看见另一种像唯物主义那样能把'有关事实'整理得井然有序，能对某一社会形态作出严格的科学解释并给以生动描绘的尝试以前，唯物主义历史观始终是社会科学的同义词。"① 今天，重温列宁的这段论述，更感其发人深省，教益匪浅。

从上述的历史考察可以看出，人类对自己历史的认识是一个由浅入深、由表及里的曲折的、上升的过程。其间经历了不同的形态，而人道主义历史观仅仅是在人类认识长河中，人们解释历史的一种形式、一种观点。尽管它高于神学历史观，其中确也不乏真理性的颗粒，然而，它并非是人们认识的最高形态，也并未上升到科学的高度，毋宁说，它只是人类真正揭开历史之谜的"史前时期"。当然，人道主义思潮，作为人们认识的一个必然阶段，作为新兴资产阶级反对封建专制和宗教神学的思想武器，确实对当时的社会生活和政治斗争起过巨大作用，对人类认识的发展发生过继往开来的积极的影响，否认它的历史作用，就是割断历史，是不正确的。然而，就此把它无限延伸，夸大为贯穿中外古今的"全人类共同的意识形态"，否认马克思主义创始人在历史观上实现的伟大变革，这不仅与历史事实相悖，而且不可避免地把马克思主义也纳入人道主义之中。这一种倾向是必须反对的。

二　不能把马克思主义归结为人道主义

既然马克思主义和人道主义是两种根本对立的世界观和历史观，是两种根本不同的思想体系，那就不能把马克思主义归结为人道主义，即使部分归结也是不行的。不同的世界观和历史观，尤其是马克思主义和人道主义，就其历史发展来讲，会有某种批判的继承关系，但在本质上是不能相互包容的，更不能把马克思主义纳入人道主义。

"归结论"的重要论据，是认为人道主义有广义和狭义之分，人道主

① 《列宁专题文集——论辩证唯物主义和历史唯物主义》，人民出版社 2009 年版，第 163 页。

义是一个大的概念，资产阶级人道主义只是其中的一种，马克思主义人道主义也是其中一个派别，不过是"最彻底的"、"最科学的"、"真正的人道主义"罢了。这种观点显然是站不住脚的。事实上，根本不存在什么广义人道主义和狭义人道主义之分，作为历史观的人道主义只有一种，这就是资产阶级反对封建主义和宗教神学的意识形态。如果把人道主义看成是超越历史阶段，超越社会阶级的全人类共同的意识形态，那么，这本身就是一种非科学的抽象。

持这种态度的同志认为，凡是研究人、研究人的价值的学说，就是人道主义，马克思主义也研究人和人的价值，当然也就是人道主义了。这种见解，是不能自圆其说的。首先，它混淆了认识对象和认识观点之间的区别，用研究什么代替了如何研究，用认识的客体置换了所由得出的认识结论，以此抹杀不同世界观之间的对立。

众所周知，认识的对象并不等于认识的观点，犹如存在不等于思维、经济不等于经济学说一样。人、人的价值属于人们认识的客观对象，而关于人的学说、人的价值观则是人们对这个对象的认识和反映，属于观点、概念和理论的范围。人们的认识对象可以是相同的，但他们的认识观点，即从什么角度、用何种方法去认识，以及得出怎样的结论，却可能是不同的，甚至是完全相反的。人们的认识总是受着各种条件的限制，尤其是对人、人性、人的价值等等复杂社会现象的认识，不仅受着历史条件和人们认识能力的制约，而且在阶级社会不可避免地受着阶级地位的制约。不同的阶级，不同的人们，有不同的价值观、人生观。事实早已表明，关于人、人的价值的观念，从来都是人们世界观的集中表现。因此，决不能用人们的认识对象去代替他们认识的观点和结果，就如同不能用木材去代替各种具体的家具一样。

大而言之，各门学科、尤其是社会科学，可以说，都是从不同的侧面去研究人，或研究人与周围环境的关系。历史学研究人类的发展史，经济学研究人们的经济活动和经济关系，伦理学研究人们行为的道德规范，文学艺术更是以形象思维的形式反映人们各方面的活动，至于生理学、解剖学和医学等，也都以各自的方式研究人的某方面的特性。所有这些，都不能称之为人道主义学说。人道主义不仅不能包容这些学科，而且它本身也不是一种专门的学科，也就是说，不存在一种专门研究人的人道主义学科。抽象人道主义只是关于人、关于人与社会历史关系的一种观点，确切地说，它是一种关于人的历史唯心主义观点，即使在这种历史唯心主义观点中，它也只是一种特殊的形态。所谓一般研究人的广义人道主义和专门研究人的人道主义学科，都是不能成立的。

　　人道主义当然是关于人的学说，但不是历史上任何关于人的学说都是人道主义。如前所述，人道主义是资产阶级关于人、人的本质、人的价值和尊严，以及个人的自由发展等问题的理论化和系统化，是资产阶级的思想体系。其基本特征是把人抽象化，然后又用这个抽象化了的人去附会历史的发展，构思他们向往的未来的理想社会。所以，它是资产阶级的历史观、世界观，同时又是他们的政治理想。不论在古代西方还是在东方，都有关于人的学说，但都不能称之为人道主义。如古希腊著名的智者普罗塔哥拉，在其《论真理》中写下了颇具影响的"人是万物的尺度"的名言。他据此去说明人们对事物的认识，把人作为认识差异的标准。中国孔子的"仁者，爱人"，"己欲立而立人，己欲达而达人"，也不能称为人道主义，前者是认识论命题，后者是具体道德原则，都不是作为人道主义思想体系，更不是一种政治思想，事实上，他们都是不平等的公开拥护者。可见，关于研究人就是人道主义的说法，只是一种皮相之见。

　　"归结论"的另一种论据，是认为关心人、实现人，就是人道主义，共产主义要实现全人类的解放，因此，共产主义是最高的人道主义，或曰"真正的人道主义"。按照这种观点，人是中心，是历史的出发点和归宿点，全部历史不外是人的不断实现的历史。然而，过去由于种种条件的限制，使人的本性不能充分地实现，人性异化了。于是，一切解放、全部历史发展，就是为了消除异化。有的同志以此作为广义人道主义存在的根据，认为人道主义的广义性，正是由异化压抑人的本性"这一事实的广泛性决定的"，而马克思主义之所以包含人道主义，其根本原因也在于这种广泛存在着的异化压抑人的本性的事实和要求"解放人性"的愿望。这样，马克思主义和共产主义都被视为人道主义的一种形式。

其实，这种观点，几十年前早在西方思想界已经广为流传了。有的西方学者，正是根据异化理论，通过对马克思早期著作的伪造，把整个马克思主义曲解为人的存在的"自我异化"和"复归"的学说，似乎马克思的"目标"，也只在于说明异化的产生和扬弃，"使完整的人性得到恢复"。其中有的人，企图建立一种用人性异化说明历史的"人本学历史观"，以取代唯物主义历史观，甚至公然提出，要把《共产党宣言》中关于"到目前为止的一切社会的历史都是阶级斗争的历史"的著名论断，改为"到目前为止的一切社会的历史都是人的异化的历史"。这是对马克思学说的赤裸裸的伪造和明目张胆的践踏。毫无疑问，用人性作为衡量历史进步的尺度，把共产主义曲解为实现人的真正本性，这是一种把马克思主义人道主义化的典型观点。当然，把我国思想界出现的类似观点，同西方"马克思学"的思想简单地相提并论，是不恰当的，但是，我们必须看到，坚持这样一种观点，就很难同西方反马克思主义思潮划清界限，更不要说在复杂的意识形态斗争中去坚持和发展马克思主义了。

毋庸讳言，马克思在自己的科学历史观形成以前，曾经把"异化"作为一种基本理论用以解释整个社会历史现象，甚至说明他当时理解的共产主义，并把它称之为"真正的人道主义"。然而，这只是暂时情况，是马克思思想发展的不成熟的表现。随着马克思科学历史观的产生，他便不再用"异化"说明整个历史的发展，在《资本论》研究过程中，他也只是用这个术语描述特定的经济现象，说明资本与雇佣劳动的对立关系。不仅如此，马克思还彻底批判了把异化永恒化和滥用异化的思辨怪论。

这里，我们重温一下马克思在创立自己科学历史观时期，同由费尔巴哈人本主义装备起来的"真正的社会主义"的斗争，是十分有益的。

19 世纪 40 年代中期，德国瘟疫般地流行一种"真正的社会主义"，它实际上是一种充满幻想的小资产阶级社会主义学说。这种学说的鼓吹者，以费尔巴哈人本主义观点解释社会主义和共产主义，宣扬"人的本质就是一切中的一切"，把"人"作为历史的终极目的，认为一切现实关系和历史发展，都是"人"的自我展开，因此，他们提出共产主义就是人的实现，说什么"必须实现共产主义，以便实现人道主义"，"共产主义和社会主义归根到底都消融在人道主义中了"①。在他们看来，社会主义、共产主义、人道主义都是"人"的发展的不同阶段。这个发展过程，就表现为不断地克服"人的本质的异化"的过程，"真正的社会主义"就是异化的真正克服。正像马克思和恩格斯所指出的，"真正的社会主义者"相信费尔巴哈的"人"、"纯粹的、真正的人"是"世界历史的最终目的"和"万物的尺度"，深信宗教、货币、雇佣劳动等"是人的本质的异化"，并把这种德国社会主义捧为"外国的社会主义与共产主义的理论真理"②，从而把这两者都消融于他们的"人道主义"之中。

在批判这种把共产主义人道主义化的思潮中，马克思主义创始人指出：共产主义不是从寻找"本质"开始的，它"是用实际手段来追求实际目的的最实际的运动，它只是在德国，为了反对德国哲学家，才会稍为研究一下'本质'问题"③，"真正的社会主义者"之所以责难法国社会主义"没有以费尔巴哈的哲学作为自己的整个运动的最高原则"④，因而把人们"引导到对粗暴的物质的依赖"，恰好说明他们正是以费尔巴哈人本主义哲学作为理论基础的。因此，他们不是从实际出发，不是根据实际存在的人们和关系来观察一切，而是从"人"出发，"根据人的本质来判断一切的"。马克思说："外国人思考和行动是为了自己所处的时代，而德国人思考和行动却是为了永恒。"⑤ 这种历史观的彻底贯彻，就必然把共产主义人道主义化，因为，它离开生产力的发展和现实的社会关系来抽象地谈"人"，而且用这个"人"来代替过去每一历史时代中所存在的个人，并把它描绘成历史的动力，"这样，整个历史过程被看成是'人'的自我异化的过程"。于是，眼前进行的真实的历史过程不见了，无产阶级和资产阶级的现实矛盾不见了，无产阶级反对资产阶级的阶级斗争也不见了，共产主义成为关于"爱"，关于"人性解放"的纯粹的道德说教。

马克思主义创始人的这一批判，确实是耐人寻味的。它告诉我们，把

---

① 《马克思恩格斯全集》第 3 卷，人民出版社 1960 年版，第 540、605、651 页。

② 同上书，第 576 页。

③ 同上书，第 236 页。

④ 同上书，第 541 页。

⑤ 同上书，第 544—545 页。

共产主义人道主义化，不仅历来都是使共产主义向唯心主义历史观倒退，而且是把无产阶级进行的现实运动拉向云雾迷漫的哲学幻想的太空之中，使共产主义变成永远也无法实现的空话。同时也不难看出，在马克思主义已经取得伟大胜利的今天，如果还认为马克思主义中心点和出发点是"人"，共产主义就是为了实现人，为了"解放人性"，消除人性异化，那就不仅不能同西方"马克思学"的观点划清界限，而且只能是理论上的大倒退，退回到马克思主义创始人早已彻底否弃了的那种思辨唯心主义哲学。在实践上，必然是用关于解放人性之类的道德说教和抽象的思辨议论，来代替亿万人民的建设社会主义的实践和改造社会的伟大斗争。

必须指出，人的解放，人的发展这种抽象的说法，是完全违背唯物史观的。按照人道主义方式来谈人，这只能是一般人的"解放"，是从普遍物的统治下、实质上是从词句统治下的解放。但这样，无论把人性异化和异化的扬弃谈论多少次，无论把"人"抬到何种程度，这对于实际发展都毫无意义，"人"的"解放"也决不会由此前进一步。所以，根本的问题在于解决人的解放的实际条件和如何实现自己解放的问题。正如马克思所说的，"只有在现实的世界中并使用现实的手段才能实现真正的解放"；"'解放'是一种历史活动，而不是思想活动，'解放'是由历史的关系，是由工业状况、商业状况、农业状况、交往关系的状况促成的"①。因此，作为无产阶级解放条件的科学的共产主义，只能以唯物主义历史观为理论根据，而不能以人道主义历史观为根据；只能从生产力和生产关系出发，而不能从"人"、亦即"人"与"非人"的矛盾出发。

根据历史唯物主义观点，物质生产是"历史的发源地"，生产力是历史发展的最终动因。人们的解放，人们获得自由的程度，也只能是随着生产力发展而实现的过程。正如马克思所指出的："人们每次都不是在他们关于人的理想所决定和所容许的范围之内，而是在现有的生产力所决定和所容许的范围之内取得自由的。但是，作为过去取得的一切自由的基础是有限的生产力；受这种生产力所制约的、不能满足整个社会的生产，使得人们的发展只能具有这样的形式：一些人靠另一些人来满足自己的需要。"

---

① 《马克思恩格斯全集》第 42 卷，人民出版社 1979 年版，第 368 页。

这就决定了，"到现在为止，社会一直是在对立的范围内发展的，在古代是自由民和奴隶之间的对立，在中世纪是贵族和农奴之间的对立，近代是资产阶级和无产阶级之间的对立。"[①] 马克思主义关于无产阶级解放全人类的历史任务的学说，正是建立在这种对人类历史发展的科学分析之上，建立于对现代社会经济结构和阶级结构，以及对无产阶级和广大劳动人民根本利益一致性的科学分析之上。它同从"人"出发，一切为了"实现人"的人道主义说教，是风马牛不相及的。那种认为实现人类解放就是人道主义的观点，是对马克思主义的严重曲解。

两个出发点、两种逻辑，必然产生两种截然不同的结果。科学共产主义是唯物主义历史观的必然结论，在实践上，它从生产力发展状况和阶级斗争出发，关心广大人民的利益，当然包括个人利益在内，引导他们一步一步地争取自身的解放。从"人"出发，以人性为历史发展的基础，必然把共产主义歪曲为"解放人性"或实现人。基于这种人道主义历史观之上的所谓"共产主义"，只能是幻想的、虚无缥缈的东西。由此可见，科学共产主义决不是人道主义的逻辑发展，相反的，它正是彻底扬弃了人道主义历史观之后，才建立和发展起来的。把马克思主义纳入人道主义，作为其发展的一个阶段，这并非什么新东西，它是在马克思以前曾经存在过的、以后为马克思主义根本否弃了的一种陈腐的思辨理论。今天，再把它改头换面地拿出来，只能起到怀疑和否定马克思主义的作用，只能愚弄一些不明真相的人们，尤其是对马克思主义发展史缺乏了解的幼稚的青年人。

把马克思主义纳入人道主义，是把马克思主义人道主义化，同样，把人道主义纳入马克思主义，也是把马克思主义人道主义化。所谓的"部分归结"或用人道主义"补充"马克思主义，就是这种倾向的具体表现。"部分归结"者认为，马克思主义中研究人的部分就是人道主义，或者说，这一部分可以归结为人道主义。"补充"论则相反，认为马克思主义不包含人，或者说，在马克思主义中存在着一个人学的"空场"，因而需要用研究人的人道主义学说去填补它。这两种说法，形式不同，实质则一，都

---

① 《马克思恩格斯全集》第 3 卷，人民出版社 1960 年版，第 507 页。

认为，马克思主义中有一部分是研究人，这个部分应该属于人道主义，从而为人道主义在马克思主义中争一席之地。

这种观点的基本立足点，是认为马克思主义的历史唯物主义只讲"物"，不讲"人"，是"见物不见人"。其结果，生产力、生产关系、物质生产方式和客观规律性成为"历史的主体或主角"，而活生生的人倒成了"可有可无的客体配角"。"人被忽视了、排挤了，人道主义原则被抽掉了"。因此提出，要用研究"人"的人道主义"补充"只讲"物"的历史唯物主义，以便使马克思主义完善化。这里就涉及一个重大理论问题：如何研究人，如何看待人和物的关系，以及如何看待历史唯物主义基本原理的问题。

如前所述，马克思主义摒弃了关于人的思辨胡说，但绝没有放弃对人的科学研究。不过马克思既不像黑格尔那样仅仅把人囿于理性范围之内，也不像费尔巴哈那样仅仅把人限于"人自身"，而是将人放置在自己活动的舞台之上，通过研究人们的实践活动和社会关系去说明人的本质和人的发展，从而才把对人的研究置于真正科学的基础之上。这正是马克思主义扬弃人道主义的关键所在。

如前所述：马克思在创立自己唯物主义历史观的时候，首先为自己确定了一个真实的前提："这是一些现实的个人，是他们的活动和他们的物质生活条件"①。在马克思看来，这三者是三位一体，不可分割的。社会历史是人类活动的结果，离开人来谈社会历史，当然是不可思议的，而任何人也不会无知到如此程度。但离开人们的活动和物质生活条件来谈人，也同样是荒谬的，人们自己创造自己的历史，但是他们并不是随心所欲地创造，并不是在他们自己选定的条件下创造，而是在直接碰到的、被规定的、从过去承继下来的条件下创造。因此，决不应该把人和条件对立起来。人们从过去承继下来的条件，不仅决定着人们的创造活动和创造方式，而且也直接决定着人的本质。正如马克思所说的，人们是什么样的，这"既和他们生产什么一致，又和他们怎样生产一致"②。无论是社会历

---

① 《马克思恩格斯全集》第3卷，人民出版社1960年版，第23页。
② 同上书，第24页。

史的发展，还是人们自身的发展，都受着客观必然性的限制。那种认为讲社会关系规定人的本质，就是把人降低到物，就是贬低人，这种说法是违反历史、违反科学的。

历史唯物主义观察和解决人的问题的基本方法论原则，就是从一定社会关系出发来说明人、人性、人的本质，而不是相反，从抽象的人性、人的本质等等来说明社会。这是马克思主义的唯物主义历史观同资产阶级人道主义历史观的根本分水岭。

使对人的研究脱离其赖以存在的社会条件，必然把人归结为某种精神，或者人是人的"自我"的存在，结果导致主观唯心主义；或者人是"人"的观念，从而陷入一种思辨哲学。关于后者，马克思在批判青年黑格尔派的思辨唯心主义时指出，如果离开人们生活于其中的社会关系，去概括人的本质，去对人的本质进行抽象，那么，这只能是概念的抽象，因而，这个"'人'只是概念、观念的另一个名称而已"①。只要舍弃实际条件，离开现存的生产力和社会关系研究人，无论赋予这个"人"以什么特性，无论怎样称它为"现实的人"，就像黑格尔和费尔巴哈那样，也丝毫改变不了这种观点的唯心主义性质。然后，再用这种关于"人"的观点去"补充"马克思主义，这只能意味着把一种唯心主义历史观，经过乔装改扮，塞进马克思主义的科学体系之中。

世界观、历史观是一个根本问题。不同世界观和历史观，尤其是马克思主义和资产阶级人道主义，根本不能互相混合、互相纳入、互相包容。"部分归结"和"补充"论同"全部归结"论，只有程度和形式的差异，而无本质的不同，都在于用一种唯心主义历史观来替换马克思主义的唯物主义历史观。如果用一种资产阶级世界观"补充"和篡改马克思的学说，必然会危及马克思主义思想体系，危害整个社会主义事业。

三　社会主义的人道主义不是人道主义的一个派别

我们反对把马克思主义"归结"为人道主义，批判人道主义历史观，

---

① 《马克思恩格斯全集》第3卷，人民出版社1960年版，第332页。

但并不意味反对任何意义上的人道主义。马克思主义者不仅要对历史上人道主义思潮作具体地、科学地分析，肯定其积极的历史作用，支持真诚的人道主义者的正义活动，而且还要宣传和实行社会主义的人道主义。对人道主义不加分析，全盘接收，是错误的，但对它简单地一概否定也是不正确的。胡乔木同志把人道主义区分为作为世界观、历史观的人道主义和作为道德伦理原则的人道主义两种含义，就为我们消除思想混乱，正确对待人道主义问题，提供了重要指导思想。

历史上的人道主义，主要是一种世界观和历史观，同时也是一种道德的评价，是评判社会生活现象的伦理原则。它以"人"和"人性"为尺度去衡量社会的进步和历史的发展，同样，也以这个尺度去评价人和人们的行为，以及人与社会的关系。这两方面是紧密相连的，前者是后者的理论基础，后者是前者的具体贯彻。而社会主义的人道主义与这种人道主义全然不同，它不是一种世界观、历史观，也不是马克思主义体系中的基本理论，而是在马克思主义指导下，在社会主义制度基础上产生的，用以调节和指导社会主义社会人与人之间关系的一项具体的道德规范和伦理原则。因此，不能因为称它为"社会主义的人道主义"，就视之为人道主义的一支或一派，不能把两者硬拉在一起，统统纳入所谓"广义人道主义"之中。社会主义的人道主义概念，只是马克思主义伦理学中的一个特定范畴，这就是问题的实质所在。

首先从历史发展来看，马克思创立了自己的唯物主义历史观，根本扬弃了人道主义历史观，但并没有完全否弃了人道主义的道德伦理原则，而只是对它进行了根本的改造。众所周知，在马克思早期著作中，即1845年春天以前的著作中，由于受到历史上人道主义传统、特别是费尔巴哈人本主义观点的影响，马克思不仅把人道主义作为道德伦理原则，谴责剥削制度的非人性，而且也把它作为一种历史观，判断社会制度的合理性，说明未来的共产主义社会。这时，他尚未突破人道主义历史观的藩篱。然而，他一旦形成了自己的科学历史观，便立即批判了那种以解释整个社会现象和说明社会主义、共产主义运动的抽象人道主义，揭露了它的非科学性和反动性。同时，马克思把作为道德范畴的人道原则接收过来，继续使用。这说明，马克思在批判资产阶级人道主义时，并不是简单地否弃，而是有所区分，就是在人道原则上，马克思也并非兼收并蓄，而是革故鼎新，取舍分明。

一方面指出，"正义"、"人道"、"自由"、"平等"、"博爱"等，属于道德范畴，在资产阶级那里，这些字眼只能是虚伪的道德说教，是"虚无缥缈的幻想"①。马克思揭露了资产阶级人道的实质，批判了他们利用"人道"作欺骗宣传，嘲讽"人道在英国像自由在法国一样"，"成了［政治商人］的一种输出品"②。资产阶级输出"人道"，目的只在于挑起和主张干涉、侵略别的国家。这种好听的字眼，只是资产者伪善的表现，是他们的"动人的假面具"。列宁尖锐地指出："谁承认阶级斗争，谁就应当承认在资产阶级共和国中，即使在最自由最民主的共和国中，'自由'和'平等'只能表现为而且从来就表现为商品所有者的平等和自由，资本的平等和自由。"他强调，马克思在他的所有著作中，特别是在《资本论》中"千百次地阐明了这一点，嘲笑了对'自由和平等'的抽象理解"，"揭示了这些抽象概念的物质根源"③。揭示任何一种道德学说的物质根源和阶级实质，这正是历史唯物主义所要求的，是马克思学说的基本特征。

另一方面，马克思以为，只有在无产阶级那里，作为道德规范的人道原则才真正得以体现。资产阶级学者往往把阶级斗争，同人道主义对立起来，然而阶级斗争本身并不违反人道原则，而且只有通过阶级斗争才能消灭不人道现象。马克思在总结巴黎公社革命经验时指出：巴黎公社并不消灭阶级斗争，而是通过阶级斗争来消灭一切阶级统治和剥削现象，"但是，公社提供合理的环境，使阶级斗争能够以最合理、最人道的方式经历它的几个不同阶段。"④ 明确强调了无产阶级要在阶级斗争中坚持人道原则，使用人道方式，以更有利于斗争的顺利进行。在讲到巴黎公社战士在战斗中的表现时，马克思说，他们"显示了这样过分的人道，而他们的敌人表现得如此卑鄙无耻"⑤。在这里和其他一些成熟作品里，马克思都是在肯定的

---

① 《马克思恩格斯全集》第6卷，人民出版社1961年版，第325页。
② 《马克思恩格斯全集》第15卷，人民出版社1963年版，第538页。
③ 《列宁全集》第36卷，人民出版社1985年版，第361、362页。
④ 《马克思恩格斯全集》第17卷，人民出版社1963年版，第593页。
⑤ 同上书，第640页。

伦理的意义上使用人道原则这个概念的，而不具有世界观和历史观的直接含义。

诚然，这一区分，在马克思那里并未清楚地表述出来，它只是隐含于马克思的有关论述里。胡乔木同志结合当代围绕这个问题的争论，尤其是我国思想理论界近年来进行的争论，从理论上对人道主义两种含义所作的区分，不仅是正确而且是必要的。可以说，这是结合新的情况对马克思主义的历史唯物主义的新的发挥，它势必会推动马克思主义健康的发展。

革命的人道主义和社会主义的人道主义，都是一种道德伦理原则。从理论上讲，乃是马克思所阐明的人道原则在新的历史条件下的引申和发展。尽管它也叫"人道主义"，但同历史上的人道主义是迥然不同的。

其次，社会主义人道主义，决不是历史上人道主义思潮发展的结果，也不是单纯研究人和人的价值的学说，而是社会主义制度的产物，是社会主义社会实践的需要。列宁说："超人类社会的道德是没有的；那是一种欺骗。在我们看来，道德是服从于无产阶级斗争的利益的。"[1] 它是社会主义经济基础和政治制度的反映，同时又为它们服务的。

任何社会的道德都受着该社会经济基础的制约，社会主义社会的道德也同样如此。社会主义社会生产力发展的水平，多种经济形式并存，以及人们思想、文化程度的不同，就决定了社会主义社会的以共产主义道德为核心的多层次的道德伦理体系，其中，共产主义道德属于这个总体中的最高层次、最高道德，它是对先进分子的要求，是广大群众努力的目标。而社会主义的人道主义，则属于这个总体中的较低或较基本的层次，作为道德要求，它具有更大的广泛性，能够也应该为绝大多数人所接受。唯有如此，它就有着更为重要的实践意义。此外，还有其他程度不同的更低的层次。所有这些层次以及它们所含有的各个方面，都是互相联系、互相渗透，构成了社会主义社会道德伦理的总体。只有做这样具体的分析，才能把握社会主义人道主义的实质和它的特有职能，而不至于把它同历史上的人道主义相混淆，甚至把它视为人道主义的历史观。

再次，我们今天提出宣传和实行社会主义的人道主义，决不是为了实

---

[1] 《列宁专题文集——论无产阶级政党》，人民出版社 2009 年版，第 286 页。

现人和人的价值，也不是因为马克思主义中缺少"人"的东西，而是由于社会主义实践的需要，是为了发展社会主义物质文明和精神文明的需要。在我国，由于长期的封建思想的影响，由于资产阶级腐朽思想的侵蚀，由于经济和文化的落后，在现实生活中，诸如买卖婚姻、溺死女婴、虐待老人、侵犯妇女和儿童的权益等现象，还时有发生，另外，对人缺乏关心、尊重、同情和友爱的冷漠现象，也仍然不同程度地存在着。凡此种种，都是同人民的利益和社会主义制度不相符合的。为了使广大人民的精神状态同社会主义"四化"建设的形势相适应，我们必须对全体人民进行以共产主义思想为核心的、包括社会主义人道主义伦理原则在内的思想道德教育。

毋庸讳言，过去由于"左"的思想倾向的影响，由于对人道主义缺乏深入研究，不可能正确区分人道主义的两种含义，把批判人道主义历史观作为反对任何意义上的人道主义，甚至连社会主义的人道主义也弃之不顾。讲历史唯物主义不敢去涉及人、人性、人的价值、个人利益和幸福，以及社会主义的人道主义等问题；许多文艺作品，也不能正确地描写对人的关心、尊重、同情和友爱。这不能不说是一个很大的缺陷。正如胡乔木同志的文章所指出的，我们反对在文艺作品中宣传人道主义世界观和历史观，但是"决不反对也不允许反对文学艺术工作者站在革命的、社会主义的立场对真实的人性、人情、爱国心、正义感和普通公民人格的尊严作具体的生动的描写"。真理总是客观的全面的，如果在理论上只执一端，那是极为有害的，就会走向另一极端。在这方面，我们的教训，应该说是十分沉痛的。在今天，宣传和实行社会主义的人道主义，不论是对于完善我们的意识形态和思想理论建设，还是对于社会主义社会的实践，都具有重要的意义。

由此可见，社会主义的人道主义同抽象的人道主义有着根本的不同，两者不能同日而语。其不同点在于：第一，历史上的人道主义有道德伦理的一面，但主要是世界观和历史观，而社会主义的人道主义，只是道德伦理原则。第二，理论基础的不同。资产阶级人道主义以抽象的人性论为根据，作为道德伦理原则的资产阶级人道主义就是建立在这种人道主义唯心史观的基础之上的。社会主义的人道主义是以唯物主义历史观为理论基础的。它从属于马克思主义的历史唯物主义，但它本身并不是历史观，就像宗教和艺术从属于某种历史观，受其指导，而它本身并不就是历史观一样。两者的关系，是世界观与具体意识形态的关系。第三，阶级基础的不同。社会主义的人道主义是为无产阶级服务的，是无产阶级团结广大人民建设社会主义、实现自己伟大历史使命的要求，而历史上的人道主义是资产阶级反对封建主义的思想体系，是为资产阶级的阶级利益服务的。由此决定出发点的根本不同，前者以社会整体为出发点，后者则以抽象的"人"为出发点；前者的思想核心是集体主义，而后者的核心是利己主义和个人主义，诚然，历史上和现实中的真诚的人道主义者与之有着原则的区别，不能混为一谈，但是，就其世界观来讲，也并没有超越资产阶级人道主义的界限。

总之，社会主义的人道主义与历史上的人道主义思潮，是不同时代、不同阶级的产物，其内容和形式、内涵和外延，都全然不同。因此，决不能将两个不同的东西混同起来，把社会主义的人道主义说成是人道主义的一个派别。同时，也不能因为我们承认社会主义的人道主义，就不加分析地说，马克思主义包含人道主义，或认为存在着具有世界观和历史观意义的马克思主义人道主义。这种观点，仍然是把社会主义的人道主义视为人道主义的一派，把作为伦理原则的社会主义人道主义上升为人道主义的世界观和历史观，从而为"归结论"和"补充论"打开方便之门。

四　症结何在

在马克思主义和人道主义的关系问题上，之所以出现这样的混乱，马克思主义之所以被一些人人道主义化，究其思想认识的原因，就在于，马克思主义的批判地继承的原理被曲解了。过去只要批判，而忽视继承；现在则相反，又只要继承，不要批判。就今天的表现来看，实际是一种抽象继承法。

马克思主义同人道主义是根本对立的思想体系，是在同旧的意识形态"彻底的决裂"的过程中形成起来的。然而，这种"决裂"，这种"飞跃"，丝毫不意味在它们之间存在一个不可逾越的"断裂带"。马克思主义就是共产主义从全部人类知识中产生出来的典范①，在这个意义上，可以说，没有以前优秀思想成果，包括人道主义所取得的成果，就不可能有马克思主义。

列宁曾经对批判和继承的关系作过许多经典性的科学的阐明。在十月革命后，他针对苏联"无产阶级文化派"臆造的所谓"特殊文化"的反动观点，强调指出，马克思主义所以坚强无比和赢得了世界历史性意义，是"因为它并没有抛弃资产阶级时代最宝贵的成就，相反的却吸收和改造了两千多年来人类思想和文化发展中一切有价值的东西"②。这就是说，用虚无主义态度对待人类优秀的思想遗产，妄图离开人类文明大道建立无产阶级文化是错误的，既"吸收"、"继承"，又"改造"、"批判"，将两者辩证地结合起来，才是正确的态度。

在辩证论者看来，继承是事物发展中的肯定环节和继续发展的先决条件。没有继承便不能前进，否定继承就是割断历史。然而，继承并不是兼收并蓄，而是批判地继承。没有批判，也就没有真正的继承。这是科学性和革命性的高度统一。其革命性就在于对历史"糟粕"的否定"没有任何动摇、没有任何折衷"，而不是一概否定。其科学就在于吸取那些经过批判和革命实践的检验确属合理的有价值的东西，而不是一概肯定。对那些有价值的东西，也不是原封照搬，而是经过革命改造，在实践基础上得出新的结论，所以批判地继承意味着对历史遗产的改造和发展。它既显示了人类认识过程的内在的逻辑联系，又显示了认识发展中的质的飞跃。坚持批判和继承的辩证统一原则，必须既反对只要批判不要继承，貌似革命实则糟蹋革命的恶劣的形而上学，又反对只讲继承不讲批判的反对科学的庸俗进化论。马克思主义的历史唯物主义之能以产生，除去现实的原因之外，就是因为它批判地继承了以往历史上的一切优秀思想成果，就是因为它批判和否弃了历史观的"糟粕"，否定了抽象人性论，以及用"人"去附会社会历史的思辨唯心主义观点，同时又汲取了它所包含的伦理方面的合理因素，特别是为空想社会主义者所发挥出来的积极的思想成果。其

---

① 参见《列宁专题文集——论无产阶级政党》，人民出版社2009年版，第280页。
② 《列宁专题文集——论社会主义》，人民出版社2009年版，第167页。

中，维护人的尊严、重视人的价值、自由和平等的思想，以及人的自由而全面地发展等，都得到了批判地继承。但是，这些合理的东西，在历史唯物主义基础上加以根本改造，才成为本质全新的东西而纳入新的学说之中。比如人的自由而全面发展的思想，既不是像先前思想家所说的是人所固有的本性，也不是理性发展的结果，而是受着生产力和生产关系的制约。人们不仅只存在社会集体中，通过认识客观规律和改造社会环境才能取得自由，而且他们取得自由的程度也都取决于生产力的发展。这种观点，无疑同历史上的认识成果有继承关系，但是，无论就其形式还是就其内容都已经是质的全新的东西了。它不再是人道主义观点，而是历史唯物主义的概念。可见，没有对过去优秀成果的坚决继承就无法前进，但没有对旧质的根本否定，也就没有真正的发展，而只有旧质基础上的量的扩张。马克思所以能在人类历史观上完成如此伟大的变革，根本原因也正在于此。

可见，认为马克思"没有从根本上否定人道主义"，而是"批判地继承了这些学说中的人道主义原则"的说法，是站不住脚的。这里所谓的"批判地继承"，不含有"根本否定"，即对人道主义核心思想否定的意义。那么这种"批判地继承"就只能意味着兼收并蓄，只能是无批判地继承，是在两种不同的思想体系之间进行"调和"和"折中"，其结果，只能事与愿违，欲求发展，实则断送了发展，陷入一种平庸的进化论。

认为"历史唯物主义和人道主义基本原则没有矛盾"的看法，也不能成立。这里所说的"人道主义基本原则"，就是指"人的价值"。然而，无产阶级和资产阶级绝没有相同的价值观。把"人的价值"观念抽象化，只是随着资本主义商品交换出现才产生的。就其实质而言，这种价值观是个人主义的，是资产阶级专门追逐个人利益意识的表现。它的形式是抽象的，而内容却是具体的、确定的。与此相反，无产阶级的、社会主义的"人的价值"观，是集体主义的。它不仅表现在社会对个人的尊重和满足，而且更重要的表现在个人对社会的责任和贡献。这两方面是辩证统一关系，两者相互制约，相互促进。在这里，"人的价值观"，不论就其表现形式，还是就其内容，都是一致的，它无需用一种抽象的形式去粉饰它的内容。如果只看现象，不见本质，只是因为都注重"人的价值"，而撇开它的实际内容，然后认为，后来的东西就是对过去基本原则的"继承"，那么，这决不是马克思主义的批判地继承的原理，而是一种非科学的抽象继承法。正是由于利用了这种方法，从而把马克思主义和人道主义合二而一了。

这种方法的实质就在于，以形式掩盖其内容，把一般概念抽象化，并赋予其一定逻辑顺序，以此否定其实质内容的根本变化。马克思在批判蒲鲁东的方法时曾指出："正如我们通过抽象把一切事物变成逻辑范畴一样，我们只要抽去各种各样的运动的一切特征，就可得到抽象形态的运动，纯粹形式上的运动，运动的纯粹逻辑公式。"① 马克思称之为是黑格尔式的"绝对方法"，抽象继承法也正是如此。它首先把人道主义抽象化，离开它由以产生的时代条件和具体内容，构思出广义的人道主义，即一般的人道主义。然后，把臆想出的古代人道主义、资产阶级的人道主义、马克思主义，视为一条流贯整个人类社会的漫漫长河，至于这种思潮如何应运而生，它本身经历了怎样的变化过程，以及如何为马克思主义根本扬弃，却置之不顾了。不仅如此，作为其对立物出现的马克思主义的一些原理，也被塞进人道主义的框架，而成为它的内容，这难免不带有唯心主义的性质。正如马克思指出的，按照这种方法，"事物和运动的任何总和都可以归结为应用的形而上学"②。

综上可见，马克思主义人道主义的思潮的出现，有现实原因，也有认识上的原因。要最终克服这种思潮，就必须揭露其方法论的错误，特别是颇具迷惑性的抽象继承法。因此，正确阐明马克思主义的批判继承的原理，对于弄清马克思主义和人道主义的关系，确有非常重要的意义。

（原载《关于人道主义和异化问题论文集》，人民出版社 1984 年版）

---

① 《马克思恩格斯文集》第 1 卷，人民出版社 2009 年版，第 600 页。
② 同上书，第 601 页。

正确认识人道主义及其
与马克思主义的关系

　　人道主义与马克思主义的关系十分值得关注，它的确是理论研究的一个难题，把这两者的关系说清楚并不是很容易的。但是，只要能够坚持和运用科学的历史观和方法论分析问题，这两者的关系是可以解释清楚的。理清两者的关系，不仅对坚持和发展马克思主义具有重要意义，而且对于继承和弘扬历史上人道主义精神也大有裨益。笔者下面简要地谈一点粗浅的看法，供大家讨论。

　　第一，如何正确理解人道主义，换言之，是否存在一个一般的、广义的人道主义。在讨论中，对人道主义的理解，聚讼纷纭，存在截然相反的认识，甚至缺乏起码的共同的语言。根本问题在于，讨论者没有一个共同的思想前提，即是否承认人道主义的阶级性，是否坚持用马克思主义阶级分析方法去研究人道主义问题。由于缺乏这个根本的思想前提，所以，往往通过激烈的争论，仍是依然故我，不但达不到基本一致的认识，而且还扩大了意见的分歧。只有解决了前提的问题，也就是坚持用马克思主义阶级分析方法研究人道主义问题，才能缩小认识的差异，才能使人们认识有所前进，并在科研中获得真实的理论成果。

　　人道主义同与之紧密相连的民主、自由、人权一样，有着极为鲜明的阶级性。在阶级存在的条件下，社会科学理论必然程度不同地带有阶级性，而诸如上述这些政治观念，更是带有极为强烈的阶级色彩。因为，这些政治理论观点，与某一阶级利益、阶级意志，以及与此相适应的国家制度，有着更为直接和紧密的联系。所以，马克思主义从来不承认有反映一切阶级利益的人道主义理论，而是不断地批判这种超阶级的普遍人性和抽象人道主义观点，揭露其虚伪性和欺骗性。人权可以说是人道主义的重要内容。马克思肯定黑格尔曾经说过的，"'人权'不是天赋的，而是历史地产生的。"① 换言之，超历史、超阶级的人权是不存在的。马克思在揭露资产阶级人权的实质时说，"'自由的人性'和对它的'承认'不过是承认利己的市民个人，承认构成这种个人的生活内容，即构成现代市民生活内容的那些精神因素和物质因素的不可抑制的运动；因此，人权并没有使人摆脱了宗教，而只是使人有信仰宗教的自由；人权并没有使人摆脱财产，而是使人有占有了财产的自由，人权并没有使人放弃追求财富的龌龊行为，而只是使人有经营的自由。""现代国家承认人权同古代国家承认奴隶制是一个意思。"② 观察人和人性，不能离开它生活于其中的物质因素和精神因素，观察人权不能离开它赖以体现的国家制度。同样，研究人道主义也决不能离开它所反映的社会经济生活和阶级利益。这是马克思主义的根本要求。

主张存在一般人道主义的同志，认为人道主义就是"关心人，尊重人"，就是"维护人的尊严、权利和自由"。显然，这里是把人作抽象的人来看待的。但是，在现实生活中，在阶级存在的条件下，人总是具体的，总是在一定社会关系中生活的，在阶级社会，是分成不同等级和阶级的。在现代资本主义国家，尽管劳动人民物质生活有较大的改善，难道他们同资本家、同食利者可以处于平等、平权的地位吗？他们的"尊严、权利和自由"同资本家是同等的吗？资本家会自动放弃对同样也是"人"的雇佣劳动的剥削吗？回答自然是否定的。可见，把"人"作为生长点的"一般人道主义"，其前提就是难以成立的，它把现实的人抽象化，把人变成不食人间烟火的抽象物，这种人道主义也只能是抽象的人道主义。

人道主义是一个社会历史范畴，它受着社会历史和阶级利益的制约。正像不存在"绝对自由"和"纯粹民主"那样，"一般人道主义"也是不存在的。如果说各种人道主义有相同之处的话，那也只是形式上、字面上的相同，其实质内容则是迥然异趣。有的人借口当今世界出现了诸如核战

---

① 《马克思恩格斯全集》第 2 卷，人民出版社 1957 年版，第 146 页。
② 同上书，第 145 页。

争的危险、生态和能源等全球性问题，因而提出全人类利益高于阶级利益，人道主义应置于阶级性之上，应当淡化意识形态。对此，也必须以马克思主义观点作出具体分析。诚然，对当今世界出现的这些新的因素，新的问题，不能漠然视之，而应认真地研究，以探求解决这些问题的正确途径。为了反对灭绝人性的暴行和各种罪恶行径，当然要使用人道主义的武器，即使是使用资产阶级人道主义，也是有积极意义的，就像它在历史上曾起过积极作用一样。但是，依靠人道主义武器，无论是哪种人道主义，都不能从根本上消除祸根。因为，根本问题还在于社会制度，也就是说，只有从根本上铲除了剥削制度，才能最终消灭各种形式的战争和掠夺，才能真正合理地利用自然资源，而不再会危及人类的生存。然而，要做到这一点，从根本上讲要依靠人民的觉醒和通过斗争去争取，而不是仅仅诉诸于人道主义的谴责，更不是一味地妥协所能奏效的。

从理论上讲，当今处于和平与发展时期，人类在某些方面当然会有更多的共同要求和原则。然而，在地球上还存在不同阶级、不同社会制度的条件下，不可能有根本的共同利益和共同原则，宣扬全人类性，人类共同利益高于阶级利益，只能是虚幻的观念，只能麻痹反对国际邪恶势力的人民的斗志。由此可见，尽管世界确实产生了某些新的现象，但不足以为超阶级、超历史的所谓"一般人道主义"提供任何根据。事实表明，当今世界从总的方面讲处于和平与发展时期，但在和平共处的条件下两种社会制度、两种思想体系的斗争依然是很激烈的。尤其是国际敌对势力，利用社会主义国家进行改革的机会，向社会主义搞"和平的演变"，打一场没有硝烟的"新的世界大战"，妄图用"和平的方式"消灭社会主义制度。他们使用的主要武器就是所谓"人权"，借以攻击社会主义没有"民主"，没有"自由"，是不人道的制度。在他们的所谓"人权"、"人道主义"背后隐藏着明确的反社会主义的政治意图。马克思在一百多年前就谴责英法殖民主义者，像"政治商人"一样，把"人道"、"自由"作为一种"输出品"，作为侵略和干涉别国的"假面具"①。同样，今天西方资本主义世界宣扬"人权"、"人道主义"，也不过是他们企图颠覆社会主义制度、重

---

① 《马克思恩格斯全集》第15卷，人民出版社1963年版，第538页。

温昔日殖民主义美梦的假面具，是他们同社会主义斗争的思想武器。这个事实，可以说是对"一般人道主义"的宣传，对"淡化"意识形态的企图的最有力的驳斥。

第二，人道主义与马克思主义的关系。与上述观点相联系，对这个问题也存在两种截然相反的理解。从抽象人道主义出发，或者认为，马克思主义不重视人，不研究人，如萨特认为，在马克思主义中存在"人学的空场"，因而要用人道主义"补充"马克思主义；或者认为，存在广义的人道主义，马克思主义像资产阶级人道主义一样，也是人道主义的一个派别，因而把马克思主义归结为人道主义。这两种观点，都企图把马克思主义说成是人道主义，或者主张人道主义的马克思主义。这里就提出了人道主义与马克思主义究竟是何关系的问题，这个问题牵涉对马克思主义实质的认识。马克思主义与人道主义的关系，有以下几层含义：

其一，马克思主义是对人道主义历史观的扬弃。人类对社会历史的认识，经历了一个曲折、复杂的过程，从主要方面看，经历了一个从"神"到"人"，再到用物质生产和社会关系去说明社会历史的漫长过程。离现代越远，人们对自己历史的认识便越带有神秘的色彩。文艺复兴时期开始的人道主义思潮，标志着人类对自身认识从"神"到"人"的新的转折，也即从神道主义历史观过渡到人道主义历史观。所以，在这个时期，人道主义既是一种伦理道德规范、又是一种历史观。两者紧密地结合在一起。马克思主义唯物主义历史观诞生后，对社会现象的认识，才突破抽象人的范围，从现实人出发，考察制约人的社会条件，揭示了社会发展的规律。唯物主义历史观是对人道主义历史观的根本否定。这是人类认识自身历史的一次巨大飞跃，一次革命性的变革。但扬弃并非简单地否定，而是既克服又保留，也即对人道主义积极成果，经过批判地改造纳入自己的思想体系之中，比如，马克思的唯物主义历史观，克服了以往对人的非阶级、非社会、非历史的理解，科学地解决了人、人性、人的本质，人的价值、人的全面发展和人的解放等问题，对自由、民主、人权等也都作了科学的解答，并在唯物主义历史观的基础上把人道、人道主义作为伦理道德规范，溶于自己的学说之中。思想史同一般历史发展一样，也是连续性与间断性的统一。它既批判地继承了过去获得的优秀成果，又经历了从旧质到新质的飞跃。所以，马克思主义产生以后，以往人道主义成果，不再以原来的形式而存在，而是作为一个观点、一个原则，经过改造而溶于马克思主义思想体系之中。对待历史，采取虚无主义的态度和兼收并蓄的方法都是错误的。

其二，马克思主义不仅用科学的历史观取代了人道主义历史观，而且就是作为伦理道德规范的人道主义原则，在马克思主义理论和社会主义实践中都得到真正的体现。如果说，人道主义就是尊重人，一切为了人，那么，它在资本主义社会中则是虚假的观念，或者说对少数有产者才是如此，只有在消灭了剥削，人民群众当家作主的社会主义社会里，才能得到真正的实现，广大劳动群众才真正被当人看待。在这个意义上，可以说，社会主义和共产主义才是人道主义精神的真正体现。把马克思主义"归结为"人道主义是错误的，同样主张"马克思主义是反人道主义"也是错误的。认为社会主义和共产主义是人道主义精神的真正体现，决不是从抽象的人演绎的结果，更不是认为马克思主义是人道主义，共产主义事业只是人道主义事业，而是这样一种见解，即认为，共产主义的出发点和归宿，是无产阶级和全人类的解放，是消灭剥削制度和人的真正自由全面的发展，其中无疑体现着真正人道主义原则。在这里，最高的原则是无产阶级和全人类的解放，而不是人道主义。人道主义只能是从属于无产阶级和全人类的解放事业，舍此谈论人道主义事业，这种人道主义只能是抽象人道主义。

总之，马克思主义与抽象人道主义的根本分水岭，是从社会历史出发去说明人，还是从人出发去说明社会历史。这是划分马克思主义理解的人道主义与资产阶级人道主义的根本标准。我们只有从社会历史去说明人，才能真正理解人道主义，才能达到真理性认识。坚持马克思主义，决不意味排斥人道主义，马克思主义所反对的只是抽象的人道主义，它所坚持的是无产阶级的人道主义，是社会主义的人道主义。这种人道主义的理论和实践是统一的。因此，它是历史上最高的人道主义。那种认为坚持马克思主义就是排斥人道主义，认为不赞成把马克思主义归结为人道主义或用人道主义补充马克思主义，就是不讲人道主义的观点，是一种偏见，是混淆不同的人道主义，实际上是用一种抽象的人道主义或资产阶级人道主义去代替马克思主义理解的人道主义。总之，只有从根本点上求得统一，才能在人道主义问题讨论上达到基本一致的认识。我希望继续深入探讨这个有重要理论意义和实践意义的问题，但讨论应该有一个共同的出发点和方法论原则，这就是马克思主义阶级分析方法。

（原载《北京大学学报》（哲学社会科学版）1990 年第 1 期）

关于"以人为本"的哲学思考

"以人为本"的科学发展观提出以后，在理论界引起不同反应。科学发展观的确立无疑具有十分重要的理论意义和实践意义，获得一致的赞同，笔者也非常拥护。但是，对"以人为本"的提法，则出现截然不同的看法。不同意使用"以人为本"的学者，特别是从事哲学研究的人，多数认为，这是一个公认的人本主义的概念，这里的"人"显然是抽象的人，掩盖了具体的人的社会差别。况且也不利于解决当前的社会问题和保护生态问题。比如，在2004年全国政协会议上，一位政协委员在大会的书面发言中尖锐指出：既然提出"以人为本"，也应同时提出"以自然为本"，否则，只"以人为本"，只考虑"人"而不考虑自然，必然造成环境的继续恶化。另有一位委员在大会发言中，在凡是使用"以人为本"的地方都改用"以民为本"，表示对"以人为本"概念的置疑。而赞成"以人为本"的学者则对这一概念作了无限的引申和夸大。比如，有的人认为"以人为本是我们时代的哲学，是我们这个时代精神的精华"，"以人为本"是统领马克思主义创始人著作全部内容的活的灵魂。有的人认为"以人为本"是马克思主义的最高命题。还有的人认为，从"以阶级斗争为纲"到"以人为本"是思维模式的根本转变。在一家报纸上还居然以通栏标题、特大号红体字写道：建设"以人为本"的社会主义。其中，有的人认为"以人为本"是马克思主义的核心，体现了时代的进步；有的人认为"以人为本"符合全球发展趋势，从过去到现在，实际是从"以物为本"，进到"以人为本"；有的人认为"以人为本"是唯物史观的继承和发展；有的人公然主张，不管什么社会，不管什么主义，让老百姓过上像样的、好的生活，这样的社会就是好社会，能让人过上好生活的办法，就是好主意，也就是好"主义"。有一位参加过20世纪80年代初期关于人道主义辩论的学者，甚至讲到，中央肯定了"以人为本"，说明二十年前的那场关于人道主义的争论有了明确结论。就是说，当时被中央和邓小平批评过的那种自由化观点现在是正确的了。上述这些言论值得我们深思，也值得我们重视，因为它涉及到我们党的指导思想的理论基础问题，同时也说明一个概念的不确定性，会引起多大的歧义，会引出什么样的结论！

我认为，中央领导讲的"以人为本"，不是从上述理论和概念出发来理解和使用"以人为本"的，不是倡导什么人本主义，而是从现实问题着眼，从科学发展观着眼，强调要关心人，尊重人，要切切实实地重视和解决人民群众的困难和疾苦，主张经济发展要同社会进步和保护生态相协调，给人民创造良好的生存环境。也就是"权为民所用，情为民所系，利为民所谋"，体现"立党为公，执政为民"的思想。其实，我们党一贯使用的"全心全意为人民服务"和"立党为公，执政为民"已经很明确地表达了上述思想。

我认为慎用"以人为本"的概念还有以下的理由：

1. "以人为本"这个用语不科学，是人本主义的基本概念。费尔巴哈是德国著名的唯物主义哲学家，在黑格尔唯心主义统治下，他旗帜鲜明地恢复了唯物主义的权威，在当时的德国起了解放思想的巨大作用，同时也推动马克思从唯心主义向唯物主义转变，他的唯物主义哲学也成为马克思主义哲学产生的重要思想来源。但是，他的唯物主义哲学又同人本主义交织在一起，尽管费尔巴哈的人本主义对批判宗教神学和黑格尔唯心主义哲学起了很大作用，但也妨碍他把唯物主义推广到社会历史领域，因而费尔巴哈哲学只能是"半截子唯物主义"。根本原因就在于，他的人本主义的"人"是一个抽象的人，是一个"自然人"，而且把这个"人"作为他哲学的惟一的、最高原则。"以人为本"这个概念之所以不科学，就是因为这里的"人"是脱离开社会关系的抽象的人、一般的人，而所谓"为本"，也就是"为先"、"为中心"、"为本源"的意思。王若水在《三月风》1995年第1期题为《人道主义辩》一文中，这样写道："人道主义哲学要以人为中心，不以神为中心；要以人为本，不以神为本。它要抬高人的地位，就必须否定还有比人更高更重要的东西。通常把humanism译为人本主义，这是有道理的；但我以为，也可以译为唯人主义。"这是王若水对人道主义的一贯的看法。他明白无误地把"以人为本"、"以人为中心"作为"人本主义"或"唯人主义"的实质内容。可见,"以人为本"是一个公认的人本主义概念,不论是主张抽象人道主义,还是反对抽象人道主义的人,皆都如此。像"唯物"、"唯心"一样,"唯人"即"人本",是一个确定的哲学概念,很难对它作出相反的解释。

2. 马克思主义创始人正是抛弃了关于"人"和"以人为本"的抽象议论,才转向历史唯物主义的。如何认识和解决人的问题是历史观和人生观的核心问题。马克思一生都十分重视对人和人的发展问题的研究,但在他思想发展的不同时期对人的理解是不同的,特别是在他唯物史观形成以前和以后,他的思想发展发生了质的飞跃,对人的问题的认识也发生了根本变化。这一方面由于他受旧的哲学、主要是费尔巴哈哲学的影响,另一方面是由于他自己的历史观尚未形成,未能提出自己关于人的科学观点。列宁在讲到马克思思想演进时曾经作过这样的概括:"马克思在 1844—1847 年离开黑格尔走向费尔巴哈,又进一步从费尔巴哈走向历史(和辩证)唯物主义。"[①] 这一段话含义深刻,有这样几层意思:一是指明了马克思受费尔巴哈人本主义哲学影响和摆脱其影响、创立历史唯物主义的时间;二是表明马克思在创立历史唯物主义过程中,主要是清算费尔巴哈的人本主义观点;三是历史唯物主义内在地包含着辩证因素,即包含着辩证唯物主义。事实很清楚,在对人的认识上,马克思主要受费尔巴哈人本主义的影响,比如,把人的本质抽象化,认为自由是人的固有本质,接受费尔巴哈"类"的思想,以及人的异化、人性复归和抽象人道主义的观点等。但是,马克思从来都没有无保留地接受费尔巴哈人本主义的观点,更多的是使用费尔巴哈的观点批判思辨唯心主义和解释现实问题,特别是由于他的思想在当时处于激烈的演进之中,所以他不仅很快放弃了费尔巴哈的观点,而且对之进行了彻底"清算"。马克思的思想演进过程,可以从他当时写的《关于费尔巴哈提纲》和《德意志意识形态》等著作中看得十分清楚。

最能表明马克思主义创始人如何摆脱旧的哲学影响、开始探讨自己对

---

① 《列宁全集》第 55 卷,人民出版社 1990 年版,第 293 页。

人的看法的论述，莫过于下面的两段话：一是恩格斯当时在给马克思的一封信中说："要使我们的'人'成为某种真实的东西"，"必须从个别物中引申出普遍物，而不要从本身中或者像黑格尔那样从虚无中去引申。"① 二是马克思在创立自己的唯物史观时讲道：这种历史观所由出发的前提"是人，但不是某种处在幻想的与世隔绝、离群索居状态的人，而是处在一定条件下进行的、现实的、可以通过经验观察到的发展过程中的人"。还说：我们的人是"现实的人"，"是他们的活动和他们的物质生活条件"②。这就是说，要真正科学地认识"人"，必须从旧哲学的圈子里跳出来，既不能囿于黑格尔的抽象理性，也不能停于费尔巴哈的"人自身"，而要通过考察人的现实活动和生存条件去揭示人的本性和本质。就是说，不能从"人"出发，只能从人们的社会生活条件出发去研究人、认识人。

马克思是怎样达到对人的科学认识的呢？是怎样从费尔巴哈的以自然为基础的人，过渡到以社会为基础的人呢？他主要是通过对人的劳动、物质利益，以及与此相联系的人的社会关系的探讨实现的，而根本关键在于，马克思形成了自己的关于生产关系的思想。列宁把这个思想视为马克思"体系"的最基本思想。正是在这一认识的基础上，几个月后，马克思把自己的社会历史理论比较完整地表述出来，同时明确提出人的本质"是一切社会关系的总和"的科学论断。由此可见，马克思从提出"人就是人的世界"③，人的社会，到得出人的本质"是一切社会关系总和"的科学结论，是一个对人的社会本质认识的深化过程，也是不断超越费尔巴哈的"自然人"和"人自身"的过程。这个过程也是历史唯物主义形成的过程。从以上的事实可以看出：对人和人的本质的科学认识是同历史唯物主义的形成内在地联系在一起。没有对人的问题的正确解决，便不会有历史唯物主义的产生，同样，没有历史唯物主义的创立，也不可能有对人和人的本质的科学认识。历史唯物主义的出发点是社会，而不是"人"。这是唯物主义历史观和人道主义历史观的根本分水岭。由此可见，硬把"以人

---

① 《马克思恩格斯全集》第 27 卷，人民出版社 1972 年版，第 13 页。
② 《马克思恩格斯全集》第 3 卷，人民出版社 1960 年版，第 30、23 页。
③ 《马克思恩格斯全集》第 1 卷，人民出版社 1956 年版，第 452 页。

为本"，也就是把一种"抽象的人"说成是马克思主义的核心，是历史唯物主义的继承和发展，这是多么的荒唐，多么的错误！

3. 建立"以人为本的社会主义"在理论上是站不住的，在实践上是有害的。在历史上和现实中，都曾出现过以人本主义或以人道主义为理论基础的社会主义，但实践证明它们都是反马克思主义的思潮。众所周知，在科学社会主义形成时期，在当时的德国，产生了一种以费尔巴哈人本主义为哲学基础的"真正的社会主义"，它把现实的社会主义运动完全抽象化，把现实的人变成抽象的人，把现实的所有制变成"真正的人"的所有制。这种思潮对19世纪40年代刚刚兴起的工人运动、社会主义运动，产生了极为有害的影响。因此，马克思和恩格斯在《德意志意识形态》和《共产党宣言》中，对这一反动思潮进行了深刻的批判，他们尖锐地指出：这些德国人完全"阉割"了法国社会主义的文献，使社会主义运动完全脱离了它的现实基础，"他们不代表真实的要求，而代表真理的要求，不代表无产者的利益，而代表人的本质的利益，这种人不属于任何阶级，根本不存在于现实界，而只存在于云雾弥漫的哲学幻想的太空。"① 20世纪下半叶，在世界社会主义运动中产生的赫鲁晓夫的修正主义和戈尔巴乔夫的"人道的民主的社会主义"，鼓吹"全民国家"、"全民党"，宣扬"全人类价值高于一切"、"全人类利益高于阶级利益"，同"真正的社会主义"理论如出一辙。它们虽然产生于不同的时代，表述形式也不尽相同，但实质则一，都是在鼓吹抽象的人和抽象的人道主义，否定马克思主义的阶级分析和阶级斗争理论，而且都在破坏社会主义事业，甚至造成了具有70多年历史的苏联社会主义制度的土崩瓦解。实践表明，建立任何形式的以抽象人道主义为理论基础的所谓社会主义，都是不能成功的。苏联剧变已经过去十多年了，但从理论深层次上对它进行清算的任务还远远没有完成。

4. 二十年前关于人道主义问题的辩论。"文化大革命"后，在如何总结"文化大革命"的教训、如何看待我国社会主义问题上发生了重大分歧，其实质是用马克思主义的立场、观点和方法研究和总结这些历史问

---

① 《马克思恩格斯全集》第1卷，人民出版社1956年版，第299页。

题，还是用人道主义和异化的观点研究和总结这些问题。有些人认为，之所以发生"文革"中的非人道现象，主要因为马克思主义、社会主义缺少人道主义，甚至认为社会主义社会是一个异化的社会等。由此引发了理论界关于人道主义和异化问题的激烈争论。当时提出的主要问题有：如何认识人、人的本质和人道主义，马克思主义和人道主义关系，是马克思主义的人道主义，还是人道主义马克思主义，以及"人"和"异化"是否马克思主义的基本概念等问题。直到1983年3月上旬中央召开纪念马克思逝世一百周年大会，这一争论达到最高点和公开化。周扬同志在大会的主报告，主张"人"和"异化"是马克思主义的基本概念，主张人道主义马克思主义，也即认为马克思主义是人道主义。显而易见，这意味着中国共产党举起了人道主义的旗帜。鉴于问题的重大，纪念大会休会两天。复会后，由持不同观点的四位同志（黄楠森、王锐生、靳辉明和唐达成）在大会发言。这些发言在《人民日报》上都公开发表。这样，把纪念大会就变成了理论研讨会，从而冲淡了会议的政治色彩。这次大会后，问题并未结束，讨论仍在继续，而且争论也越来越激烈。

由于问题的重大，所以，于同年10月12日召开的党的十二届二中全会上，邓小平作了题为《党在组织战线和思想战线上的迫切任务》的重要讲话。在讲话中，他鲜明地提出"思想战线不能搞精神污染"。他说："有一些同志，热衷于谈论人的价值、人道主义和所谓异化，他们的兴趣不在批评资本主义而在批评社会主义。人道主义作为一个理论问题和道德问题，当然是可以和需要讨论的。但是人道主义有各式各样，我们应当进行马克思主义的分析，宣传和实行社会主义的人道主义（在革命年代我们叫革命人道主义），批评资产阶级人道主义。资产阶级常常标榜他们如何讲人道主义，攻击社会主义是反人道主义。我没有想到，我们党内有些同志也抽象地宣传起人道主义、人的价值等等来了。"他在讲了一些具体社会问题以后，继续说"离开了这些具体情况和具体任务而谈人，这就不是谈现实的人而是谈抽象的人，就不是马克思主义的态度，就会把青年引入歧途"①。邓小平是用马克思主义观点和方法分析人道主义问题的，就是在

---

① 《邓小平文选》第3卷，人民出版社1993年版，第40—41页。

今天仍然有重要意义。如果结合苏联演变来看上个世纪 80 年代初的那场争论，其意义就更加清楚。1984 年初，胡乔木同志发表了《关于人道主义和异化问题》，从理论上更加全面地阐明了人道主义问题，特别是把人道主义区分为作为历史观的人道主义和作为道德伦理的人道主义、也即作为价值观的人道主义。这种区分，是人道主义研究的一个重大理论成果。直到现在对人道主义的这种划分，还有不同意见，应该说这是正常的，需要进一步研究，但我认为这种划分是科学的，对正确认识和理解人道主义问题有重要意义。"以人为本"，就是抽象的人和抽象人道主义的基本概念，是在当时被否定了的。今天重提"以人为本"，如果不加以正确理解和限定，必然会涉及到对二十年前那场争论的评价，而且有可能引起新的思想混乱。

由于以上种种原因，我认为要慎用"以人为本"这个概念。"以人民为本"或"以人民根本利益为本"，可以更为鲜明地表达我们党的"全心全意为人民服务"的宗旨。

（本文为 2004 年 4 月 8 日在"中国人学学会"理论讨论会上的讲话）

意识形态与当前主要社会思潮

要重视意识形态领域的斗争

意识形态是一个十分复杂而又极为特殊的领域，是整个社会生活的一个重要组成部分。对意识形态问题处理得如何，直接关系到社会的进步和经济的发展。因此，正确认识意识形态的实质和功能，以及研究这个领域斗争的特点和规律性，有着重要的理论意义和实践意义。

一　意识形态问题的实质

意识形态在任何社会都是一定社会经济、政治在观念形态上的反映，反过来又为该社会的经济、政治服务。由于反映社会生活的领域和层次的差异，意识形态也就呈现不同的形式，亦即包括政治思想、法律思想、道德、艺术、哲学、宗教等诸种社会意识形式。它们是与社会物质生活相对应的社会精神生活现象。尽管它们高耸于社会的经济基础上，但却植根于现实生活之中，并以各自不同的形式反作用于社会的经济和政治制度。

社会科学总括着各种社会意识形式，与自然科学不同，它研究的对象是人们的社会关系、法律形式，以及道德、艺术、宗教等思想观念现象。就如同一个正常的人不能只有肉体而无头脑一样，一个社会也不能只有物质而无精神。人类社会就是物质和精神、经济基础和观念等上层建筑的有机统一体。既然一定的意识形态是一定的社会经济、政治的反映，那么，在阶级存在的条件下，它必然直接或间接地涉及到各个阶级或集团的利益。这是一个不以人的主观愿望为转移的客观事实。因此，社会科学就其总体和本质而言，它不能不是一定阶级的意识形态。比如，当今世界还存在着资本主义经济、政治制度同社会主义经济、政治制度对立，自然也就存在着资本主义与社会主义两种对立的思想体系。马克思主义的这一基本观点，今天仍然是有效的。

对于社会科学的阶级性，还应作具体分析。一般而论，社会科学理论是作为阶级意识出现的，因而具有显明的阶级性。但是，社会科学的阶级性也有不同的层次性，有些学科，如语言学、逻辑学和考古学等，其内容并不具有阶级性。然而在阶级存在条件下，对其研究和使用有时也受着阶级的影响和制约。列宁曾这样讲到："有一句著名的格言说：几何公理要是触犯了人们的利益，那也一定会遭到反驳的。"① 自然科学因触犯某个阶级的利益而遭受到"反驳"在历史是不乏其例的。众所周知，16 世纪意大利著名哲学家、天文学家布鲁诺由于坚持哥白尼的"日心说"，怀疑宗教教义，反对经院哲学，遭到罗马宗教裁判所残酷迫害而不改初衷，最后被罗马天主教会烧死。稍后，意大利著名的数学家、物理学家、天文学家伽利略也因支持和宣传哥白尼的"日心说"，反对托勒密地心体系，被罗马宗教裁判所以"反对教皇，宣传邪说"的罪名，判处终身监禁。其原因就在于，他们的学说触犯了封建统治阶级的利益。自然科学尚且如此，难道直接或间接地反映一定社会关系和阶级利益的社会科学能超然于阶级利益之外吗？

马克思、恩格斯在分析德意志意识形态时曾深刻地阐明了社会意识和社会阶级的关系，指出"统治阶级的思想在每一时代都是占统治地位的思想"。"占统治地位的思想不过是占统治地位的物质关系在观念上的表现，不过是以思想的形式表现出来的占统治地位的物质关系；因而，这就是那些使某一个阶级成为统治阶级的各种关系的表现，因而这也就是这个阶级的统治的思想。"② 其所以如此，是因为"支配着物质生产资料的阶级，同时也支配着精神生产的资料"，他们在生产着物质生活资料的同时，也调节着自己时代的思想生产和分配，也生产着反映自己阶级统治关系的各种思想观念。马克思还讲道："他们在理论上得出的任务和作出的决定，也就是他们的物质利益和社会地位在实际生活引导他们得出的任务和作出的决定。一般说来，一个阶级的统治代表和著作方面的代表人物同他们所

---

① 《列宁选集》第 2 卷，人民出版社 1972 年版，第 1 页。
② 《马克思恩格斯选集》第 1 卷，人民出版社 1972 年版，第 52 页。

代表的阶级间的关系，都是这样。"①这些论断，深刻阐明了社会存在决定社会意识、经济基础决定上层建筑的历史唯物主义的基本原理，揭明了社会思想观念，在阶级存在的社会里，必然具有鲜明的阶级性，这是历史经验的科学总结，已为一百多年来的意识形态斗争所证明，在今天也仍有其现实的指导意义。

当今世界，各种矛盾错综复杂，各种政治力量较量异常激烈，但从历史的总趋势和时代的基本矛盾来看，社会主义制度与资本主义制度的共存和矛盾、无产阶级思想体系和资产阶级思想体系的较量和斗争仍然是本质性的、起主导作用的。就是在和平与发展时期，这一矛盾斗争也以不同方式时紧时缓地进行着。毛泽东同志指出："无产阶级要按照自己的世界观改造世界，资产阶级也要按照自己的世界观改造世界。在这一方面，社会主义和资本主义之间谁胜谁负的问题还没有真正解决。"②客观事实也正是如此。当前，国际垄断资产阶级加紧和平演变社会主义，利用社会主义国家改革开放的机会，加强意识形态的渗透，用他们的政治观念和价值观念影响我们的政策，企图把社会主义的改革开放引向资本主义化。东欧和苏联的演变，清楚地表明，在社会主义与资本主义两种制度的较量中，在用什么世界观改造世界的问题上，资本主义的图谋暂时得逞，而社会主义遭受严重的挫折。

十多年来，我们同资产阶级自由化的斗争，从根本上讲，也表现在用什么世界观改造世界的问题上。所谓"资产阶级自由化与四项基本原则的对立"，也就是在改革开放中要否坚持四项基本原则，要否以马克思主义世界观为指导。正确的政治路线必须以正确的思想路线为依据。党的路线和政策集中体现着马克思主义的世界观。我们的意识形态工作，说到底，就是要保证党的路线和政策的正确贯彻、执行。在当前，就是要为经济建设和改革开放制造舆论，提供科学的理论依据，并使我们的改革开放始终沿着社会主义的轨道向前发展。这是社会主义意识形态的主要功能。如果忽视意识形态工作，无视意识形态领域的斗争，让资产阶级意识形态影响

---

① 《马克思恩格斯选集》第1卷，人民出版社1972年版，第632页。
② 《毛泽东著作选读》下册，人民出版社1986年版，第785页。

无产阶级政党的路线、方针、政策，就会偏离社会主义方向，在实践上造成严重的后果。资产阶级的意识形态在苏联、东欧演变中起了何等作用，难道不值得我们深思，并从中吸取应有的教训吗？因此，一个马克思主义政党为了自己的健康发展和自己事业的胜利，就一刻也不能忽视意识形态的斗争，而应加强意识形态工作，抵制资产阶级思想的侵蚀。当然，在同西方国家的交往中，在同资本主义国家进行经济和科技的交流合作中，不能以意识形态为标准，而主要应考虑国家和民族的利益，这是完全正确的。但这决不意味主张"淡化意识形态"。所谓"淡化意识形态"，实际上只能是淡化马克思主义的意识形态，缩小社会主义的思想阵地。我们知道，西方资产阶级思想家在抵制马克思主义意识形态对社会主义搞和平演变时，又鼓吹"再化"意识形态，即"再意识形态化"。其用意是昭然若揭的，用他的话来说，就是要"终结"马克思主义的意识形态，而"强化"他们的意识形态。所以，我们必须十分警惕西方在"淡化意识形态"的幌子下，加强资产阶级意识形态对马克思主义意识形态的进攻。

列宁曾指出："资产阶级思想体系的渊源比社会主义思想体系久远得多，它经过更加全面地加工，它拥有的传播工具也多得不能相比"。"因此，对于社会主义思想体系的任何轻视和任何脱离，都意味着资产阶级思想体系的加强。"[①] 我们必须从理论上深刻认识意识形态斗争的实质和这一斗争的长期性、复杂性，在实际上切实改进加强我们的意识形态工作。

二　当前意识形态斗争的几个特点

意识形态和意识形态斗争是一个总的概念，是一个一般性范畴，要真正认识意识形态斗争的实质及其规律性，还必须研究它在各个不同时期的特点。正如马克思所说，重要问题"在于把握特殊对象的特殊逻辑"[②]。当前社会主义事业处于一个新历史时期，国际国内的形势都发生了很大的变化，出现了许多新的情况，思想战线也和其他领域一样，不可避免地会

---

① 《列宁选集》第1卷，人民出版社1972年版，第258、256页。
② 《马克思恩格斯选集》第1卷，人民出版社1956年版，第359页。

带有许多新的特点。为了给经济建设和改革开放提供良好的社会政治环境，为了更好地加强意识形态工作，我们必须结合国际国内形势的变化，认真研究当前意识形态斗争的新特点，以便在新的历史时期加强意识形态工作，不断扩大和巩固社会主义思想阵地。笔者试想就此谈几点粗浅看法，以为引玉之砖。

我想，认识我国当前意识形态斗争的实质和特点，要从这样的基本事实出发：首先，我国社会主义制度已经确立，并逐步巩固，阶级斗争已不是我国社会的主要矛盾，但阶级斗争在一定范围内仍将长期存在，有时还会激化，如1989年的政治风波。这种情况，必然会在意识形态领域表现出来，形成意识形态的斗争。其次，我们是社会主义国家，经济上以公有制为主体，政治上实行人民民主专政，思想上以马克思主义为指导，同时还有党领导着军队。经过四十多年艰苦奋斗的历程，我国社会主义制度已经基本巩固，特别是近十多年来我国经济发展和改革开放，又赋予它以新的活力。在这种情况下，国内外敌对势力要颠覆社会主义制度，推翻我国的人民民主专政，改变社会主义性质，必然会从"攻心"入手，首先搞乱人们的思想，动摇人们的社会主义信心。尤其是在政治力量对比悬殊、敌对势力又不掌握武装的情况下，也只能如此。再次，意识形态领域是资产阶级的世袭领地，正如列宁所说："资产阶级思想体系的渊源比社会主义思想体系久远得多。"在我国，社会制度、政权虽已发生了性质的变化，但几千年来形成的剥削意识，以私有制为基础的封建主义和资产阶级的思想观念，以及与此相联系的腐朽的生活方式和陈规陋习等，不仅没有消失，而且还有相当大的影响，甚至在改革开放和发展高品经济的条件下沉渣泛起。在思想战线，"社会主义和资本主义之间谁胜谁负的问题还没有真正解决"的科学论断依然没有过时，最后，从国际条件来看，西方垄断资产阶级也正是通过意识形态渗透和所谓"精神和灵魂的征服"，来对社会主义国家实施其和平演变战略的。这些就是我们观察当前意识形态斗争特点的一些基本前提。

由此出发，深入研究当前意识形态斗争的实际，特别是联系苏联、东欧演变在意识形态方面的教训，可以概括出这样几个具体的特点。

第一，西方敌对势力对社会主义国家实施和平演变，主要手段是搞意识形态渗透，在社会主义国家内部寻找代理人，培植资产阶级自由化分子和持不同政见者，里应外合，遥相呼应，使得社会主义国家的意识形态斗争不仅尖锐、激烈，而且带有国际斗争的性质。

邓小平同志所讲的"国际的大气候和中国自己的小气候"①，实质上表现了资产阶级同无产阶级在意识形态领域里的激烈较量，表明社会主义国家的意识形态斗争，同时具有一种超越本国范围的、国际阶级斗争的性质。

和平演变或"无硝烟的新的世界战争"，主要是一场意识形态的战争。用西方政治代表人物的话来讲，"最重要的是搞攻心战"，"与我们的对手展开一场意识形态的战争"。《1999 年：不战而胜》一书的作者写到："意识形态是我们争夺的根源。苏联企图扩张共产主义，消灭自由；美国则要阻止共产主义的扩张，扩大自由。如果我们在意识形态斗争中失利，我们所有的武器、条约、贸易、外援和文化关系都将毫无意义。"② 他们认为"经济力量和意识形态的号召力"在对社会主义国家进行和平演变中"将起决定性作用"。这是西方和平演变战略的一个主导思想。从他们的"遏制政策"到"超越遏制"，从杜勒斯的理论到"布什主义"，莫不如此。

西方资产阶级意识形态的主要内容，是资产阶级的"民主、自由、人权"和以"自我"为中心的价值观念，即个人至上主义、拜金主义和人本主义。以此为核心内容的资产阶级意识形态，是资本主义经济、政治在观念形态上的反映，是资本主义本质的理论表达。西方资产阶级政治思想家们，正是用这样一种腐朽的意识形态来对抗社会主义的意识形态。他们认为，西方的"自由、民主的价值观在世界各地极有魅力"，是一张对付共产主义的"王牌"；"多元化是极权主义的解毒剂"；而"人权"问题是"贯穿于所有关系的一条主线"。美国一位政界要人认为，西方倡导尊重人权影响巨大，意义深远，它可以加速共产主义衰亡的过程，还可以为在社会主义国家正迅速产生的政治色彩日益浓厚的民间团体、为更直接地进行

---

①　邓小平：《在接见首都戒严部队军以上干部时的讲话》，《十三大以来重要文献选编》上，人民出版社 1991 年版，第 535 页。

②　尼克松：《1999 年：不战而胜》，世界知识出版社 1989 年版，第 96 页。

争取民主的活动提供理论依据。

众所周知，正是在这种国际大气候下形成了社会主义国家内部的"小气候"。在我国，由于西方资产阶级意识形态和各种学术理论思潮的影响，形成了资产阶级自由化思潮，酿成1989年春夏之交的政治风波。在苏联、东欧，与西方资产阶级意识形态相呼应，产生了以"新思维"为核心的民主社会主义思潮，搞乱了人们思想，背弃了马克思主义基本原理，葬送了社会主义制度，使七十多年来无数革命先烈和坚定的共产党人浴血奋战而取得的社会主义成果，朝夕之间付诸东流。这个历史教训特别是意识形态工作方面的教训，是应当认真吸取的。

第二，政治斗争大量地、经常地表现为意识形态领域的思想理论斗争。思想理论的斗争全方位、多层次的展开，中心问题是资产阶级自由化与四项基本原则的对立，并深入到世界观、历史观和价值观等各个方面，表现了当前意识形态斗争的广泛性和深刻性。

西方敌对势力对社会主义的和平演变，不是仅限于某个领域，而是在思想文化各个领域全面地展开。他们不只通过西方学术著作推销他们的思想理论和价值观念，而且还通过影视作品和黄色读物宣扬西方资产阶级的腐朽思想和生活方式，甚至宣扬宗教迷信思想。在有的社会主义国家演变过程中，宗教起了相当大的作用。这些腐朽思想、资产阶级生活方式和格调低下的文艺作品，长期地、潜移默化地影响着人们的思想，特别是影响着青年人的思想。正因为它们是浅层次的东西，接受面广，因而危害性也更大。在东欧一些社会主义国家变质之前，这种毒化社会、毒害青年的精神鸦片已经大肆泛滥起来，过去对青年进行教育的优良传统，在西方思想冲击下，早已荡然无存。西方腐朽思想和生活方式的影响，资产阶级价值观念的侵蚀，凝聚到一点，就是怀疑马克思主义理论，动摇社会主义信念，为资产阶级自由化和民主化社会主义思潮的滋生和泛滥提供沃土。

否定共产党的领导，反对社会主义制度，是资产阶级自由化、也是民主社会主义的最本质的内容。它首先是一种政治见解、政治观点，是大是大非问题，在意识形态斗争中居于中心的地位。与之相适应，并受其制约的还有更深层次的问题，这就是资产阶级自由化和民主社会主义思潮理论基础，也即它们赖以存在的哲学观、历史观、政治观、文化观、价值观等。这种反社会主义思潮，为什么会在社会主义社会里滋生并迅速泛滥起来，影响广大群众的思想，最后达到演变社会主义的目的，其主要原因是舆论的作用，是因为这些思想理论观点支撑和潜移默化的结果。通过改变人们的观点和信念，最后改变社会主义政治制度。思想理论斗争并非目的，发展到一定程度它就会变成直接的政治冲突，变成夺取政权的斗争。

可见，政治斗争大量地、经常地表现为意识形态领域的思想理想斗争，是当前意识形态斗争的一个重要特点，而且是在不同层面上开展的。因此，为了巩固和发展社会主义事业，我们必须坚持不懈地反对资本阶级自由化。同时，也要以思想斗争的形式，抵制资产阶级腐朽思想和黄色的东西，尤其要深入研究和批判西方学术理论思潮和价值观念，以及在我国思想界出现的错误思潮。要清醒地认识，这种斗争是长期的、艰巨的。如果在这场斗争中我们不能取胜，要防止和平演变，巩固和发展社会主义也将难以实现。

第三，意识形态领域的斗争往往是从离现实较远的学术理论争论开始，由微而著，由隐及显，逐步触及到现实政治问题，影响执政党的指导思想、线路和政策，从而由思想论争导向社会实践。

这一特点在中外历史上曾反复出现过。也为近几十年意识形态领域的斗争所再次证明。

苏联、东欧的演变决非朝夕之间出现的偶然事件，除去其他因素外，意识形态的变化在其演变过程中起了巨大作用，发生了决定性影响。而意识形态的变化也经历着一个长期积累、潜移默化的过程。从20世纪50年代中期，苏共当时的领导人就提出"一切为了人"的口号，主张"全民国家"、"全民党"，完全否定马克思主义关于阶级斗争学说和无产阶级专政的理论。在思想领域出现了异化和人道主义"热"。长期以来，他们的理论界对这些复杂的理论问题，不是用历史唯物主义观点加以科学分析，吸取其精华，剔除其糟粕，而是或者一概接受，用以"补充"马克思主义，或者简单否弃，将之完全视为资产阶级的东西。其结果不仅未能克服这种错误思潮，而且促使其泛滥成灾。戈尔巴乔夫鼓吹"全人类利益高于阶级利益"，"全人类价值高于一切"，彻底否定马克思主义阶级观点，就是20世纪50年代在纠正斯大林错误时产生的修正主义思潮发展的结果。

这种所谓的"新思维"，即一种理论上的修正主义，左右了苏共的指导思想，并形成一条"人道的民主的社会主义"路线。正是在这条右倾机会主义路线的引导下，造成了苏联社会主义制度的覆灭和苏维埃联盟国家的解体。可以说，这是一种错误理论导致社会制度蜕变的典型例证。

在我国，十多年来由于西方社会思潮的影响，出现了资产阶级自由化思潮。这股思潮，开始也是以资产阶级的人道主义和异化理论冲击马克思主义学说，接着提出了"多党制"和"私有化"的政治问题。在这种思潮的诱发下，发生了一次又一次的学潮，终于导致1989年震撼海内外的政治风波。这些发生在我们身边的记忆犹新的事件，也清楚地表明，一种错误思潮是如何搞乱人们的思想、制造社会动乱的。

古语云：风起于青萍之末。对于社会上错误的思想理论观点，对于错误的舆论导向，从有端倪可察，就要认真解决，以防微杜渐，将隐患消灭于萌芽状态，而不能任其滋生、泛滥，更不能助纣为虐。否则，不仅会危及社会主义意识形态工作，而且也会危及整个社会主义事业。因此，必须十分重视意识形态工作，重视社会科学领域的问题，对于学术理论争论，必须用马克思主义观点加以正确引导。

第四，意识形态领域的斗争往往时隐时现，重点也会经常转移，但它不会自动消失。一种社会思潮一旦产生，就要顽强地表现自己，只能因势利导，通过批评和斗争加以解决，姑息迁就，软弱退让，只能适得其反。

苏联、东欧演变的教训，我国资产阶级自由化思潮时起时伏、愈演愈烈的事实，都表明，意识形态斗争具有一种不可调解性和反复性的特点。因为，意识形态斗争是不以人们主观愿望为转移的客观存在，是不同政治倾向和政治见解的分野在观念形态上的反映；它不是孤立的现象，而是受着国际国内其他斗争的制约。只要这些社会矛盾存在着，就必然会在意识形态领域里表现出来，而且随着客观形势的变化它也不断改变着斗争的形式。因此，我们必须坚持不懈地关注思想领域的问题，要有同资产阶级自由化作长期、反复斗争的思想准备。特别是不要在艰险面前退缩，也不要为咒骂所吓倒。我们如果不能夺取意识形态斗争的胜利和不断扩大社会主义思想阵地，要建成社会主义是不可思议的。

三　要正确理解和贯彻"双百"方针

意识形态领域的斗争必然以思想理论论争的形式出现，但并非所有学术理论争论都属意识形态的范畴。因为学术理论自身的发展，也要通过不同流派、不同观点的讨论、争论得以实现，而通过坚持真理、修正错误发展自身。对于这样学术问题，应遵循其自身发展规律，而不应横加干涉，但同时，也要清醒地看到，学术理论争论同意识形态之间并没有绝对不可逾越的界限。这是因为，有些学术理论问题本身就带有鲜明的政治色彩，况且还有些人蓄意利用抽象的学术理论形式进行政治性斗争，即所谓"非政治化的政治"。这在历史上、特别是一场大的社会变革的初期，往往都是如此，就连宗教有时也会成为掩饰政治斗争的帷幕。诸多不同色彩的矛盾紧紧交织在一起，就使得意识形态领域的斗争呈现出异常复杂的情况。这就要求马克思主义意识形态工作，要时刻保持清醒的头脑，善于分辨学术问题和政治问题的界限，正确处理不同性质的矛盾。

"百花齐放，百家争鸣"的方针就是基于这种复杂的社会矛盾和思想矛盾而提出来的，简言之，是基于我国社会主义制度已经确立，急需繁荣社会主义思想文化，以及解决意识形态领域"谁胜谁负"的问题而提出来的。这个方针表面上不带阶级性，哪个阶级都可以利用，而实质上是有阶级性的，不同阶级、不同政治势力的代表人物，对它有着不同的理解和运用。这些是不言而喻的。

在马克思主义者看来，"双百"方针的基本含义有两个方面：一是通过"百花齐放，百家争鸣"推进社会主义的文学艺术和学术理论的繁荣、发展；二是通过"双百"方针不断扩大社会主义思想阵地，逐步解决意识形态领域"谁战胜谁"的问题。因此，我们必须坚定不移地贯彻"百花齐放，百家争鸣"的方针，实行学术自由，创造宽松的研究与探讨问题的环境，但又必须以坚持四项基本原则为前提。社会主义学术理论的繁荣，就是在这两者的矛盾统一中实现的。既坚持以马克思主义为指导，又实行学术理论的自由探讨，不同观点的争鸣，社会主义学术理论就一定能够繁荣起来。

　　总之，经济和政治、物质生活和精神生活，是整个社会赖以存在和发展的两个不可分割的基本要素。对于我们社会主义制度来说，经济建设搞不好是会翻船的，同样，思想战线出了问题也是会翻船的。过去我们搞革命靠的两杆子，即枪杆子和笔杆子，今天我们搞建设，巩固和发展社会主义事业，同样也要有两杆子，要坚持"两手抓"，既要搞好社会主义物质文明建设，又要搞好社会主义精神文明建设。这是我们党从几十年社会实践中总结出来的一条基本经验。所以，为了保证社会主义现代化建设的健康发展，为了社会主义的千秋大业，必须切实加强和改进我们的意识形态工作，要十分重视意识形态领域的斗争，使我们在反对西方敌对势力和平演变和反对各种反社会主义思潮的斗争中，处于主动有利的地位。我们任重而道远，关键是要保持清醒的头脑，居安而思危，临危而不惧，持之以恒地将这一工作进行下去。

（原载《靳辉明文集》，当代中国出版社 1993 年版）

意识形态与苏联解体

　　苏联解体和剧变是多种因素综合作用的结果，但意识形态的变异起了极其重要的作用，从某种意义上说，苏联的解体和苏维埃政权的丧失是意识形态演变的结果。追究这个过程可以看出，戈尔巴乔夫的"改革新思维"是苏联剧变思想渊源；"民主化、公开性、多元论"迎合了国际帝国主义和国内反势力的反共需要，是意识形态变异的温床；"人道的民主的社会主义"是和平演变的政治策略；而从否定历史到全盘自我否定，则使意识形态全线倒戈。在反共反社会主义浪潮的疯狂进攻面前，苏共上下束手无策，屈膝投降，原因之一是苏共中央和主管意识形态的领导人对马列主义和社会主义的动摇和背叛。此外，反共媒体兴风作浪，推波助澜，促使悲剧酿成。总结苏联意识形态的演变与苏联解体的关系，其中的教训是十分深刻的。

一　戈尔巴乔夫的"改革新思维"——苏联演变和解体的思想渊源

　　1987 年初，戈尔巴乔夫应美国出版商之约出版《改革与新思维》一书，向世人"阐明新政治思维和对外政策的哲理"，以及苏联改革的原因、实质、目标和途径等一系列重大问题。从此，"新思维"成了用来彻底改造苏联社会乃至整个国际关系的思想体系。戈尔巴乔夫于 1988 年会见奥地利共产党主席穆里时说："新思维不是玩弄新名词，而是理论上和政治上必须遵守的最高原则。"那么，这个"最高原则"的政治性质到底怎样呢？

　　1. "新思维"主张国际关系人道主义化，引导社会主义向资本主义

"趋同"和"一体化"

戈尔巴乔夫提出"新思维",首先是作为对时代特征、对社会主义和资本主义的本质及其相互关系、对当代国际关系、对人类社会的发展前途等重大问题所作的"新"的政治思考而提出来,并且企图用它来否定、取代马克思列宁主义而成为党和国家对内对外政策的指导思想。戈尔巴乔夫认为,由于科技革命和全球问题激化,人类已经进入了不同于三四十年前的新时代。"现时代的特点是核威胁在增加,其他全球性问题在激化,世界上各种各样的国际化在加强,这个世界越来越成为一个整体"。因此,必须"摒弃以前某些看来是不可动摇的公式","确立新的政治思维,以及能保障人类生存的新的和平概念"①。在世界成为一个整体和核威胁的情况下,阶级利益和民族利益就退居次要地位,"全人类的价值"和"全人类的利益高于一切",阶级分析的方法和阶级斗争的学说已经过时。"新思维"强烈主张把"社会的道德伦理标准作为国际政治的基础,使国际关系人性化、人道主义化"(戈在苏共二十七大上的政治报告)。

在戈尔巴乔夫看来,由于时代变了,因此资本主义和社会主义两种社会的属性及其相互关系也改变了,"在资本主义社会和社会主义社会有着就其内容来说十分相近的进程",因而应当"排除两大社会体系的对抗性",使两大社会体系"从对抗转向合作",走向"趋同"和"一体化"。马克思列宁主义已经"教条化",远不适应变化了的"时代"需要,已经"过时"了,需要"更新"。借口时代变化和社会发展来否定马克思列宁主义是戈尔巴乔夫"新思维"的一个显著特点。实际上,国际帝国主义并没有让资本主义向社会主义"趋同",而是戈尔巴乔夫的"新思维"引导社会主义向资本主义"趋同"和"一体化"。

2. "改革新思维"的目的是"根本改造"社会主义制度

"新思维"与戈尔巴乔夫的"改革"密不可分,二者合而为一,称为"改革新思维"。这种"改革"是要使苏联关于社会主义的理论概念在很大程度上停留在20世纪30—40年代的水平上;按照这个理论建立起来的社会主义制度是一种"变形的""被扭曲的、官僚主义的社会主义"。而

①　戈尔巴乔夫:《改革与新思维》,新华出版社1987年版,第5、181页。

且斯大林从20世纪30年代起建立的政治经济制度是"专横官僚主义体制"，是"极权官僚式的社会主义"。总之，原有的社会主义已经走入"死胡同"，必须通过"新思维"来改弦更张，"根本改造整个社会大厦，从经济基础上层建筑"，建设"不仅是人道的社会主义，而且是民主的社会主义"①。

戈尔巴乔夫还把"新思维"泛化到政治、经济、思想、军事等各个领域，要求在每个问题上都要有"新思维"。所谓政治领域的"新思维"就是民主化、公开性、多元化，以及以人为"中心"、"全人类价值观优先"等。所谓经济"新思维"，就是非国有化、私有化、混合经济和市场社会主义等。所谓历史和文化领域的"新思维"，就是"在历史和文学中都不应该有被忘记的名字和空白点"，就是要"让党和人民了解一切，使我们这里没有又开始发霉的阴暗角落"。所谓军事领域的"新思维"，就是"战争是政治以另一种方式继续的公式已经过时"，"核战争不可能成为达到政治、经济、意识形态及任何目的的手段"。戈尔巴乔夫等人就是用这种"新思维"为苏联"改革"制定目标模式和行动纲领，要从根本上"改变社会主义制度"。

3. "新思维"上承赫鲁晓夫时期的"解冻"思潮，下启苏联解体之先河

戈尔巴乔夫的"新思维"及其"人道的、民主的社会主义"的思想渊源可以追溯到赫鲁晓夫时期兴起的非斯大林化的"解冻"思潮。赫鲁晓夫在丑化和削弱无产阶级专政的同时所鼓吹的"全民国家"、"全民党"和抽象的人道主义在"新思维"中有深刻的烙印。实际上，"新思维"是苏共二十二大以后苏联社会泛滥起来的人道主义、异化论、"民主派"的社会民主主义等反马克思主义、反社会主义思潮的理论化和系统化。

戈尔巴乔夫等人是赫鲁晓夫时期成长起来的一代人。他下台后在一次接见外宾时说："我在1953年就对我们国家所发生的事情的正确性或多或少产生了怀疑。"②当时他22岁，在莫斯科大学读书，斯大林在这一年去

---

① 戈尔巴乔夫：《社会主义思想与革命性改革》，《真理报》1989年11月26日。
② 麦德维杰夫：《戈尔巴乔夫传》，世界知识出版社1988年版，第61页。

世。1961 年戈尔巴乔夫作为斯塔夫罗波尔边疆区代表出席苏共二十二大，聆听赫鲁晓夫公开作有关斯大林"罪行"的最详细、最骇人听闻的报告。正是这次反斯大林色彩最浓的会议，戈尔巴乔夫的"政治个性便固定下来了"。他的一位助手甚至称他为苏共"二十二大的产儿"①。西方则把戈尔巴乔夫和雅科夫列夫等人称为"赫鲁晓夫的一代人"。

正是这些在非斯大林化时期成长起来的"新的一代人"所倡导的"新思维"，迎合了帝国主义"和平演变"的战略需要，几乎在所有关系全局的重大理论是非问题上搞乱了人们思想，从根本上瓦解了以马克思列宁主义为指导的社会主义意识形态。正如布热津斯基在《大失败》一书中所评价的那样，"新思维"的"特别严重的危险在于瓦解世界共产主义共同的马克思主义理论"，使马克思主义和社会主义制度失去了"意识形态上的合法性"，从而使苏维埃社会主义制度丧失存在的理由，并最终导致共产主义运动的"大失败"。撒切尔夫人不无理由地称戈尔巴乔夫是葬送世界社会主义的"主角"。

二　民主化、公开性、多元论——瓦解苏联社会主义的三把尖刀

作为"改革与新思维"的必然产物，戈尔巴乔夫在意识形态领域推行的方针政策就是"民主化、公开性、多元论"。正由于推行这种方针政策，直接导致了苏共意识形态的变异、滑坡直至崩溃，由此引发了苏联政治上的大动荡和社会混乱，导致政权旁落，联盟解体。

1. 民主化、公开性、多元论的实质

戈尔巴乔夫上台不久，便在苏共二十七大政治报告和其他一系列讲话中大谈"民主化"、"公开性"和"多元论"，把它作为改革和发展政治体制的"战略方针"。这种论调也充斥于他的《改革与新思维》一书。

苏共过去长期不够民主，对社会思想控制过死，因此在改革之初强调

①　达斯科·多德尔、路易斯·布兰森：《戈尔巴乔夫——克里姆林宫的异教徒》，新华出版社1991 年版，第 23 页。

实行"公开性"、"民主化",这从发扬民主、活跃思想、动员群众支持改革来说是需要的。共产党历来强调民主集中制。列宁也把"完全的公开性"看作"广泛民主原则"的首要条件。但是,戈尔巴乔夫及其宣传工具则是从苏共过去的一个极端走向自由化的另一个极端。在这里,"民主化"已成为各种"民主派"歪曲和丑化社会主义,颠倒是非曲直,甚至进行恶毒的人身攻击的自由化,而苏共则在民主化的口号下取消马克思主义对各种错误思想和反动思潮的批判和斗争。"公开性"是意味苏联过去的历史许多问题被掩盖起来,现在是"历史无禁区,公开无限制",可以肆无忌惮地进行揭露批判、攻击、诋毁,以致造谣惑众。"多元化"作为苏共在意识形态领域的指导方针,是1988年苏共十九次代表会议上正式确定的,其实质是取消马克思主义在意识形态领域的指导地位,取消思想和舆论导向,让各种非社会主义的乃至反社会主义的思潮自由泛滥。西方舆论称"多元化"是共产主义解毒剂。这样,民主化、公开性和多元论在实际历史进程中就变成了肢解苏共和苏联的三把尖刀。

2. 民主化、公开性、多元论的破坏作用及其严重后果

民主化、公开性、多元论的方针和政策出台以后,在苏联很快形成了一股专门揭露苏共历史黑暗面、攻击苏联社会主义制度的潮流。党内的"激进派"和社会上形形色色的"民主派",把共产党说成是"同法西斯组织一样",把现实社会主义制度说是"极权社会主义",把十月革命说成是少数暴徒发动的政变,七十年社会主义道路是"历史的迷误",是一部"不光彩的历史",必须与之"彻底决裂",叫嚣要"炸毁过去的一切"。这些口号充斥舆论,成为宣传的主调。这样,对七十年历史的反思变成了否定一切;对教条主义的批判、对斯大林错误批判变成了对马列主义本身的批判和否定;对苏联社会主义模式的检讨变成了否定苏联社会主义建设成就和对社会主义本身的否定;反思以往对现代西方学术和文化采取的一概排斥的错误态度变成了对现代西方思潮的盲目崇拜;检讨对待本国文化遗产的虚无主义态度变成了对"国粹"的盲目歌颂;纠正过去对待学术思想和学术争论的行政命令压制变成了无原则的放任自流和彻底的无政府主义。在这种"大民主"中,共产党和社会主义的形象受到极大损害,苏共处于受审境地,反马列主义、反社会主义的思潮逐渐成了20世

纪 80 年代末 90 年代初苏联意识形态领域的主导潮流。

"民主化、公开性、多元论"的极端思潮扰乱了广大群众思想的是非界限，冲击了广大苏共党员的信念，一些头脑清醒、有意反击这股反动思潮的共产党员则受到种种压制。一方面，从 1990 年初到 1991 年上半年，苏共 1900 万党员中有 400 万人因"对共产主义理想失望和不信任作为政治力量的苏共"而退党。另一方面，面对敌对势力对苏联共产党和社会主义制度肆无忌惮的进攻与发难，许多共产党员和马克思主义者曾感到事态的严重性，要求予以反击，而戈尔巴乔夫的首席顾问、苏共中央宣传部长亚·雅科夫列夫竟说："值得这样吗？……改革进程在正常地进行着。这是过渡时期不可避免的困难，不要这样不安。"戈尔巴乔夫则沉默不语，采取了听之任之，放任自流的态度。前苏共中央政治局委员利加乔夫认为应立即采取行动，说"党和祖国处于危险之中……我们的联邦可能发生的解体会导致世界范围的震荡，会无可挽回地打击社会主义、国际共产主义运动和工人运动"。为此，他专门上书中央，要求召开讨论党和国家形势的中央全会，但遭到戈尔巴乔夫无声地拒绝，中央委员们甚至不知道也没有看过这封信。对反共反社会主义的思潮放任纵容，而坚持真理进行反击的言行则受多方压制，这就是"民主化、公开性、多元论"政策的双重效应。这种方针政策实际上已成了苏反共的"单行道"。

这股思潮的滋长与泛滥，进一步发展为政治倾向，出现了各种各样的反社会主义组织和民族主义组织，他们经常集会游行，制造社会动乱。1988 年上半年，仅莫斯科就举行了未经批准的集会和游行 246 次。1988 后全中有 2600 起，1989 年达 5300 次。围绕着这些组织形成了政治派别和政党。戈尔巴乔夫按照其人道的民主的社会主义观点，鼓励和支持反对派组织的发展和他们制造的动乱，把它看成是民主化、多元化的必然要求。正是在戈尔巴乔夫的民主社会主义理论的引导和支持下，苏联的反对派组织迅速发展起来。这些势力先是在一些加盟共和国夺权，最后在全苏联夺权，解散了苏联。从苏联演变过程看，意识形态的多元化，导致了政治多元化和多党制。由此可以看出意识形态演变在苏联演变和解体中的作用。

三　"人道的民主的社会主义"——"和平演变"的策略模式

"人道的民主的社会主义"是苏联"和平演变"的中间站，是戈尔巴乔夫等人决心使苏联社会"改头换面，彻底改变自己的性质"的策略模式。戈尔巴乔夫的"新思维"和"民主化、公开性、多元论"是"人道的民主的社会主义"的理论依据和舆论先导，而"人道的民主的社会主义"则是"民主化、公开性、多元论"的政治旗帜。苏联的演变和解体，就是经由这条道路而实现的，许多东欧国家的演变也经由"民主社会主义"作为由社会主义退向资本主义的过渡形态，因为"民主社会主义"这个概念或社会模式具有很大的迷惑力和欺骗性。

1. 戈尔巴乔夫把"人道的民主的社会主义"作为党的政治纲领

在戈尔巴乔夫上台之前，苏联社会已有主张"民主社会主义"的思潮。一些反共反社会主义的政治反对派在西方支持下，要求全面"非斯大林化"，反对以马克思主义为指导思想，主张意识形态自由化和多样化，污蔑苏联社会制度是"极权主义"和"军营社会主义"，攻击苏联共产党"独裁"、"专制"、"扼杀人性"，主张以西方为榜样，实行多党议会制，实行公开性和民主化，把苏联社会改造成"民主社会主义"的社会。戈尔巴乔夫上台之后，一改他的前任领导人的做法，迎合了这股思潮的需要。在1988年7月苏共第十九次代表大会上，他明确提出要在苏联建立一个与现实社会主义制度（他称为"极权社会主义"）相对立的"民主的和人道的社会主义"，并阐述了它在政治、经济、文化等方面的基本特征，开始形成了完整的"人道的民主的社会主义"思想路线。到1990年2月苏共中央全会以及7月苏共二十八大时，这条路线的具体内容和具体措施已被用《党章》，《行动纲领》和各种决议的形式规定下来。

根据苏共二十八大制定和通过的政治纲领，这种"人道的民主的社会主义"的大致轮廓是：在经济上，实行以私有制为基础的"混合所有制"的"自由市场经济"；在政治上，实行议会制、总统制和多党制，变苏共为实际的社会民主党，削弱以至取消党的领导；在意识形态上，以"多元化"的名义，取消马克思列宁主义的指导地位，把"民主社会主义"建立在资产阶级人道主义的基础上，等等。

2. "人道的民主的社会主义"的实质是资本主义化

以"人道的民主的社会主义"为"改革"目标的实质就是把苏联社会主义制度改造成为资本主义制度。宣扬这种理论，就是在舆论导向上把人民引向资本主义。

第一，它放弃共产党的领导，主张实行多党制。起初，戈尔巴乔夫等人在"改革新思维"的幌子下，用"全人类的价值高于一切"这种抽象的人道主义价值目标，偷换了党的奋斗目标。到了苏共二十八大，在纲领中苏共已被说成是"按自愿原则联合苏联公民"的一般的"政治组织"，从而宣布取消苏共法律的领导地位，声称苏共"将同其他社会政治力量在自由竞争中捍卫作为政治领导的权利"，即"苏共起着议会党的作用"。实际上，在"民主化、公开性、多元论"庇护下，在反共反社会主义浪潮中，苏共腹背受敌，最后不得不宣布取消党组织。从思想分化到组织分裂，从组织瘫痪到从法律上废除，这是苏共解体的过程。取消了共产党这个中坚力量和政治领导，还谈什么社会主义！

第二，它否定生产资料公有制的主体地位，主张私有化。生产资料公有制在整个经济中占主体地位，这是社会主义制度的基本特征，共产党人的基本理论是消灭私有制。但是"人道的民主的社会主义"却攻击公有制是"经济垄断"，束缚了人的积极性，因而断言"不打破这种体制，国家根本不可能复兴和革新"。取消公有制，实行私有化，把公有财产分散归个人所有，让毫无经商经验的人民在"自由市场经济"中弱肉强食，两极分化，这等于把整个社会推到比现行资本主义社会更加危险的境地。

第三，用意识形态"多元化"反对马克思列宁主义作为指导思想。人道的民主的社会主义攻击马克思列宁主义作为指导思想是"精神垄断"，是"舆论工具霸占"，因此，他们主张"意识形态多元论"、"意见多元论"等，取消了马克思主义的指导思想的地位。

戈尔巴乔夫说："人道的民主的社会主义"是既非资本主义也非传统社会主义的"第三种模式"。他在《未来世界和社会主义》一文中说："我们要想创造的是这样一个崭新的社会，它将既不是资本主义的复本，也不是原来的那种东西的翻版——哪怕是得到改善的翻版。"然而这种貌似"中性"的"社会主义",其实质却是资本主义,它只不过是诱导人民走向资本主义的一种策略模式。对此,戈尔巴乔夫本人供认不讳。他在1991年11月对《莫斯科新闻》主编发表谈话时说:"我毕竟比其他人更清楚改革的构想,政治文件所描绘的一切并不囊括所设想的改革的整个规模和深度。应该改变制度,我当时就得出了这个结论。但是如果一开始,社会还没有作好准备,就这样提出问题,那将一事无成"。明白这一点,看到后来苏联政局突变,"民主的人道的社会主义"被"更激进的"、赤裸裸的资本主义政纲所取代,也就不足为奇了。

四　从否定历史到全面自我否定——意识形态变异的突破口

在戈尔巴乔夫推行"改革新思维"和"民主化、公开性、多元论"导致苏联意识形态崩溃的过程中,否定历史是一个突破口。

"新思维"倡导"社会政治思想界要来一个急剧转变","历史科学也要来一个根本的改革";民主化、多元化和公开性鼓动"毫无保留、毫无限制"地暴露历史和现实的"阴暗面"。于是,从1987年初起,苏联舆论界出现了重新评价历史的运动。共产党的领导人带头自我否定,党内的民主派和社会上的反共社会主义分子里应外合,形成一股"狂涛恶浪",歪曲、丑化苏联社会主义革命和建设的历史,否定苏共七十多年的历史,从根本上动摇人们对共产党和社会主义的信念。

否定历史的思潮接过赫鲁晓夫"秘密报告"批判斯大林"罪行"的论调,一方面从否定斯大林入手,进而引申出去,攻击和诽谤列宁,再进而否定马克思主义和整个苏联共产党。另一方面,把苏联历史上具体的政治经济体制、具体的政策措施的失误与社会主义基本制度混为一谈,抓住实际工作中的缺点、错误加以渲染和夸大,以偏概全,给苏共和苏联社会主义抹黑,从而全盘否定党的全部历史和整个社会主义实践。

在这股否定历史的恶流中,戈尔巴乔夫"一马当先"。他先数落斯大林扶植的"扭曲的社会主义"的弊病和罪恶,接着号召要"炸毁"过去的"极权官僚模式的社会主义"。苏共中央宣传部长雅科夫列夫不甘落后，他配合"民主势力"攻击十月革命是少数暴徒发动的政变，是"俄罗斯一千年历史上最悲惨的事件"，是"魔鬼之歌的序曲"，从此社会主义的大船就"在血和泪的海上航行"①。于是，"民主联盟"的主要成员尤里·阿法纳西耶夫公然宣称："我们的整个历史是靠使用武力和暴力写成的，如果我们的领袖和缔造者（列宁）为某种东西打下基础的话，那就是国家暴力和恐怖政策的原则。"利加乔夫对这股否定苏共和苏联历史的逆流作过如下描述："颠覆文章犹如狂涛恶浪，席卷了舆论工具。极右报刊所描绘的不是多维的历史，不是成就与错误相互矛盾地交织在一起的历史，而只是阴暗的污点……这种不公正的、恶意中伤的、不真实的歪曲报道惊扰和刺激了社会气氛。于是矛头开始对准了共产党员、苏共，对准了党的历史"，"最终指向了人民，指向人民对历史的怀念"。

问题的性质很明显，既然共产党和社会主义是如此令人恐怖，广大党员和人民群众与共产党组织离心离德就是必然的结果。1990年前后一年多时间有400万党员退党。当时苏共中央社会科学院对退党原因的调查结果表明，在退党的人中："对共产主义理想失望和不信任作为政治力量的苏共"占36%；"不愿为过去错误承担责任"占30%；"担心苏检党员身份会使自己倒霉"占23%。著名批评家、《明天报》副总编邦达连科沉痛地说："为什么在1991年8月没有一个共产党员站出来保卫自己的市委和区委？因为他们所有的人摇摆不定，感到失望，不再相信，都过着双重生活。"②

全盘否定历史的后果是极其严重的。它不仅否定了苏联共产党和苏联社会主义制度产生、发展的历史必然性、合理性，造成共产党的领导和社会主义制度的"合法性危机"，动摇了人们对共产党和社会主义的理想信念，而且为各种反共社会主义势力的滋长打开了缺口，为其开展反共反社会主义的活动大开方便之门。正如两位英美驻莫斯科记者所评论的那样，戈尔巴乔夫之流"拆掉了原有的路标，鼓励人们怀疑现行制度和重新解释历史，从而使苏联出现了动荡和骚乱"，因此，他们在"主持社会主义及其道德、政治和

---

① 参见《文化报》1994年1月19日。
② 《明天报》1996年第7期。

经济理想崩溃的过程的同时，也在主持俄罗斯帝国解体的过程"①。

五　意识形态领导人对马列主义和
社会主义的动摇与背叛

苏联意识形态全面崩溃的政治原因是，以戈尔巴乔夫为首的苏共中央自身指导思想混乱，并把意识形态的领导权交给对马列主义和社会主义动摇和背叛的投机分子手中。曾经推行哲学意识形态人道化的弗罗洛夫后来成为戈尔巴乔夫的助手，他曾参与《改革与新思维》的写作，把他的思想反映在"改革新思维"和"人道的民主的社会主义"模式中。最典型的要数中央宣传部长雅科夫列夫，此人迎合西方资产阶级意识形态的需要，在搞乱人心、颠覆马列主义意识形态方面起了极其恶劣的作用。

雅科夫列夫出生于1923年。在戈尔巴乔夫上台后不久被任命为苏共中央宣传部长，1986年2月当选为苏共中央书记，翌年6月当上苏共中央政治局委员。此人是一个反复无常的政客。他曾"崇拜斯大林和莫洛托夫"，后为赫鲁晓夫的信徒，"改革"开始后受戈尔巴乔夫的重用并曾帮助戈尔巴乔夫反对叶利钦，苏联解体后投靠了叶利钦。正如原苏共中央意识形态部部长卡普托所说：雅科夫列夫什么人都当过，当过正统的共产党人，也当过党内自由派；当过马克思主义者，也当过反共分子和社会民主主义的拥护者；当过社会主义理想的宣传者，最后当了社会主义的掘墓人②。

正是这位反复无常的政客，被戈尔巴乔夫任为总统首席顾问等要职，掌握了理论和意识形态的大权。他与戈尔巴乔夫的"合作"方式通常是：雅科夫列夫"先在理论上提出先进的思想，然后这些思想成为戈尔巴乔夫发表的言论中的日常口号"③。雅科夫列夫成了苏共党内的头号思想家和理论家，真正的"改革的设计师"，"改革"开始后的一系列政治口号和措施，无不渗入他的积极参与。他在摧毁苏联意识形态方面起了决定性的作用：

---

①　达斯科·多德尔、路易斯·布兰森：《戈尔巴乔夫——克里姆林宫的异教徒》，新华出版社1991年版，第227、322页。

②　参见《真理报》1995年12月2日。

③　参见《莫斯科新闻》1990年第26期。

首先，从舆论导向上扰乱人心。雅科夫列夫窃居领导岗位后，到处做报告，发表讲话和文章，在扰乱人们的思想方面负有不可推卸的责任。鼓吹"民主化、公开性、多元论"、动摇和取消马克思主义作为指导思想的地位、提倡揭露"过去的全部的真实情况"、否定社会主义制度，等等，可以说导致苏联意识形态崩溃的各个重要方面，都与雅科夫列夫的误导密切相关。

其次，控制报刊新闻媒体，从各个方面攻击社会主义。雅科夫列夫深知舆论工具的重要性，把它称为"改革的支柱"。因此，他竭尽全力控制报刊和其他新闻媒体。在他精心策划下，改组了某些报刊的编辑部，任命了一批新的主编，使得像《星火》画报、《莫斯科新闻》等一类刊物，成为反社会主义的思想阵地，发表了大量歪曲事实、攻击社会主义和否定苏联历史成就的文章。在十种主要大型文学杂志中，有七种或因主编换了人，或因办刊方向被扭转，成为自由派的宣传工具。有较大影响的《文学报》和《苏维埃文化报》也为自由派所掌握。于是一大批自由派的政论家、经济学家、历史学家、哲学家、社会学家、新闻工作者一齐涌向这些文学报刊，发表大量文章，从各个方面攻击社会主义制度。

第三，授意、鼓动反对马克思主义，组织围攻坚持真理者。雅科夫列夫利用职权，授意和鼓动一些人出来反对马克思主义和攻击社会主义。例如他在1988年找当时任东欧和国际问题研究所副所长的齐普科谈话，有意向他表明自己反对马克思主义的立场。齐普科摸到这个底后，有恃无恐，连续发表恶毒攻击马克思列宁主义的文章。另一方面，他压制和打击敢于坚持真理，敢于发表不同意见的人，对他们实行"思想恐怖手段"和追查幕后策划者。例如，列宁格勒女教师安德烈耶娃的信《我不能放弃原则》发表后，雅科夫列夫利用职权组织围攻，并亲自写文章进行舆论围剿。

第四，耍手腕、施诡计，处心积虑搞垮社会主义。雅科夫列夫实际上并不相信马克思主义。他私下对人说："马克思主义从一开始就是乌托邦，就是错误的。"① 他本人率先加入了攻击苏联社会主义道路的大合唱。但是在一开始他却是装扮成马克思主义的信奉者。他的权术之道是"可以在讲真话的同时撒谎，可以在骗人的同时讲真话"。他在《一杯苦酒》一书中坦言：

---

① 雅科夫列夫：《崩溃》，第5页。

"与布尔什维主义作斗争"不能考虑道德上的"高尚",而应该是"利己主义的","需要耍手腕,施巧计"。他的目的就是要利用共产党的"那种表现为组织性和纪律性的极权主义性质"去摧毁他称为"极权主义制度"的社会主义制度。

实际上,雅科夫列夫是钻到执政党内部摧毁社会主义制度的阴谋家。对于苏维埃政权来说,就意识形态的领导权落入像雅科夫列夫这种人手里,不能不是历史的悲剧。

六　反共媒介煽风点火,推波助澜

在苏联演变的过程中,反共媒介煽风点火、推波助澜是一个不容忽视的因素。由于戈尔巴乔夫推行"公开性"和"舆论多元化",新闻政策改变了理论基础,原有的报刊媒介直至党报的性质、作用和内容都发生根本改变,多种反共刊物大量涌现,国际帝国主义趁机而入,掀起了一阵阵反共反社会主义的浪潮,在短短的几年中搞乱了人们的思想,使反对派得以在乱中从共产党手中夺取政权。新闻媒介在苏联解体过程中的作用,可以从1991年"八一九事件"中窥见一斑。

1. 帝国主义把新闻媒介作为"和平演变"的重要手段

西方的政治家们十分懂得舆论工具的重要性,新闻媒介在西方对社会主义国家实行和平演变的战略中被赋予了十分重要的地位,曾经担任美国总统的艾森豪威尔特别强调:"应当慷慨支持美国新闻署和自由欧洲电台",这是因为,"在宣传上花1美元,(其功效)等于在国防上花5美元"。尼克松也说:"如果我们在意识形态上打了败仗,我们所有的武器、条约、贸易、外援和文化关系,都将毫无意义。"

为了搞和平演变,西方建立了自己的专门针对社会主义国家的新闻媒介,例如:美国之音广播电台、自由欧洲广播电台和自由广播电台、美国有线电视新闻网、英国广播公司、德意志广播电台等等。这些电台电视网都由政府提供巨额经费,设备先进,用数十种语言文字,昼夜不停地向社会主义国家进行反动宣传。西方的反共媒介是无孔不入的。据不完全统计,仅美国一家,就在全世界100多个国家设立了200多个新闻中心,出版80多种杂志，60 多种期刊，设立了近 2000 家电视台、广播台、转播台，用 60 多种语言广播内容庞杂的各种节目。美国的卫视电视频道覆盖全球，其电影、音乐更是充斥各国，源源不断的、潜移默化地向人们传播着美国的生活方式和反共意识形态。这些媒体还常常捕风捉影，搬弄是非，煽动反共情绪和民族分离倾向。

除此以外，西方还在苏联东欧国家培植亲西方的新闻工作者，设立各种基金和组织在苏东国家协助反对派建立新闻媒介并从资金和设备等方面给予大力支持。事实证明，这些媒介在苏东剧变事件中起了很大的破坏作用。

2. "公开性"、"舆论多元化"把新闻媒介和群众思想引入歧途

在苏联剧变前的一个时期，新闻政策上有许多根本性改变，这些改变背离了社会主义方向，背离了马克思主义新闻学的基本原则，导致舆论严重失控。这些改变的主要表现是，实行公开性和舆论多元化，纵容各种反对派刊物造谣惑众，并在《新闻出版法》中用法律形式给予肯定。

戈尔巴乔夫说，舆论工具"是公开性的最有代表性和群众性的论坛"，公开性就是"将更多的事公诸于众"，"任何事件，不论是今天的痛处或是过去历史上的悲惨事件，都可以成为报纸分析的对象"。关于"舆论多元化"，他在 1988 年表示，"我们肯定舆论多元化，摈弃精神垄断的做法"①。既然倡导公开性和舆论多元化，那么允许私人办报、各反对派党派团体办报和外国人办报就不可避免了。后来，1990 年 6 月正式通过的《新闻出版法》还进一步使公开性、私人办报等做法具有正式的法律根据。于是在新闻领域出现了某种"自由不羁"甚至是"放肆"的趋势。非正式的、未经注册的出版物如"雨后春笋"。据 1990 年上半年材料，苏联各反对派办的"非正式"出版物就有上千种。这些报刊以丑化苏共、攻击社会主义为己任。原先的党报也改变了性质，许多机关报刊纷纷宣告"独立"，删去了报头上"机关报"字样。1989 年 9 月，苏联国家广播电视委员会和一家苏、意、法合资公司创办了"国际文传电讯"通讯社，很快成为叶利钦等民主派的喉舌，并在新闻市场上超过了塔斯社。

在"历史无空白"、"讨论无禁区"的口号下，苏联报刊、电台、电视

---

① 《在苏共第十九次全国代表会议闭幕会议上的讲话》。

台等各种媒介成为民主派的"公开性堡垒",竞先抢发历史性资料,报道耸人听闻的消息,甚至编造荒诞无稽的假新闻和造谣、诽谤,给苏共和社会主义抹黑等,来吸引和迷惑读者。各种恶毒的攻击谩骂就是在这种背景下出笼的。坚持真理的各级党政领导人和共产党员承受巨大压力而无法开展工作。相反,民族主义分子、反共反人民的野心家被吹捧成改革的先锋。此外,民族冲突、克格勃活动内幕、军队里的反常官兵关系以及犯罪行为、色情、卖淫、同性恋、吸毒以及宗教迷信,乌七八糟的东西跃然报刊和荧屏上,种种触目惊心、出乎预料的丑恶现象使苏联人民的民族自豪感和自信心受到严重打击和损害。人们的思想陷入极度混乱之中。反对派正是利用人们的思想混乱夺取了政权。

3. 新闻舆论工具是导致苏联紧急状态委员会在"八·一九号件"中失败的重要原因

1991 年 8 月 19 日凌晨 6 时 08 分,塔斯社发表了苏联副总统亚纳耶夫发布的命令:从即日起由他接替戈尔巴乔夫的总统全权,组成国家紧急状态委员会,并在苏联某些地方实行半年紧急状态。但是,3 天以后形式急转直下,国家紧急状态委员会"使国家和社会尽快摆脱危机"的试图失败。失败的原因是多方面的,但是没有控制住新闻舆论工具和在此之前新闻舆论工具产生的恶劣影响,确实是重要原因之一。

虽然在行动开始时,紧急状态委员会发出命令,暂时只允许《真理报》等 9 家报纸出版,中央电视台和塔斯社也都在控制之下,但还是没有控制住舆论工具。为叶利钦等反共人士服务的"国际文传电讯"和"俄罗斯通讯社"等不仅没有停发消息,地下印刷品到处散发、传送。美国《新闻周刊》事后喜不自禁地报道说:"经过六年开放锻炼的苏联新闻记者,在这次政变时大显身手,报馆的印刷厂查封了,他们就用复印机印报道,然后上街散发。莫斯科地铁站贴满了新闻传单。独立的国际文传电讯……甚至利用最近由一家美国公司安装的光学纤维电缆向海外发消息。"当然,西方的广播比苏联的这些媒介的声音要强烈得多。事件期间,美国之音、自由欧洲电台、自由电台和美国广播公司等西方电台各自延长几倍的广播时间,不停地向苏联播音。这些媒介大肆报道叶利钦 8 月 19 日在俄罗斯议会大厦的讲话,宣称紧急状态委员会的行动是"非法的",是"右翼反动反宪法政变",煽动群众不要与紧急状态委员会合作，要进行大罢工。他们大肆报道美、英、法等国领导人支持戈尔巴乔夫和叶利钦，报道反映美国官方政策的社论、评论和文章，谴责推翻戈尔巴乔夫是"违宪政变"，威胁不给苏联经济援助，还大肆报道莫斯科人涌上街道，"冒雨游行拥护叶利钦、戈尔巴乔夫"，阻止军队坦克前进，等等。

这种新闻媒介广播战的目的，就是利用当时局势复杂、斗争激烈、时间紧迫这一特点，影响苏联人民的思想情绪，左右舆论导向。他们的目的果然得逞。事实证明，苏联"八·一九事件"之前报刊媒介出现的偏颇以及事件中苏联"民主派"和西方舆论工具的上述活动，对亚纳耶夫等人的失败起了重要作用。

纵观苏联演变的整个过程，我们同样可以看到反共媒介从中煽风点火，推波助澜所起的恶劣作用。正如著名作家耶达列夫所指出："在六年当中报刊实现了欧洲装备最精良的军队在 40 年代用火和剑入侵我国时未能实现的目标。那支军队有第一流的技术装备，但是缺少一样东西——这就是数千万份带菌的出版物。"①

七　苏联意识形态演变的教训

苏联演变和解体的原因是多方面的，有政治的、经济体制的，也有历史的。但演变的过程则先是意识形态演变，再政治演变，后经济制度演变。意识形态的演变是先导，党和政权变质是关键，经济基础变化是必须结果。毛泽东同志曾经指出："凡是要推翻一个政权，总是要先造成舆论，总是先做意识形态方面的工作。革命的阶级是这样。反革命的阶段也是这样。"苏联的演变过程就是敌对势力从制造反共反社会主义舆论开始，做反革命的意识形态工作。然后，在搞乱思想的基础上，瓦解党的组织，制造动乱，乱中夺权。最后，利用已夺取的政权力量，复辟资本主义经济制度。可见意识形态的演变在苏联演变和解体中起了多么重要的作用。

苏联意识形态的演变，又是以戈尔巴乔夫为首的苏共中央本身政治路线

---

① 耶达列夫：《第九次作家代表大会（发言）速记记录》，第 35 页。

偏离社会主义方向和指导思想的混乱所造成的。戈尔巴乔夫企图针对苏联历史上遗留的经济体制和政治体制的弊端进行改革。但是，他在政治路线上偏离了社会主义方向，在思想路线上提出了"民主化、公开性、多元论"，成为社会上反共反社会主义思潮泛滥的庇护伞。于是，在混乱的局面中，经济改革的目标和方案成为各种政治势力政权夺利的牺牲品，使即使可能是行之有效的改革措施也根本无法实施。相反，苏联共产党在各种反动思潮造谣、污蔑和攻击下，在自身思想混乱、组织涣散的情况下，丧失了来之不易的政权。

上面我们从不同的角度考察了苏联最后几年意识形态演变的原因、经过及其造成的恶果。从意识形态的演变来总结教训，如下三个"必须"是十分重要的：

第一，意识形态是政治路线的直接反映，因此，无产阶级的政党必须有明确的社会主义目标，有不断发展的、与本国国情密切结合的马克思主义为指导思想，才能使意识形态领域有正确的舆论导向。

第二，在各种不良思潮涌现并造成人们思想混乱的大是大非面前，必须旗帜鲜明地坚持无产阶级党性原则，敢于斗争，善于斗争，统一思想，统一认识，并对不良倾向及时进行批判、引导。放弃斗争，只能助纣为虐。

第三，意识形态的领导权必须掌握在真正的马克思主义者手里。要防止那些口是心非、看风转舵、苦心钻营、伺机而动的投机分子。

此外，结合苏联历史来看，意识形态演变的教训还可以从更长远的角度来分析。意识形态的领导工作是一门艺术，而不是简单的行政命令。苏联的意识形态过去由于僵化和教条主义的影响而在某种程度上丧失了生命力。在纠正这一偏向时，又走向了另外一个极端。总结这个教训，马克思主义意识形态工作这门艺术要求做到如下三个"必须"：

第一，马克思主义意识形态必须深入人心，成为人们自觉的意识，而不应满足于表面上的所谓"舆论一律"。苏联的历任领导人不是不重视意识形态工作，但这种重视的目的和方法都是有问题的。一方面，在相当多的情况下和相当长的时期里，意识形态成为党内斗争的手段，服务于一时的政治需要。另一方面，意识形态的确立是过分地依重于强制和行政命令。例如在勃列日涅夫时期，意识形态工作应该算是抓得比较紧的，从机关、工厂到学校的班主任制度，都有一套措施。但这只是一些行政命令，并没有真正深入人心。其结果是出现了很多"夜间人"：人们在上班时按照这种"命令"的要求说一套，下班之后夜晚空闲的议论和行动又是另一套。这种做法本身就为后来埋下危机的种子。马克思主义意识形态唯有在它扎根于人们的思想意识中，在它真正成为人们的世界观的情况下，才能获得真正的生命力。

第二，马克思主义意识形态要想保持旺盛的生命力，必须不断进取，勇于探索和解决现实生活中的新问题，而不能像苏联以往那样回避问题、掩盖矛盾、粉饰现实。社会意识是社会存在的反映，又反作用于社会存在。当意识形态领域出现"夜间人"现象时，就要及时从两个方面引起警觉：一是意识形态宣传是否如实反映了经济社会和政治的发展，二是经济社会和政治的体制是否与历史的发展相吻合，与社会主义方向相吻合（在这种情况下应该及时为党中央和政府的发展战略提供改进的调整建议）。这就要求培养和造就一批真正善于把马克思主义基本原理与本国实际相结合的具有创造性的理论家，才能从经济政治体制和意识形态两个方面不断自我调节、更新、发展，从而发展社会主义事业和马克思主义思想体系。

第三，意识形态工作必须把握"有张有弛"的辩证法。一方面在完成党的重大目标、实现社会重大变革时，要抓紧意识形态领域的宣传工作，统一思想认识，以利发动广大群众同心同德实现这些变革目标。另一方面，考虑到党和政府在领导人民进行社会主义建设时难免有这样那样的失误，或有可能更加改进之处，这就要在适当的时机，尤其是在经济政治相对稳定发展的时期，给不同阶层的人抒发自己议论的机会，甚至给不同政见者进行评论的机会，让不满情绪宣泄出来，引以为戒，并加以积极引导，使人民群众培养分清是非的能力，并且使客观存在的问题不至于积重难返。这样做不仅无损，反而有利于社会主义事业的发展。

总之，意识形态的工作是关系党和国家生死存亡的大事，马克思主义的理论发展任重而道远，希望各级领导同志引起充分重视。

（此文与余文烈教授合作，原为1997年国外社会主义跟踪研究专题报告。原载《马克思主义研究》1997年第3期）

西方资产阶级学者对"青年马克思"的伪造

——评西方"马克思主义人道主义化"思潮

资产阶级"马克思学",是近几十年来在西方兴起的一门伪科学。它以"研究"马克思之名,行对马克思主义篡改之实,尤其是用曲解"青年马克思"和"老年马克思"的关系,伪造"青年马克思",来全面地否定马克思主义学说。对于这股荒谬而有害的反动思潮,人们决不可等闲视之。

马克思主义者也并不否认青年马克思的存在。但这与资产阶级"马克思学"的理解,却是断然不同的。列宁曾说过,马克思在 1843 年刚刚"成为马克思"。尽管在时间界限上众说纷纭,但研究者都认为确实存在着成熟马克思与青年马克思之分。因为马克思主义史的研究者面临这样一个毋庸置疑的事实:马克思起初是唯心主义者,后来却是唯物主义者。因此,科学地阐明马克思早期的思想形成,揭示马克思世界观转变的过程,无疑具有重大意义。当然,资产阶级思想家出于反马克思主义的目的和适应资产阶级意识形态的新的需要,也决不会放弃这个伪造青年马克思的机会。所谓的"青年马克思"问题,就是资产阶级思想家在马克思早期思想发展的某些难点上进行投机的产物。

围绕"青年马克思"进行投机的绝不只是资产阶级思想家,其中还有右翼社会民主党人和新老修正主义者,天主教的理论家和形形色色的反共主义者。然而,资产阶级思想家在这一反马克思主义大合唱中,却扮演了十分重要的角色。他们的反动"理论",给这些反马克思主义派别以巨大影响。所以,彻底批判资产阶级对"青年马克思"的伪造,乃是粉碎这股反动思潮的关键所在。

本文试图通过对资产阶级"青年马克思"问题的产生及其基本派别进行一些分析，以揭露资产阶级伪造青年马克思的反动实质。

一

资产阶级伪造青年马克思并形成一股风靡西方理论界的反马克思主义思潮，绝不是偶然的，而有其深刻的思想原因和社会政治原因。追溯半个多世纪来马克思主义和反马克思主义斗争的过程，就能更清楚地认识资产阶级"青年马克思"问题产生的历史背景和它的反动作用。

对马克思早期思想研究，长期以来存在着这样或那样的偏向，始则漠视，继而抱以错误的态度。就第二国际的理论家而言，他们的一个主要倾向，就是把马克思主义视为纯粹的经济学说和"特别的社会见解"，忽视马克思主义是由三个部分组成的严整的科学体系（其主要代表是考茨基）。按照这种观点，成熟的马克思主义是《资本论》的马克思主义，而这种马克思主义是没有其哲学基础的。至于马克思主义奠基人的思想发展，他们更是置之不顾。有的理论家虽然注意到马克思的哲学观点，但或者混淆马克思的辩证法与黑格尔辩证法的根本区别（如伯恩施坦），或者混淆马克思的唯物主义与费尔巴哈唯物主义的原则界限（如普列汉诺夫）。这种理论上的错误，不仅直接影响到后来对马克思主义发展史的研究，而且实际上孕育了从另一极端歪曲马克思主义的思想因素，为各种资产阶级哲学派别"补充"马克思主义打开方便之门。

尤其值得注意的是，右翼社会民主党人的观点对资产阶级"青年马克思"问题的产生起了推波助澜的作用。在恩格斯逝世以后，马克思早期一部重要著作《1844年经济学哲学手稿》，由伯恩施坦等人隐藏达30年之久，1932年德国右翼社会民主党人 S. 朗兹胡特和 I. 迈耶尔在发表这部著作时，公然提出要对马克思主义作"新的"解释。他们认为，马克思这部不成熟的著作是"新的福音书"，是"真正的马克思主义的启示录"，是"马克思的中心著作"。胡说什么这部著作势必会改变关于马克思主义的标准概念，对论证"新的马克思主义观点"具有"决定性意义"。他们提出要把"人的本质"的观念作为马克思的"中心"概念，等等。这种根本改变马克思主义的要求，就为后来对"青年马克思"的各种伪造，奠定了思想基础。德国右翼社会民主党人所谓"新的马克思主义"，究竟"新"在何处呢？就"新"在他们发现了两个马克思。一个是早期的"人道主义者马克思"；一个是晚期的"唯物主义者马克思"。《1844 年经济学哲学手稿》被他们硬说成是马克思"成就的顶点"，而《资本论》则被贬为马克思创作能力的"衰退和减弱"，从而提出用早期的马克思否定晚期的马克思，开创了以"马克思"反对马克思主义的恶劣先例。

自从马克思主义诞生以来，机会主义对马克思主义学说的"修正"，始终是资产阶级攻击马克思主义的思想同盟，两者彼此呼应，沆瀣一气。右翼社会民主党人对马克思的"重新发现"，无疑对日益陷入深刻危机的资产阶级哲学是一个新的"启示"，使他们早已开始的对马克思作"新的"解释的"尝试"，逐渐成为一种有计划、有目的的行动。

资产阶级哲学之所以能够接受右翼社会民主党人的观点，并迅速形成自己的"理论"，是同资产阶级哲学内部成长起来的思想因素，同当时的政治需要紧密联系在一起的。20 世纪初，在资本主义已经进入帝国主义的新的历史条件下，哲学上提出了个人的存在和自我意识的形式等哲学范畴。显然，这些问题恰恰是半个多世纪前青年黑格尔派所研究的中心。所以，当时在西欧，甚至也在日本，曾一度出现对这个早已销声匿迹的思辨哲学的研究兴趣。继而，他们逐渐地把兴趣转移到青年黑格尔派和青年马克思的关系上来，开始了对马克思早期著作的"研究"。他们歪曲青年马克思同青年黑格尔派的关系，把马克思早期思想发展视为只是在青年黑格尔派哲学范围里进行的过程，而且是以费尔巴哈所阐明的"黑格尔思想的坚定的人本学"为基础的。这种观点后来成为资产阶级思想家们根深蒂固的偏见。同时，作为现代资产阶级哲学的两个主要流派的新黑格尔主义和存在主义，适应帝国主义的政治需要也相继崛起。前者以对黑格尔哲学作"新的"说明为特征，后者则以"自我"的人为其立论的前提。不言而喻，这两个哲学流派同上述歪曲青年马克思的思想倾向有着内在的联系。到了 20 世纪 30 年代，它们很快从刚发表的《1844 年经济学哲学手稿》中看到了它们共同渴望的思想材料。因此这两者逐渐融合起来，专门从事于对青年马克思的伪造，明确提出"回到马克思去"的口号，甚至推崇

"青年马克思"为自己理论的"奠基人"。

由此可见，资产阶级"青年马克思"思潮的产生，固然直接导因于《1844 年经济学哲学手稿》公开发表时右翼社会民主党人的歪曲，但其深刻的原因，在于资产阶级哲学本身因素逻辑发展的结果。

资产阶级"青年马克思"问题的产生，不仅有其思想原因，而且有其更深刻的社会政治原因。正像列宁指出的那样，"马克思主义在理论上的胜利，逼得它的敌人装扮成马克思主义者，历史的辩证法就是如此。"① 这一科学论断，同样适用于现代资产阶级"马克思学"。马克思主义在 20 世纪取得了空前重大的进展，经过两次世界大战，尤其是十月革命和我国革命的伟大胜利，无可辩驳地证明了马克思主义的强大生命力和科学的创造性。两次世界大战使帝国主义的各种矛盾和凶残本性暴露无遗；两次革命的伟大胜利使马克思主义由一种科学学说上升为居统治地位的党的理论基础。马克思主义愈来愈深入人心，对社会生活的影响愈来愈增强，同时面对马克思主义的胜利进军，资产阶级意识形态也愈益陷入混乱和危机。因此，资产阶级改变反马克思主义的策略，叫嚣"争取青年马克思作为一个同盟者"来重新"解释"马克思主义。他们甚至为自己的哲学提出了一个纲领性任务，就是"要把马克思主义解释得能为一切人所接受"②。这当然是欺人之谈。只要社会上还存在阶级分野，就不可能有什么统一的社会科学，因而就不可能有为一切人都能接受的马克思主义。然而，资产阶级思想家们的这一表白，却最清楚不过地供认了资产阶级意识形态所遇到的深刻危机，反映了他们为摆脱这种危机，妄图通过"解释"（实则是篡改）马克思主义，以符合资产阶级政治的需要。由此可见，所谓"青年马克思"问题，就是资产阶级要求重新"解释"马克思主义的结果。"回到马克思去"的口号，不过是在新的历史条件下，资产阶级用"青年马克思"否定马克思主义的一种新策略罢了。

综观近百年来意识形态斗争的历史，资产阶级思想家和修正主义者在 19 世纪末曾经叫嚣"回到康德去！"继而 20 世纪初提出"回到黑格尔

---

① 《列宁选集》第 2 卷，人民出版社 1972 年版，第 439 页。

② 转引自捷·伊·奥伊则尔曼《马克思主义哲学的形成》，莫斯科 1974 年版，第 16 页。

去！"20 世纪中期又提出"回到马克思去！"这三个口号形式不同，本质则一，就是妄图用资产阶级思想"补充"马克思主义，确切地说，就是用资产阶级哲学取代马克思主义的哲学基础，从而否定整个马克思主义。然而，无论他们采取什么样的花招，其结果都不能阻挡马克思主义的胜利进军。相反地，在不同时代提出的这三个口号，恰好生动地反映了马克思主义同反马克思主义斗争的过程，如实地纪录了资产阶级意识形态一次又一次失败的历史。历史的辩证法难道不正是如此吗？

二

现代各种资产阶级哲学流派都对青年马克思竞相进行伪造，它们的观点形形色色，手法五花八门，但究其主要倾向，可归结为两个基本派别：新黑格尔主义对马克思的"解释"和存在主义对马克思的"解释"。此外，还有新黑格尔派存在主义的"解释"，但它只是前两者的混合物，只是上述观点的发挥而已。

对青年马克思的新黑格尔主义的"解释"，是历史上最基本的和迄今为止影响最大的一种。它的基本出发点就是抹杀马克思的哲学观点与黑格尔哲学的原则界限，用被他们庸俗化了的黑格尔哲学取代马克思主义哲学。早在 20 世纪初，德国新黑格尔主义者发起复兴黑格尔运动时，这种观点就已端倪可察。那时他们就把马克思的辩证法视为黑格尔辩证法的"继续"，把注重社会历史发展的辩证因素作为马克思和黑格尔的共同点，明确提出"黑格尔继续活在马克思主义中"①，从而根本否定了马克思对黑格尔辩证法的改造和发展。朗茨胡特和迈耶尔在 1932 年把马克思观点看作黑格尔观点的具体化，同上述思想完全一脉相承。按照他们的看法，青年马克思的观点是黑格尔观点的"发挥"，而青年马克思的观点，例如1837 年给父亲的信中所含有的思想，"就已经包含了马克思的全部观点的萌芽"。不言而喻，必然结论就是马克思主义是黑格尔哲学的直接继续。无怪乎半个多世纪来，几乎所有黑格尔主义者都视马克思为"坚定的黑格

---

① 转引自捷·伊·奥伊则尔曼《马克思主义哲学的形成》，莫斯科 1974 年版，第 19 页。

尔信徒"，认为马克思只不过是想寻找从这个理论过渡到经验现实的道路而已。这种把从黑格尔到马克思的发展视为纯粹的量变过程，就为后来新黑格尔主义者伪造青年马克思奠定了思想基础。

从 20 世纪 50 年代以后，在西方形成了"研究"马克思的热潮。美国实用主义哲学家 S. 胡克将这种"盛况"比喻为"马克思的第二次降世"。但是，只要稍加分析便不难看出，这种热潮原来是 30 年代对马克思"重新发现"的继续。这时新黑格尔主义对青年马克思的"解释"，也无非是德国社会民主党人理论观点的"彻底化"。这种彻底发展了的"理论"，和他们以前的观点相比较有这样两个显著的特点：首先，把整个马克思主义都归结于黑格尔哲学。如果资产阶级思想家以前主要限于歪曲马克思辩证法与黑格尔辩证法的关系，将前者说成是由后者"借用"来的，那么现在西方"马克思学者"不仅认为马克思的辩证法，而且认为马克思的历史观都来源于黑格尔哲学。与从前只把马克思主义作为一种经济学说相反，现在又把它看作是一种纯粹的哲学问题。甚至马克思的《资本论》，也被他们说成是黑格尔哲学的"特殊解释"。新托玛斯主义者德·拉·皮尔竟然宣称："共产主义关于世界的学说完全以黑格尔的理论为依据"[1]。由此可见，这种所谓"彻底化的理论"，不过是对马克思主义的彻底歪曲罢了。正像他们过去用否定马克思主义的哲学基础来否定马克思主义一样，现在他们片面突出马克思主义哲学，同样是为了否定马克思主义的完整学说。

其次，不仅把马克思主义归结为一般哲学问题，而且仅仅归结于一个异化问题。这是新黑格尔主义伪造马克思的最主要特点，也是现在西方流行的一种最时髦的理论。这种理论的奠基者就是法国著名资产阶级教授让·伊波利特。他不再把青年马克思与老年马克思对立起来，而是把两者统一起来，在他看来，这种统一性就在于马克思始终如一地坚持了异化的观点。马克思青年时代阐明的这一哲学观点，完全体现在马克思的晚期著作、尤其是《资本论》中。这位教授在他的实际为新黑格尔主义伪造青年马克思奠基的《马克思和黑格尔研究》一书中，这样写道："全部马克思主义的基本思想及其来源是从黑格尔和费尔巴哈那里接受过来的异化思

---

① 转引自捷·伊·奥伊则尔曼《马克思主义哲学的形成》，莫斯科 1974 年版，第 19 页。

想。我认为，从这一思想出发，并把人的解放看作人在历史进程中为了反对他的本质的任何异化（不论异化采取何种形式）而积极进行斗争，这就能更好地解释整个马克思主义哲学和理解马克思的主要著作《资本论》的结构。"① 这就是说，青年马克思从黑格尔那里袭用来的"异化"概念，是贯串全部马克思主义的"核心"思想，马克思主义的一切原理和结论，都是由此而派生的。这种观点就成为利用"异化"伪造马克思的各种反马克思主义谬种的理论来源。现在西方流行的这类观点，无非是伊波利特思想的具体发挥。所以，人们称他为资产阶级的思想台柱之一。

资产阶级思想家从抹杀马克思和黑格尔的相互区别出发，经过一个演化过程，最后把整个马克思主义都归纳为一个"异化"问题，这完全是伪造"青年马克思"的新黑格尔主义思潮发展的逻辑结果。这个事实表明，在同现代资产阶级意识形态斗争中，哲学问题、特别是"异化"问题愈来愈居重要地位，因此，正确地说明青年马克思的异化概念与黑格尔异化概念的原则区别，以及异化概念在马克思早期思想发展中的地位，就有着极为重要的意义。对这些问题的科学阐明，就能使新黑格尔主义一切伪造显出原形。

异化概念无疑是马克思早期著作中的一个重要概念。这个概念的意义就在于，一方面，马克思借助于对异化问题的探讨，确实使自己的思想迅速得到深化，或者说，马克思对异化的研究，有力地促进了他向唯物主义历史观的接近。另一方面，它又表现了旧哲学对马克思思想发展的影响，表现了马克思如何在旧的哲学术语影响下获得新的思想内容，而当这个内容发展到足以摆脱旧形式时，他又如何以新的术语取而代之的这样一个辩证的发展过程。总之，它表明了马克思观点的形成，是在内容与形式对立统一的客观过程中进行的。因此，对这个过程必须辩证地看待。

众所周知，异化是黑格尔唯心主义体系的中心概念，是黑格尔绝对精神借以运动的形式。异化和异化的消除即非异化的周而复始的过程，就是绝对精神的发展过程。自然界是绝对精神的异化，而在社会历史中，绝对精神通过人的有限精神认识自己，从而又从自然界的异化中"返回"到自

---

① 让·伊波利特：《马克思和黑格尔研究》，法文 1955 年版，第 147 页。

身。所以，在黑格尔看来，整个历史不外是异化的产生和扬弃的过程。由此可见，黑格尔的异化概念，是一个服从其哲学体系需要的彻头彻尾的唯心主义概念。虽然这里闪烁着辩证发展的思想光辉，但它却始终带有浓厚的神秘色彩和思辨的性质。黑格尔异化思想所包含的辩证因素，对马克思观点的形成确实起过积极的促进作用，然而只有当彻底摒弃了它的神秘主义形式以后才是如此。

事实正是这样。马克思决非像资产阶级思想家所歪曲的那样，无条件地"接受"黑格尔的异化概念，而是第一个揭穿了黑格尔异化概念的唯心主义性质。一方面他指出了黑格尔把精神异化看成是决定性的，现实异化只是由精神异化派生的；另一方面批判了黑格尔把异化的扬弃只视为在认识范围内完成的，否认在客观上的扬弃，在实践上的扬弃。马克思一针见血地指出：在黑格尔那里，"自我意识的异化没有被看作人的本质的现实异化的表现，即在知识和思维中反映出来的这种异化的表现。相反地，现实的即真实地出现的异化……不过是真正的、人的本质即自我意识的异化的现象"①。这就揭露了黑格尔在异化问题上颠倒思维和存在关系的唯心主义性质。

同时，作为批判地改造黑格尔异化概念的最重要的成果，是马克思创造性地提出了劳动异化的概念。通过对这一概念的探讨，深刻地揭示了经济事实的异化和精神的异化的关系，提出经济事实的异化决定精神的异化，精神的异化只是现实生活异化的表现。可见，马克思并不否认精神异化，而是把这一切异化都归根于经济生活的异化，从而得出经济生活、生产活动是决定一切的，"宗教、家庭、国家、法、道德、科学、艺术等等……受生产的普遍规律的支配"② 这一历史唯物主义的重要原理。最后，马克思通过对劳动异化和私有制关系的分析，清楚地认识到私有制的历史暂时性，初步论证了无产阶级的历史作用和共产主义必然胜利的学说。这就是马克思在1844年通过对异化问题的研究，得出的唯物主义和共产主义的结论。资产阶级"马克思学者"之所以混淆马克思观点和黑格尔哲学

---

① 《马克思恩格斯全集》第42卷，人民出版社1979年版，第165页。

② 同上书，第121页。

的原则界限，就是妄图把马克思歪曲成像黑格尔那样的唯心主义者，从而根本抹杀马克思由此得出的革命结论。

马克思的异化概念，是一个历史性的范畴，决非像资产阶级"马克思学者"所说的是贯彻整个马克思主义的一个根本概念。不仅如此，就是在马克思早期著作中它的地位也不是始终一贯的。

虽然借助于对异化问题的研究，使青年马克思一定程度地认识到历史的辩证运动，但是用经过改造了的黑格尔异化概念这一抽象形式来说明经济事实和历史的发展，毕竟是不适当的。也就是说，异化概念并不是最符合事物内容的形式。所以，随着对具体事物和复杂的社会现象的深入研究，异化这一抽象的哲学概念显然不能使马克思感到满意，他着手探索一种更为实际、更加科学的概念以取而代之。在《1844 年经济学哲学手稿》中，马克思已开始通过对异化劳动的研究，进而探讨了生产对历史发展的决定作用和劳动分工的重要意义。马克思指出："考察分工和交换是很有意思的，因为分工和交换是人的活动和本质力量……的明显外化的表现。"①

我们知道，在《德意志意识形态》中，马克思如同在《1844 年经济学哲学手稿》中探讨异化那样，集中地、深入地研究了劳动分工，研究了生产—分工—所有制形式的关系，研究了人的活动的两重性：人和自然的关系（生产），人和人的关系（交往）。正是通过对这些带有根本性问题的研究，最后形成了关于生产力和生产关系辩证法的原理和社会经济形态的科学思想，从而揭示出社会运动的自然历史过程。正是因为唯物主义历史观诸科学概念的初步形成，因为马克思深刻地认识到历史运动的源泉不在人的自我异化中而是在物质生产中，因为认识到由生产发展水平所制约的一定的分工引起不平等的分配和使人们不得不服从某种有限的活动，因此异化概念才逐渐失去它原来的价值和意义。正是在这种情况下，马克思主义奠基人才说："这种'异化'（用哲学家易懂的话来说）当然只有在具备了两个实际前提之后才会消失。"② 在这里，马克思和恩格斯使用他们

① 《马克思恩格斯全集》第 42 卷，人民出版社 1979 年版，第 148 页。
② 《马克思恩格斯选集》第 1 卷，人民出版社 1972 年版，第 39 页。

刚刚形成的历史唯物主义的科学概念，来说明他们曾经用"异化"来解释的那些现象。尽管"异化"概念在马克思后来的著作中也出现过，但只是在一定意义上使用的，这个术语为其他更为科学的概念所代替则是毋庸置疑的。

由此可见，异化概念即便在马克思早期著作中也很难说是始终如一的。资产阶级新黑格尔主义者把马克思早期的异化概念同黑格尔的异化观念完全等量齐观，进而又将它说成是整个马克思学说的"核心"概念，显然是站不住脚的。这些资产阶级"马克思学者"素以马克思早期著作的"阐释者"自诩，然而却无视上述这些基本事实，足见他们所谓的"阐释"，充其量只不过是蓄意伪造罢了。

三

资产阶级伪造青年马克思的另一基本派别，与存在主义相联系。其特点是在人的问题上把青年马克思与费尔巴哈混为一谈，用所谓"个人"问题来"补充"马克思主义，从而把马克思主义篡改为存在主义。

存在主义是在资本主义进入帝国主义时代产生的一种反动的哲学派别，两次世界大战期间和战后年代在西方得到广泛传播，对革命群众的斗志起了极大的麻痹作用。存在主义，顾名思义非常强调"存在"，因而好像它是唯物的。其实不然，它是一种典型的主观唯心主义哲学。因为它所谓的"存在"，并非是唯物主义用以表示客观实在的存在，而是个人的"存在"，是人的内在"自我"的"存在"。这种"存在"决定其他一切存在，是一切存在之所以为存在的"核心"。所以，存在主义的基本命题，就是"存在先于本质"。人的"自我"的存在，不仅决定人的本质，而且决定人对客观环境的选择。法国著名的存在主义者萨特说："人不外是他自己使自己成为的那个东西。"可见，在解决主客观关系问题上，存在主义立足于"人的主观性"。这种主观唯心主义哲学同费希特的"自我"，同曾经对青年马克思发生过影响的青年黑格尔派自我意识哲学是本质相通的。现代存在主义者抓住当时德国哲学、尤其是费尔巴哈人本学对青年马克思的影响，进行所谓"新的解释"，以便把马克思主义与存在主义"结合"起来。

这种图谋，早在 20 世纪 30 年代就已开始，第二次世界大战后真正展开，50—60 年代出现了存在主义"解释"的热潮。战后不久，法国人格主义首领 E. 穆尼哀公然宣称："最近一些年的任务，无疑在于把马克思同克尔凯郭尔（存在主义创始人）调和起来。"① 要创造把"青年马克思"伪造成存在主义创始人的"奇迹"，正像列宁批判马赫主义时所指出的那样，不通过诡辩简直是不可能的。

首先，他们把费尔巴哈的唯物主义的人本主义歪曲为唯心主义的、非理性主义的东西，亦即歪曲为存在主义。毋庸置疑，费尔巴哈是特别注重人的存在的，但是，他并不否认不依赖于人的主观的客观事物的存在，而且认为人是自然界的产物。他在分析人的存在时，首先认为人是一个自然的、在时间和空间中的物质实体——肉体；然后认为人的精神——灵魂依赖于肉体。他激烈地抨击了那种使肉体屈从于精神的唯灵论。不言而喻，这是纯粹的唯物主义观点。然而在存在主义者眼里，费尔巴哈主张人的存在，把人作为研究中心，就是肯定人的内在"自我"。而这个抽象的精神的"自我"是先于其他一切存在的存在。这样，费尔巴哈就变成一个十足的存在主义者了。

其次，资产阶级"马克思学"进而把马克思早期著作中确实存在的费尔巴哈人本主义因素，硬说成是费尔巴哈观点的彻底发展，从而把青年马克思关于人的观点上升为存在主义的完备学说。例如，新托玛斯主义著名代表人物哥斯塔夫·威特尔在"解释"马克思早期思想时，断言青年马克思"有取于费尔巴哈的地方，主要是人本主义的概念。这种人本主义——争取人类从压迫中解放，使马克思走向社会主义。……马克思不仅将它应用于哲学和宗教上，而且也应用于社会范围内。"② 当他们从《神圣家族》中发现马克思转述费尔巴哈这样一个观点："人是全部人类活动和全部人类关系的本质、基础"③ 时，更是如获至宝，立即作出存在主义的"解

---

① 转引自捷·伊·奥伊则尔曼《马克思主义哲学的形成》，莫斯科 1974 年版，第 16 页。

② 歌斯塔夫·威特尔：《辩证唯物主义》商务印书馆 1963 年版，第 22 页。

③ 《马克思恩格斯全集》第 2 卷，人民出版社 1965 年版，第 118 页。

释"，甚至宣称"青年马克思的人本主义观点在今天也完全没有过时"①。其实，马克思即使在这些不成熟的著作中关于人的观点，不仅根本不同于存在主义，而且也大大超越了费尔巴哈对人的理解。

同新黑格尔主义者对青年马克思的赤裸裸地伪造不同，存在主义者惯用一些似是而非的东西，以混淆视听，掩人耳目。例如，马克思在《黑格尔法哲学批判》中，揭露黑格尔哲学的思辨性质时，批判他把"国家意识"仅仅归结于一个"单一的"、排除了其他一切人的君主身上，也就是批判黑格尔关于"朕即国家"的观点，指出"单一的"个人、脱离了经验的人的"人格"，只是一个抽象，但是人"只有在自己的类存在中，只有作为人们，才是现实的"②。在这里，马克思虽然仍使用着费尔巴哈的术语，但他初步表述了个人和社会关系的合理思想。这一观点的进一步发挥，就是该书《导言》中所阐明的重要思想："人就是人的世界，就是国家，社会"③。存在主义者 H. 帕皮茨无视马克思这一重要的思想萌芽，相反地由此得出结论，似乎马克思与存在主义者一样，"在个体本身中找到了人的本质的统一"④，硬把存在主义观点强加在马克思头上。

帕皮茨之所以能把马克思的观点歪曲为存在主义的东西，就是因为在这两者之间有着某种相似之处。我们知道，马克思坚决反对黑格尔把个别对象的一般属性夸大为不同于个别对象的存在。同样，存在主义也不承认任何离开个别而存在的一般事物。这是否可以认为，马克思同存在主义者一样肯定个别而否定一般呢？断然不可。因为存在主义形而上学地割裂个别和一般的关系，它只承认个别的"自我"的存在，而否认一般事物的存在。不仅如此，而且把一般完全归于个别，甚至把社会也归于生物学上的个体，把社会仅仅看作表现个人本质的环境。这里，充分暴露出存在主义的主观唯心主义性质。

相反，马克思辩证地看待个别和一般的关系。他否定一般事物的特殊存在，就像它在黑格尔那里所表现的那样，但不否认一般事物本身的存

①　考·格·朗格：《马克思主义、列宁主义、斯大林主义》，斯图加特 1955 年德文版，第 33 页。
②　《马克思恩格斯全集》第 1 卷，人民出版社 1956 年版，第 277 页。
③　《马克思恩格斯选集》第 1 卷，人民出版社 1973 年版，第 1 页。
④　H. 帕皮茨：《异化了的人》，载《哲学研究》巴塞尔 1953 年第 2 期，第 75 页。

在。也就是说，马克思反对那种离开个别的作为特殊存在的一般，而不反对与个别相联系而存在的一般。正是基于一般和个别的辩证法，马克思阐明了个人生活与"类生活"、即社会生活的相互关系，指出个人生活是较为特殊的类生活，而类生活是较为普遍的个人生活，论证了两者的辩证统一关系。不但如此，马克思这时已经发现，社会决定个体的本质。他说："'特殊的人格'的本质不是人的胡子、血液、抽象的肉体的本质，而是人的社会特质。"① 马克思的这一重要论断，同存在主义关于人的"自我"决定自己的本质的观点，是风马牛不相及的。

存在主义作为一种反动的哲学说教，其最高原则就是视"个人"为存在的"本体"，从而一切事物、一切存在，包括人的肉体，都离不开个人的"自我"。因此，他们不仅通过诡辩伎俩把马克思关于人的概念歪曲为仅仅是承认"个人"的存在，而且也把它归结为本体论的最高范畴。德国存在主义者莱希公然宣称："马克思把人的感觉、情绪不简单地理解为人本主义的规定，而理解为真正本体论的实质特征。"② 这就是说，马克思在人与自然、人与社会的关系问题上，如同存在主义者一样，也把个人的"自我"作为最高"本体"。他们据此认为，马克思的观点已经离开了费尔巴哈的唯物主义人本学，而建立了一种"全新的"人本学，或曰存在主义类型的人本学。这样就把马克思变成存在主义的主观唯心主义者，这是对青年马克思所进行的最明目张胆的伪造。

毋庸讳言，在马克思早期著作中人的问题占突出地位，而且青年马克思对人与自然、人与社会关系的认识也无疑经历了一个发展过程，这个过程同马克思世界观的转变是相适应的。然而，青年马克思即便在十分强调人的重要意义时，也从未把人的"自我"凌驾于自然与社会之上，视之为一切存在的"本体"。相反，倒是马克思批判了这种观点，因而他没有像青年黑格尔派那样，通过对"自我"的崇拜而返回到费希特主义，而是与之分道扬镳走向历史唯物主义。马克思通过自己的理论研究和社会实践，逐步认识到，人和人类社会只是自然界的一部分，是自然界长期发展的结

---

① 《马克思恩格斯全集》第 1 卷，人民出版社 1956 年版，第 270 页。
② 转引自依·拉宾《围绕青年马克思思想遗产的斗争》，俄文 1962 年版，第 51 页。

果。至于对人与社会的关系、对人的本质的认识，他在摒弃对人的抽象的理解以后，十分强调社会生活对人的影响。正像他在评价法国唯物主义时所强调的那样，"人的全部发展都取决于教育和外部环境。"[1] 一旦马克思对社会关系作了科学分析，并初步形成历史唯物主义的基本观点时，便立即得出人的本质"是一切社会关系的总和"的科学结论。

对马克思观点形成过程的揭示，就是对存在主义伪造的最有力的驳斥。在马克思早期思想发展中，不仅没有与存在主义相同的东西，而且正是通过对人的主观主义理解的批判，才产生了马克思关于人的科学概念。所以存在主义者妄图变马克思主义为存在主义的人道主义，完全是徒劳的。

四

新黑格尔派存在主义对青年马克思的伪造，自 20 世纪 60 年代以来在西方特别盛行，颇有影响，成为资产阶级反对马克思主义的一种最时髦的"理论"。

如前所述，新黑格尔主义和存在主义在伪造青年马克思问题上，并非彼此孤立，而是同恶相济，相互为用的。所谓"新黑格尔派存在主义"对马克思的"解释"，就是近 20 年来新黑格尔主义"同化"存在主义的结果。这种"同化"现象最早由新黑格尔主义者让·伊波利特倡导，很快在西方资产阶级"马克思学者"中间得到广泛响应，积极推行这两派相互"同化"的德国存在主义者 H. 莱希甚至公开提出，坚决反对那种在"说明"马克思观点形成问题上不愿接受"同化"的陈旧观点。他们所以如此热衷于这种"同化"，是因为他们看到了，只有把这两派结合起来才能在"异化"和"人道主义"问题上更加彻底地伪造青年马克思，或如伊波利特所供认的那样，由新黑格尔主义"吸收"存在主义的"成果"，就可以"更好地解释"马克思主义。

新黑格尔派存在主义对马克思的"解释"，并非什么新的东西，而是

---

① 《马克思恩格斯全集》第 2 卷，人民出版社 1965 年版，第 165 页。

以上两个派别的折中主义的混合物。它标榜克服"片面性"，把青年马克思观点的形成"解释"为既非黑格尔的，又非费尔巴哈的思想，而是"费尔巴哈化的"黑格尔主义。一方面，他们把马克思和黑格尔都作为辩证论者相提并论，似乎也不否认马克思对黑格尔辩证法的思辨性质的批判，极力造成避免从唯心主义说明马克思观点形成的假象；另一方面，又认为马克思摆脱了对费尔巴哈的"自然"因素的过高评价（指所谓的"克服"费尔巴哈唯物主义观点），而接受了他的人本主义思想。经过这样一番"加工制作"，马克思观点就变成既不是唯物主义又不是唯心主义，而是"存在主义类型的人本学"。他们说什么，青年马克思试图用这样一种"新的人道主义"哲学，去"填平"由康德掘成的"唯灵主义和唯物主义的鸿沟"①。在近代哲学史上，有不少哲学派别都企图通过折中主义"超越"唯物和唯心之上，但其结果，无不一败涂地。马赫主义就是这方面的一个典型代表。今天，新黑格尔派存在主义的境况也并不美妙。他们所谓的"存在主义类型的人本学"，或曰"新的人道主义"，不过像马赫主义的"纯粹经验"一样纯属唯心主义的货色。众所周知，费尔巴哈的人本主义，是唯物主义的人本主义，"都只是关于唯物主义的不确切的、肤浅的表述"②。资产阶级"马克思学者"割裂两者的关系，摒弃其唯物主义的因素，摄取其人本主义消极成分，这就意味着把人、即存在主义者歪曲了的"个人"，变成"本体"，变成"形而上学地改了装的、脱离自然的精神。"③ 因此，新黑格尔派存在主义者不过是重蹈马赫主义的覆辙，用折中主义手法"在新的伪装下偷运主观唯心主义"罢了。

就其内容而言，新黑格尔派存在主义伪造马克思的主要特点，就是将异化纳入人本学的范畴，把异化概念和人的概念一起作为马克思学说的根本内容。在他们看来，马克思继费尔巴哈的宗教的人本学之后，又把黑格尔的异化概念用于人类社会，说明人的历史发展，从而建立了社会的人本学，或称"人本学的历史观"。按照这种历史观，"人类历史就是人不断

---

① 转引自依·拉宾《围绕青年马克思思想遗产的斗争》，俄文 1962 年版，第 50 页。
② 《列宁全集》第 55 卷，人民出版社 1990 年版，第 50 页。
③ 《马克思恩格斯全集》第 2 卷，人民出版社 1965 年版，第 177 页。

发展同时又不断异化的历史"①。只要异化一天不消除,"历史就依旧继续着"。因此,整个马克思主义都被他们看成人的存在的"自我异化"和人的存在的,"复归"的学说。马克思的"目标",似乎也只是说明异化的产生和扬弃,只在于"使完整的人性得到恢复",和"使个人主义得到充分的体现"。马克思是"异化"的理论家,这就是新黑格尔派存在主义对马克思的赤裸裸的伪造。这里明显地表露了西方学者把"马克思主义人道主义化"的思想倾向,并且逐渐地形成了一股反马克思主义思潮。

新黑格尔派存在主义者攻击的矛头,是直接指向马克思的历史唯物主义的。因为正如列宁所说:"马克思的历史唯物主义是科学思想中的最大成果。"② 它不仅把历史唯心主义从其最后的避难所——社会历史领域驱逐了出去,从而产生了真正的社会科学,而且为整个马克思主义的诞生奠定了理论基石。唯物主义历史观形成的一个重要特点,就是用一种严整的科学的历史观,即关于人类社会发展规律的理论和阶级斗争的学说,代替了用"异化"对历史现象的说明。如前所述,马克思在用"异化"解释历史的同时就已经认识到物质生产对历史发展的决定作用,他认为,历史的发源地,不是在人的自我异化中,而是在"粗糙的物质生产中"③。接着,他又把生产力的发展视为"全部历史的基础",以此揭示了社会历史发展的普遍规律,使人们对社会现象的认识变成真正的科学。资产阶级"马克思学者"极力抹杀这一历史事实,同时对人的"自我异化"大肆渲染,险恶用心就在于用他们臆造的"人本学的历史观"去代替马克思的唯物主义历史观。

资产阶级"马克思学"的产生,同任何一种反动思潮的产生一样,有其现实的目的,这就是直接否定无产阶级的阶级斗争,钝化革命人民的斗志。它主要表现在,用异化和人道主义理论掩盖阶级斗争的事实。不仅如此,而且用人受"异化"的程度来代替马克思主义按照经济地位对社会阶级的划分,从根本上否定马克思主义的阶级概念。他们把无产阶级的历史

---

① E. 弗洛姆:《马克思关于人的概念》,法兰克福1963年版,第49页。
② 《列宁选集》第2卷,人民出版社1972年版,第443页。
③ 《马克思恩格斯全集》第2卷,人民出版社1965年版,第191页。

使命归之于追求精神上的解放，使"完整的人性得到恢复"，所以他们的全部结论就是：马克思主义是"预言式的救世主义"和"披着末世学外衣的人本主义"。他们所谓的"真正的"马克思主义，原来就是如此！现代资产阶级"马克思学者"的这些"杰作"，能够说明什么呢？只能说明现在资产阶级的社会理论，完全变成没有多少遮掩的、全力对抗马克思主义的伪科学。

新黑格尔派存在主义的观点，是资产阶级伪造青年马克思的集大成者，它不仅在手法上更加狡猾，而且在理论上更为系统和反动。所以它在西方资产阶级思想家和现代修正主义理论家中，都有着很深的影响。今天，我们必须重视马克思主义史的研究，尤其是对马克思早期诸如异化和人道主义等概念，以及青年马克思同黑格尔和费尔巴哈的关系作具体而深入地探讨，正确阐明马克思主义奠基人的思想发展，批判现代资产阶级"马克思学者"的伪造这无疑是当前意识形态斗争的一个极为重要的任务。

（本文写于 1980 年，收录于 1981 年出版的《马恩思想论丛》；

摘要发表于《中国高等教育》1982 年第 2 期）

自觉划清马克思主义与
反马克思主义的界限

在自觉划清"四个界限"中，划清马克思主义同反马克思主义的界限更具根本性，它为划清其他几个界限提供了思想指导和理论依据。

划清马克思主义同反马克思主义界限，判断什么是马克思主义，什么是反马克思主义，是一件十分复杂的事情，不能简单化。我们既不能把一般的学术问题当作政治问题，也不能把不同的学术观点之争、学术理论探讨中的失误视为反马克思主义。科学判断与价值判断在这里应该是统一的。划清马克思主义同反马克思主义的界限，是从本质上，而不是从枝节上进行观察，是指是否从根本上否定马克思主义、社会主义的思潮与观点。

当前，反马克思主义思潮，如宣扬马克思主义"过时论"、主张全盘"私有化"、宣扬西方价值观、鼓吹西方的宪政等，就其实质而言仍是反对党的四项基本原则。这些思潮，以理论的形式表现在各个学术领域。这些错误的理论观点，如果不予以抵制和澄清，就很难坚持马克思主义的指导地位，更谈不上用正确的理论引导人。

党的十七届四中全会强调："自觉划清马克思主义同反马克思主义的界限，社会主义公有制为主体、多种所有制经济共同发展的基本经济制度同私有化和单一公有制的界限，中国特色社会主义民主同西方资本主义民主的界限，社会主义思想文化同封建主义、资本主义腐朽思想文化的界限，坚决抵制各种错误思想影响，始终保持立场坚定、头脑清醒。"在这"四个界限"中，划清马克思主义同反马克思主义的界限更具根本性，它为划清其他几个界限提供了思想指导和理论依据。

划清马克思主义同反马克思主义界限，判断什么是马克思主义，什么是反马克思主义，是一件十分复杂的事情，不能简单化。我们既不能把一般的学术问题当作政治问题，也不能把不同的学术观点之争、把学术理论探讨中的失误视为反马克思主义。特别是在改革开放和建立与完善社会主义市场经济体制过程中，新情况新问题不断出现，需要我们解放思想，勇于创新，提出一些马克思主义经典作家没有讲过的思想和观点。只要是有利于完善和发展社会主义制度的，我们就应该鼓励而不能视为是反马克思主义的。因此，我们的基本原则应该是，一方面鼓励大胆探索，锐意创新，另一方面对那些真正反马克思主义的观点，要旗帜鲜明地抵制和批评。只有这样，才能维护马克思主义的指导地位，使中国特色社会主义沿着正确的方向发展。

对于马克思主义，无论是过去还是现在，都有一个全面、准确地理解的问题。最重要的是坚持马克思主义的立场、观点和方法，把握马克思主义的世界观和方法论，掌握由一系列基本原理构成的马克思主义科学体系。只有从马克思主义的科学体系着眼，才能正确理解它的个别原理和个别观点。如果把马克思主义的某个方面或某些观点从它的整体中游离出来，加以片面夸大或绝对化，那就会把它变成脱离实际的僵化概念，就会损害马克思主义的科学性。这种教训，在马克思主义发展史上是屡见不鲜的。在判断马克思主义与反马克思主义的问题上，我们必须坚持马克思主义的全面性和整体性观点。首先，要以是否坚持马克思主义立场、观点和方法，是否坚持马克思主义科学体系和基本原理为标准。马克思主义科学体系，不仅包括它的各个组成部分，而且包括它在发展过程中所形成的基本思想观点。

马克思主义作为发展的理论，凝结了各个时代的科学真理和经验。比如，社会主义建设和现代化经验丰富和发展了马克思主义科学社会主义理论宝库，它自然也成为马克思主义理论体系的一部分。其次，实践是检验真理的标准，也是检验真伪的标准。反马克思主义的思潮不仅在理论上反对马克思主义的基本原理，而且在实践上反对社会主义革命和社会主义建设，否定世界工人阶级的革命斗争，损害工人阶级和广大劳动人民的根本利益。因此，科学判断与价值判断在这里应该是统一的。划清马克思主义同反马克思主义的界限，是从本质上，而不是从枝节上进行观察，是指是否从根本上否定马克思主义、社会主义的思潮与观点。

当前，反马克思主义思潮，就其实质而言仍是反对党的四项基本原则。这些思潮以理论的形式表现在各个学术领域。比如，在哲学方面，用形而上学唯心主义否定辩证唯物主义和历史唯物主义；在经济学领域，企图以西方资产阶级经济理论取代马克思主义政治经济学；在政治学领域，鼓吹多党制和政治多元化，否定共产党的领导，对共产党执政的合法性提出质疑；在历史学领域，鼓吹历史虚无主义，曲解100多年来中国人民反帝、反封建的斗争史，特别是否定20世纪中国人民的革命斗争史；等等。这些错误的理论观点，如果不予以抵制和澄清，就很难坚持马克思主义的指导地位，更谈不上用正确的理论引导人。

下面，就当前反马克思主义的几种主要观点和倾向进行剖析。

其一，宣扬马克思主义"过时论"，否定马克思主义的指导地位。

多年来，一直有人鼓吹马克思主义"过时论"观点。比如，有人说，马克思主义是19世纪创立的学说，今天早已过时了。有的人认为，马克思主义不能反映今天的实践，不能解决当前的问题，鼓吹要抛弃马克思主义。"过时论"的主要理论错误在于，借时代条件的变化否定马克思主义的普遍真理。首先，他们不是把马克思主义看成是揭示客观世界发展规律的科学，而是把马克思主义的基本原理同它的个别观点和结论混为一谈，一旦某个个别原理不能说明变化了的情况，便认为整个马克思主义"过时了"。其次，他们没有把马克思主义看成是发展的理论。宣扬马克思主义"过时论"，其目的是从根本上取消马克思主义的指导地位，"消解"和"疏离"社会主义的"正统意识形态"或"主流意识形态"。可见，这种思潮，是有着十分明显的政治诉求的。

马克思主义意识形态或以马克思主义为指导的社会主义意识形态，在我国社会主义社会中占主导地位，是由我国以公有制为基础的社会主义经济制度决定的，同时也决定于我国的社会主义政治制度和共产党在国家政治生活中的领导地位。但是，意识形态并不只具有受动性，它反过来又给我国社会主义经济制度和政治制度以巨大的、能动的反作用，支持和推动社会主义制度的巩固与发展。在社会主义社会，如果削弱马克思主义的指导地位，将会危及社会主义的存在。苏联东欧演变的沉痛教训，我们永远都不应该忘记。

其二，主张全盘"私有化"，根本否定社会主义制度。

党的十一届三中全会以来，我们党从我国国情出发，根据马克思主义一般原则，总结了社会主义在实践中的经验教训，提出以公有制为主体、多种所有制经济共同发展的基本经济制度。这是完全正确的，是符合现阶段我国国情和生产力发展水平的，是对马克思主义的丰富与发展。实践表明，这种把科学社会主义基本原则同我国具体实际相结合的经济制度，极大地推动了我国生产力的发展，增强了我国的综合国力，提高了人民的生活水平。但是，在我国改革开放过程中，有的人却极力鼓吹"私有化"，甚至否定我国"以公有制为主体"的经济制度；还有的人用抽象人性论为私有化提供理论依据，说人的本质是自私的，追求权利和金钱是"第一原动力"；等等。这种论调抹杀了社会主义同资本主义的本质区别，违背了科学社会主义的基本原则。生产资料公有制是社会主义的基本特征，决定了社会主义政治和思想文化的性质。否定公有制或公有制为主体，不仅否定了社会主义经济，否定了社会主义政治和思想文化，而且从根本上否定了社会主义性质。

马克思和恩格斯用历史唯物主义观点和方法科学阐明了私有制的发生、发展和社会本质。我们党提出以公有制为主体、多种所有制经济共同发展的理论，既坚持了科学社会主义基本原理，又发展了马克思主义原理；既注重发挥非公有制经济的作用，又保证了社会主义的方向。我们不仅应当在理论上坚持这一根本原则，而且在方针政策上要体现这一原则，使中国特色社会主义始终沿着正确的方向发展。

其三，宣扬西方价值观，否定社会主义核心价值体系。

近年来，有的人大肆宣扬资产阶级自由、民主、人权等观念是任何时代、任何民族都应奉行的"普世价值"，以此否定社会主义核心价值体系，进而否定我们的社会主义根本制度。

从理论上剖析所谓"普世价值"，不仅要从历史上阐明资产阶级的自由、民主、人权观念和抽象人道主义的产生、演变和历史作用及其在当代的表现形式，而且要剖析作为其理论基础的抽象人性论，以及从哲学上阐明人性、价值观中的个性与共性、普遍性与特殊性的关系。实际上，马克思、恩格斯在创立唯物主义历史观的时候，就指出民主、人权是历史的产物，是反映一定社会关系的理论范畴。他们认为，人们利益满足的程度和自由获得的程度总是同社会生产力发展水平相适应的。当社会生产力发展低下时，只能是一部分人的利益得到满足而另一部分人（多数人）的利益得不到满足。这就从根本上说明了在生产力发展低下和利益对抗的状态下，根本不可能存在什么真正的自由、民主等普世价值。

坚持用历史唯物主义的观点和方法分析问题，我们才能正确认识自由、民主、人权这些观念是历史形成的特定概念，有特定的历史内涵和政治内涵，它同人们通常所理解的人的恻隐之心、同情心和人的自然特性等人们普遍的价值和道德观念是不同的。对此，我们不能混淆。一些人之所以把西方的自由、民主、人权作为所谓"普世价值"，其意图是要从根本上否定以马克思主义为指导的社会主义核心价值体系。

其四，鼓吹西方的宪政，否定社会主义根本政治制度。

鼓吹西方"宪政"的实质和核心在于，从根本上否定我国的社会主义政治制度，特别是中国共产党的领导地位。因为，在社会主义中国，不从指导思想上否定马克思主义，不从政治上取消共产党的领导，要实现西方的所谓"宪政"是根本不可能的。

众所周知，国家政权和政治制度历来都是一个根本问题，不论资产阶级革命还是无产阶级革命，最终都是为了解决政权问题。因此，建立什么样的民主制度，国家政权和政治制度属于什么性质，只有用马克思主义立场、观点和方法分析才能得到科学的阐明。离开马克思主义的阶级分析，不仅不能认识民主、国家的根本性质，而且会使一些人浑水摸鱼，混淆是非。坚持马克思主义为指导，我们首先就要在这些带根本性的问题上划清马克思主义和反马克思主义的界限。

按照马克思主义观点，国家具有很强的阶级属性。我国的国体，是以工农联盟为基础的人民民主专政，这充分表明了我们国家的社会主义性质。与此相联系，我国的政体，政权形式，是人民代表大会制度。在这样的制度里，民主是广大人民的民主，人权是广大人民享有的权利。就其本质而言，它摒弃了以财产关系为基础的民主的局限性，成为人类历史上最进步的民主权利。当然，不可否认，由于我们的民主建设还不够完善，在体制上还存在缺陷，人民的民主权利还没有完全充分体现，这正是我们政治体制改革一直在解决的问题。而西方所谓"宪政"的鼓吹者正是利用我们存在的不足和实践中的一些问题，攻其一点，不及其余，主张在我国实行西方的政治制度，具体地讲，这就是要从根本上改变我们的国体和政体，放弃人民民主专政，放弃人民代表大会制度，实行西方的总统制、两院制和三权分立。一句话，就是要中国人民放弃半个多世纪以来浴血奋战而取得的社会主义成果，取消中国共产党的领导，建立资本主义政治制度。在这些关系中国前途命运的大是大非面前，我们必须旗帜鲜明地予以批驳。

坚持中国共产党的领导，是中国历史的选择、是中国人民的选择。只有中国共产党才能救中国，只有中国共产党才能发展中国，这已为中国近百年来的历史所证明。党的十七届四中全会提出建设马克思主义学习型政党，要求全党用马克思主义立场、观点和方法分析和解决当前面临的各种问题，把中国特色社会主义伟大事业不断推向前进。而加强社会主义主流意识形态建设，抵制和批判各种反马克思主义思潮，就是我们实现这一伟大使命的一个重要方面。只有坚持马克思主义指导，建设好社会主义的主流意识形态，中国特色社会主义才能健康发展。对此，我们任重而道远！

（原载《光明日报》2010年6月6日第1、3版）

坚持马克思主义阵地
抵制错误思潮的影响

我们党历史来十分重视意识形态工作，始终把它视为社会主义事业的一个重要组成部分。在党的十七届三中全会上，胡锦涛同志特别讲了意识形态的问题，他指出，经济工作搞不好会出问题，意识形态工作搞不好同样会出问题。他多次讲到意识形态在苏联演变中的作用，强调在意识形态领域必须要坚持马克思主义的指导地位，抵制错误思潮的影响。从十六大以来，中央实施马克思主义理论研究和建设工程，设立马克思主义理论一级学科，进行社会主义核心价值体系的研究和教育等，就是坚持和巩固马克思主义指导地位，建设社会主义主流意识形态的重大举措。《在纪念党的十一届三中全会召开 30 周年大会上的讲话》中，胡锦涛同志又明确地指出，物质贫乏不是社会主义，精神空虚也不是社会主义。人的素质是历史的产物，又给历史以巨大的影响。任何时候都不能以牺牲精神文明为代价换取经济的一时发展。他强调说，要把社会主义核心价值体系建设作为主线，贯彻到国民教育和精神文明建设的全过程，要积极探索用社会主义核心价值体系引领社会思潮的有效途径，既尊重差异、包容多样，又有力地抵制各种错误和腐朽思想的影响。胡锦涛同志的上述论断，不仅指明了坚持马克思主义指导，建设社会主义主流意识形态和社会主义核心价值体系的重要意义，而且也指明了对待各种社会思潮的正确态度和方法。这些错误思潮和腐朽思想的存在，必然会冲击我们坚持马克思主义的指导地位和建设社会主义主流意识形态，但又不能简单地对待它们，要对各种社会思潮进行深入地理论研究和剖析，用正确的方法进行引领和抵制。对这些错误思潮漠然视之或简单处理，对社会主义事业都是极其有害的。

今年是我国实行改革开放 30 周年，在这 30 年中，我国在经济、政治、思想、文化、社会建设等各个方面都发生了很大的变化。正如我们在改革之初预期的那样，国民经济发展了，综合国力增强了，人民生活水平提高了。我国在 30 年取得的辉煌成就是举世公认的，刚刚结束的第二十九届奥运会和"神舟七号"升空就是一个充分的显示。在纪念改革开放 30 周年之际，我们应该很好地总结 30 年取得的宝贵经验和出现的问题与不足，特别是总结实行社会主义市场经济方面的经验和问题。我国当前存在的诸多社会问题和思想领域的问题，归根结底是同全球化和在我国怎样搞社会主义市场经济联系在一起的。所以，总结实践经验至关重要。要把以往的经验与教训作为继续前进的基础，推动我们在各个方面实现全面、协调、可持续地发展。科学发展观是探索中国特色社会主义过程中取得的最新理论成果，有很高的理论价值和实践意义。只有坚持科学发展观，我们才能建成中国特色社会主义，达到振兴中华、跨入世界强国之林的目的。

社会主义改革与开放和实行社会主义市场经济，一方面有力地推动了我国社会经济的长足发展，但另一方面西方文化和各种思潮的涌入也对人民思想、信念、理论形成巨大冲击，对社会主义意识形态建设带来很大的困难。在新的历史时期，我国思想理论和意识形态建设环境发生了前所未有的重大变化：第一，改革开放和社会主义市场经济，既拓宽了人们的视野，扩大了学习新思想、新知识的空间，同时也改变着人们的思想、信念和价值观，给我们思想教育和意识形态工作带来不利的影响。市场经济是一种多元主体经济。利益多元、价值多元，必然会影响到人们，特别是青年学生的思想和价值观的培育，影响到他们的学习和生活方式。这无疑会使我们建立社会主义主流意识形态和培育社会主义核心价值观具有很大难度。第二，在改革开放过程中产生的一些社会问题、社会矛盾，以及一些热点、难点问题，也会在青年学生头脑中产生某些困惑，形成某些不同的看法。比如，社会腐败现象、贫富差距过大等问题，另外还有社会实践中提出的新问题如何给予正确回答。众所周知，对这些问题的回答有很大的难度，有些问题在短时间内也难以解决和解答。但是，如果这些问题长期得不到解决，得不到解答，人们思想就会产生某些困惑，甚至会对社会主义信念发生动摇。第三，改革开放促进了我国经济的长足发展，但同时也使西方的价值观和各种思潮乘虚而入，并且激发了我国某些错误的社会思潮的滋生和泛滥。这些社会思潮和思想倾向，对人们的思想，特别是对青年学生的世界观和价值观的培养会产生直接的、深层次的影响，解决起来难度更大，更为复杂。

下面我想着重谈谈当前对我国影响最大的几种错误思潮。在这里，我讲的是主要社会思潮，而不是一般的学术思潮。这两者有联系，但也有区别。众所周知，在改革之初，西方思潮就开始涌入我国。在 20 世纪 80 年代初关于人道主义和异化问题讨论中出现的抽象人道主义和抽象人性论的思想，以及西方资产阶级的自由、民主、人权观念和极端利己主义的影响，一定程度上诱发了我国社会资产阶级自由化思潮的泛滥，而且愈演愈烈，以致造成严重的社会后果。所以邓小平不止一次地对此提出了尖锐的批评，反复强调要坚持四项基本原则。这些问题到目前为止还不能说已经得到有效的解决。要真正消除资产阶级自由化思潮的影响，坚持和巩固马克思主义思想阵地，还需做长期而艰苦的工作。正如邓小平所说，反对资产阶级自由化贯穿于社会主义现代化建设的全过程。对此，我们决不能掉以轻心。我所讲的这几种错误思潮，实质上都属于资产阶级自由化的范畴。

当前，对我国社会，特别是对青年学生思想影响最大的有以下四种社会思潮和倾向。

一是民主社会主义思潮。民主社会主义实质上是一种资产阶级改良主义思潮，他们自诩是资本主义"病床边的医生和护士"。它试图通过改良主义方法解决资本主义社会矛盾和弊病，鼓吹用价值社会主义取代科学社会主义。在我国，有的人主张要用这种理论来指导中国特色社会主义的建设，甚至认为"只有民主社会主义能够救中国"。这是对马克思主义和科学社会主义丧失信心的一种理论表现。对这种思潮的影响是不能低估的。

民主社会主义思潮之所以影响如此深广，主要是因为它在当今世界，特别是在欧洲国家有着深厚的社会基础和阶级基础，加之它标榜一种似乎不偏不倚的中间立场，似乎不给社会带来阵痛和代价，通过改良就可以根本改变资本主义制度和消除社会弊病，满足广大群众的利益。所以，在资本主义与社会主义的尖锐对立下，特别是在资强社弱的情况下，有些群众就会跟着他们走。另外，利用或夸大社会主义在实践中的某些失误，攻击科学社会主义，甚至还以"马克思主义"为幌子以欺骗和争取民众。不可否认，民主社会主义同马克思主义有一定的历史联系，但它绝不是马克思主义，更不是马克思主义的正统继承者。民主社会主义同马克思主义的关系经历了这样一个演变过程：起初它是小资产阶级社会主义，于19世纪60—70年代开始逐步接受了马克思主义的基本原则，如在他们党的纲领中，主张通过阶级斗争和革命取得政权，消灭资本主义私有制，建立生产资料公有制，以社会主义代替资本主义为奋斗目标等，这个时期可称为"马克思主义化"时期；恩格斯逝世后，20世纪初期，第二国际破产，伯恩斯坦修正主义成为多数社会民主党的主导思想，他们纷纷抛弃马克思主义基本原则，举起改良主义的旗帜。有的社会党领导人说，废除资本主义的口号，已经过时，已经没有吸引力了，提出要与资本主义"共同生存"，当好"资本主义病床边的医生"等。这个时期可称为"去马克思主义化"时期；二战后，由于社会主义变成多国的实践，以致世界上一度出现了一个社会主义阵营，社会民主党和社会党更尖锐地诋毁马克思主义和科学社会主义，反对现实的社会主义制度，甚至积极参与搞垮苏联东欧社会主义的活动，成为国际大资产阶级的帮凶。美国前国家安全事务助理布热津斯基在《大失败》一书中说，"民主社会主义和福利国家常常是同共产主义学说的吸引力进行斗争和为共产主义模式提供另一种民主选择的有效方法"。从这位西方著名政要的话中可以很清楚地看出民主社会主义在当代的作用。而从戈尔巴乔夫的"人道的民主的社会主义"如何直接搞垮苏联社会主义制度中也更加印证了这位西方政要的说法。

民主社会主义的基本观点可以简要地概括为以下几点。反对马克思主义基本原则，否定马克思主义的指导地位。这一点从以上所述已经看得很清楚了。在1959年德国社会民主党的《哥德斯堡纲领》中公然写道，民主社会主义"在欧洲植根于基督教的伦理学、人道主义和古典哲学"。在1986年的纲领中，他们仍然把人道主义哲学和基督教视为主要的思想根源。有时谈到马克思的思想也不过是点缀而已。反对社会主义的历史必然性，不再把社会主义作为奋斗目标。社会党国际在 1951 年的《法兰克福声明》中早已明确宣称"社会主义的实现不是必然的"，甚至认为，主张社会主义历史必然性的马克思主义具有反伦理倾向。他们的学者，更是从理论上否定规律性，否定决定论，否定制度的选择，认为主张必然性和规律性就是贬损人和人的作用的宿命论。否定消灭资本主义私有制这一科学社会主义的根本原则。从二战后社会民主党人就更加明确地抛弃了科学社会主义的这一本质特征，说什么公有制并不是医治社会弊病的特效药，在他们的纲领中用对经济的民主监督取代了其战前纲领中关于消灭私有制的规定。特别是 20 世纪 90 年代以后，社会党国际将其作为过时的观点就不再提及。在这一点上，最清楚地表明了民主社会主义同科学社会主义的最根本的区别。试图通过社会福利制度解决社会的两极分化。社会民主党人认识到市场经济必然带来两极分化，加之社会矛盾尖锐化和工人运动的压力，普遍实行社会保障和福利制度，他们称之为"收入革命"，这在一定程度上缩小了贫富差距，缓和了社会矛盾，但不能根本解决资本主义制度的弊病和社会问题，阶级对立依然存在，不仅如此，福利制度本身的问题也日益暴露，有时甚至到了难以为继的地步。在政治上，主张政治多元化和多党制。攻击社会主义国家没有民主，没有人权，是专制主义等。在这一点上，它同典型的资产阶级政党没有区别。用价值社会主义取代科学社会主义。从第二国际以后，社会民主党人就不断宣扬他们所谓的"价值"，鼓吹"伦理社会主义"。二战后，更是把这种倾向推向极端，企图用以代替科学社会主义。在他们看来，经济、政治不是主要问题，道德和价值问题才是根本的。在社会党国际的文件中，明确地写着"民主和人权不仅仅是实现社会主义目的的政治手段，而且是社会主义目的的根本实质"。他们把自由、公正、互助视为社会主义的基本价值观，把社会主义运动看作是争取自由、公正和社会团结的国际运动，通过这种运动来消解资本主义的社会矛盾。众所周知，马克思主义创始人在创立科学社会主义之初，就针对这种空洞的道德说教尖锐地指出："共产主义是用实际手段追求实际目的的最实际的运动。"① 社会民主党人宣扬的"价值"，显然就是西方的

---

① 《马克思恩格斯全集》第 3 卷，人民出版社 1960 年版，第 236 页。

所谓"普世价值",或者像戈尔巴乔夫所说的"全人类价值"。从这里看得很清楚,民主社会主义确实是国际大资产阶级反对社会主义的同盟军。

最后,我引用西方学者的一段话来评价当今的民主社会主义,英国著名社会学家吉登斯这样说:"过去,社会民主主义总是与社会主义联系在一起。现在,在一个资本主义已经无可替代的世界上,其取向又应当是什么呢?"是"告别社会主义"。

二是新自由主义思潮。它在20世纪80年代中期渗透到我国,目前已不只是一种思潮,作为政治主张已经对我国经济、社会发展产生了一定的影响。新自由主义是相对于以亚当·斯密为代表的古典自由主义而言的,是古典自由主义的一种极端的发展表现形式。完全放任的自由市场经济,就是自由主义的经济发展模式。在20世纪30年代资本主义大危机以前,西方多数国家都奉行古典自由主义政策。在大危机之后,凯恩斯的国家干预主义逐渐占据主导。在这期间,资本主义的社会、经济经历了一个相对稳定的发展阶段。进入70年代以后,西方资本主义国家又一次陷入经济萧条和危机,而凯恩斯主义也提不出克服危机的有效对策,于是新自由主义就大行其道。70年代末和80年代初,撒切尔夫人出任英国首相,里根出任美国总统,大力推行新自由主义的经济、政治政策,从此新自由主义便上升为西方占统治地位的意识形态和对内对外的政策原则。

新自由主义的基本原则:在经济上主张"使经济尽可能最大程度地自由化"、"尽可能快地私有化",并且在财政和金融方面采取强硬措施保证自由化和私有化的实施。在政治上极力鼓吹政治和文化的"一体化",推行美欧式的多党制、民主化,宣扬政治多元化和文化的美欧化,也就是我们通常所说的"西化"。以美国为首的国际垄断资本主义,利用由他们控制的国际货币基金组织、世界银行和世界贸易组织,向发展中国家大力推行所谓的"新自由主义改革",试图在世界范围里建立以新自由主义为理念的经济、政治和文化制度,实现他们称霸世界的"新帝国主义梦"。

新自由主义盛行20多年来已经给经济不发达国家和社会主义国家造成严重的危害。最能说明问题的是新自由主义对拉美国家经济和社会产生的破坏。在那里两极分化十分严重,社会矛盾非常尖锐。为了清算新自由主义的影响和重振拉美的经济，拉美人民选择了具有社会主义倾向的左翼领导人上台执政。现在有 3/4 的拉美国家由左派领导人掌权。这些左派领导人的主要政治主张，就是反对资本主义主导的经济全球化和新自由主义，以及美国的霸权战略。拉美左翼运动，用俄共主席久加诺夫的话来说，"这是一个我们见证的正在变红的大陆"。对于新自由主义给世界造成的严重影响决不能低估，但另一方面工人阶级和广大劳动群众，在新自由主义的冲击下也正在觉醒。

2008 年爆发的世界性经济危机，是由多方面原因造成的，但主要是由从 20 世纪 70 年代末至 80 年代初，英国撒切尔夫人任首相和里根任美国总统开始推行的新自由主义经济、政治政策造成的，是完全放任、自由的市场经济的必然结果。20 多年来，新自由主义的影响及对它的批判从资本主义的边缘地区，从拉美国家，已经发展到资本主义大本营，它像火山一样终于爆发了。现在，不仅是资本主义国家的学者，就连他们的政要们也在批判新自由主义。半年多来，有关报导频频见诸报端。比如，澳大利亚总理陆克文撰文指出："新自由主义是全球金融危机祸首"，说"这一后果的始作俑者就是过去 30 多年以来自由市场意识形态所主导的经济政策"。该文写道，"在 20 世纪 30 年代的大萧条中，不受约束的自由市场主义本已名誉扫地，但到 70 年代，由于英国撒切尔和美国总统里根的推崇而重新翻身，成为经济界的正统。事实证明，新自由主义及其所伴生的自由市场至上主义，不过是披着经济哲学外衣的个人的贪欲"。这里讲得多么好啊！就连积极推行新自由主义的美联储前主席格林斯潘也认为，当前的金融危机是政府管理不力和放任的自由市场的结果。我们应该从世界范围认识新自由主义的实质和给不发达国家造成的危害。从我们国家近 20 年来的发展来看，也应该进行认真地反思，消除新自由主义给我们国家造成的不良影响。

三是历史虚无主义。历史虚无主义思潮在我国学术界早已有之。但是，从 20 世纪 80 年代以来，它作为一种社会思潮强烈地冲击着我们的主流意识形态和人们的精神。自 80 年代初期以来，有的人就趁着我国实行改革开放之际，宣扬什么"范式"的转换。还有的人提出"告别革命"，通过"反思历史"否定我们过去取得的伟大成绩，甚至认为，革命运动就是"破坏运动"。《告别革命》的作者很清楚革命运动对我国近现代史的深刻影响，所以，他们居心叵测地提出，对 20 世纪革命实践的反省是"最根本的反省"。他们通过反思所谓"革命后遗症"反对一切革命，否定阶级斗争和无产阶级专政，否定社会主义革命和建设取得的伟大成绩，宣扬一种反唯物主义历史观的"历史虚无主义"。众所周知，颠覆一种制度，最有效的手段就是从否定它的历史做起，这一点在苏联演变中已经得到了证明。从这一点来讲，在高校开设《中国近现代史纲要》是非常必要，非常有意义的。

历史虚无主义思潮的错误主要表现在：

（1）竭力贬损和否定革命，诋毁和嘲弄中国人民争取民族独立和人民解放而进行的反帝反封建斗争，诋毁和否定我国社会发展的社会主义取向及其伟大成就。所谓"告别革命"论，既是这种思潮的集中表现，又是它不加隐讳的真实目的。在他们看来，革命只起破坏性作用，没有任何建设性意义。一些人攻击一点，不计其余，拼命渲染革命的"弊病"和"祸害"，《告别革命》对革命作了这样的描述："革命容易使人发疯发狂，丧失理性"；"革命残忍、黑暗、肮脏的一面，我们注意得很不够"；"革命是一种能量的消耗，而改良则是一种能量积累"；"改良可能成功，革命则一定失败"；"中国在 20 世纪选择革命的方式，是令人叹息的百年疯狂与幼稚"。在反对所谓"激进主义"、推崇保守主义的名义下，否定革命，颂扬改良。他们把近代中国凡是追求变革进步的都斥为"激进"而加以否定，而维护封建专制统治的则被称为"稳健"而加以肯定，断言是"激进主义"祸害了中国，阻碍了中国现代化进程。他们否定近代中国历史上的农民运动，认为"每次农民革命都造成社会生产大规模的破坏"，"很难得出农民运动是推动历史前进的动力这个普遍的结论"。继而，抬高洋务运动，贬低戊戌变法，抬高清廷的"新政"，贬抑辛亥革命、"五四"运动和中国共产党领导的革命运动。正是经过这样的"重新评价"，从鸦片战争到中华人民共和国成立的 109 年历史，因革命而走上社会主义道路并获得伟大成就的历史，就从根本上被否定了。可见，历史虚无主义之所以把"重新评价"的重点放在近现代史，就是为了否定革命及其所取得的伟大成绩。

　　（2）以"学术研究"的面目出现，在"重新评价"、"重写历史"的名义下，作翻案文章，设置"理论陷阱"。他们有的是通过赤裸裸的谩骂、恶毒攻击的方式，来丑化和否定革命历史与革命领袖，有的则以学术研究为幌子，否定近代中国是一个半殖民地半封建社会的性质，生造了一个所谓"半封建半资本主义"的提法，来取代半殖民地半封建的科学判断。表面上看，这是一个学术问题，实际上这是一个"理论陷阱"。因为对近代中国半殖民地半封建社会性质的定位，是中国革命，包括孙中山领导的民主主义革命和同社会主义相联系的新民主主义革命的前提，如果这个前提被否定了，革命的历史必然性和进步性也就不存在了，有关近代中国社会和中国革命的一系列结论也都要被改写，与此相关的重要历史人物的评价标准也就完全不同了。

　　（3）它有着明确的政治诉求。改革开放以来相继出现了危害社会的各式各样的错误思潮，虽然他们主张各异，表现形式不同，但却有共同的政治诉求，这主要表现在：反对四项基本原则这一立国之本，力图扭转现代化建设和改革开放的发展方向，把中国纳入到西方资本主义体系中去。历史虚无主义思潮则以它自身的特点来表达这一共同的政治诉求。其中最具代表性的，是1998年有学者为《北大传统与近代中国》一书所写的序言，竭力否定近代中国特别是"五四"以来的爱国的，革命的传统，而把西方的自由主义说成是最好的，是当今中国应当继承发扬的"五四"传统，并要求把它作为一种政治学说、经济思想和社会政治制度加以实现。诚然，作为政治思潮的自由主义，在"五四"时期确曾存在过。如"五四"时期形成了一个新文化运动的统一战线，它包括具有共产主义思想的知识分子、革命的小资产阶级知识分子和资产阶级知识分子这三部分人。"五四"运动后，随着斗争的深入，这个统一战线发生了分裂，一部分人继承了"五四"传统，并在马克思主义的指导下加以发展；另一部分人则向右发展，走所谓自由主义的发展道路。他们虽然在反封建斗争中起过一定作用，但最终走向了历史的反面。这两种思潮的不同发展趋势及他们之间的交锋，可以说是贯穿在"五四"以来历史发展的全过程，而人民革命的胜利则为他们作出了公正的结论，表明这种自由主义在中国已经破产了。怎么能够把"五四"时期历史发展中非本质的方面，也即人民革命洪流中的逆向潮流，作为主流传统加以颂扬，并要求今天的中国加以复兴和弘扬呢？[①]

　　与历史虚无主义不同，同时在我国思想界还产生了一种历史复古主义，或称文化保守主义思潮。这种思潮试图通过复兴古代思想文化，特别是儒家思想，倡导一种新儒学，并以此作为我们的主流意识形态，指导我国社会主义建设。有的人鼓吹要"儒化共产党"、"儒化社会主义"，以消解马克思主义意识形态。这种思潮同历史虚无主义可以说是异曲同工。一个主张"虚无"，以否定一切；一个主张"复古"，以取代社会主义思想文化。其矛头都是指向马克思主义的主导地位和社会主义意识形态，同样值得重视并给予深入剖析。

　　诚然，中华文化、中华文明，源远流长。历史上有价值的文化无疑是我们今天构建社会主义文化的深厚的思想基础，否定了这一点，就会沦为文化虚无主义，也就是列宁批判的那种在虚无基础上建立无产阶级文化的"无产阶级文化派"。但是，对历史文化必须批判地继承，否定一切和全盘继承都是错误的。孔子文化或儒家文化，对我们中华文化和中华文明的发展产生了深远的影响，但它毕竟是它产生时代的经济和政治的反映，并且成为两千多年来封建社会的主流意识形态。因此，对它不能简单地模仿和照搬，更不能用它来代替我们社会主义的主流意识形态和社会主义文化。我们只能根据今天的经济和政治的需要，对它进行加工改造，融入到我们社会主义文化之中，成为构建我国社会主义文化的思想元素。这样研究古代文化，研究国学或国粹，才有现实意义，才有生命力。毛泽东倡导的对古代文化，一要古为今用，二要批判地继承，是十分正确的，在今天，仍然是我们研究中国古代文化的重要方法论原则。

　　四是普世价值观。近年来，有些人大肆宣扬所谓"普世价值"，认为从文艺复兴以来形成的资产阶级关于自由、民主、人权等观念，是任何时代、任何民族都应奉行的普世价值，他们声言要引进"普世价值体系"，无论是解放思想还是各方面的理论创新都必须"以普世价值为尺度"，并说要"瞄准由人类文明的普世价值所确认的社会经济制度迈开前进的步

[①]　参见北京大学梁柱教授的有关文章。

伐"。显然，热衷于鼓吹这种"普世价值"论并不是单纯的学术理论问题，而是一个严肃的政治问题，其实质，是要用西方的自由、民主、人权这套所谓"普世价值体系"取代社会主义核心价值体系。这样，改变的就不仅是我们社会主义价值观，而是我们社会主义根本制度。戈尔巴乔夫的"民主的人道的社会主义"，体现的就是一种所谓"普世价值"观，也就是他说的"全人类价值"，其结果导致苏共的垮台和苏联社会主义制度的剧变，使苏联人民陷入制度剧变、国家解体，民族分裂的历史悲剧和灾难之中。这个严重的事实，难道不正是对其所谓"全人类"共同价值——"普世价值"的根本否定吗？

但是，要从理论上深刻剖析由资产阶级学者精心炮制出来的所谓"普世价值"，的确有一定的难度。这里不仅要从历史上阐明资产阶级的自由、民主、人权观念和人道主义的产生、演变和历史作用，以及在当代的表现，而且要剖析作为其理论基础的抽象人性论，以及从哲学上阐明人性、价值观中的个性与共性、普遍性与特殊性的关系问题，否则很难从理论上驳倒所谓的"普世价值"问题。这里涉及世界观和历史观的深层次和根本性问题，涉及两种世界观和历史观的根本对立。我只是简要地说一点看法，供进一步研讨。价值问题是一门专门的学问，可以从经济、政治、思想等各个角度、层面去进行研究和阐释，可以建成庞大的理论体系。所谓价值，从理论上说，是标志客体对于主体的意义和效用的范畴，对于一定的主体有没有价值和有怎样的价值，也是一个比较复杂的问题，这既同客体的特性和功能有关，又直接取决于一定的利益主体对此的价值判断，即取决于一定的主体的价值观。事实上，对于同一种事物，基于不同利益的主体会有不同的评价。在这个意义上，离开了一定利益主体的价值立场、价值标准，也就谈不上对它有没有价值了。既然称得上是"普世价值"，就理应成为世界上所有主体（不同的阶级、国家、民族和个人等）共同的价值认同和价值追求。然而在现今资本主义和社会主义两种制度尖锐对立，在世界总体上还是阶级社会的条件下，在历史和政治问题上，这种"普世价值"无疑从根本说是不存在的。

马克思主义创始人在《德意志意识形态》中对这种历史现象作了深刻的分析，认为人们利益满足的程度和自由获得的程度总是同社会生产力发展水平相适应的。当社会生产力发展低下时，只能是一部分人利益得到满足而另一部分人（多数人）利益得不到满足。同样，一部分人得到自由，而另一部分人就得不到自由。所以，过去的历史只能是在对立中运动的。也就是说，在利益对抗的状态下根本不可能存在什么自由、民主等普世价值。

前面已经提到，自由、民主、人权的口号是文艺复兴以来新生资产阶级在同封建阶级和宗教神学斗争中提出来的，它在长期斗争中逐渐形成为一种理论体系，成为资产阶级反对封建主义的意识形态。尽管这些理论观念是以人的自然性和抽象人性为其哲学基础的，但并没有妨碍他们以此为武器反对封建主义制度和宗教神学。这些理论和口号在历史上曾经起过进步的作用，至今仍然还在发生着影响。这是由于资产阶级当时是先进阶级，代表着历史发展方向，他们的口号一定程度上也反映了广大群众的利益，所以也曾经为广大群众所接受。也就是说，这些理论观念似乎具有普遍性。但是，随着资产阶级取得政治统治，资产阶级同无产阶级的阶级矛盾和阶级斗争日益激烈的情况下，这些理论和口号的虚伪性便被暴露出来。原来在其普遍性的外观下掩盖着资产阶级的特殊利益。马克思主义创始人在上述著作中对此作了深刻的分析，指出阶级对立愈是尖锐，资产阶级的御用学者愈是要编造一些普遍性的神话以欺骗广大群众。在资产阶级取得政治统治后的一百多年来，它利用自己的经济和政治优势，利用自己所掌握的强大的舆论工具，使这些理论和口号越来越精致，越来越广泛地传播开来，并且更加具有欺骗性。这种"普世价值"是在历史上形成并发展起来的，它退出历史舞台也需要一个历史过程。但通过历史的研究，使我们能更深刻地认识这种理论的错误实质和社会作用。

只有坚持用历史唯物主义的观点和方法分析问题，才能正确认识所谓"普世价值"的实质。西方的自由、民主、人权作为一种价值观，属于观念上层建筑，其性质必然受着一定的经济基础和政治制度的决定。所以，自由、民主、人权，以及历史上的人道主义都不是抽象的，这些理论产生和所起的作用，总是受着一定社会关系和社会利益的制约，反映资产阶级的利益和权利。这些观念和抽象人道主义为其基本内容的价值观，是一个历史形成的特定概念，或者说是一个有特定内涵的政治概念，它同人们通常理解的人的恻隐之心、同情心和人的自然特性等人们较普遍的价值和道德观念是不同的概念，是不能混淆的。就是人类较普遍的道德观念、人的自然特性，在一定社会关系下，其表现也会受到当时社会关系和社会利益的影响，具有不同的表现形式。所以，普世价值论在理论上是站不住的。

还应当看到，自由、民主、人权和抽象人道主义正在成为当今国际大资产阶级干涉和侵略别国的思想武器。他们自以为拥有"普世价值"，鼓吹"人权高于主权"，对别国进行所谓"人道主义干预"，向别国推行他们的自由、民主的价值观，如果不接受他们的政治制度和价值观念，那就斥之为"邪恶国家"、"专制制度"，或者予以制裁，或者予以武力征服，这更加清楚地暴露了西方所谓的"普世价值"的虚伪性和反动性。

以上这些错误思潮和问题是客观存在的，必然会对当代大学生思想产生深刻影响。一位中央领导同志指出：高等学校是西方敌对势力向我渗透的重要目标，他们通过各种途径和手段向我国大学生传播西方的政治观点、价值观念、生活方式，企图用潜移默化的方式使年轻一代全盘接受西方的价值观和政治制度。对此，我们决不能放松警惕。他还强调，高校思想政治理论课是帮助大学生抵御敌对势力西化分化图谋的有力武器。培养什么人，以及争夺青年一代，最根本的问题是培育他们科学的世界观、人生观和价值观。这就要求我们必须用马克思主义基本原理去研究这些现实问题和重大理论问题，并且用这种研究成果去教育学生。马克思主义理论学科体系和课程体系的建立，就为我们完成这个重要而艰巨的任务提供了有利的条件。我们马克思主义理论工作者，特别是青年马克思主义理论工作者，应该发扬马克思主义的革命精神和战斗性，用马克思主义的立场、观点和方法研究这些思潮，剖析这些社会思潮的错误实质和造成的社会危害，以捍卫马克思主义思想阵地。

（本文为《时代变迁与思潮激荡》一书《序言》，清华大学出版社 2010 年 12 月版）

驳"恩格斯宣布放弃共产主义"谬说

前不久，有人在一个座谈会上讲了许多令人惊讶之论。他说："从《共产党宣言》起到《哥达纲领批判》，马克思恩格斯是宣传共产主义的。马克思于 1883 年去世。到了 1886 年，恩格斯宣布放弃共产主义理论。他在《英国工人阶级状况》美国版附录中写下了一段令他的追随者们目瞪口呆的话：共产主义不是一种单纯的工人阶级的党派性学说，而是一种目的在于把连同资本家阶级在内的整个社会从现存关系的狭小范围中解放出来的理论。这在抽象的意义上是正确的，然而在实践中却是绝对无益的，有时还要更坏。"这位同志接着说："一切马克思主义的信奉者、实践者和研究者，都不可轻视或忽略这 93 个字，没读过或没读懂这 93 个字，就没有弄通马克思主义。上了西天，没取得真经。如果在这以前你读过许多篇马克思和恩格斯的著作，读过《共产党宣言》、《法兰西内战》和《哥达纲领批判》这些名篇，你就更要记牢这 93 个字，因为这 93 个字把这三大名篇否定了，把关于无产阶级革命和无产阶级专政的理论否定了，把整个共产主义理论体系否定了。"这位同志的所谓"真经"就是，恩格斯 1886 年写的这一段话，完全否定了马克思、恩格斯以前的著作，以及在其中所阐发的"整个共产主义理论体系"。事实果真如此吗？当然不是。只要对《英国工人阶级状况》的美国版附录和 1887 年序言稍作分析，就可以戳穿其伪造恩格斯观点的实质和拙劣手法。

为了解恩格斯观点的本意，我们把恩格斯这段话完整地引述如下。恩格斯在讲了马克思和他的社会主义思想形成和发展过程后写道："我这本书只是它的胚胎发展的一个阶段。正如人的胚胎在其发展的最初阶段还要再现出我们的祖先鱼类的鳃弧一样，在本书中到处都可以发现现代社会主义从它的祖先之一即德国哲学起源的痕迹。例如，本书很强调这样一个论点：共产主义不是一种单纯的工人阶级的党派性学说，而是一种目的在于把连同资本家阶级在内的整个社会从现存关系的狭小范围中解放出来的理论。这在抽象的意义上是正确的，然而在实践中却是绝对无益的，有时还要更坏。既然有产阶级不但自己不感到有任何解放的需要，而且全力反对工人阶级的自我解放，所以工人阶级就应当单独地准备和实现社会革命。"以后恩格斯在《英国工人阶级状况》1892年英文版序言和1892年德文第二版序言中，都把这段话写了进去。这表明，恩格斯是多么看重这段话所反映出来的问题，更表明作为无产阶级理论家的恩格斯是多么严肃认真地反思自己的过去和"修正"自己的错误。这位同志所说的"93个字"，恩格斯恰恰认为是错误的、需要纠正的观点，是旧哲学的"痕迹"，而不是肯定这个说法，更不是用它来否定《共产党宣言》等著作和"整个共产主义理论体系"。不需要多少理论素养，只要有一点阅读能力，都会读懂恩格斯在这里所说的意思。可是，这位同志却伪造恩格斯的观点，来误导群众，这才真令人"目瞪口呆"。下面对这位同志的观点作进一步分析。

第一，用附录的观点否定《英国工人阶级状况》基本思想。《英国工人阶级状况》是恩格斯通过对英国工人阶级经济状况实地考察，阅读了当时能够找到的关于英国工人阶级状况的一切著作和官方文件写成的一部共产主义的重要著作。其中不仅描述了英国工人阶级所遭受的难以想象的苦难，而且揭示了这种苦难的根源在于资本主义制度；不仅说明了工人阶级是一个备受苦难的阶级，而且还阐明了正是由于这种低贱的经济地位，决定了它在争取本阶级的最终解放中会有何种作为。这些重要思想，进一步阐明了马克思也已经达到的关于无产阶级历史使命的学说。正如列宁在评价《英国工人阶级状况》时所指出的："恩格斯第一个指出，无产阶级不只是一个受苦的阶级，正是它所处的那种低贱的经济地位，无可遏止地推动它前进，迫使它去争取本身的最终解放。而战斗中的无产阶级是能够自己帮助自己的。工人阶级的政治运动必然会使工人认识到，除了社会主义，他们没有别的出路。另一方面，社会主义只有成为工人阶级的政治斗争的目标时，才会成为一种力量。这就是恩格斯的关于英国工人阶级状况的一书的基本思想。"所以，谈论这部著作，首先必须把握这些重要思想，离开这些思想去任意引申，都不可能正确把握恩格斯的观点。

第二，用恩格斯不成熟的观点否定其成熟的思想。马克思主义创始人的思想发展，经历了一个从唯心主义到唯物主义、从革命民主主义到共产主义的转变过程。在这个基础上创立了自己的理论学说，并且逐渐形成了一个严整的科学体系。由于他们是在德国的精神环境中开始自己理论活动的，而德国又是一个"哲学的民族"，所以，在他们思想发展初期不能不受德国哲学的影响，同时在他们创立自己学说的过程中，也不能不逐步"清算"他们"从前的哲学信仰"。列宁这样概括马克思主义创始人这段思想的发展："马克思在1844—1847年离开黑格尔走向费尔巴哈，又超过费尔巴哈走向历史（和辩证）唯物主义。"而1844年正是他们"离开黑格尔走向费尔巴哈"的时期，也就是受费尔巴哈人本主义哲学影响的时期。马克思的《1844年经济学哲学手稿》和恩格斯1844年的《英国工人阶级状况》，就是这个时期即"胚胎"阶段的代表作品。恩格斯所说的"德国哲学起源的痕迹"，指的就是费尔巴哈人本主义哲学的影响；那种"企图把两个互相斗争的阶级的利益调和于更高的人道之中的社会主义"，就是马克思、恩格斯在《德意志意识形态》第二卷和《共产党宣言》第三节中批判的以费尔巴哈人本主义为哲学基础的德国的"真正的社会主义"。他们尖锐地指出，"真正的社会主义者"们，用一种抽象的人的观点来理解社会主义，"他们不代表真实的要求，而代表真理的要求，不代表无产者的利益，而代表人的本质的利益，即一般人的利益，这种人不属于任何阶级，根本不存在于现实界，而只存在于云雾弥漫的哲学幻想的太空"。正是针对"真正的社会主义者"格律恩任意剽窃和曲解法国社会主义的文献和论战性著作，马克思引用了海涅骂他的应声虫的一句话："我播下的是龙种，而收获的却是跳蚤。"《英国工人阶级状况》美国版附录也引用了这句话。

在马克思主义创始人的思想中寻找"差异"，然后制造对立，用不成熟的思想否定其成熟的思想，从而否定整个马克思主义，也不是现在才有的。早在1932年德国右翼社会民主党人首次发表马克思的《1844年经济学哲学手稿》时，在他们写的序言中就把这部早期著作说成是"新的福音书"，是"马克思的中心著作"，是马克思"成就的顶点"，相反，马克思成熟著作《资本论》等却被贬为马克思创作能力的"衰退和减弱"。他们自称是"新的马克思主义",究竟"新"在什么地方?"新"就新在把早期马克思同晚期马克思对立起来,认为早期马克思是"人道主义者马克思",晚期马克思是"唯物主义者马克思"。他们不是把马克思主义的形成看作是一个由不成熟到成熟的演进过程,而是认为老年马克思背弃了他年轻时的"初衷"。同样,无独有偶,今天这位同志在论证其民主社会主义时,依然采用了其先辈德国右翼社会民主党人的手法,制造早年恩格斯同晚年恩格斯的对立,说什么马克思逝世以后的恩格斯放弃了他们过去的共产主义理想,发展到民主社会主义。德国右翼社会民主党人的"新的福音书"与所谓"真经"、"新的马克思主义"与"新资本主义"何其相似。

第三,恩格斯晚年否定《共产党宣言》和其中阐发的共产主义理论了吗?当然不会。马克思逝世以后,正是恩格斯捍卫和发展了共产主义思想,这在他的许多著作中看得十分清楚,这里不再赘述。美国版附录原是恩格斯为在美国出版的《英国工人阶级状况》写的序言,后因出版时间推迟,他就又写了一篇新的序言,前者作为附录单独发表了。恩格斯在《英国工人阶级状况》美国版序言中,不仅阐述了《共产党宣言》的基本思想,而且还直接作了引证。他在分析了美国工人运动的各种情况后,引用了《共产党宣言》中所阐述的共产主义原则和策略思想,特别指出,"共产党人","这是我们当时采用的、而且在现在也决不想放弃的名称"。在引用了上述思想后,恩格斯最后特别强调说,"这就是现代社会主义伟大创始人卡尔·马克思、还有我以及同我们一起工作的各国社会主义者四十多年来所遵循的策略"。这怎么能说晚年恩格斯否定了《共产党宣言》、放弃了共产主义原则呢?这位同志是否读过这篇《英国工人阶级状况》序言的全文,笔者深表怀疑,如果没有读过,又怎么敢于对马克思主义创始人的思想作如此大胆的曲解,怎么敢于说恩格斯1886年以后否定了《共产党宣言》等经典著作呢?

这位同志对恩格斯"93个字"观点的伪造,是一种一定条件下出现的、有明确政治诉求的、企图主导社会舆论的思想政治倾向。在思想上集中攻击马克思主义,"消解"和"疏离"社会主义主流意识形态;在政治上鼓吹颇能迷惑群众的民主社会主义,走资本主义道路;在实践上,抓住当前出现的某些社会问题,或者是过去社会主义实践中出现的某些失误,离开具体环境，无限加以放大，给我国社会主义制度抹黑。

当前一些人的学风存在比较严重的问题，特别是不读马克思主义经典原著，企图走捷径，想仅靠读别人的讲话、文章或辅导材料来学习马克思主义。这样不可靠，还可能在重大理论问题上上当。

（原载《光明日报》2011 年 8 月 29 日第 11 版）

关于社会科学

我国哲学社会科学的重要战略地位

　　哲学社会科学对一个民族、一个国家、特别是对一个社会主义国家来讲，具有极为重要的意义，对它的重视与否，不仅关系到社会的发展和国家的强盛，而且关系到社会主义事业的生死存亡。正因为如此，我们党和国家历届领导人都十分重视哲学社会科学研究和发展，并把它看成是扩大我国社会主义思想阵地的基础工程。但是，在很长一段时间里，我们许多人、包括一些领导干部，对哲学社会科学持一种轻视态度，甚至怀疑哲学社会科学是不是科学。正是针对这样一种思想倾向，早在改革开放之初，邓小平就指出，社会科学也是科学。体现了小平同志敏锐的洞察力。

　　历史进入 21 世纪，我们国家面临着许许多多新的问题和新的课题，面临着严峻的挑战。比如，我国改革开放进入一个关键时期，如何建立、发展和完善社会主义市场经济体制，如何把我们党建设成为真正的马克思主义政党，如何解决当前出现的诸多社会问题、社会矛盾，特别是解决好社会腐败问题和弱势群体问题，以及保护好日益恶化的生态环境、实行可持续发展等问题。在国际上，苏联解体以后，我们面临着极为严峻、极为复杂的形势。要解决这些问题，就必须依靠哲学社会科学，必须依赖于科学的世界观和方法论。形势发展到今天，这个问题已经凸显在人们的面前。今年两会期间，一位中央领导尖锐地指出，解决我国当前面临的这么多社会问题，根本要靠哲学社会科学。不仅解决社会问题，就是自然科学的发展，也离不开哲学社会科学。言简意赅地指出了当前的问题所在。

　　江泽民总书记近一年来，就重视哲学社会科学问题多次发表重要讲话，继去年北戴河"8·7"讲话和今年 4 月视察中国人民大学的"4·28"讲话之后，于 7 月 16 日，又视察了中国社会科学院，同部分学者进行座谈，并发表了重要讲话。这些讲话科学地阐明了哲学社会科学的性质、地位、作用、发展规律，以及它同自然科学、"科教兴国"的关系，并且提出了哲学社会科学工作者要与时俱进、开拓创新，要树立良好的学风等重大问题。针对多年来学术界和部分领导干部中程度不同的存在的重理轻文现象，江泽民总书记鲜明地强调了哲学社会科学与自然科学"四个同样重要"，实施"科教兴国"战略包括自然科学和社会科学两个方面，他指出，一个民族要兴旺发达，要屹立于世界民族之林，不能没有创新的理论思维。这次在中国社会科学院的讲话中，他进一步指出，建设有中国特色社会主义，应是我国经济、政治、文化全面发展的进程，是我国物质文明、政治文明、精神文明全面建设的进程。哲学社会科学建设，是社会主义精神文明建设的重要组成部分，又是为推进社会主义的物质文明、政治文明、精神文明建设服务的。我们不仅要大力发展自然科学，而且要大力发展哲学社会科学，并用这些方面的知识来全面提高全体人民的思想道德素质和科学文化素质。他特别强调，建设有中国特色社会主义这项前无古人的伟大事业，要求我们必须建设一支强大的哲学社会科学队伍，中央也需要掌握一支从事哲学社会科学研究的专门队伍。中国社会科学院是中央直接领导的国家哲学社会科学研究机构，在哲学社会科学研究方面肩负着重要职责。这段话高屋建瓴地指明了，哲学社会科学在我国建设有中国特色社会主义事业中的重要战略地位和重大作用。

我们是在极其严峻的国际环境中搞社会主义现代化，不仅面临许多新的问题和难以想象的困难，而且还遭受着国际敌对势力的压力，轻视哲学社会科学，缺乏科学的理论思维，就会使我们的事业遭受损失，甚至会犯历史性错误。

多年来，存在轻视哲学社会科学的现象，甚至有人不把哲学社会科学视为科学。笔者认为，这里首先是一个认识问题。哲学社会科学是人类知识的重要领域，是人类文明的重要组成部分，脱离开哲学社会科学，就谈不上人类精神文明，谈不上人的素质全面提高。解决人与自然、人与社会的关系，是人类认识的两大永恒主题，自然科学和社会科学正是在解决这两大主题、两大关系过程中，逐渐成熟和发展起来的。自然科学认识和把握自然界规律，用自然科学知识造福于人类；哲学社会科学认识社会生活本质，揭示社会发展规律，服务于社会的进步和人的物质、文化生活的提高。这两门科学构成人类知识的体系，或称知识总体，它为人们认识和改造客观世界提供了强大的精神武器。在当代，随着科学的迅猛发展，这两门知识相互渗透、相互影响、相互作用、相互推动的趋势更为明显，交叉学科、新兴学科，不断涌现。这是人类知识进步的表现，是科学发展的结果。但是，这决不意味可以用一门科学代替另一门科学，用一门科学排斥另一门科学。这两者各有自己的研究对象和研究领域，各有自己的功能和质的规定性。这两门科学，如同车之两轮，机之两翼，只有都正常地运转起来，社会才能健康、平稳地向前发展。这是早已为社会实践所证明了的一个朴素真理。

　　除了对哲学社会科学的地位和作用的认识以外，还有一个认识方法问题，就是如何正确地认识自然科学和社会科学这两种不同的知识形态。有的同志认为，自然科学的公理、公式，具有客观性，不受人为因素的影响，因而才是真理性的认识，而同人的主观意识和主观意志相联系的社会科学知识，仁者见仁，智者见智，不具有客观真理性。这种看法至少是不全面的。如前所说，人类知识是多种多样，每门科学都有自己特殊的研究对象和研究领域，因而都有自己特殊的概念术语和表现形式。社会科学的活动舞台是社会实践，它的原理也不可能像自然科学那样可以在实验室里得到验证。社会科学原理的证明只能依靠社会实践，而且这种证明是长期的、反复的，又是相对的。但不能因此否认社会科学的真理性。诚然，哲学社会科学与自然科学最大的不同，就在于它研究的对象即社会历史活动有人的参与，否则不会有历史活动。正如马克思所说，历史活动是人民的事业。而人总是有思想、有感情、有动机、有利益的动物。他们的这些特性必然会参与到认识和改造世界的活动中来。这正是社会历史现象的特殊性所在，同时也使社会现象蒙上一层复杂的、神秘的面纱，使人们对它的认识增加很大的难度。但是，这决不意味着历史发展可以为某个人的主观意志所支配。

　　这一点，恩格斯在他晚年历史唯物主义通信中，已经作过十分精辟的阐述。他指出，历史是这样创造的：最终的结果是从许多单个的意志的相互冲突中产生出来的，而其中每一个意志，又是由于许多特殊的生活条件，才成为它所成为的那样。由此就产生出一个总的结果，即历史事变，这个结果又可以看作一个作为整体的、不自觉地和不自主地起着作用的力量的产物。"所以以往的历史总是象一种自然过程一样的进行，而且实质上也是服从于同一运动规律的。"①尽管每个意志对历史事变都发生了影响，但每个意志都不可能主宰历史进程。"这是在归根到底不断为自己开辟道路的经济必然性的基础上的互相作用。"②哲学社会科学工作者的使命就在于，透过复杂纷纭的社会现象揭示社会生活的本质极其运动规律。从这个意义上说，研究和揭示社会历史规律要比研究和揭示自然规律复杂得多，艰巨得多。这也是唯物主义历史观形成较晚的重要原因。西方有的学者，正是利用社会科学复杂性这一特点，公然否定社会规律及其客观性，否定唯物主义历史观，从而否定社会主义的科学性。

其次，哲学社会科学的功能和起作用的形式有其特殊性。哲学社会科学是凝聚民族灵魂的旗帜，是社会的基础工程，它主要解决人们的世界观、人生观和价值观问题，培养人们的科学理论思维，以提高全民族的思想文化素质和精神文明水平。这是关系到我们能否跨入世界民族之林的关键问题。它涉及和渗透到我们社会生活的各个方面。解决这样的问题，就不能像搞一个建筑工程那样容易，可以立竿见影，而是一个反复认识、反复实践，长期积淀和潜移默化的艰巨的社会工程。从总体上说，哲学社会科学是一项基础性的研究，是一项对人类社会发展长期起作用的基础性因素。就是自然科学的发展也需要哲学社会科学的支撑作用，有无科学的世界观和方法论、文化素质的高低，都制约着自然科学的发现及其成果的利用。所以，我们必须深刻地认识哲学社会科学这样一些特点，给它创造良好的发展环境，提供有力的支持。我国古代尚有"养士之风"，我们社会主义国家更应该培养一大批哲学社会科学优秀人才，把他们养起来，充分发挥他们的作用。这是有利于我们民族千秋伟业的大事情。

最后，我们还必须清醒地认识到哲学社会科学的意识形态性。当然，不是所有哲学社会科学学科都具有意识形态性，但从总体上、本质上看，哲学社会科学具有意识形态性。因为，作为观念上层建筑的哲学社会科

---

① 《马克思恩格斯选集》第4卷，人民出版社1972年版，第478页。
② 同上书，第506页。

学，它总是一定的社会经济和政治的反映，并反作用于一定的经济和政治。因此，它不能不受到一定的阶级和集团的利益的影响。马克思在讲到德意志意识形态时强调说，统治阶级的思想在每一时代都是占统治地位的思想。这就是说一个阶级是社会上占统治地位的物质力量，同时也是社会上占统治地位的精神力量。意识形态的社会性，在阶级存在的条件下，必然受着阶级性的深刻影响。不管人们承认不承认，都是如此。但是，意识形态的阶级性并不是同科学性完全对立的。当一个阶级处于上升时期，或一个阶级所代表的社会利益同历史发展的方向一致，他们的社会科学理论就能在一定程度上或在更大程度上，反映客观真理。我们社会主义国家的哲学社会科学工作者，更应注重研究社会科学的意识形态性，并把它同科学性统一起来。

几年前，胡绳院长就强调指出，中国社会科学院不是普通的单位，它是意识形态的重要阵地。正因为哲学社会科学的科学性同意识形态性紧紧交织在一起，所以，江泽民总书记在这几次关于社会科学的讲话中，反复强调，哲学社会科学研究必须要坚持马克思主义指导，坚持"二为"方向和"双百"方针，在实践中推进哲学社会科学的繁荣和发展，为我国社会主义现代化事业贡献力量。他指出，要提倡理论创新和知识创新，鼓励大胆探索，在实践中不断认识真理、服从真理、发展真理，努力建设具有中国特色、中国风格、中国气魄的哲学社会科学。指明了中国哲学社会科学发展的方向。

从上述可见，哲学社会科学具有一种很强的导向功能，它能对社会生活和社会发展产生巨大影响。一些资本主义国家为了自身的利益，尚且注重社会科学的发展，而我们作为社会主义国家，一刻也不能放松对哲学社会科学的关注和重视。这直接关系到我国社会主义现代化建设和中华民族伟大复兴的实现。我们都知道，苏共的垮台，苏联的解体，有经济原因，但这不是主要的，主要原因是苏联共产党出了问题，其中最重要的是党的指导思想和作为意识形态的社会科学发生了偏差，终于导致了社会思想和社会生活的混乱，导致苏联的巨变，致使具有70多年历史、经过浴血奋战取得的社会主义成果，毁于一旦。这个沉痛的历史教训，是值得永远记取的。

　　总之，哲学社会科学是一门十分重要的科学，是人类知识体系中不可缺少的组成部分。我们必须对哲学社会科学的本质、规律及其特殊性有深刻的认识，要了解它对社会生活和历史发展的深刻影响，特别是对社会主义事业的重大作用，也就是要从战略的高度正确认识哲学社会科学的重要地位，加强领导、大力支持、推进我国哲学社会科学事业的繁荣、发展。

（原载《马克思主义研究》2002 年第 5 期）

新中国哲学社会科学
六十年回顾与反思

　　中华人民共和国在风风雨雨中经历了六十年的发展历程。六十年，弹指一挥间。抚今追昔，共和国以其辉煌的成就在中国历史上投写了重重的一笔，她的伟大业绩，为中华民族这一东方古国的重新崛起，为在 21 世纪再展宏图，奠定了坚实的基础。不管曾经出现过怎样的曲折，当人们回忆 20 世纪下半叶新中国所创造的奇迹时，无不为之而自豪！与此而相伴随的新中国的社会科学，历尽半个世纪的风雨沧桑，也取得了长足的发展，特别是近十年来发展更是迅猛。它为新中国的建立，为社会主义改造和建设，为我国改革开放和现代化事业，提供了强大的思想武器和智力支持。同时，在这个过程中，也推动了社会科学各学科自身的发展和完善。谈及新中国六十年所取得的光辉成绩，社会科学功不可没。今天，认真反思新中国社会科学六十年走过的道路，正确地总结其成功的经验和失误的教训，对于面临新世纪的社会科学开拓前进，对于建设有中国特色的社会主义事业，都有着十分重要的意义。

一　新中国成立前的中国社会科学

　　谈论新中国的社会科学，不能也不应该忘记旧中国社会科学的发展情况和取得的进展，因为思想文化的发展具有一种延续性，不尊重自己的历史，割断历史，不是科学的态度。新中国的社会科学虽然发生了质的变化，但它毕竟是从旧中国的社会科学发展而来的。

　　在新中国成立前，我国社会科学的思想纷争，派别林立，但从性质上来讲，基本上是两个方面：一是与半封建半殖民地和脆弱的资本主义经济政治相联系的旧的社会科学；二是"五四"运动后在马克思主义的影响下形成发展起来的、为新民主主义革命和民族解放斗争服务的新的社会科学。这两个方面，在某些领域都有所建树。而后者直接为新中国的社会科学的奠立准备了充分条件。

我国有着悠久的历史文化，千百年来都以灿烂的东方文明而著称于世。近百年来虽然落后了，但在继承和发展我国古代优秀文化、在社会科学的某些领域、特别是文史哲方面，依然成绩斐然。20世纪上半叶，尽管处于长期战乱之中，知识分子颠沛流离、生活清苦，但仍然有大批科研成果问世，有些精湛之作迄今还在发生着它的影响。20世纪初，中国发现了一大批震动中外学术界的珍贵史料，包括殷墟文字、敦煌和新疆的汉晋简牍、敦煌莫高窟的六朝及唐人写本、内阁大清的明清档案，以及考古学的其他发现，这为历史学、文学、哲学等学科的研究提供了宝贵的资料。这个时期，在甲骨文、金文、青铜器铭文和古典文学，以及在商周史、秦汉史、隋唐史、西域民族史、边疆地方史和宗教史等诸多领域，都取得了丰硕成果，涌现出了一批像王国维、陈寅恪、顾颉刚、傅斯年和胡适这样的学术大师。值得注意的是，他们也非常注重研究方法的探讨，甚至有的学者已认识到历史唯物主义方法对科学研究的指导作用。后来，在抗日战争时期接受马克思主义影响的学者越来越多。

"五四"运动的一个直接结果就是推动了马克思主义在中国的传播。一大批具有共产主义思想的先进知识分子，不仅在介绍唯物史观方面做了许多工作，而且开始用唯物史观来研究现实在，观察历史，重新思考一些学术问题。李大钊在1924年出版的《史学要论》和《由经济上解释中国近代思想变动的原因》，稍后出版的蔡和森《社会进化史》和邓初民《社会进行史纲》等，都是试图用唯物史观来阐明人类社会发展的最初著作。在这方面最突出的代表是郭沫若，他在1930年出版的《中国古代社会研究》，用马克思主义社会经济形态理论对中国历史发展阶段进行了探讨。这种用历史唯物主义方法研究中国古代史而得出的结论，使人们耳目为之一新。同时，中国学术理论界开展了一场中国社会史问题论战，各派学者对中国社会发展阶段、中国社会的性质和革命性质，以及马克思所说的亚细亚生产方式等问题，都发表了各自的看法。接着，吕振羽在《史前期中国社会研究》和《殷周时代的中国社会》两书中，从土地所有制形态、直接生产者的身份和剥削方式等方面阐明西周是封建社会，从而为西周封建论奠定了理论基础。

20世纪30、40年代，以马克思主义为指导对社会科学的研究，在各个方面都取得了丰硕的成果。在史学领域，有郭沫若的《十批判书》和《青铜时代》，范文澜主编的《中国通史简编》，吕振羽的《中国社会史诸问题》，翦伯赞的《中国史论集》，侯外庐的《中国古典社会史论》、《中国古代思想学说史》和《中国近世思想学说史》，何干之的《近代中国启蒙运动史》等。在哲学领域，有艾思奇的《大众哲学》、胡绳的《理性与自由》、翦伯赞的《历史哲学教程》、杜国庠的《先秦诸子思想概要》等。此外，关于法国哲学思想家的著作和德国古典哲学著作，也开始翻译出版并向我国学术界进行介绍。在文学领域，"五四"新文学兴起，短短几十年间，名家辈出，灿若繁星，各种文学作品出版量尤其巨大。产生了像鲁迅、郭沫若、茅盾、叶圣陶、郁达夫、闻一多、田汉、夏衍、老舍、巴金、丁玲、曹禺等影响深远的文学大家。毛泽东称鲁迅是"这个文化新军的最伟大和最英勇的旗手"，"是中国文化革命的主将"。"鲁迅的方向，就是中华民族新文化的方向。"①

在回顾新中国成立前我国学术界理论发展时，决不能忘记毛泽东这个时期对哲学社会科学所作的巨大贡献。他在领导中国革命和抗日战争过程中，把马克思主义普遍真理同中国革命的具体实际相结合，研究中国革命面临的种种社会问题和社会矛盾。写出了许多极具影响力的理论著作，如《实践论》、《矛盾论》、《战争和战略问题》、《中国革命和中国共产党》、《论持久战》、《新民主主义论》和《论人民民主专政》等，此外，还谱写了气势恢宏的诗词。这些著作，涵盖了哲学、文学、历史、经济、政治、军事等各方面的内容，其知识广博，思想精深，具有极高的学术理论价值，在我国哲学社会科学中占有重要地位。

从以上几个方面看，在新中国成立前，我国社会科学、特别是以马克

---

① 《毛泽东选集》第2卷，人民出版社1991年版，第698页。

思主义为指导的社会科学，已经有了相当的发展，它们是当时经济和政治的产物，又极大地反作用于当时的经济和政治。我国资本主义的不发达和资产阶级固有的软弱性，决定了中国资产阶级社会科学的软弱无力，它在外国帝国主义的奴化思想和中国封建主义的复古思想的反动同盟的进攻下，节节败退，无所作为。只有"五四"后在马克思主义的影响下产生的中国新文化、新的社会科学，才能战胜帝国主义的奴化思想和封建主义的旧文化，成为中国思想文化发展的主流。毛泽东在《新民主主义论》中指出"在'五四'以后，中国产生了完全崭新的文化生力军，这就是中国共产党人所领导的共产主义的文化思想，即共产主义的宇宙观和社会革命论。""这支生力军在社会科学领域和文学艺术领域中，不论在哲学方面，在经济学方面，在政治学方面，在军事学方面，在历史学方面，在文学方面，在艺术方面……都有了极大的发展。二十年来，这个文化新军的锋芒所向，从思想到形式（文字等），无不起了极大的革命。其声势之浩大，威力之猛烈，简直是所向无敌的。"① 这里，正确地阐述了"五四"后在马克思主义影响下，中国社会科学发展的形势及其在当时所起的革命作用。建国前的社会科学的发展和取得的重大成果，为新中国社会科学的奠立了准备思想材料，并成为其进一步发展的思想前提。

二　新中国社会科学发展道路和主要成绩

1949 年中华人民共和国成立，祖国大地发生了天翻地覆的变化。国家独立，人民当家作主，中华民族结束了屈辱的历史，巍然屹立于世界的东方。中国社会科学从此也翻开新的一页，展现出广阔的发展前景。新中国的哲学社会科学必须沿着社会主义方向向前发展，为中国特色社会主义事业服务，为我国社会主义现代化建设提供智力支持和理论指导。

首先，新中国是经过长期战争在旧中国的废墟上建立起来的，百废待兴，一切都要重新建设。政治上，中华人民共和国须建立新型的人民当家作主的国家政权，即工人阶级领导的以工农联盟为基础的人民民主专政，

---

① 《毛泽东选集》第 2 卷，人民出版社 1991 年版，第 697—698 页。

建立和完善各种国家制度。经济上，迅速恢复被战争严重破坏的国民经济，逐步实现国家对农业、对手工业和对资本主义工商业的社会主义改造，逐步实现国家的社会主义工业化和现代化，为新中国奠定经济基础。与此相适应，思想文化方面也需要有大的发展。正如毛泽东所指出的，"随着经济建设的高潮的到来，不可避免地将要出现一个文化建设的高潮。中国人被人认为不文明的时代已经过去了，我们将以一个具有高度文化的民族出现于世界。"① 哲学社会科学是文化建设的基础部分，新的社会实践不仅向哲学社会科学提出了课题和任务，而且也向它提供了大量实证材料和可供研究的问题。实践呼唤并推动着理论的发展。新中国的建立，中国社会主义现代化建设事业，使社会科学面临大发展的局面。

其次，新中国的社会科学不仅要有量的发展，更要有质的变化。新中国的政治制度和经济制度同旧中国相比发生了根本性变化，它面临的是社会主义改造和社会主义建设这一新的实践任务和时代课题。新中国社会科学就其实质而言，正是这种新的政治和经济的反映，又给这种新的政治和经济以巨大影响和反作用。因此，新中国的社会科学应是社会主义性质的，它是社会主义的思想文化。新中国成立后，中国社会思想文化领域处于除旧创新、构建新的社会意识形态的历史时期。思想文化领域面临的一个艰巨任务，是既要吸收和改造旧的社会科学，又要在此基础上通过科学研究和对新的实践经验的总结，创建和发展新的社会科学，以保证社会主义意识形态在思想文化领域居统治地位。

再次，新中国社会科学要沿着社会主义方向发展，为社会主义现代化建设服务，就必须坚持马克思主义的指导。否则，就会偏离正确的发展轨道。新中国的建立为学习、研究马克思主义创造了有利条件，这种学习、研究活动，有利于巩固马克思主义的指导地位，直接推动了中国社会科学的发展。在建国前，只是一部分进步学者和革命理论家开始接受马克思主义，并用以指导自己的研究工作，在社会科学的总体上，马克思主义是处于被排斥的地位。尽管如此，一部分马克思主义学者在社会科学研究上还是取得了许多重要成果。新中国建立，不仅要求和倡导社会科学研究要以

---

① 《毛泽东著作选读》下册，人民出版社 1986 年版，第 629 页。

马克思主义为指导，而且马克思主义成为学习研究的对象。中国人民政治协商会议第一届全体会议通过的《共同纲领》规定，"提倡用科学的历史观点，研究和解释历史、经济、政治文化及国际事务"。马克思主义哲学、经济学、政治学，以及马克思主义发展史等，都成为一门独立学科得到研究，并迅速发展。学习和研究马克思主义蔚然成风。众所周知，50 年代初，在思想文化界掀起了学习马克思主义的热潮，学习社会发展史，学习唯物史观，使人们精神为之振奋，思想豁然开朗，研究积极性得到调动。当时，已届古稀之年的陈垣先生在给朋友的一封信中，热切表示："一切从头学起。年老就衰，时感不足，为可恨事。"①。表达了许多学者要求学习马克思主义的真诚愿望。这种情况表明，新中国的社会科学从一开始就受着马克思主义的深刻影响，并规定着它发展的方向。六十年来，在我们党和政府的有关文件中，不断强调马克思主义和中国化马克思主义对哲学社会科学的指导作用，强调要坚持党的四项基本原则和"二为"方向，从而保证了我国社会科学的健康发展，并取得了巨大成绩。可以说，这是新中国社会科学的一大优点和特点。

社会科学关系到民族素质的提高，国家精神的培育和社会主义中国的繁荣富强，所以，我们党始终都把哲学社会科学看成是社会主义事业的不可或缺的、有机的组成部分，并极力推动社会科学的发展。在建国之初，我们党就提出和组织学习社会发展史，毛泽东倡导"让哲学从哲学家的课堂上和书本里解放出来，变成群众手里的尖锐武器"。② 1955 年，中国科学院设立哲学社会科学部。1956 年，党和国家组织制定包括哲学社会科学在内的 12 年（1956—1967）科学发展远景规划。为推动社会科学的教学，20 世纪 60 年代初，在中宣部直接领导下进行了文科教材编写工作，编写和出版了一批以马克思主义为指导、在当时居于学术最高水平的教材，如《辩证唯物主义和历史唯物主义》、《政治经济学》（资本主义部分）和《文学基本原理》等。这些教材的出版和使用，提高了高校的教学和研究

①　参见白寿彝《要继承这份遗产》，《励耘书屋问学记》代序，生活·读书·新知三联书店 1982年版。

②　《毛泽东文集》第 8 卷，人民出版社 1999 年版，第 323 页。

水平。不可否认的是，十年"文革"严重冲击了我国的文教事业，影响了社会科学的发展。党的十一届三中全会，开启了建设中国特色社会主义新时期，我们党重新强调哲学社会科学的重要地位，并且把科学和教育提到战略的高度。我国哲学社会科学进入一个新的发展阶段。广大哲学社会科学工作者，围绕中国特色社会主义理论和实践，从经济、政治、思想文化、社会建设等各个方面进行了大量的探讨，同时对各个学科建设问题也进行了深入地研究，发表了大量有价值的理论成果，对中国特色社会主义实践和理论体系形成起了重要作用。特别是党的十六大以来，党中央赋予哲学社会科学以新的定位和使命，颁布了《中共中央关于进一步繁荣发展哲学社会科学的意见》，组织实施马克思主义理论研究和建设工程，并且提出要鼓励哲学社会科学界为党和人民事业发挥思想库作用。这极大地调动了广大哲学社会科学工作者的积极性，有力地推动了哲学社会科学的繁荣发展。我国哲学社会科学迎来了大发展的春天！

六十年过去了，中国社会科学取得了长足的发展，对社会科学的许多学科来讲，经历了从无到有、从小到大的发展过程。现在，我国的社会科学门类齐全、学科繁多，基础理论、应用研究、前沿、前瞻和新兴学科，应有尽有，同国外社会科学相比，毫不逊色。同任何事物的发展一样，新中国社会科学走过的道路也是不平坦的，其间有辉煌的成就，也有失误的教训。但是，瑕不掩瑜，六十年来社会科学的成就是巨大的，影响是深远的。下面仅列举一些主要成绩。

（一）社会科学工作者队伍不断发展，机构逐渐完善。新中国成立后不久，在国家还处于很困难的时候，党和政府就十分关心社会科学的建设。1950年，中国科学院成立，其中包括社会科学。1955年中国科学院成立了哲学社会科学部。相继成立了文、史、哲、经、政、法等15个研究所，集中了一批全国知名的学术大家进行研究，并培养出一批新中国哲学社会科学研究人才。同时，在各省、市、自治区也相继建立了社会科学研究机构。"文革"后，社会科学研究机构和队伍的建设有了更大的发展。1977年，党中央、国务院决定在原中国科学院哲学社会科学部的基础上组建全国哲学社会科学的研究中心——中国社会科学院。现在，中国社会科学院有36个实体研究机构（包括研究所和研究中心），有各类非实体研究中心 150 余个。主管全国性学会 100 多个，出版学术期刊 70 多种，院属出版社每年出版哲学社会科学类图书 1600 余种。现有在职人员 3900 余人，其中专业人员 3100 余人，具有高级职称的专业人员 1600 余人。它不仅在中国、亚洲，就是在全世界也是最大、最齐全的社会科学研究机构。与此同时，全国 29 个省市自治区也都相继建立了自己的社会科学院，地方社科院总人数已超过万人。社会科学教学与研究比较集中的高等院校，改革开放后也有了大发展，建立了许多新的社会科学院系，成立了一批教学和科研紧密结合的研究所，教学和科研人数更是几十倍地增长。截至 2007 年底，全国高校文科教师总数已达 38 万人左右，其中教授 3.98 万人、副教授 9.81 万人，教师总量较改革开放初期增加了 5 倍，高级职称人数增加了 25 倍。在中央党校及各地区党校、在中央和地方各级党和政府机关、在军队系统，也都建立了许多社会科学方面的研究机构。

上述"五大系统"，是我国哲学社会科学研究的五大主力军。现在，全国从事哲学社会科学教学和研究工作的人员近 40 多万人，其中有高级职称的 10 多万人，专职研究人员 3 万多人。同时，全国社会科学的主要学科，还成立了自己的学会，这些学会团结了一大批哲学社会科学工作者从事学术活动，组织和协调研究工作，成为社会科学的一支重要力量。六十年来，陆续创办了一大批哲学社会科学学术刊物。这些科研机构和学术刊物，成为我国哲学社会科学理论研究的重要阵地，为我国社会主义精神文明建设和思想文化建设作出了重要贡献。

（二）对马列著作的翻译、出版和研究方面成绩卓著。马克思主义是指导我们事业的理论基础，我们党和国家从来都非常重视对马列著作的翻译、出版和研究工作。早在民主革命时期，就翻译出版了《共产党宣言》、《国家与革命》等多种马列著作单行本。新中国建立以后，于 1953 年，成立了中共中央编译局，开始有计划、有组织地系统翻译出版马克思主义经典著作。很快就出版了《列宁全集》、《斯大林全集》、《马克思恩格斯全集》，以及包括《共产党宣言》、《资本论》、《反杜林论》等重要著作的单行本。在近三十年来，马列著作的翻译出版更加系统、完整，提高到一个新的水平。除《马克思恩格斯全集》50 卷全部出齐以外，还出版了我国自行编辑的 60 卷本的《列宁全集》第二版。这是当今世界上收载列宁文献最齐全的版本。同时在原有的基础上，重新出版了《马克思恩格斯选集》、《列宁选集》和《斯大林选集》（上下卷）。随着国际上百卷本《马克思恩格斯全集》（国际版）的出版，中央编译局也在陆续编译和出版新版《马克思恩格斯全集》，到现在为止，已经出版了 30 卷。其余数十卷的编译和出版工作也在加紧进行中。为了配合马克思主义理论研究与建设工程，中央编译局承担编译的 10 卷本《马克思恩格斯文选》和 5 卷本《列宁专题文集》，这两部经典著作也正在出版中，很快便可以投入使用。

中央文献研究室除重新出版了《毛泽东选集》外，还出版了《建国以来毛泽东文稿》、《毛泽东文集》、《毛泽东书信集》、《毛泽东传》和即将出版的《毛泽东年谱》等一批重要著作。同时，还出版了《邓小平文选》3 卷本和《邓小平年谱》，以及其他中央和国家领导人的文集和传记。同时，还陆续出版了我们党历届代表大会和重要会议通过的文献。这些马克思主义经典著作和我国领导人的文集和文献的出版，为我们学习、研究和宣传马克思主义和中国特色社会主义，奠定了经典著作的基础，同时，也必将会对世界社会主义运动发生深远的影响。

六十年来，特别是最近三十年来，随着马克思主义经典著作的出版，由于中国特色社会主义事业的需要，在中国社会科学院、高等院校和中央党校等相继建立了一批马克思主义研究院、马克思主义学院和邓小平理论研究中心，开展了对马克思主义经典著作和基本原理，对马克思主义中国化和中国特色社会主义理论的系统地研究，出版了大量科学研究成果。其中有些成果，已经对我国改革开放和中国特色社会主义实践发生了积极的影响。

（三）广大社会科学工作者坚持理论联系实际的原则，为推进我国社会主义现代化建设，探索有中国特色的社会主义发展规律，为丰富和发展马克思主义作出了重大的贡献。在我国社会主义建设初始阶段，哲学社会科学工作者就围绕经济建设，对商品经济、价值规律、人口问题，以及哲学上的一些重大现实问题开展了研究和讨论，出版了一批有影响的论著，但由于"左"的影响，这些研究受到了很大的干扰。"文革"结束不久，全党全国面临拨乱反正、解放思想的任务，在邓小平、陈云等老一辈革命家支持下，社会科学理论界围绕改革开放和社会主义现代化建设，从经

济、政治、思想文化等各个方面进行了多角度、多学科的深入研究，成果
斐然。

——社会科学界推动了全国范围的关于真理标准的讨论。南京大学教
师胡福明首先提出了"实践是检验真理的唯一标准"的命题，随之在全国
形成了一场大讨论。这场讨论冲破了"两个凡是"的束缚，推动了全国性
的马克思主义思想解放运动，为具有划时代意义的党的十一届三中全会作
了重要的思想准备，对我国改革开放和中国特色社会主义建设事业产生了
重大而深远的影响。

——在人道主义和异化问题的讨论中，中国社会科学院和高校的学者
撰写了大量文章，用马克思主义立场、观点和方法，对人道主义和异化的
历史演变和理论内涵，从理论和现实的角度，进行了深入地探讨和系统地
阐明。胡乔木《关于人道主义和异化》的文章，提出了人道主义的两种含
义："一个是作为世界观和历史观；一个是作为伦理原则和道德规范。"这
是研究人道主义理论的一个重大突破，也澄清了在这个问题上的思想混
乱。这场讨论有助于正确理解和坚持马克思主义，在实践上，由于戈尔巴
乔夫的"人道的民主的社会主义"直接导致苏联社会主义制度的垮台，其
意义也是不言自明的。

——在社会主义商品经济和市场经济研究方面，理论界贡献突出。
1979 年，中国社会科学院学者于祖尧在《试论社会主义市场经济》一文
中率先提出了"社会主义市场经济"概念，并展开加以论证。1982 年，
刘国光在《坚持经济体制的改革方向》中提出，社会主义商品具有商品经
济条件下商品的属性。马洪、于光远、刘国光等在 1984 年党的十二届三
中全会确认"社会主义经济是有计划的商品经济"以前，就明确提出社会
主义条件下不仅要保留和发展商品货币关系，而且社会主义经济就是商品
经济和市场经济，价值规律起调节作用，竞争是社会主义经济的内在机制
等一系列新的观点。进入 20 世纪 90 年代，理论界学者围绕建立和完善社
会主义市场经济的各种问题，进行了大量深入的探讨，中国社会科学院提
交了《关于社会主义市场经济的大思路、大原则和大框架》和《建立社
会主义市场经济体制的理论思考和政策选择》等研究报告，其中许多观点
被中央文件采纳。中央领导同志曾赞誉："社科院在社会主义市场经济体

制方面做出了贡献"。

——在我国民主法制建设的各个重要阶段，法学工作者都不失时机地提出并组织了对若干重大理论问题的研究。十一届三中全会前后，中国社会科学院的学者组织推动了法学界开展"人治与法治"、"法律面前人人平等"等重大问题的讨论，提出并阐发了"以法治国"、"独立行使审判权"等观点，这些都为"依法治国"方略的提出和实施提供了理论准备。"以法治国"以后写进了党的 15 大文件，接着又写入国家宪法。法学所提交了《建立社会主义市场经济法律体系的理论思考和对策建议》，从我国国情出发，以社会主义市场经济应成为法治经济为目标，对建立社会主义市场经济法律体系所必须解决的重大问题进行了探讨，从法律部门的构成和法律规范类别的构成两个角度对我国市场经济法律体系的基本构架进行了设计，并对我国市场经济法律的制定和实施提出具体政策建议。该报告受到中央领导同志的重视，成为国家制定立法规划时的重要参考。

——理论界对中国特色社会主义理论和科学体系的形成进行了大量研究，作了有益的工作。中国特色社会主义理论体系的形成是马克思主义中国化的最大成果。在中国特色社会主义实践的推动下，我国社会科学工作者从马克思主义的经典论述和我国处于社会主义初级阶段的现实，从经济、政治、思想文化等各个方面进行了深入地研究，发表了大量的论著。在 20 世纪 80 年代主要是从某个角度和侧面进行专题研究，随着实践的发展，从 90 年代中期以后，比较注重从整体上研究中国特色社会主义理论体系。其中，具有代表性的是中国社会科学院马列所学者，1998 年出版了《中国特色社会主义理论体系》专著，系统阐明了中国特色社会主义理论体系的哲学基础、理论基石、基本原理和基本范畴等基本问题。该书出版后在理论界产生较大影响，许多高校将其列为教学参考书。并且获得 1999年中宣部"五个一工程"奖。十七大第一次把"中国特色社会主义理论体系"写进党的文件中，并对其作了全面、系统和科学的阐明。中国特色社会主义理论体系成为指导我国社会今后一切发展的坚实的理论基础。

——理论界对当代资本主义新变化、本质特征和发展趋势，以及对世界社会主义运动的影响进行了深入探讨，发表了一批成果，提出了许多新的见解。经过潜心研究，中国社会科学院学者出版了《当代资本主义论》，

《当代资本主义与世界社会主义》,《当代资本主义新变化》,《当代资本主义新论》,《国际垄断资本主义时代——世界经济与政治的最新发展》等著作,对第二次世界大战后资本主义的新发展作了比较全面、深入的研究,特别是在全球化时代背景下,强调了金融资本和国际垄断资本对当代资本主义变化所起的巨大推动作用。这些论著帮助广大读者正确认识资本主义的新变化,增强对社会主义的信心,产生了积极的社会效果。在苏东巨变后,世界社会主义向何处去成为人们关注的焦点。中国社会科学院世界社会主义研究中心,组织全国学者对国外社会主义进行了长期的跟踪研究,写出了一大批专题报告和最新动态资料,得到中央领导的肯定,有些材料被中央有关部门所采纳。包括世界社会主义在内的国际问题的研究,仅2005年,社科院就有27篇研究报告得到中央领导同志批示,另有47份研究成果和重要信息被中办和国办刊物采用。理论界多年前就开始研究新自由主义及其对我国产生的影响。中国社会科学院"新自由主义研究"课题组,在2003年10月就完成了《新自由主义及其本质》的综合研究报告,发表后引起中央领导同志的重视,获得理论界的赞同,推动了对新自由主义的研究。结合这一研究,有的学者在资本主义金融危机发生前就发出了关于世界金融存在危机和我国金融安全的预警。并且断言"美国金融垄断泡沫已经显现","美国经济潜伏着严重的危机,极有可能已步入'康德拉季耶夫'收缩期中的衰退"。这些见解是很有价值的,而且有着十分重要的现实意义。

从以上简要列举中就可以看出,我国社会科学工作者结合实践进行的理论研究和前沿问题的探讨,不仅对马克思主义中国化的深入发展,而且对我国改革开放和中国特色社会主义事业发生了积极的影响,直接推动了我国社会主义现代化建设的全面发展。

(四)六十年来,哲学社会科学研究硕果累累,成绩斐然。在党和国家的重视支持下,广大社会科学工作者按照"双百"方针的精神,在社会科学的各个领域都作出了卓越的成绩。早在五六十年代,在文化基本建设和基础理论研究方面就取得很大进展。如在语言文字改革方面,国家公布的四批简化字、推广普通话、汉字规范化和拼音方案,以及少数民族语言文字调查,都是文字语言学家参与和努力的结果。党和国家领导人十分重视我国浩如烟海的文化古籍整理，组织专家、学者对"二十四史"和《资治通鉴》等重要古籍进行标点和校勘。在社会科学一些基础学科研究方面，也取得了可喜的进展，出版了一批重要研究成果。如，范文澜的《中国通史简编》，郭沫若的《中国史稿》和侯外庐的《中国思想通史》等。考古学上有一大批遗址发现并进行研究。在民族学方面，曾组织上千人参加的少数民族社会历史调查，在此基础上编写了《中国少数民族简史丛书》、《中国少数民族简志丛书》和《中国少数民族自治地方概况丛书》三套大型丛书。以上这些论著，不仅具有很大的学术价值，而且具有重大的现实意义。

党的十一届三中全会以后，我国社会科学有了更好的研究条件和环境。这时，社会科学各个领域，无论在学科建设方面，还是在基础理论研究方面，都取得了一大批令人瞩目的丰硕成果。据不完全统计，在 30 年间，中国社会科学院学者共完成学术著作 8700 余部、论文 10 万余篇、研究报告 17000 余份，以及大量的学术资料汇编、学术工具书、译文译著、古籍整理、理论文章等。其中，获得院优秀科研成果奖励的就有 570 余项。高校社会科学研究也是成果累累。据统计，到 2007 年高校哲学社会科学工作者发表学术论文近 30 万篇，出版著作 25256 部，提交研究咨询报告 17912 件。30 年来，哲学社会科学研究成果，不仅数量巨大，而且质量也在不断提高，其中有一批精品之作和传世之作。如考古和古文字方面完成的《甲骨文全集》，是目前已发现的我国最古老的文字甲骨文的集大成；《殷周金文集成》，相当齐全地收录现存的金文资料 1.2 万件，为考古学、古文学和古代史研究提供了条件。《中国历史地图集》、《中华大藏经》以及《全元文》、《全宋文》、《全宋诗》等一大批古籍的整理出版，对弘扬民族文化具有重要意义。历史学方面，郭沫若、范文澜的《中国史稿》、《中国通史》得以在新时期续写完成。白寿彝主编的《中国通史》，1400 多万字，是组织全国历史学家十余年完成的迄今规模最大的中国通史著作。胡绳的《从鸦片战争到五四运动》，发行量达 300 多万册，产生了巨大的社会影响。此外，还有由全国大批主要学者参与编写的《中国大百科全书》，《当代中国》丛书 150 卷，有全国 3000 多名社会科学工作者参加、历时 11 年编撰出版的《中国国情丛书——百县市经济社会调查》105

卷，对了解和研究我国国情具有重要意义，也是近 50 年我国社会的变迁史。在艺术学方面，从 1983 年以来开展的全国《文艺集成志书》普查、搜集、整理和编撰出版工作，有 5 万多名艺术科研人员参加，至今已出版了 200 余卷，全部出齐为 310 卷、4.5 亿字。这是一项带有抢救性的中华民族文化的浩大工程，被誉为"中国文化建设的万里长城"。这些只有在新中国、在改革开放的年代里才能做到的事。另外，还有《中国近代通史》10 卷本，《世界历史》9 卷本，《马克思主义哲学史》8 卷本，《马克思主义文学理论丛书》，《西方哲学史》8 卷本，《西方著名哲学家评传》10 卷本，《宗教学通论》和《中国人权百科全书》，等等。这些精品力作，不胜枚举，共同体现了六十年来中华文明和新中国思想文化发展的成果和水平。

（五）建立了一套完善的培养社会科学研究人才的制度和机制。除了在高等院校哲学社会科学各院系培养人才外，还恢复了招收研究生和学位制度。自从 1981 年实施《中华人民共和国学位条例》以来，到现在为止，我国社会科学已有哲学、经济学、法学、教育学、文学、历史学和管理学7 个门类；21 个一级学科，124 个二级学科；一级博士点 349 个，二级博士点 563 个，此外还有数目更大的硕士学科点。博士后流动站制度建立以来，在为我国高校和科研单位培养人才也发挥了很大作用，到目前为止，社会科学文、史、哲、经、法、教育和管理学等门类共有 537 个博士后流动站。特别是中央在实施马克思主义理论研究和建设工程中，明确提出造就人才的"三个一批"规划，即造就一批用马克思主义武装起来的、学贯中西、具有广泛影响的思想家、理论家；造就一批理论功底扎实、勇于开拓创新的学科带头人；造就一批年富力强、政治和业务素质良好、锐意进取的青年理论骨干。这项计划的落实，毕竟会更大地推动哲学社会科学人才的培养和队伍的壮大，使我国社会科学教研的质量更加提高。

我国哲学社会科学研究已改变过去的封闭研究状态，积极进行对外学术交流。一方面是大量派出留学生和访问学者去国外留学、进修和参加各种的学术会议，进行专题调研；另一方面是大量接待外国学者来华讲学、访问和举办各类国际学术会议。通过对外学术交流，开阔了我国学者的视野，进一步提高了研究水平和质量，同时也培养了人才，有力地推动了中国哲学社会科学走向世界。

以上仅概略地论述了哲学社会科学所取得的主要成绩，为繁荣我国学术理论和为我国社会主义现代化建设所作的贡献。但已经可以看出这些成绩是卓著的，意义是深远的，同时，也反映了我国广大哲学社会科学工作者潜心研究、淡泊名利、甘于坐冷板凳的高尚的精神境界和严谨、求实的治学态度。随着时代的变化和我国社会实践的发展，一定还会有更多、更新、更高质量的研究成果问世。

三　主要经验和值得认真总结的问题

六十年来，中国社会科学同我们共和国一样，走过了一段坎坷不平的道路。在这个过程中，我们积累了许多经验，但也有不少失误的教训，有些教训还是极为深刻的。这些经验与教训往往是相互交织在一起的，做得对的地方，有时也会带有片面性，甚至包含某些错误的成分。真理越出一步也会变成谬误。新中国的社会科学属于社会主义意识形态的重要领域，作为一项开创性的事业，总的来说尚在探索之中，不仅在我国，就是在前苏联时期，也没有总结出一套成功的经验，至于探索社会主义社会科学发展规律，仍是一个不断实践、不断认识的深化过程。所以，正确总结过去走过的道路，从理论上加以反思，就显得十分必要和重要了。对于我国社会科学发展中的经验教训的总结，必须从当时的历史环境和社会实践出发加以考察，并用马克思主义立场、观点、方法进行分析，才能作出正确的恰如其分的结论。简单地肯定或简单地否定都不是科学的态度。六十年来，新中国社会科学的经验与教训是很多的，不可能一一加以论述。这里，我们认为有几个主要问题，需要认真加以研究和总结。

1. 社会科学研究必须坚持马克思主义指导，这种指导应该是科学的、辩证的，而不能是教条的、贴标签式的。正如胡锦涛同志所指出的："坚持马克思主义为指导，决不是教条式地搬用，或者脱离实际地从马克思主义一般原理去抽象推论，或者用它的个别结论去代替具体的科学研究，而是要深刻领会它的精神实质，善于运用它的立场、观点、方法去指导具体的社会科学研究及其学科建设。"在社会科学研究领域坚持马克思主义指导，关系到社会科学发展方向和能否为中国特色社会主义事业服务的重大问题，是必须坚持的根本原则。

六十年来，中国社会科学取得的最大成绩和最主要经验，就是我们始终强调科学世界观和方法论对哲学社会科学研究的重要性，鼓励社会科学工作者努力以马克思主义为指导去研究解决实际提出的理论问题和本学科中的问题。马克思主义历史唯物主义的产生，使人们对社会历史的认识才真正成为科学。人们借助于这一伟大的认识工具，透过复杂纷纭的社会现象认识到其深层的本质和运动规律。所以，我们党一贯主张，在社会科学研究中要坚持马克思主义的指导。早在民主革命时期，毛泽东就倡导要把马克思主义同中国具体实际相结合，他强调，我们要培养这样的理论家，"他们能够依据马克思列宁主义立场、观点和方法，正确地解决历史中和革命中所发生的实际问题，能够在中国的经济、政治、军事、文化种种问题上给予科学的解释，给予理论的说明。"① 邓小平也明确地指出，"属于文化领域的东西，一定要用马克思主义对它们的思想内容和表现方法进行分析、鉴别和批判。"② 这些论断都强调了马克思主义世界观和方法论，对于社会科学研究的重大意义。事实表明，由于广大社会科学研究工作者逐渐地接受了马克思主义的指导，并把它运用于社会科学的各学科的研究中去，从而使中国社会科学面貌一新，使社会科学的研究发生了质的飞跃。在马克思主义指导下，我国的社会科学研究、特别是文史哲经等主要领域，出版了一批高质量的研究成果，其中也不乏传世之作。同时，也涌现出一批像郭沫若、范文澜、艾思奇、胡绳等饮誉海内外的马克思主义学术大家。现在，就连有些西方学者也认识到，马克思主义方法可以更好地认识当代资本主义的问题。在这场世界性的金融危机中，马克思的《资本论》再次成为热销书就是有力的证明。社会主义学术、理论的繁荣和发展，离不开马克思主义的指导，这是我们从长期科研实践中总结出的一条基本经验。

但是，还必须看到，在以马克思主义指导研究社会科学的过程中，也

---

① 《毛泽东选集》第 3 卷，人民出版社 1991 年版，第 814 页。
② 《邓小平文选》第 3 卷，人民出版社 1993 年版，第 44 页。

出现了这样那样的偏向，而这些问题和偏向在不同时期有着不同的表现特点。总的来说，在五六十年代强调坚持马克思主义的同时，确实存在公式化、简单化的毛病，有时不是用马克思主义观点和方法指导我们的研究工作，而是照搬马克思主义的个别结论去代替我们的实际研究，甚至把马克思主义的某些论断作为套语、标签去乱套、乱贴。毛泽东曾尖锐地批评过这种教条主义方法，他说，"直到现在，还有不少的人，把马克思列宁主义书本上的某些字句看作现成的灵丹妙药，似乎只要得了它，就可以不费力气地包医百病。"[①] 这种学风，不仅损害了社会科学研究，而且也损害了马克思主义。这种现象的出现，一是由于没有真正地把握马克思主义的精神实质；二是不善于运用马克思主义观点和方法去进行实际的和理论的研究，从中作出合乎规律的创造性的结论。如何把马克思主义同社会科学的研究实际有机地结合起来，更有效地开展研究工作和理论创造，仍是一个需要继续探索和解决的问题。

党的十一届三中全会后，中国社会科学迎来了百花盛开的春天。经过真理标准的讨论，在"解放思想，实事求是"思想路线的指引下，清理了"左"倾思想的错误，冲破了教条主义的禁锢，出现空前未有的思想活跃的局面，社会科学各个方面都获得了大面积丰收，可以说，这三十年是我国社会科学发展最快最好的时期。这从上面所列举的成绩就可以看出来。但不可否认的是，在这个时期，我国思想界确实存在淡化马克思主义和否定马克思主义指导的错误倾向。如有的人提出"疏离"马克思主义，"消解正统意识形态"，把马克思主义说成是已经"过时"的学说，企图用其他理论取而代之。在这种"淡化"思潮的影响下，马克思主义基本原理和基本著作的研究受到很大冲击，就连科学社会主义原著和原理的学习、研究都受到很大的削弱，这与我国作为社会主义国家的地位是极不相称的。有的人认为坚持马克思主义为指导，会阻碍社会科学的研究，不利于"百家争鸣"。还有人以"真理多元"为依据，认为马克思主义是诸多学派中的"一个学派"，各学派之间是"平权"的，因而没有谁指导谁的问题。以上看法，可能是个别人的见解，但它反映出当前思想界存在的一种淡化

---

① 《毛泽东选集》第3卷，人民出版社1991年版，第820页。

和否定马克思主义指导作用的错误倾向。对于这种倾向，有不少学者也作过批驳，然而，作为一种社会思潮它依然在发生着影响。在总结过去在马克思主义指导问题上的偏向时，决不能走向取消马克思主义指导的另一极端；在看到社会科学取得巨大成绩的时候，也不能忽视学术理论界存在的这种淡化和贬损马克思主义的错误倾向。江泽民同志不只一次地强调，在大的原则问题上要旗帜鲜明。如果对这些错误的东西不加抵制，不仅会影响到我国社会科学的健康发展，也会影响到我国社会主义物质文明建设和社会主义精神文明建设。

另外，在坚持马克思主义指导上，不仅要反对简单化和公式化，也要防止形而上学的绝对化。社会科学在总体上属于意识形态很强的领域，但有的学科同意识形态的联系并不直接，有的学科则与意识形态没有什么联系，因此，坚持马克思主义指导的情况也是不一样的。同时还必须看到，一些西方社会学的方法也包含有某些合理的因素，在对社会问题的研究上也可以获得某些真理性认识。比如马克思主义产生以前的英国古典经济学家和法国复辟时代的历史学家等，在各自领域都很有建树，都作出过很大贡献，从而成为马克思主义的重要思想来源，在今天社会科学研究中仍然是如此。非马克思主义学者，在社会科学研究中、特别是在意识形态不强的领域的研究中，也能取得好的科研成果，也能为我国社会科学作出贡献，对此应该予以尊重，并将其作为整个社会科学研究的一个方面。所以，在坚持马克思主义指导问题上，必须处理好马克思主义与非马克思主义的关系，决不能简单地把非马克思主义说成是反马克思主义。学术问题应该按照"双百"方针的精神，去研究和探讨。

2. 政治与学术的关系，一直是困扰我国社会科学发展的重要问题，应当辩证地处理两者的关系。长期以来，我们总是摇摆于两者之间，而不是将政治与学术有机地统一起来，在科研实践中处理好它们的关系。政治与学术既有联系，又有区别。在阶级存在的条件下，完全与政治无关的纯学术是不存在的。哲学社会科学总括着各种意识形式，与自然科学不同，社会科学研究的对象是人们的社会关系、经济关系、政治、法律形式，以及道德、宗教、艺术等思想观念现象。既然它是一定的社会经济、政治的反映，那么，在有阶级的情况下，它必然直接或间接地涉及到某个阶级或集团的利益。因此，社会科学就其总体和本质而言，它不能不是一定阶级的意识形态。比如，当今世界还存在着资本主义经济、政治制度与社会主义经济、政治制度的对立，自然也就存在着资本主义与社会主义两种对立的思想体系。现实存在的利益的矛盾，必然会产生思想的、政治的分野。这是客观的存在。所以，不能把社会科学的学术理论问题完全同政治割裂开来，但也不能将两者完全混同起来。政治与学术关系是十分复杂的，因为社会科学有不同的层次性，有的同政治的联系比较直接，有的则比较间接，有的学科，如语言学、逻辑学和考古学等，其内容并不具有阶级性，与政治没有什么直接联系。更为重要的是，社会科学作为一种思想文化现象，它一经产生便获得自己的相对独立性，使疏离其由以产生的经济、政治关系而具有自己的表现形式和特殊活动规律。它的存在和发展受着经济和政治的影响与制约，但决不能将它们之间的关系简单化，更不能用一种去代替另一种。我国思想界五六十年代的主要偏差，是混淆了政治与学术的关系。在当时"左"的错误思想和阶级斗争扩大化的影响下，夸大政治而贬低学术，用政治冲击学术，模糊政治与学术的界限，有时把一些学术思想问题当作政治问题来处理，甚至把学术是非当作了敌我问题，用政治大批判代替了学术批评。思想界存在的这种"左"的思潮，影响了当时社会科学的健康发展。党的十一届三中全会后，扭转了这种局面，总结了过去的教训，迎来了社会科学的大发展。我们应该珍惜这种变化。但是，也要防止出现忽视政治、使学术研究完全脱离政治的倾向。决不能从一个极端走向另一个极端。尤其是在国外敌对势力把意识形态作为对我国进行"和平演变"的主要武器的情况下，淡化政治，淡化意识形态，只能使我们自己解除精神武装。实际上，我国当前意识形态斗争是十分激烈的，一些带有明显政治色彩的理论观点，如"告别革命"、"政治多元化"和宣传"私有化"等等理论观点，都披着学术的外衣在极力扩散。当前对我国影响最大的几种社会思潮，如民主社会主义、新自由主义、历史虚无主义和"普世价值"论，哪一种不带有明确的政治诉求呢？如果任其泛滥，不仅会危害我国的社会科学，而且会影响建设有中国特色社会主义的事业。

总之，哲学社会科学必须为现实政治服务，但又要遵循自身发展的规律。要用马克思主义的态度来对待政治与学术问题，吸取六十年来我们在处理两者关系上的经验与教训，防止"左"的或右的偏向，使中国社会科学在新的世纪能更加健康地向前发展。

　　3. "百花齐放，百家争鸣"是繁荣我国科学文化的正确方针。这一方针的提出，是我们党在领导科学文化事业上的一大创造。为什么提出"双百"方针？一是总结了苏联科学文化发展的教训。在苏联学术批评中，存在着严重的粗暴作风，教条主义、宗派主义和形式主义的问题，而这些问题也影响到我国思想界，出现了乱贴政治标签，推崇一派、压制一派的现象。二是尊重学术、艺术自身发展的规律。学术问题只有通过自由讨论，通过坚持真理，修正错误得以解决，过多的行政干预是无济于事的。三是根据我国的具体情况和发展科学文化的现实需要而提出的。毛泽东指出，"双百"方针，"是在承认社会主义社会仍然存在着各种矛盾的基础上提出来的，是在国家需要迅速发展经济和文化的迫切要求上提出来的。百花齐放、百家争鸣的方针，是促进艺术发展和科学进步的方针，是促进我国的社会主义文化繁荣的方针。"① 艺术上不同的形式和风格可以自由发展，科学上不同的学派可以自由讨论。艺术和科学上的是非问题，要通过自由讨论去解决，通过实践去解决，而不应用简单的方法去解决。实行"双百"方针还基于这样的一种认识，即相信真理会越辩越明，相信马克思主义能够在斗争中发展起来。正如毛泽东指出的，"正确的东西总是在同错误的东西作斗争的过程中发展起来的。真的、善的、美的东西总是在同假的、恶的、丑的东西相比较而存在，相斗争而发展的。"② 所以，我们实行"双百"方针，倡导不同学术观点的自由讨论，并不是不要学术批评和争论，并不是让错误思想到处泛滥，任凭它们去占领市场，而是要通过同错误思想辩论，进行适当批评，使真的、善的、美的东西发展起来。为了正确地开展自由讨论，毛泽东还提出了判断是非的六条政治标准，并指出，"这六条标准中，最重要的是社会主义道路和党的领导两条，"③ 这实际就是邓小平后来所概括的坚持四项基本原则。只有这样，通过实行"双百"

---

　　① 《毛泽东著作选读》下册，人民出版社 1986 年版，第 83 页。
　　② 同上书，第 787 页。
　　③ 同上书，第 789 页。

方针，才能逐步繁荣我国的科学和文化，才能逐步扩大社会主义思想阵地。

"双百"方针的提出，有极为重大的意义，表明我们找到了一条繁荣和发展社会主义科学文化的正确道路。这一方针的贯彻执行，调动了广大知识分子研究问题的积极性，打破了思想文化界多年沉闷的空气，推动了探索新风的形成。但是，"双百"方针的正确实行也不是一件容易的事情。由于缺乏经验，由于政治等因素的影响，在"双百"方针实行过程中，也出现这样那样的问题，主要存在两个方面的问题：一是政治与学术的界限，以及学术是非的分辨问题，有时不能正确地把握它们之间的关系，特别是往往随着政治形势的变化而发生左右摇摆的现象，二是关于学术批评，可以说长期以来没有正确的开展起来。在前30年曾经开展过学术批评，但有时出现简单粗暴现象，特别是在"左"的错误影响下，学术批评变成了政治批判，实际上否定了正常的学术批评。十一届三中全会后，各种学术讨论十分活跃，思想交锋也时有所见，但不能不承认正常的学术批评不是多了，而是少了。有的人把必要的学术批评说成是"打棍子"，把开展学术批评同"双百"方针对立起来。针对这种错误倾向，邓小平指出，"批评不多，却常被称为'围攻'，被说成是'打棍子'"。他说，"有些人把'双百'方针理解为鸣放绝对自由，甚至只让错误的东西放，不让马克思主义争。这还叫什么百家争鸣？这就把'双百'方针这个无产阶级的马克思主义的方针，歪曲为资产阶级的自由主义的方针了。"① 邓小平在20世纪80年代多次批评过这种现象，现在看来也并没有完全改变。可见，正确地实行"双百"方针，仍是一个十分艰巨的过程。

"双百"方针是一个正确反映学术、艺术发展规律的马克思主义的方针，只要能科学地理解和把握它，并在实践上加以正确地贯彻，就一定能够促进我国社会主义思想文化的繁荣和发展。

4. 在对待我国传统文化和吸取国外社会科学优秀成果方面，积累了不少经验，但也有值得总结的问题。我国的思想文化，是社会主义性质的思想文化。这种思想文化不是凭空产生的，而是基于我国社会主义政治和经

---

① 《邓小平文选》第3卷，人民出版社1993年版，第46—47页。

济、在批判地继承我国古代优秀文化和借鉴国外思想文化的积极成果的基础上建立起来的。在对待我国传统文化和外来文化方面，长期以来我们形成了一整套行之有效的原则和方法。这些原则和方法，毛泽东早在《新民主主义论》中就作过精辟地阐发，概括起来有以下主要之点：一是一定的文化是一定社会的政治和经济的反映，并反作用于一定社会的政治和经济，所以，对思想文化现象不能孤立地进行研究，而要同一定社会的政治和经济联系起来考察，离开它由以产生的政治和经济，思想文化现象就会变成无源之水，无本之木。这种一定社会的政治和经济，也决定着对古代传统文化和外来文化吸收、改造的方向。二是，要用唯物辩证的观点对待我国古代文化和外来文化。我国灿烂的古代文化和国外先进思想成果，为我国社会主义思想文化的形成提供了极其丰富、极为宝贵的思想材料。舍其便不可能形成我国社会主义的新文化。在这里，关键的问题是要有科学的态度。正如毛泽东所指出的，对待古代文化既不能割断历史，也不能颂古非今；对待外来文化既不能盲目排斥，也不能"全盘西化"。虚无主义和复古主义，简单否弃和无批判地兼收并蓄，都是反科学的。三是，正确的方法是批判地继承的方法。不论是对待我国古代文化还是对待外来文化，都要剔除其糟粕，吸收其精华。批判和继承是辩证统一关系，批判是为了更好地继承，而继承是批判的目的。批判地继承也是"扬弃"，即保留好的东西，否弃不好的东西，它反对"无批判地兼收并蓄"。建国五十年来，我国社会科学领域，将这些原则和方法创造性地运用于科学研究的实践之中，在批判地继承的同时，又强调发展、创新。所以，在我国社会科学界，不仅产生了一批有价值的科研成果，而且开拓了新的研究领域。在对待古代文化和外来文化方面取得经验的同时，也出现过这样那样的问题。比如，有时忽视我国优秀传统文化，出现拒斥外来文化的现象，对我国传统文化采取一种虚无主义和非历史主义的态度，对外来思想文化采取一种不加分析地简单否定的态度。如西方社会学、哲学上的人道主义以及人权问题等，都曾被视为资产阶级的东西加以拒斥，严重影响了对这些学术问题的正常研究。这种现象在十一届三中全会前表现得比较突出。近30年来，在纠正上述偏向的同时，又出现了对中国传统文化和外来文化不加分析地全盘接受和无批判地兼收并蓄的现象，近十多年来在社会科学研究中出现的文化保守主义或文化复古主义和全盘西化的倾向，就是其突出的表现。这些倾向的滋长，必然会影响我国社会主义思想文化的建设，影响我国社会科学的繁荣和发展，影响我国社会主义主流意识形态建设。

以上四个问题，是关系到我国社会科学能否繁荣发展的重大问题，对这些问题处理得好，能够正确坚持，就会推动社会科学的健康发展，否则，就会阻碍甚至破坏社会科学的发展。以上几个方面出现的问题，也是有规律可循的，这就是社会科学研究受着政治的巨大影响，往往随着政治形势的变化而发生左右摇摆，同时也与政策是否得当，领导是否正确有很大关系。因此，如何处理好政治与学术的关系，如何正确地开展学术批评和自由讨论，如何实现对哲学社会科学的领导和管理，始终都是需要很好地研究总结的主要问题，是影响我国社会科学发展的重要问题。

回顾六十年来中国社会科学发展的道路，展望未来面临的艰巨而光荣的使命，深感中国社会科学工作者任重而道远！铁肩担正义，挥笔著文章。在 21 世纪里，在胡锦涛为总书记的党中央的领导下，广大社会科学工作者，在已取得的成绩的基础上，一定会把握机遇，奋发进取，为我国哲学社会科学的繁荣发展，为中国特色社会主义建设事业作出新的更大的贡献！

（本文收录于中央文献出版社 2009 年出版的《新中国 60 年研究文集》中，
同时人民网、中国共产党新闻网等网站全文转载）